本书为国家 211 工程重点项目
"中外文明比较研究系列丛书"之一

吴枫学术文存

吴 枫 著

中 华 书 局

图书在版编目(CIP)数据

吴枫学术文存／吴枫著．－北京：中华书局，2002

ISBN 7－101－03102－1

Ⅰ.吴…　Ⅱ.吴…　Ⅲ.①吴枫－文集②史学－文集

Ⅳ.K053

中国版本图书馆 CIP 数据核字(2001)第 080674 号

责任编辑：王景桐

吴枫学术文存

吴　枫　著

＊

中 华 书 局 出 版 发 行

(北京市丰台区太平桥西里38号　100073)

北京市白帆印务有限公司印刷

＊

850×1168毫米 1/32·15⅜印张·350千字

2002年11月第1版　　2002年11月北京第1次印刷

印数:1-3000册　　定价:26.00元

ISBN 7－101－03102－1/K·1340

吴杭
教授
原子结构

95.10.20

目　录

评《贞观政要》

一

《贞观政要》是一部重要历史文献。它成书的时间，历史上没有明确记载。《两唐书·吴兢传》文字简略，没有记载吴兢编纂《政要》一书的事。宋代的《直斋书录解题》、《郡斋读书志》、《馆阁书目》以及《玉海》等重要目录文献著作也没有明确注明《政要》成书的年代。其中《馆阁书目》，仅注有"神龙中（公元705—706年）所进"字样，很不可靠。《玉海》编者王应麟从《政要》序言中考证得知成书于唐玄宗开元八、九年（720、721年），是有根据的，并且为清乾隆年间《四库全书总目提要》的编者所采用。但是，序言的年代并不就是成书的年代。根据我们所能找到的文献材料来看，《政要》的成书具体年代，目前不能作出肯定的回答，大约是吴兢在史馆任职时，即705年到721年之间编辑的。正如他在进表中所说"早居史职，随事载录"①，逐渐搜集积累材料而编成书。

《政要》是一部具有独创性的著作，全书不过八万字，简明扼要，条理清晰，风格别致，体式新颖，在前代古典文献中是少见的。既不同于经书，也不同于史书；秦汉时期的《吕氏春秋》、《淮南子》、《新序》、《说苑》一类的书籍，虽然与之近似，但也有很大区别。所以过去在古书分类中甚至无法处理，只是勉强地把它列入史部杂

---

① 吴兢《上贞观政要表》。

史一类。本书在有限的篇幅中，搜集了唐太宗及其臣僚们的主要言论，分门别类，按照时间先后排列成书。

为什么要编这样一部书？应从两方面加以考察。一是唐太宗时期，封建统治者肯于接受隋末农民大起义的历史教训，能够正视社会现实问题，唐太宗及其臣僚的所谓嘉言善行，值得人们传颂。一是武则天去位以后，唐朝统治开始出现危机，内部矛盾重重，派系斗争严重，李唐子孙已经忘记了祖先创业的艰难，特别是对太宗的励精图治作风，需要加以提醒。因而，吴兢便以"贞观政要"为题，编定成书。目的在于既能歌颂太宗时代的德政与治术，也能用以告诫李唐的后继人，即所谓"惩劝人伦"，"克遵前轨"①，以期唐王朝的永久统治。

《政要》编成后，收藏于皇家图书馆中。唐朝统治者非常重视这部著作，"书之屏帷，铭之几案"②，被列为宫廷皇子皇孙的必读书籍。唐末宪宗李纯、文宗李昂、宣宗李忱，奉为经典，反复阅读，苦心研讨，无不慨然仰慕太宗的政绩，对复兴即将衰落的唐王朝曾经起过一定作用③。

唐朝以后，中国历代封建统治者也很推崇这部书籍。宋仁宗赵祯非常欣赏唐太宗任人以"德行学业为本"④。元朝皇帝曾多次提起《政要》一书，并请当代儒臣讲解书中内容。明朝规定，皇帝除三、六、九日上朝以外，每天中午都请侍臣教授《政要》⑤。明宪宗朱见深特别注意《政要》的刊行工作，亲自为之作序，以示推崇。清

---

① 吴兢《贞观政要·序言》。
② 戈直《贞观政要·序言》。
③ 参见《唐会要》、《资治通鉴》、新旧《唐书》等书。
④ 《玉海》卷四九。
⑤ 《明史·礼志》。

朝康熙、乾隆皇帝都很熟悉《政要》内容，并且十分仰慕"贞观之治"。乾隆皇帝曾说："余尝读其书，想其时，未尝不三复而叹曰：'贞观之治盛矣！'"① 由此可见这部书对历代封建统治阶级的影响和作用了。

《政要》一书，在国外也很有影响。约在九世纪前后，这部书就传到了日本，并立即引起日本封建统治阶级的注意。他们摹仿中国，也把《政要》定为皇家、幕府的政治教材。镰仓时代，1205 年博士菅原为长专任讲官，为幕府讲解《政要》，对当时日本政局影响很大②。江户时代，德川幕府在 1615 年颁布的《禁中并公家法度》十七条中，第一条就规定天子必读《贞观政要》，以"明古道"③。此后，《政要》一书在日本得到了广泛流传。

一千多年来，中外统治阶级之所以如此重视这部书，倒不是因为他们有什么特殊癖好，而是由于当权者确实感到《政要》是一部治国安邦的教材，可以从中吸取统治经验，学到统治权谋，用以巩固和维护自己的统治地位。

由于历代当权者的重视与提倡，本书的刊行十分广泛，流传到今天的各种版本很多。仅就我们所知，古写手抄本计有十九种（中国三种，日本十六种），其中大部分是属于十二世纪以前的抄本。木版刊行的计有十二种（中国七种，日本四种，朝鲜一种），其中中国最早的版本是明洪武三年（1370 年）王氏勤有堂刻本（现藏于北京图书馆），日本最早的版本是长庆五年（1600 年）活字刊本。长

① 《乐善堂集》卷七。
② 日本《国史资料集》第 2 卷，龙吟社版，第 461 页。
③ 藤木邦《日史》，1956 年东京大学版，第 226 页。

期以来,辗转流传,而使诸本"体式大异"①,内容也有出入,互不统一②。

元朝儒臣戈直根据各种古本,加以校勘注释和按语,重新整理编辑,并搜集唐、宋各家儒臣柳芳、欧阳修、司马光等二十二人的论断,附于章末,刊于元至顺四年(1333 年)。这是《政要》第一次整理本,通称为戈直集解本(简称"戈本"),是国内外流行最广泛的本子。"戈本"共十卷四十篇,根据目前传世最早的古写本来校对,和有关文献材料的证明,"戈本"与原书出入不小。其中论纳谏第五所附直谏篇,并不是吴兢的原著,而是后人增补的,多取材于《魏郑公谏录》等书。《政要》第二次整理本是清朝席世臣的校订本(简称"席本")。席世臣只是根据"戈本"作些文字上的订误,所以"席本"与"戈本"的区别不大,实际是一个本子。"戈本"虽然是较比完整的本子,但也有不少误谬疏漏之处。清末杨守敬、罗振玉等人都有过重新整理《政要》的打算,可惜没有结果。因之,明成化元年(1465 年)刊刻戈直集解本一直流传到今天。1978 年 9 月,上海古籍出版社出版的《贞观政要》,就是以涵芬楼影印元戈直注明成化刊本加以标点印行的。

二

《政要》编者吴兢(669—749 年),唐朝汴州浚仪(今河南开封)人。关于他的家世及青少年时期的情况,我们知道的很少。从今天所能见的材料中,概略可知吴兢的为人,性格爽朗,正直不阿,勤奋好学,对古代经书和史学都有一定研究,特别是对历史学有较深

---

① 森立之立夫《经籍访古志》卷三。
② 杨守敬《日本访书志》卷五。

的造诣。青年时期,他结识了当代著名人物魏元忠、朱敬则等,从他们那里得到不少教益。像魏元忠的公正坦率、不畏强暴的品质,朱敬则的直言好谏、喜欢交游的性格,都对吴兢有所影响。约在武周圣历三年(700年)前后,由宰相朱敬则、魏元忠的推荐,吴兢被召入唐朝史馆,与当代著名史学家刘知几、徐坚等人一同编纂史书,并成为亲密朋友。五年以后,吴兢由右拾遗升任右补阙,列入谏官行列。在唐室诸王的争权夺利斗争中,他曾上疏皇帝,谏止诸王骨肉相残,维护封建纲常伦理道德,颇受当代人们的重视。

颇有政治见识的吴兢,对澄清了七八年混乱局面的唐玄宗很敬仰。他热切希望颇有作为的新皇帝能够接受教训,重整旗鼓,治国安邦,使唐王朝得以长期统治下去。因此,他大胆而直率地向皇帝上了一道奏疏,要求皇帝纳谏,认为否则"诚恐天下骨鲠士以谠言为戒,桡直就曲,斲方为刓,偷合苟容,不复能尽节忘身,纳君于道矣"①!从而进一步陈述了自古以来,帝王不受纳臣下建议,终究是会灭亡的历史教训。他请求玄宗要以隋炀帝钳人之口为诫,学习唐太宗"好悦至言"的作风②,多听臣下意见。唐玄宗很重视和信任吴兢,约在开元三年(715年)前后,吴兢升任谏议大夫、太子左庶子等官,并兼文馆学士。不久,又任卫尉少卿,兼修国史。

开元中叶,唐玄宗李隆基开始怠于政事,奋发图强的精神已大为消失,励精图治的作风已大为减弱。在所谓"开元盛世"的年代里,唐王朝出现了一些新的困难问题,如府兵制破坏,地方藩镇兴起,冗官日益增多,统治机构逐渐瘫痪,特别是某些地方的土地兼并剧烈,人口流亡,社会矛盾日趋尖锐化复杂化。吴兢针对这些社会情况,向玄宗提出八点建议:"斥屏群小,不为慢游,出不御之女,

①② 《新唐书·吴兢传》。

减不急之马,明选举,慎刑罚,杜侥幸,存至公。"① 但是,这些正确意见并没有得到玄宗的重视和朝臣的支持,反而遭到冷遇,甚至是排斥与打击。

开元十七年(729 年),吴兢被贬官,出任荆州司马,后又历任地方郡守,辗转迁任,不得重用,悄悄地度过了自己的晚年。

吴兢终生致力于学业,家中藏书很多,有《吴氏西斋书目》。平生著述,见于著录的有《梁史》十卷,《陈史》十卷,《齐史》十卷,《周史》十卷,《隋史》二十卷,《唐书备阙记》十卷,《唐春秋》三十卷,《太宗勋史》一卷,《中宗实录》二十卷,《则天实录》二十卷(与刘知几等人合撰),《睿宗实录》五卷,《唐高宗实录》十九卷(与刘知几等人合撰)②。可惜这些著作均已散佚,只有《贞观政要》一书传至今日。

吴兢是当时著名学者,比较进步的史学家。他与进步史学家刘知几是亲密朋友,对治史的态度是一致的。他们修撰史书,力求言简意赅,反映真实社会情况。景龙中(708 年前后),他在史馆工作时,十分卑视某些史官畏惧权臣武三思、张易之等人,修撰史书"苟饰虚词,殊非直笔",多与事实不符。因之,他私撰《唐书》、《唐春秋》等书与之抗衡,目的"在乎善恶必书",惩诫贼子乱臣③。不言而喻,吴兢的史学观点、立场和方法没有脱离封建地主阶级唯心主义史观的范畴,是为封建统治阶级服务的历史学家。

三

《贞观政要》是一部政论性的历史文献,分类编撰贞观年间

---

① 《新唐书·吴兢传》。
② 参见《唐书·艺文志》、《直斋书录解题》。
③ 《册府元龟》卷五五六《国史部》。

(627—649 年)唐太宗李世民和身边大臣们的政论和奏疏,以及有关重大政治设施等。它与《旧唐书》、《新唐书》、《资治通鉴》、《唐会要》、《通典》等有关贞观政事的记载相比较,较为详尽而具体,为我们研究唐初历史提供了许多重要资料。

人们熟知的唐太宗李世民,是我国封建社会历史上继秦皇汉武之后的著名帝王,是地主阶级的杰出政治家与军事家。他即位以后,在隋末农民革命战争的推动下,吸取前代封建统治者的经验教训,励精图治,敢于正视社会现实,部分调整了阶级、民族以及统治阶级内部的关系,实行了一些缓和阶级矛盾的政策,作了一些有益于国家统一、民族团结、生产发展和社会进步的工作,并对中国古代封建社会发展起过一定的积极作用。但是,他毕竟是一个封建帝王,本质上和历代封建统治者没有区别,是地主阶级利益的最高代表者,他的有益于社会和人民的作为,严重地受到封建地主阶级属性和社会历史条件的限制。在太宗统治后期,意志衰退昏朽,渐恶直言,大兴土木,畋猎巡游,生活逐渐腐化,政治日趋黑暗,已暴露出统治阶级的反动本性。

《政要》一书,采摘了唐太宗和四十五位大臣的有关政治言论。大臣中最有名的人物有魏徵、王珪、房玄龄、杜如晦、虞世南、褚遂良、温彦博、刘洎、马周、戴胄、孔颖达、岑文本、姚思廉等人。他们都是唐初政局中的要人,在太宗身边负责有关工作,虽然各人的身世、经历、社会地位、思想学识以及官职有所不同,但是却有一些共同特点:第一,他们和唐太宗同是处在隋末唐初社会矛盾斗争的尖锐时期,农民革命风暴给他们以深刻地教育和影响,因而他们的头脑较比清醒,能够认真地对待社会现实问题,分析、讨论和解决国家面临的迫切问题;第二,他们中的大多数人是地主阶级知识分子出身,通晓儒家经典治术,懂得儒家治国安邦的道理,对社会事物比较敏感;第三,他们熟悉历史,知道暴秦是怎样灭亡的,两汉是怎样衰落的,更了解南北朝时代黑暗混乱的历史局面,同时都亲眼看到隋王朝的结局,因而他们肯于总结经验,接受历史教训。正因为如此,他们才敢于评论时政,直言进谏,面对太宗陈述个人政治见解。应该说,这些人都是当时出色的政论家。他们忠心耿耿,犯颜直谏,正直不阿,为了地主阶级国家利益,甚至是不顾个人安危,在至高无上的皇帝面前,敢于说出一般人所不敢说的话,敢于做出一般人所不敢做的事。

《贞观政要》较为全面地反映了太宗君臣论政的主要内容。他们谈话的内容十分广泛,涉及的问题非常深刻,可概括为以下十点:

第一,确定治国方针。他们认为,治国犹如栽树,根本巩固,则枝叶繁茂;治国犹如养病,病好之后,也须谨慎。所以主张:"大乱之后,抚之以仁义,示之以威信,因人之心,去其苛刻。"他们由于接受了农民革命风暴的洗礼,被迫在一定程度上认识了人民群众的力量,因而把国君比作舟,人民比作水,认为水能载舟,亦能覆舟。所以主张:"须以欲从人,不可以人从欲。"统治者应当"安不忘危,治不忘乱",要采取各种措施加强封建地主阶级国家机器,缓和与顿挫社会阶级矛盾,以维持和巩固封建王朝的长治久安。

第二,接受历史经验教训。他们认为,秦之所以灭亡,是由于始皇及二世的暴虐;汉之所以衰弱,是由于武帝之骄矜;隋朝之所以覆没,是由于炀帝任用邪臣,护短拒谏,臣下钳口,诛求不已,滥用民力,大兴土木,挥霍无度,南北巡游,穷兵黩武,三侵高丽的结果。因而他们极力抨击历代昏朽的封建皇帝,而仰慕前代所谓圣明君主的德政治术,"鉴前代成败,以为元龟"。

第三,选贤任能。他们认为,"治之安危,惟在得人",即所谓

"安天下者惟在得贤才"。唐初统治者十分重视官员选拔工作，太宗自称"梦寐以求忠贤"，曾将州郡刺史名单书于屏风，记其功过，以便奖惩。当时规定的选官标准：一是德，二是才，三是影行。所谓"德"就是道德品质，为政治标准，被列为首位；"才"是业务工作能力；"影行"是实际表现及民众反映。当然，政治品质、业务能力和实际表现都具有严格的阶级标准。

第四，精简机构，严申法律。为了加强国家机器职能，他们十分注意调整机构，简化组织程序，尽量少用官员。即所谓"量才授职，务省官员，千羊之皮，不如一狐之腋。"如此既可减轻百姓负担，又能提高工作效率。严明国家法律，一方面认为"国家法令，惟须简约"，以便于官员掌握；另一方面主张废除前代酷刑，以示"宽平"。他们指责当时司法工作中的最大流弊："屈申在乎好恶，轻重由乎喜怒"，忽视律令法典，单凭长官意志。为防止冤狱错案，规定凡属重大案件或处决死囚，须经三覆五奏，而后定案行刑。

第五，调整各种社会关系。统治阶级内部强调君臣关系，他们把国君比作元首，臣僚比作股肱，只有君臣契合，才能治理国家，维持统治地位。为此，特别申明"君使臣以礼，臣事君以忠"，"彼相信守，相得益彰"，"长守富贵"；统治者和人民的关系，则强调统治者的"内省"。他们认为，"为主贪必丧其国，为臣贪必亡其身"。对人民群众要作些必要的让步，提供和创造必要的生产、生活条件，使之永远为统治者效劳；处理民族问题，虽然仍采取武装镇压、分化瓦解以及怀柔麻痹相结合的方针政策，但强调安定边疆，设置羁縻州府，给少数民族以形式上的自治；任用其上层分子，不过分地歧视和排斥少数民族，发展了多民族的统一国家。

第六，培养后继人。他们深切地感到取天下之困难，守天下之不易，要使长久维持唐王朝在中国的统治，必须培养后继人。因而非常注意对太子、诸王及贵族子弟的教育与培养工作。教育他们懂得君君、臣臣、父父、子子之道，培养他们忠于唐朝王国的道德品质，告诫他们深居宫中不知民间疾苦的危害性。唐太宗利用一切机会来教育自己的皇位继承者，就连吃饭穿衣、乘船骑马等生活琐事也不放过，告诫子孙了解稼穑之艰难，取得天下之不易。

第七，君臣诚谏。贞观年间，魏徵等人的"直言敢谏"，唐太宗的"从谏如流"，成为一代政治风尚。魏徵、王珪、刘洎、褚遂良等人都是当时的著名谏官，他们所谏的内容，上自国家大政，下至宫廷琐事。魏徵一人仅在贞观元年前后就进谏二百余事，并提出"兼听则明，偏听则暗"的著名论断。唐太宗虚心纳谏，提倡和鼓励臣下谏诤，即所谓"每有谏者，从不合朕心，亦不以为忤。"有的谏诤言辞过激，甚至是酸辣刺耳，他也能够顾全大局，从地主阶级国家的最高利益出发，虚心纳谏。

第八，谦逊谨慎。他们从历史上得知，秦始皇、隋炀帝是由于骄矜而败，周文王、汉高祖是由于谦逊而兴。因此，以太宗为首的唐初统治者"以古为鉴"，"自守谦恭，常怀畏惧"，出一言，行一事，都思之再三，十分小心谨慎。他们认为，骄矜是败德之源，浮躁是灭国之由，统治者要时刻警惕自己，所谓"居安思危"，"理不忘乱"。

第九，防止奢惰。太宗把贪婪的统治者比作"馋人自食其肉，肉尽必死"。因此他认为："人君之患，不自外来，常由身出。夫欲盛则费广，费广则赋重，赋重则民愁，民愁则国危，国危则君丧矣！"① 从此观念出发，唐太宗曾采取一些措施，防止奢惰，节用民力，而不专求声色犬马与楼台殿阁，并规定王公以下宅第、车服、婚嫁与丧葬等都不得随意浪费。

---

① 《资治通鉴》卷一九二，武德九年十一月条。

第十，尊崇儒术。他们追尊孔丘为"先圣"，提高儒家社会地位，凡属前代名儒大师都力加推崇，也重视当代儒家学者，随时予以褒奖。召集名儒编纂和整理儒家经典著作，以适应新的统治需要。同时，他们认为，"为人大需学问"，不注意学习儒学与历史，就不能胜任工作，处理政务。

《贞观政要》是值得我们重视的一部古典文献。本书不仅为人们提供了丰富的历史知识和掌故，更重要的是给后世遗留下十分宝贵的历史经验教训，阅读和研究这部文献将能从中得到许多启示和教益。但是，由于编者的阶级立场和时代条件所限，只是选编了唐太宗时代君臣论政的一部分内容，而且是一部分所谓嘉言善行，即值得宣扬的所谓德政与治术。所以这部书是歌功颂德有余，批判贬斥则不足。对封建统治阶级的反动言行并没有辑录，或很少记载。《政要》没有全面反映当时政治情况，这是不言而喻的。如果我们仅仅依据这部文献资料，不加以考察与批判，论断唐初历史人物与社会问题，则所得出的结论，将是不全面的，甚至是错误的。

（原载 1979 年《东北师大学报》第 2 期，亦收录于
1982 年陕西人民出版社《唐太宗与贞观之治》）

开元天宝盛世新探

在漫长的中国封建社会历史中,曾出现过闻名中外的汉、唐、明、清四大王朝。每个王朝的出现,并不是偶然的历史现象,都代表着一定的历史进程,而且具有时代的内容与特征。每个王朝都有自身的兴亡历史,但它不仅是一个王朝本身的历史问题,而且也是中国古代历史长河中一个具体的社会发展阶段的问题。因此,就这个意义上讲,王朝不过是历史发展中的一个符号而已。

唐王朝起于公元 618 年,止于 907 年,经历二百九十年,上承两汉,下启明清,在中国古代史中占有重要地位。唐玄宗李隆基统治的开元、天宝年间(712—755 年),是唐王朝的黄金时代,一向为人们所称赞,誉之为"盛世"。它可与汉代武帝统治时期(公元前140—87 年)和明代洪、永、熙、宣四朝(1368—1435 年)以及清代康、雍、乾三朝(1662—1794 年)相媲美,都是中国古代史中的重大发展时期。

这一时期,社会生产力有显著提高。全国户数已超过九百万大关,人口接近五千三百万,实际垦田数字约在八百万顷到八百五十万顷之间①。这些数据,都超过了前代的最高水平。当时,不仅在中原地区垦田兴盛,而且在边远的东北营州、西北凉州与西南桂州等地也有较大的进展。所谓"四海之内,高山绝壑,耒耜亦满"②。广大群众兴修许多水利工程设施,合理利用土地,改进农

---

① 汪籛《唐代实际耕地面积》,《光明日报》1962 年 10 月 24 日。

② 《次山文集》卷七。

业生产工具,培育良种,改善耕作技术,加强田间管理。北方陕南、汉中一带开始实行二年三季粟麦轮作,南方稻麦轮作一年两季或二年三季,从而提高了粮食单位面积产量。

手工业生产门类很多,有冶炼、铸造、采矿、造船、纺织、印染、刺绣、雕刻、木器、陶瓷、造纸、煮盐、制茶、酿酒、皮革、服装等几十种以上。不少作坊生产规模很大,分工精细,人身隶属关系有所松弛。官营作坊中"和雇"工匠的比重不断增大,私营作坊中出现了早期的雇佣关系。某些部门生产技术大有提高,如冶炼业的"合金银并成"以及"开元通宝"钱样采用先进的腊模铸造法①,金属器皿制造中使用简单的小型机械车床等②,都是当代的突出成就。纺织业产品种类很多,产量丰富,仅麻纺织产品即达二十余种。据统计,天宝时期唐朝每年税收绢布折合公制计算已达一亿七千二百一十万平方米,当时全国每人可分三点五平方米。这仅仅是税收数字,当然实际产量要比这个数字大得多。

在农业、手工业生产发展的基础上,开元天宝时代的商业也很兴盛。全国商业城市增多,水陆交通便利,驿站制度完备,以长安为中心通向全国各地,共有一千六百三十九所驿站,驿路总长将近五万余里③。各地联系广泛,所谓"天下诸津,舟航所聚,旁通巴汉,前指闽越,七泽十薮,三江五湖,控引河雒,兼包淮海,弘舸巨舰,千舳万艘,交货往还,昧旦永日"④。商品交换发达,市场物价比较稳定。据文献记载,开元十三年(725年),北方米价一斗十三

---

① 《唐会要》卷八九。
② 《西安何家村窖藏的唐代金银器》,《文物》1972年第1期。
③ 《大唐六典》卷五。
④ 《册府元龟》卷五〇四。

文,绢价一疋二百一十文。到二十年后的天宝五年(746 年),米价未变,绢价稍落至二百文①。

开元天宝不仅是我国封建社会经济发展的繁荣时代,而且也是文化科学发展的昌盛时期。唐代诗歌是我国诗史的黄金时代,在古典文学中占有显著地位。开元天宝诗坛,万紫千红,缤纷多彩,体裁与风格有新的创造,思想内容比前代有所充实。以李白、杜甫为首的许多著名作家和以王维为代表的"田园山水派"、岑参为代表的"边塞派"等创造出大量优秀作品,为中国古典文学艺术宝库增添了新的内容。此外,在散文、小说、词曲、音乐、绘画、雕塑等方面也有较大的发展。著名散文家萧颖士、元次山等人对散文的思想内容及创作实践提出不少新见解,为散文的发展作出了自己的贡献。小说日趋兴盛,基本上摆脱了唐初志怪神鬼内容,而充满着现实生活气息。词曲开始流行民间,以诗的解放姿态进入文坛。号称"百代画圣"的吴道子和享名全国的雕塑家杨惠之,创作的大量优秀作品,已成为中国古代艺术史上的珍品。

史学家刘知几的《史通》、吴兢的《贞观政要》、地理学家贾耽的《陇右山南图》与《海内华夷图》等,都是创造性的巨著,直接丰富了中国古代历史学与地理学的宝库。

开元天宝时代的科学技术发展有新的突破。在天文仪器制造、天文计算与实际观测以及文字历书编纂等方面都取得了很大的成就。闻名世界的天文学家张遂发明制造的"黄道游仪"是一个创举,并用这个仪器测定一百五十多颗恒星位置,所发现的恒星移动现象早于西方千余年。他亲自到河南一带测量子午线长度,也早于西方九十余年。他在 727 年编成的《大衍历》的突出成就是根

---

① 《通典·食货典》。

据日影实测数据确定历法，纠正前代历法中的许多错误，对我国天文学的发展有很大贡献。在医学理论的整理与提高方面，以王冰注释的《黄帝内经素问》最为有名。《外台秘要》为方书代表作品，《本草拾遗》为药学代表著作，将我国古代医药学大大向前推进一步。

发展的社会经济，兴盛的科学文化，为开元天宝时代唐朝社会奠定了精神的物质的基础。中外交往频繁，各族联系密切，社会秩序比较稳定，统一的多民族的封建国家处于发展时期。大唐王朝闻名中外，强盛无比。"是时州县殷富，仓库积粟帛，动以万计"①。长安、洛阳地区的国家粮仓堆积如山，甚至达到"陈腐不可较量"。据天宝八年统计，全国各地库存粮食达九千六百零六万二千二百二十石②。其中洛阳含嘉仓一处储粮计有五百八十三万三千四百石，到1969年发现此仓时尚有炭化谷子五十万斤！关中及朔方、河陇、河北七十余郡官仓粮储，多者达百万石，少者也不下五十万石③。比如开元初年建成的清河"天下北库"，专供北方诸军讨击突厥之用，到天宝末年常山太守颜真卿据守清河抗击安禄山军队南下时，中经五十年耗用，而"北库"尚存粮三十万石，布三百余万匹，帛八十余万匹，钱三十余万缗。由此可见，唐朝囤储粮食物质是十分丰富的，即所谓"人有余力，帑藏丰溢"。如此空前统一的唐王朝，势力所及，东与东南临海，包括领有台湾及南沙群岛在内的南海岛屿；西南以世界屋脊喜马拉雅山麓为天然屏障，与泥婆罗（尼泊尔）、天竺王国（印度、巴基斯坦等国）接壤；西至帕米尔高原，

---

① 《资治通鉴》卷一一六，天宝八载二月条。

② 《通典》卷一二。

③ 《通典》卷一四八。

与阿拉伯王国毗邻;西北到巴尔喀什湖畔,与拜占廷帝国发生密切联系;北至贝加尔湖;东北势及外兴安岭以南包括库页岛在内的鄂霍茨克海岸,与日本列岛隔海相望。据开元二十八年(740年)统计,在此辽阔土地上,唐朝于内地设十五道,三百二十八州,一千五百七十三县①。边疆设六都护府,八百余羁縻州县②。府兵五百九十三府六十八万人③。文职官员一万五千二百余人,武职官员六千九百余人,吏员六万七千余人,文教科技人员三千七百余人,各科生徒六万余人,勤杂人员五万六千余人④。

人们只要是翻阅一下公元八九世纪的世界历史,便不难知道,开元、天宝时代的大唐王朝,与当代世界强国法兰克、拜占廷以及阿拉伯等国相比较,是有过之而无不及,成为亚洲经济文化交流的中心。

欧洲加洛林朝法兰克王国查理大帝统治时期(768—814年),国势盛极一时,其版图西南直抵厄波罗河,东至易北河、扎勒河、波希米亚山及维也纳森林,南部则包括意大利的大部分,和旧日西罗马帝国相差无几。查理帝国在欧洲享有很高威望,它不仅得到拜占廷帝国的承认,同时苏格兰与邻近西班牙玛尔克的阿斯土里亚王、爱尔兰诸部落公国的首领也都请求帝国予以保护。但是,这个帝国的封建制生产关系刚刚确立不久,各区自然经济仍占统治地

---

① 《通典》卷七三。《新唐书》卷三七。
② 《大唐六典》卷三。
③ 《通典》卷一七二。《邺侯家传》。
④ 据《大唐六典》资料统计,实际现员编制要超过此数。另据《通典》卷一四记载,开元二十五年天下诸色胥吏以及在官府应差的诸色职掌、学生、俊士、里正和折冲府中下级军官共有三十四万九千八百余人。

位,互不往来,内外贸易很不发达。由军事征服而迅速形成的查理帝国,"没有自己的经济基础,而且是暂时的不巩固的军事行政的联合"①。因而,在查理大帝死后不久,帝国便迅速走向分裂衰落的途径。

地跨欧亚的拜占廷帝国,兴起于七世纪中叶,曾以保存并发展欧洲古典文化而著称于世。拜占廷帝国处在东西方的商业贸易要冲,首都君士坦丁堡拥有百万人口,国际贸易频繁,马克思誉之为"东西方的黄金桥梁"。但是,八九世纪的拜占廷,封建生产关系也是形成不久,而且并不十分巩固,它的最发达时期要比"开元天宝盛世"晚一个多世纪。

雄踞中亚的阿拉伯王国,是在七世纪四十年代前后兴起的。欧默尔哈里发时期(634—643 年),阿拉伯王国便先后征服了叙利亚、伊拉克和埃及等地区,到倭马亚王朝时期(661—746 年),势力不断扩张,向东攻占了信地、布哈林、撒马尔汗等地,向西征服了西班牙。国内政治、经济和文化的发展都非常迅速,与唐王朝毗邻相处,成为东方世界的大国,但它并不比唐朝强盛。

因此,人们十分重视开元天宝时代的历史,是理所当然的。过去,曾有许多人加以赞美和歌颂,甚至作出违反历史实际的评价。《通典》作者杜佑与《开天传信录》作者郑綮虽然相距开元天宝时代不远,但是他们是站在封建地主阶级立场上,极力粉饰所谓"开元天宝盛世"。他们说当时"丁壮之人,不识兵器,路不拾遗,行者不囊粮",社会达到"河清海宴"、"人情欣欣然"的境地,为唐玄宗李隆基大唱赞歌②。后世封建史学家,如《唐书》编者刘昫与《新唐书》

① 斯大林《马克思主义与语言学问题》。
② 《开天传信录》。

编者欧阳修等人,也是跟在他们后面,重弹旧调,极尽美化之能事。至于近代某些资产阶级史学家,抹煞历史实际,认为唐玄宗的统治是什么"圣运",鼓吹历史唯心主义,叫人们去向往与追慕所谓的"盛世"。值得提出的是,"四人帮"御用文人梁效之流,对这段历史更是不遗余力地加以歪曲和捏造。他们胡诌"唐玄宗前期,基本上继续唐太宗武则天的法家路线,从而出现了"开元之治"。显然,他们不是在研究历史,而是借题发挥,以古喻今,是为了篡党夺权,把中国拉向黑暗深渊而已①。

当然,我们也非常重视这段历史,但不是为了歌功颂德,赞美旧世界,把人们引向远古社会,而是要恢复历史的本来面貌,以大量准确的历史事实为依据推倒那些美化、歪曲甚至是捏造之辞。全面观察和分析开元天宝时代的历史,揭示阶级与阶级斗争状况,阐述当代生产力的发展水平同劳动群众在历史上的积极作用,研究造成"盛世"的历史背景及其社会诸般政策,作出正确的历史结论,以利于人们从中吸取有益的启示。

隋朝末年的严峻阶级斗争,对七八世纪的中国历史具有深远的影响。隋末大规模农民起义不仅摧毁了隋王朝的反动统治,而且也深刻地直接地教训了唐王朝的统治者。618 年,李渊、李世民父子在关中建立唐王朝以后,大约经历十年的时间就统一了全国,在中国逐步建立起一个空前强大的封建王朝。这个王朝,在唐玄宗李隆基称帝以前的九十年里,唐太宗李世民(626—649 年)和女皇武则天(660—705 年)的统治占去将近七十年。以李世民为首的统治阶级,迫于形势,不得不接受隋末农民革命的教训,正视唐初社会问题,广开言路,兼听正反两方面意见,总结前代朝政得失,

---

① 《杜甫再评论》,《北京大学学报》1975 年第 2 期。

对农民实行缓和政策,出现了所谓"贞观之治"的政治局面。而武则天执政以后,基本上仍然推行贞观朝政,加强政权统治效能,恢复发展社会经济文化,从而巩固了唐王朝的统治地位。应当说,李世民与武则天的统治,为唐玄宗李隆基的统治提供了现实的经验教训,并从组织上、思想上及政策上准备了必要的条件。

随着唐朝的建立与统一,大规模的阶级斗争平息了,国内处在相对的和平状态,社会秩序走向安定。在隋末大起义的冲击下,社会阶级关系发生了较大的变化。作为社会上长期占统治地位的门阀贵族集团,已经是"衰宗落谱",势力大为削弱,不再是左右政权和阻碍社会前进的主要势力了。一般地主势力却大有发展。唐初"均田制"没有全面实行,在封建土地私有制发展的基础上,自由兼并土地盛行,这就给一般地主势力发展开创了经济条件;在政治上,自隋朝兴起科举之后,逐渐地打破了门阀贵族长期垄断朝政的局面,这就为一般地主直接参政提供了可能。

据两唐书有关列传及文献的粗略统计:高祖李渊时期(618—626年),执政宰相共十六人,而没有一人是科举出身的。太宗李世民即位后至玄宗李隆基即位前(626—712年),共有宰相一百七十四人,其中有五十五人是科举出身的,占宰相总数的百分之三十二左右。玄宗统治时期(712—755年),共有宰相三十四人,其中有十九人是科举出身,占宰相总数的百分之五十六左右。由此可见,科举出身的官僚比重越来越大,而且直接影响到唐朝政局。科举出身的官僚,是属于一般地主阶级利益的代表者,他们不是靠门阀势力而是通过科举考试登上政治舞台,力求扫除过去门阀贵族官僚集团的政治恶习,反对因袭保守,要求革新向上,发奋图强,把国家治理好。这一点,对唐玄宗统治时期的朝政颇有重大影响。

劳动者的身份地位变化,主要表现在前代遗留下来的奴婢、部曲等已显著减少,他们在社会生产中已不占有重要地位。这种变化,可从"均田制"中奴婢不授田得到说明。在农民革命推动下,唐初广大农民群众的身份地位有所改变,封建人身依附关系开始削弱,具有契约形式的租佃关系逐渐兴起。如在新疆发现的《唐天授元年张文信的租佃契》中,明文规定地主康海多与佃户张文信的租田契约关系,而不具有早期封建社会的人身隶属内容①。这种租佃关系不仅存在于边远的新疆地区,而且在中原地区已经出现。在唐隆元年(710 年)的诏书中曾规定:地方官不准买卖百姓逃亡土地,可"依乡原例"租与他人耕种,地租归官,上缴州县仓库②。劳动者身份地位变化还表现在,农民可以"庸"代"役",手工业匠人也可"出资代役"③。这是农民革命斗争的胜利果实之一,具有深远的社会意义。劳动者与统治阶级以契约形式维持租佃关系,或以钱、物代替劳役,在生产上有相对的独立性,封建人身依附关系的削弱,从而提高了生产的积极性,这对发展唐代社会生产具有极大推动的作用。

　　大规模的农民革命战争之后,不仅直接推翻了隋王朝的反动统治,部分地改造了腐朽的生产关系,而且也创造了一个较为安定的社会环境,使唐初各族人民争得了一定的生活与生产的社会条件。在广大人民群众的辛勤劳动努力创造下,唐初残破的社会经济迅速恢复和发展起来。人民,也只有人民为封建王朝创造了丰富的物质财富,将我国封建社会推向一个新的历史时期,出现了所谓"开元天宝盛世"。

----

①　《敦煌资料》第 1 辑。
②　《唐大诏令集》卷一一〇《诫厉风俗敕》。
③　《唐书·食货志》。

这种历史局面的出现,也不能忽视当代国家政权职能、方针政策和以唐玄宗李隆基为首的统治者的作用。

唐朝前期,执政达五十年的武则天在705年退位后,到712年李隆基即位前,在这七八年的时间里,换了三个皇帝,先后发生三次宫廷政变,派系斗争十分尖锐,形势混乱,政局不稳。唐玄宗面对社会现实,在名相姚崇、宋璟等人辅佐下,任用干练官员张说、张九龄、裴耀卿、韦坚等人,采取果断措施,确定新的方针政策,进行整顿和改革,治理国家,以期巩固地主阶级统治,强化唐朝封建王朝。

为了巩固封建地主阶级统治地位,促进封建政治、经济和文化的发展,以唐玄宗为首的封建统治集团大力整顿统治机构,提高国家统治效能。开元四年(716年),恢复了谏官参与宰相议事制度,发扬唐初以来的"兼听"、"纳谏"风尚。凡属重大决策,都要经过反复研究,谏官及时谏诤,明辨得失,避免差错。开元十一年(723年),宰相张说奏改国家中枢机构政事堂,内置吏房、枢机房、兵房、户房和刑礼房,以强化中央行政管理。又设立翰林学士,选心腹之人充任,专掌"内命",拜免将相,号令征伐,加强中央集权统治。与此同时,对地方行政机构,也作了相应的调整,改十道为十五道,各道设采访使,并建立地方最高常设机关。根据临时任务,特派专使出镇地方,诸如租庸使、户口使、转运使等,加强行政管理。开元时期,在改革府兵制的同时,也相应地调整了地方边镇的军事行政领导,先后设置十节度使。大体上安西节度使专为控制西域而设;北庭、朔方节度防御突厥与回纥;河东节度镇抚山西,犄角朔方;河西、陇右节度控制西北诸地,防范吐蕃;范阳、平卢节度分镇河北、东北,抵御奚、契丹、室韦、靺鞨的骚扰;剑南节度使统治四川,镇抚西南地区各族;岭南节度统治广州,外防海寇,保证沿海地区群众

的生产条件。同时也加强了安东、安西、安北、安南四大都护府,巩
固边防,维护统一的多民族国家的政治稳定性。对各级负责官员,
严格选拔,"任人当才"。开元三年八月明令:"官不滥升,才不虚
受,惟名与器,不可以假人,左贤右戚,岂资于谬尝?"① 他们认为
选官"务在择人,随材授任,使百官各称其职"②。特别对地方州县
长官如都督、刺史和县令等,往往是"选京官才望者为之"③。唐玄
宗十分注意选拔县官,甚至亲自在宣政殿召见县令,出题考试,了
解下情,优异者擢升,拙劣者罢黜。在开元四年一次县令考试中,
即将其中不合格者四十五人予以淘汰。对州官刺史也是奖惩分
明,一面罢免为害地方的酷吏涪州刺史周利贞等十三人,一面提拔
政绩累累的怀州刺史王丘、魏州刺史崔沔、济州刺史裴耀卿等人为
京朝官。

为了选拔有用之才,不断充实、更新各级政权部门官员,大力
发展科举制。据统计,玄宗在位四十三年,共录取进士一千一百六
十五人(此数远远超过了前代的取士数字,高祖、太宗在位三十一
年取士二百二十七人,高宗、武后在位四十四年取士九百八十六
人)④,从而改变了各级官员成份,有利于各项方针政策的贯彻与
执行。

显然,这些措施对巩固唐朝政权提高各级官员工作效率都起
了积极作用,直接或间接地促进了唐代社会的兴旺与发达。

玄宗即位后,励精图治,针对社会问题,采取许多具体措施,如

---

① 《唐会要》卷八三。
② 《资治通鉴》卷二一一,开元四年闰十二月条。
③ 《资治通鉴》卷二一一,开元四年二月条。
④ 《文献通考》卷二七。

提倡节俭与薄葬,罢两京织锦坊,诏令"乘舆服御、金银器玩,宜令有司销毁,以供军国之用;其珠玉锦绣焚于殿前,后妃以下皆毋得服珠玉锦绣。"甚至规定"毋得采珠玉、织锦绣等物,违者杖一百"①。又省开支,开元二十五年(737年)以为费用过多,遂停减光禄寺、鸿胪寺、司农寺以及左右羽林军等年支杂物四百余万②。又汰冗官,停废朝中闲散诸司官署,开元二十三年一次裁减中央散官三百余员,而使"官吏稍简而费用省"③。又明律令,根据新形势,组织人力修订律、令、格、式条文法规,"总七千二十六条。其一千三百二十四条,于事非要,并删除之。二千二百八十条,随事损益。三千五百九十四条,仍旧不改。总成律十二卷,律疏三十卷,令三十卷,式十卷,开元新格十卷"④。又惩凶顽,对罪行严重民愤极大的皇亲国戚、官僚贵族和地方首脑,都依法严惩。如皇后妹婿长孙昕等人在街上随意侮辱殴打朝官御史大夫李杰,就以"轻侮常宪,损辱大臣"为由,而令斩决⑤。又如刺史裴景先,非法聚敛五千匹绢,玄宗得知后,亲自下令处以死刑⑥。又严考课,对官员政绩严加考核,在《整饬吏治诏》中规定每年十月,委各道按察使考核地方官,最后由中央户部长官复核,以定优劣,"改转日凭为升降"⑦。力求"有善必赏,所以劝能;有罪必诛,所以惩恶"⑧。下自县令,上

---

①　《资治通鉴》卷二一一,开元二年七月条。
②　《大唐六典》卷一九,司农寺条。
③　《大唐六典》卷三,度支部中条。
④　《唐会要》卷三九。
⑤　《旧唐书·李杰传》。
⑥　《旧唐书·李朝隐传》。
⑦　《全唐文》卷二七。
⑧　《全唐文》卷三四《诛裴景仙敕》。

至宰相,都在考课之例,并且规定任官时间,所谓"开元初,辅相率三考(三年)辄去,虽姚崇、宋璟不能逾"①。又斥阿谀,中书侍郎王琚以"谲纵之才",极尽阿谀之能事,为玄宗"所亲厚,群众莫及。"当时有人尖锐地指出,此人"可与之定祸乱,难与之守承平",玄宗接受意见,渐至疏远,使之出为外官②。又汰僧尼,"以伪善还俗者万二千余人",并且诏令全国"毋得创建佛寺,旧寺颓坏应葺者,诣有司陈牒检视,然后听之",借以限制僧侣贵族势力的发展,解放寺院控制的大量劳动力③。又整顿市场,查禁"恶钱","敛人间恶钱熔之,更铸如式样"④。改革首都长安的"配户和市"陋规,而"令出储之家,预给其直,遂无奸僦之弊,公私甚以为便",促进了商市繁荣⑤。又检田括户,从开元九年至十二年,任命宇文融为全国复田劝农使,下设十道劝农使或劝农判官,分别检查未注册纳税的土地与大族荫庇的客户,结果括户增加八十万,"田亦称是","岁终征得客户钱数百万"⑥。检田括户是一项重要社会措施,对加强中央集权、打击地方豪强地主,缓和社会矛盾,发展农业生产颇有作用。又重申"均田",唐朝建国以后,几度诏令前代"均田制",但随着土地兼并的发展,开元年间人口流亡、土地兼并已成为主要社会问题之一,所以唐玄宗在开元二十五年再次下令"均田",尽管不能从根本上阻止土地兼并,但对稳定社会形势,调整阶级关系是有积极作用的。又扩大屯田,为了解决地方驻军给养及缓和中央财政负担,

---

① 《新唐书·李内裕传》。
② 《资治通鉴》卷二一〇,开元元年条。
③ 《资治通鉴》卷二一一,开元二年条。
④ 《资治通鉴》卷二一二,开元元年条。
⑤ 《旧唐书·裴耀卿传》。
⑥ 《旧唐书·宇文融传》。

开元年间曾于河东道、关内道、河南道、河西道、陇右道、河北道及剑南道大兴屯田。据统计，"凡天下诸军州管屯总九百九十有二"①。大约军屯面积每屯五十顷，全国军事屯田总额不少于五百万亩，从而推动了边远地区的经济开发。又兴修水利，开元初年，京兆尹李元纮下令折毁王公贵族破坏水田的碾硙，而使"百姓大获其利"②。后来又在河北、河南、山西等地兴建不少水利工程，多则灌田三十万亩，少则灌田也不下十万亩。总计玄宗统治时期，全国共建五十六处水利工程③，这个数字相当唐朝所建水利工程总数的百分之二十以上。

在民族政策方面，不能也不可能排除阶级偏见与民族歧视。但是根据新的形势发展需要，以李隆基为首的唐朝统治者也采取了相应的缓和政策。开元三年（715年），河南地区新迁入的突厥族约有万帐。开元十年（722年），又有河曲六州少数民族五万余人迁至河南的许、汝、唐、邓、仙、豫诸州。唐朝对内迁的少数民族基本上采取妥善安置有利于发展生产的政策，从而促进了民族融合与各族经济文化交流。对边疆各地建立起来的少数民族地方政权，如东北的渤海、回纥和西藏的吐蕃以及云南的南诏等王国，与唐朝关系密切，彼此信使往来不绝，"和同一家"，进一步巩固了统一的多民族国家的强大与发展。在政治上，唐朝分别加封渤海、南诏、契丹、奚族等首领为王，任命回纥首领为怀化大将军。开元天宝年间，先后将永乐、燕郡、固安、东光、交河、和义、静乐、宜芳等公

---

① 玉井是博等《南宋本大唐六典校勘记》。
② 《旧唐书·李元纮传》。
③ 《新唐书·地理志》。

主下嫁东北各少数民族首领①，和亲通好，保持政治隶属关系；在经济上，以"朝贡"、"互市"形式，进行贸易，互通有无，加强经济交流；在文化上，唐朝文物、典章、制度、服饰等直接影响边疆各族。开元十九年（731年），受金城公主之请，唐朝赠与吐蕃的汉文书籍有《毛诗》、《左传》、《文选》、《三国志》、《晋书》等，"庶使渐陶声教，混一车书，文轨大同"②，加速民族融合，促进唐朝社会经济繁荣。这是时代的主流。但是必须指出，由于剥削阶级执政，互相间的关系不可能融洽和协，有时关系紧张，甚至是兵戎相见，当然不利于社会发展，这是完全可以理解的。

在对外关系方面，唐朝也采取了进取的政策。唐代中国已成为亚洲地区经济、文化交流的中心，并在世界上也享有很高的声望。在唐朝的积极政策影响下，亚洲各国对唐朝中国非常向往，中亚的波斯、大食（阿拉伯）、东南亚的天竺（印度、巴基斯坦）、骠国（缅甸）、真腊（柬埔寨）、林邑（越南）、狮子国（锡兰）和室利佛逝（印尼），东北亚的新罗（朝鲜）和日本，以及远在欧洲的拂菻（拜占廷），都纷纷遣使来唐，建立邦交，相互建立和平友好关系。在此良好的国际形势影响下，各国间的商业贸易得到迅速发展。唐朝首都长安城，外商云集，达成的贸易品种和数量都很可观。中国的丝织品、瓷器、纸张、茶叶、药材以及其它手工业土特产品远销亚洲各地。拂菻盛产的琉璃，波斯特产的动植物，大食的香料和药材，天竺的胡椒和沙糖，骠国的棉布，新罗的马匹，日本的砂金、刀、扇等物，也输入中国。丰富多采的唐朝文化更引起亚洲各国的关注，穆罕默德曾勉励他的弟子说："学问虽远在中国亦当求之。"当时日

---

① 《唐会要》卷六。
② 《唐会要》卷三六。

本、新罗等国则纷纷派遣唐使或留学生访问中国。开元天宝时代的唐朝对外出现了经济文化交流的高潮。各国之间的交流，不仅有利于亚洲地区的社会发展与进步，也直接促进了唐代中国社会的繁荣与兴旺。

问题十分明显，国家权力及其具体方针政策对社会发展是有巨大影响的，或是促进，或是延缓，或是倒退。恩格斯在致尼·弗·丹尼尔逊的信中指出："一切政府，甚至最专制的政府，归根到底都只不过是本国状况所产生的经济必然性的执行者。它们可以通过各种方式好的、坏的或不好不坏的——来执行；它们可以加速或延缓经济发展及其政治和法律的结果，可是最终它们还是要遵循这种发展。"① 大量历史事实表明，唐玄宗时代的一系列社会方针政策及措施的出发点，在于巩固现存的封建生产关系，维持王朝统治地位，这是毫无疑义的，但是毕竟在中国古代历史的发展进程中产生了积极的结果。就是说，强大的统一的稳定的以唐玄宗为首的封建政权，通过一系列社会政策的实施，"惠养黎元"②，为恢复发展社会经济文化提供了必要的条件，出现了"开元天宝盛世"的社会景象。强大统一的国家权力及其诸般社会政策，促进了公元七、八世纪中国历史的迅速发展。

必须指出，"开元天宝盛世"并非理想中的天国，人间的乐园，它具有很大的历史局限性。约在开元末年，以唐玄宗为首的封建统治者开始陶醉于"盛世"之中，逐渐抛掉了往日有限的政治革新，终日纵情享乐，奢侈浪费，而"不理朝政"。后宫宫女已达四万人，

---

① 《马克思恩格斯选集》第 4 卷，第 465 页。
② 《资治通鉴》卷二○○，开元元年十月条。

每日进食数千珍羞，所谓"一盘之贵，盖中人十家之产"①。李隆基专宠能歌善舞姿色出众的杨贵妃，挥金如土，荒淫无度。贵妃家族兄弟杨国忠、杨铦、杨琦及其三姊妹，成为左右当代政权的新权贵。他们"并承恩泽，出入宫掖，势倾天下"，贿赂公行，卖官鬻爵，蛮横跋扈已达极点②。

开元二十二年以后，李林甫、杨国忠相继执政，排斥甚至虐杀正派朝臣，提拔任用私人，"专徇帝嗜欲，不顾天下成败"③。财臣王铁、杨慎矜等人大肆搜括，额外聚敛。所谓"钱谷之司，唯务割剥，迴残剩利，名目万端"④。因此造成"百姓凋残，强人侵食"⑤，被迫逃亡，社会阶级矛盾日益尖锐起来。

天宝中叶以来，民族矛盾激化，边疆形势紧张，青海哥舒翰戍军二万为吐蕃所败，全军复没；安禄山率军十万北征契丹与奚族，大败于天门岭；杨国忠、鲜于仲通先后两次用兵南诏，丧师十万⑥。唐王朝威信一落千丈，社会各种矛盾与日俱增，终于导致八年的"安史之乱"（755—763年）。在大规模战乱中，不仅结束了唐玄宗统治的历史，而且成为唐王朝盛衰的转折点，喧赫一时的"开元天宝盛世"退出了历史舞台。

1964年1月初稿

1979年2月修订

---

① 《明皇杂录·补遗》。

② 《旧唐书·后妃传》。

③ 《新唐书·杨国忠传》。

④ 《通典》卷六。

⑤ 《敦煌掇琐》中辑。

⑥ 《通典》卷一八五。

（原载 1979 年东北师大社会科学丛书《中国古代史论文集》）

刘晏理财与用人

刘晏（715—780年），中唐时期著名理财家。肃宗上元元年（760年）为户部侍郎，充度支、铸钱、盐铁使，开始掌管唐朝财政。代宗宝应元年（762年），刘晏以户部侍郎兼领京兆尹、度支盐铁转运使，主管唐朝盐铁与漕运。广德二年（764年）又领东都、河南、江淮转运使与租庸、盐铁、常平使。不久晋升为吏部尚书，又兼益州、湖南、山南东道转运常平铸钱使，与另一位著名理财家第五琦分领天下钱谷财政。永泰二年（766年），第五琦充京畿、关内、山南西道转运、常平、铸钱、盐铁等使，刘晏加东都、畿内、河南、淮南、江南东西、湖南、荆南、山南东道转运、常平、铸钱、盐铁转运使。大历五年（770年），刘晏与户部侍郎韩滉分领关内、河东、山南、剑南租庸青苗使，至大历十四年（779年），天下钱谷财政皆以刘晏掌之。建中元年（780年），刘晏被诬陷"谋反"，贬于忠州，被暗杀身死，终年六十五岁。

刘晏是中国史上一位有头脑的著名理财家。他主管唐朝财政二十年，深知增加财政收入的根本前提，在于发展生产，安定民生，巩固封建统治。因此，理财必须以"爱民为先"。他针对时弊，多所改革。刘晏理财工作，卓有成效，唐朝财政收支大有好转。他讲求工作实效，要求署员按照章法办事，要迅速及时，不得玩忽职守。刘晏本人工作十分勤奋，不论多忙，也必须今日事今日毕，从不拖拉积压。上朝时，身在马上，手置马鞭，心里还在考虑财政收支数字；退朝时，坐在官署衙内仍在埋头批阅公文，时常是点过几支蜡烛之后，还不肯休息；有时虽是节假日，也在坚持工作，不误公事。他身体力行，为了改革漕运，亲自调查研究情况，及时条陈执政，以供决策。他时常到地方检查工作，催办漕运，戴月披星，路经曹州，过其家门而不入。他为人廉洁、俭朴，掌管财政多年，死时家财只有"杂书两车、米麦数石"而已！

　　唐朝安史之乱(755—763年)以后，政局混乱，漕运不通，财源枯竭。刘晏兴利除弊，首先整顿盐法，推行盐业专卖，统由国家管理。所谓"正盐官法，以裨国用"①。开始从整顿组织领导入手，于产盐区设置四场、十监。又于淮上设置巡院十三处，统由盐铁使掌管，具体负责地方盐政。对盐业生产者加以管理，确定亭户(盐业生产户)制度，讲究生产技术，提高生产效率。民制官管，盐尽归廪。同时奖励商人就场粜盐，自由运贩；又辅以常平盐法，以平盐价，防止奸商抬高盐价。每斗盐价经常保持在一百一十文上下。从而使民生安宁，市场稳定，国家盐利收入不断增加。刘晏执政初年，盐利收入四十万缗，大历末年增至六百万缗。国家财政危机大有好转，由年收四百万缗增至一千二百万缗。户口由二百九十三万户增至三百八十万户，十余年间净增九十万户。基本达到"敛不及民而用度足"②。

　　刘晏又以盐利所得，改革漕运，"即盐利雇佣分吏督之，随江、汴、河、渭所宜"，创立"分段交卸、依次进发"办法，以江淮为一节，河南为一节，陕西为一节，因地制宜，组织漕运。既可减少沉溺停溺之弊，又可节省行脚之费，故"岁转粟百一十五万石，无升斗溺

---

① 《新唐书·刘晏传》。
② 《新唐书·刘晏传》。

者,轻货自扬子至汴州,每驮费钱二千二百,减九百,岁省十馀万缗"①。为此,又于扬子置场造船二千艘,每船载千石,十船为一纲。不惜工本,务使船只经久耐用,以期保江南财富源源不断运至首都长安城。

为了扭转财政危机,变革时弊,推行新的政策法令,刘晏十分注意署下各级官员的选拔工作。他经过实际考核,曾经选用一批干练官员,推行理财诸般措施。

针对时弊,刘晏对元老权贵则"使俸给多少,迁次缓速,皆如其志,然无得视职事"②。使之坐享富贵,不予权柄,有害时政,以利革新财政工作。他排除社会各方阻力,"虽权贵干请,欲假任者,晏厚以廪入奉之,然未尝使事"③。刘晏认为:"士有爵禄,则名重于利;吏无荣进,则利重于名。"就是说士人重名,而官吏重利。据此而选用顾大局,识整体,有才干,知廉耻,重名望的"士",而不用奸猾狡诈、庸碌无能、见利忘义的"吏"。因此,他选用了大批干练的士人,即所谓"积数百人,皆新进锐敏,尽当时之选,趣督倚办,故能成功"④。如穆宁、韩洄、元琇、裴腆、李衡、包佶、卢徵、李若初、戴叔伦等人,"皆晏辟用,有名于时"。

包佶的父亲是"吴中四士"之一,士人出身。他进士及第,曾充诸道盐铁轻货钱物使,颇有成绩。"性严强力,束敛下吏"的李若初为浙西观察诸道盐铁使,治理"钱少货轻"有方。"整理盐法,颇有次叙"⑤。戴叔伦是著名文士萧颖士的门生,执法不阿,屈己奉公。

---

① 《新唐书·食货志》。
② 《资治通鉴》卷二二六,建中元年。
③④ 《新唐书·刘晏传》。
⑤ 《旧唐书·李若初传》。

主持湖南至云安盐政时，"杨愚琳反，驰客劫之曰：'归我金币可缓死。'叔伦曰：'身可杀，财不可夺！'乃舍之"①。颇识时务、气节自任的穆宁，"上元初为殿中侍御史，佐盐铁转运，住埇桥。李光弼屯徐州，饷不至，檄取资粮，宁不与。光弼怒，召宁欲杀之。或劝宁去。宁曰：'避之失守，乱自我始，何所逃罪乎？！'即往见光弼。光弼曰：'吾师众数万，为天子讨贼，食乏则人散，君闭廪不救，欲溃吾兵耶？'答曰：'命宁主粮者，救也。公可以檄取乎？今公求粮，而宁专馈，宁有求兵，而公亦与乎？'光弼执手谢曰：'吾固知不可，聊与君议耳②！'"穆宁由于坚持原则，而使手握重兵的大将军李光弼也无可奈何。

在当时的社会环境下，如果没有强有力的官员秉公办事，勤于职守，刘晏的理财办法再好，也不可能获得成功。刘晏置身于黑暗的官场之中，深知"办集众务，在于得人，故择通敏、精悍、廉勤之士而用之"③。这是刘晏理财取得成功的重要原因之一。

1980 年 9 月 15 日

（原载 1982 年黑龙江出版社《中国古代经济史论文集》）

---

① 《新唐书·戴叔伦传》。
② 《新唐书·穆宁传》。
③ 《资治通鉴》卷二二六，建中元年。

中唐时期三省制度的削弱与变化

唐置三省六部,中书省决策,门下省审议,尚书省总汇朝政,分署执行。三省制度组织严密,机构齐整,是秦汉以来专制主义中央集权政治长期发展的结果。三省长官为宰相,各自建制,互相制约,辅佐皇帝处理军国要政,进行集权统治。这种制度的确立,对维护强大的唐王朝曾起过积极作用。唐玄宗开元、天宝时期,国家典章制度、组织机构基本完善,三省制度及其行政工作效能大大提高,是我国封建专制主义中央集权政治成熟与强化的重要标志。

唐玄宗统治后期,中国封建社会发生了重大的变化。深刻的社会变革,引起了三省制度的变化。

随着封建社会土地私有制的发展,土地兼并日益盛行,北魏以来一直实行的均田制至此崩溃,从而动摇了中央集权政治的统治基础。政府的兵源、税源枯竭,面临统治危机。"安史之乱"加剧了社会危机,而使唐朝政治日趋腐败,财政收支困窘,军事制度败坏,边疆民族关系紧张,统治阶级内部矛盾重重。

在此形势影响下,作为中央集权政治支柱的三省制度遭到极大的削弱,发生了重大变化;而三省制度的削弱又对中唐时期肃宗、代宗、德宗、顺宗、宪宗五朝(756—820 年)政治产生了极其深刻的影响。

三省制度的核心问题是定策、审议与执行,三权分立,相互制约,集权统治。三省长官形成执政核心集团,共同管理国家大政方针,对皇帝负责,行使封建国家的中枢职能。"安史之乱"以后,中国封建社会的腐朽势力迅速膨胀,各种社会矛盾异常激化,三省制度遭致极大冲击,制度废弛了,职权削弱了,唐朝中央政权组织机构发生了明显的变化。

中唐时期三省制度的削弱与变化,首先表现在宰臣集团成份的变化。按唐初建制,三省长官于门下省设政事堂讨论政事,名相魏徵、房玄龄、长孙无忌等人皆非侍中而知门下省事。高宗永淳年间(682—683 年)中书令裴炎执政,将政事堂移至中书省。玄宗开元十一年(723 年),张说改政事堂为中书门下。肃宗至德二载(757 年),定宰相分值主政事,每人执笔十日。德宗贞元十年(794 年)又分每人一日,轮流处理日常有关政务。

唐太宗贞观年间,始有非三省长官入相者。如贞观元年(627 年)杜淹以检校吏部尚书“参预朝政”。三年魏徵为秘书监“参预朝政”。四年萧瑀为御史大夫“参议朝政”,戴胄以户部尚书、侯君集以兵部尚书“参预朝政”。九年萧瑀以特进“参预政事”。十五年(641 年)刘洎为黄门侍郎“参知政事”,岑文本为中书侍郎“专典机密”等。非三省长官参预朝政者,均加“同中书门下三品”或“同中书门下平章事”称号。这种安排出于当时官位循资而进,而有些才识过人的官员需要破格使用的原因,并不影响三省长官为实际宰相,分主本省,共同处理机务。

中唐时期,三省长官相权旁落,宰臣集团成份开始有了变化。“宰相下行尚书之事,尚书卿监上任宰相之权,此所谓无定制也”①。造成这个局面的原因有几个方面,首先,这一时期政局不稳,皇帝为应付繁杂的事务大量使用身边亲随之人参与政事,久而久之,参与的官员变为实际的宰相,三省长官却仅存空名。其次,

---

① 《汉唐事笺后集》卷三。

此时期为解决财政危机，大批理财人员入相，主持政务，他们入相时皆非三省长官。另外，玄宗天宝年间，奸相李林甫秉权十九年，朝野侧目，已成尾大不掉之势。故中唐时期皇帝不愿将重权经常交与三省长官，恐其难制，而任意使用其他低级官员参与其间。这样，三省长官作为实际宰相的情况起了变化。从睿宗景云二年（711年）起，尚书左右仆射不加"同中书门下平章事"衔即不是宰相。肃宗以下，中书令、侍中两官常缺而不设，即使设也不一定是宰相。特别是藩镇林立，节度使拥兵自立之时，朝廷采取羁縻政策，"代天理物"的三省长官竟变成了"赏功之官"。肃宗朝宰臣十六人，十四人以他官同中书门下平章事。代宗朝宰臣十二人有十人入相时非三省长官。德宗朝宰臣三十五人中三十三人非三省长官。顺宗朝宰臣七人无三省长官。宪宗朝宰臣二十九人仅两人为三省长官。此种变化同前代的重大区别在于，太宗与高宗、武后时期虽然也有大量非三省长官入相，但三省长官仍是宰相，所以三省制度能够正常运行，后期则摒三省长官于权力中心之外。晚唐人认为这是恢复了"政在中书，诚治本也"①，实则不然。中唐时期三省长官相权旁落，下级官员参预政事，直接削弱和破坏了行之有效的中央集权统治的三省制度。而且，宰臣流动性大，不能保持最高执政集团的相对稳定，不利于政策的连贯性。"兵兴以来，处左右端揆之位者多非其人"②，形成"朝令夕改，驿骑相望"的局面③。特别是德宗朝以后，"宰臣罕有久在位者"④，三省长官相权旁落，低级官员"同平章政事"，人微言轻，不易驾驭朝政，给节度使出将入相、宦官擅军政大权以可乘之机。加之中唐为解决财政危机而

---

① 《新唐书》卷一八〇。
②③④ 《旧唐书》卷一五八、一六八、一三六。

重用财政官员,致使"政出多门,宰臣不甚得专机务"①,"机务不由台司","宰臣备位而已"②。宰臣成份构成和相权的变化,直接削弱了三省组织机构的相互制约关系。

其次表现在三省六部职能的废弛。唐朝三省制中,门下省审署奏议,驳正违失的职能即封驳权是封建专制主义政权得以巩固和存在的重要条件。三省相互制约,防止各部门首脑专权跋扈,使中央方针政策得以顺利贯彻。中唐以后,三省制逐渐废弛,甚至形同虚设。门下省官员虽然进行封驳诏敕,但因各方面的掣肘,已起不到封驳作用。德宗建中二年(781年),门下省官员曾上封密启中书主事的过错,竟惹得权臣杨炎勃然大怒:"中书,吾局也。吏有过,吾自治之,奈何相侵矣!"按唐制"中书舍人分押六曹",至开元初废此职,德宗年间门下省提出恢复这个制度,也因中书省不同意而作罢。德宗贞元年间,新选官员依旧例送门下省复查,宰臣柳浑认为选官是吏部之职,"列官分职,复更挠之"③,遂不许门下省驳退。这一时期门下省的监督作用,由此可见一斑。

与此同时,中书省制订政策、起草诏敕的职能也遭致很大削弱。肃宗以后,因"军国务殷",翰林学士开始同中书舍人"共掌诏敕"④,但任员不多,也都是临时性的,草拟诏敕仍由中书省负责。贞元初年,中书舍人缺五员,仅剩高参一人也以病免,德宗不给补员,如有诏敕需要拟定,命翰林学士和其他官员代拟,出现了"中书省案牍不行"的局面⑤。贞元四年(788年)二月用翰林学士吴通

---

① 《册府元龟》卷四六〇。
② 《旧唐书》卷一二三。
③ 《旧唐书》卷一二五。
④ 《唐会要》卷五七。
⑤ 《唐会要》卷五五。

微等五人并知制诰,致使中书省"六员舍人皆缺"①,翰林学士代行制诰之职,制订政策,"深谋密诏,皆从中出"。从而,中书省制订政策职能随着中书舍人失去草诏之职而无形中被取消了。

尚书省本是行政的总汇,统领吏、户、礼、兵、刑、工六部,下设二十四司,系统完整,组织严密。中书门下议定的方针大计,就是通过尚书省的各个职能部门分头执行。中唐以来,战事频繁,藩镇林立,财政枯竭,国用不给。中央为应付局面,设立各种专使,名目繁多,随事设使,大权集于专使一身,严重妨碍了尚书省六部的正常工作,形成了"兵部无戎帐,户部无版图,虞水不管山川,金仓不司钱谷"的局面②。代宗永泰二年(766年)敕天下州府,诸司诸使,有事"先申省司取裁"③。大历十四年(779年)敕天下诸州府、诸使,有事一律"先申尚书省,委仆射以下商量闻奏"④。由此可以反证,当时尚书省的正常工作几乎停顿。难怪代宗皇帝惊呼"典章故事,久未克举",要选择熟悉尚书省制度,"备谙故事"的官员充实各部门去。德宗统治时期,尚书省"旧章多废"⑤,因之"朝政多僻","政出多门",而"机务不由台司"。宪宗元和以来,"因用兵,权以济事,所下制敕难以通行"⑥,六部职能俱废。

早在肃宗即位之初,由于事权被分割,尚书六部长官就因无事可做而隔日到部视事。德宗朝宰相张延赏令尚书省各部侍郎每日到部视事,终因无事可做而不行。

吏部主管选官,录用人才。正规的选官,分敕授、旨授两种:五品以上官员除拜,由宰相奏议,称为敕授;六品以下则由吏部铨材

① 《唐会要》卷五五。
② 《汉唐事笺后集》卷四。
③④⑤⑥ 《唐会要》卷五七。

授职,称旨授。开元以后,敕授渐多,员外、郎中、御史及其他供奉官的授与权限上交宰相。大历六年(771 年)又诏别敕除授文、武六品以下官,"吏部、兵部无得检勘"①,造成"吏部之权日益轻,宰相之任日以繁"②,吏部职能削弱。加之各方面的干扰,肃宗"至德以来,考绩之司,事多失实"③。德宗晚年,连御史、刺史、县令以上的任用都由皇帝"皆自选用"④,不肯交付有司处理。同时,由于北方节度使拥兵自立,"文武将吏,皆自署置",吏部无法插手。又因连年战乱,乾元以后,改每年一次的选举为"三年一置选"⑤,吏部工作不能按正规进行。"安史之乱"以来,"府库无蓄积,朝廷专以官爵赏功"⑥。以"征伐事多,每年以军功授官十万数"⑦,吏部无法考核,仅增设"司勋司封写急书告身官"九十一名,专门添写委任状,以应急用。将帅出征,也都大量带空白委任状,临时注名授官,自开府、特进、列卿、大将军,以至中郎、郎将等,至有异姓王者,皆非正式铨选,从而加深了吏治混乱。

兵部则有名无实,由于兵制废弛,地方节镇拥兵自立,与中央政府分庭抗礼,他们的军事设置、文武将吏,兵部无权过问。中央为应付连年战争,与方镇对抗,中央禁军大权则由宦官统辖,兵部亦不得插手。由兵部主持的每年一度武举也渐趋停顿。天宝三载、建中元年、贞元十四年三次下诏停武选,其中贞元十四年停武

---

① 《资治通鉴》卷二二四。
② 《汉唐事笺后集》卷一。
③ 《册府元龟》卷四五七。
④ 《资治通鉴》卷二三五。
⑤ 《旧唐书》卷一三九。
⑥ 《资治通鉴》卷二一九。
⑦ 《唐会要》卷五七。

选一直到十年后的元和三年才恢复,即使恢复,每年武举也不过十人①。总之,兵部已无所事事,"员数无多",基本形同虚设。

户部在六部中居于重要地位,中唐以来变化最大。

唐朝为了应付和解决财政危机局面,设立了许多经济专使,而且是自成系统,多由宰臣亲领。诸如第五琦、杨炎、吕湮、刘晏、元载、韩滉、窦参等人都是著名的判度支宰相。户部职能系于度支一司,而且是度支"渐权百司之职,广置吏员",加强财政搜刮。②德宗时,"欲使天下钱谷,皆归金部、仓部,终亦不行"③。原因是户部系统瘫痪,"省职久废,耳目不相接,莫能振举,天下钱谷无所统领"④。本来,六部皆宰相之属,度支之务隶于户部之下,每年财政收支由中书门下议定,户部只做具体工作,宰相总领全局。然而此时宰臣越过户部直接亲领度支事务,结果造成"户部度支失职"⑤。宪宗元和十三年(818年)进一步改变财政管理体制,将度支、盐铁三司分别置使司,宰臣之外,间以他官判之,而使"户部之职尽废"⑥。由于度支司"权百司之职",独揽财经大权,严重地干扰了尚书省六部的正常工作。宪宗元和初年,宰臣杜佑感到度支司包罗万象,"繁而难理",奏请"营缮归之将作,木炭归之司农,染练归之少府",但由于宪宗急于平藩,"颇奖聚敛之臣"⑦,杜佑的"还政"计划无法实现,六部职权恢复已成泡影。

上述三省制度的严重削弱与重大变化,是由于下列原因造成的。

---

①②③　《唐会要》卷五九。
④　《资治通鉴》卷二二六。
⑤⑥　《汉唐事笺后集》卷一。
⑦　《旧唐书》卷一五九。

第一，节度使"出将入相"打破了三省分权的政治平衡。

唐玄宗统治后，特别是"安史之乱"以后，宰相兼任节度使或节度使兼任宰相者渐多，谓之"使相"，即所谓"出将入相"。由此造成宰臣集团中武人增多，导致朝政紊乱，从而打破了三省分权的政治平衡。

唐朝"出将入相"，由来已久。唐初名将李靖、李勣、刘仁轨、娄师德等人皆以军功入相，开元年间的薛讷、郭元振、张嘉贞、王晙、张说、杜暹、萧嵩、李适之等亦以节度使入知政事，均属正常现象，而且对强化三省制度颇有积极作用①。但是，中唐时期"出将入相"却起了变化。有的宰相因事奉使外出或遥领节度使，如裴度出任彰义军节度宣慰淮西处置使以及武元衡、李夷简、杜黄裳等遥领节度使，他们仍是宰相或回朝后仍知政事，有的人则是方镇节度使官高势重，求为宰相，朝廷加"同中书门下平章事"头衔以宠之。

中唐以来，随着府兵制的废弛，"府兵内铲，边兵外作"②，地方节度使权势与日俱增，集财、政、军权于方镇，形成拥兵自立的局面。安史之乱后，北方藩镇林立，节度使"连结姻娅，互为表里"③，"郡邑官吏，皆自置署，户版不籍于天府，税赋不入于朝廷"④，"自领度支"⑤，世代相袭，"意在以土地传付子孙"⑥，俨然如独立王国，中央无力节制。如魏博节度使田承嗣，自代宗广德元年为帅，传四世，凡四十九年，"不禀皇化"，直到宪宗朝才"举六州之地来归"。成德节度使王武俊父子相承四十余年。北方重镇范阳、易

① 《资治通鉴》卷二一六。
② 《汉唐事笺后集》卷三。
③④⑥ 《旧唐书》卷一四二、一四一、一四二。
⑤ 《唐会要》卷七八。

定、淄青等莫不"以地相传"。淮西吴少诚相袭三世,三十二年"不复知有朝廷","虽名藩臣,实非王臣也"①。这些节度使拥兵自立,干预朝政,每闻朝廷将设一城一池之防,"必皆怨怒有辞"②。他们"自于境内治兵缮垒以自固"③,"各拥劲卒数万,治兵完城"。他们或几镇连兵,对抗中央,或突然反目,自相厮杀,"得计则潜图凶逆,失势则伪奉朝旨"④。河朔三镇,几十年间,数次分合,中央"羁縻而已"⑤。其他诸镇,竞相效仿。于頔在襄州时,请升襄州为大都督府,又于境内"公然聚敛,恣意虐杀"⑥。韩弘镇大梁二十余年,"四州贡赋皆为己有,未尝上供"⑦。由于节度使身拥重兵,手握财政大权,中央得不到方镇控制地区的税收,反受其要挟,仰其鼻息,只得采取羁縻手段,"专事姑息",授节度使以宰相职衔。

中唐以后,由于政局混乱,空授三师、三公、侍中、中书令等官,日益增多,多有其名而无其实。至于地方则"连城之镇累百,授钺之将十数"⑧,"有至异姓王者",左右朝政⑨。据《唐会要》等文献资料记载,肃宗、代宗、德宗、顺宗、宪宗五朝共任用"使相"六十三人次,其中节度使"同中书门下平章事"而未入朝执政者有四十多人,皆是"不得已而与之"⑩。他们表面上"虽以军功入相,皆不预朝政"⑪,实际上"常倚贼势",紊乱朝纲,甚至由他们决定朝中执政宰臣的去留。如建中四年(783 年),李怀光奉旨讨朱泚,几次上表

---

①②③④ 《旧唐书》卷一四三、一四四、一四四、一二四。

⑤ 《资治通鉴》卷二二三。

⑥⑦ 《旧唐书》卷一五六。

⑧ 《唐大诏令集》卷一〇一。

⑨ 《资治通鉴》卷二一九。

⑩ 《旧唐书》卷一四八。

⑪ 《资治通鉴》卷二二五。

请罢宰臣卢杞,否则便"顿兵不进"①。他们公然要求当宰相,以"挟天子令诸侯"。陕州节帅周智光因求为宰相而未如愿,竟威胁朝廷,狂称"夜眠不敢舒足,恐踏破长安城"②。

这些挂名宰相的节度使,不受朝廷节制,专与朝廷分庭抗礼,"索朝廷姑息"③,"专以凌上威下为务"④,朝廷毫无办法,"奏请无不从"⑤。宪宗朝宰相武元衡、裴度决计平藩,方镇对其恨之入骨,元和十年(815年),节度使王承宗遣人入长安刺杀武元衡,击伤裴度。朝廷被方镇的嚣张气焰所吓倒,竟想罢免裴度"以安二镇之心"⑥。这些情况,一直到宪宗采取断然平藩措施,才稍有平息。节度使拥兵自立,造成了"天子羽书所制者,天下才十二三,海内荡析,人心失归"的局面⑦,他们"出将入相",直接破坏了有唐以来的宰相升迁任免制度,打破了三权分立平衡局势,因而严重地削弱了中央集权统治。

第二,设置专使直接削弱了尚书六部的行政职能。

"安史之乱"战争八年,对社会生产破坏极为严重,北方的经济中心洛阳附近"百户无存一"⑧,山东河北地区"农耕尽废"⑨,人口大量流亡。纷乱的割据形势更加深了社会经济危机。北方重镇成德李宝臣、魏博田承嗣、相卫薛嵩、卢龙李怀仙等,"收安史余党,各拥劲卒数万,治兵完城,自署文武将吏,不供贡赋"⑩,"户版不籍于

---

① 《资治通鉴》卷二二九。
② 《资治通鉴》卷二二四。
③④⑤⑥ 《旧唐书》卷一六一、一六一、一五六、一七〇。
⑦ 《旧唐书》卷一四二。
⑧ 《新唐书》卷一四九。
⑨ 《陆宣公翰苑集》卷四。
⑩ 《资治通鉴》卷二二三。

天府,税赋不入于朝廷"。其他诸镇也都"不输王赋","四州贡赋皆为己有"。到宪宗元和年间,方镇控制北方十五道四十九州的赋税,朝廷赋税仅及"天宝税户四分之一"①。在此财源枯竭的情况下,唐政府每年仍要支付巨额军费,应付割据战争,行政开支也大为增加。代宗朝"府县之俸,十倍平时"②,宪宗即位之初,全国文武官员比开元时激增二十倍,"人寡吏多,困于供费"③,当时"天下财赋耗之大者,唯二事焉,最多者兵资,次多者官俸"④。在此形势下,唐政府设立了各种经济专使,如判度支、盐铁、转运、租庸、户口、铸钱等,名目繁多,不一而足,并多以理财的经济专使出任宰相。他们手握财权,身兼将相,在执政集团中拥有很大势力。

唐玄宗统治后期,杨国忠"凡领四十余使,又专判度支"⑤,掌管财政。此后不少理财官员莫不身兼数职,左右朝政。这些人为中唐时期财政经济工作进行若干改革,使"军国之用,仰给于度支、转运二使"⑥。肃宗朝吕諲为勾当度支使,不久入相。第五琦出任盐铁铸钱使,初变盐法。德宗朝杨炎为相,作两税法,两税使领其事。当时宰相刘晏、韩滉、元载等都是理财能手。这些经济专使入相,为解决中唐财政危机做出了贡献,但另一方面也破坏了传统的宰相制度。他们系经济工作于一身,直接造成尚书省六部职能削弱,中央政府财政工作主要集中到度支,出现不少弊端。理财重臣往往"守本官领使如故"而入相,"坐政事堂而分决本司事以自便"⑦,打乱了原有的三省行政系统,影响了中央集权统治。由于

---

① 《资治通鉴》卷二三七。
② 《唐大诏令集》卷一〇一。
③ 《旧唐书》卷一二。
④⑤⑥ 《旧唐书》卷一四九、一〇六、一一八。
⑦ 《汉唐事笺后集》卷一。

"经费之司,安危所系",所以,"赋敛之司数回,而莫相统摄"①,多为一些临时性应急机构,他们各行其政,致使这一时期政策非常不稳定,"穿凿万端,皆取之百姓,应差科者,自朝至暮"②,没有一个合乎常规的正常秩序,朝政失掉平衡,统治重心移至经济使司,直接削弱了原有的三省六部制度。

第三,翰林学士草拟诏诰文书代行了中书省部分决策之权。

唐代中书省本为制订政策的机构,负责起草诏敕。皇帝旨意,由中书舍人讨论后执笔草拟诏诰,杂署其名,称为"五花判事",经中书侍郎、中书令阅后转门下省审理。中唐时期此职渐移至翰林院中,由翰林学士代行中书之职权。

唐玄宗开元末年始置翰林学士,以文学见长者充任。原为行政系统以外的差遣,不计官阶,亦无官署,于学士院轮班值勤,以备皇帝不时宣诏,代为起草文件。起初撰拟诏敕仍归中书舍人,翰林学士只负责非正式的特别诏命,属于皇帝"私臣","止于应和诗赋文章而已"③。直到代宗大历年间,翰林学士仍任员不多,无足轻重。德宗即位之后,翰林学士礼遇日隆,号为"内相"。特别是德宗兴元元年(784年)"奉天之乱"时,翰林学士陆贽从幸奉天,专知制诰事。从此,翰林学士开始"朝服班序",加知制诰衔,代行中书省中书舍人部分职权,中书舍人竟成为无事无权的闲员。

德宗时如中书舍人例,置翰林学士六人,择其一人为承旨,"所以独当密命故也"。学士大权在手,"天下用兵多务,深谋密诏皆从中出"④。当时翰林学士陆贽为德宗所崇信,"虽有宰相,大小之

①② 《旧唐书》卷一一八、一一一。
③ 《唐会要》卷五七。
④ 《资治通鉴》卷二一七。

事,上必与赞谋之"①,"中书行文书而已"②。翰林学士由于是"私臣",在皇帝左右兼有顾问、幕宾、清客的地位,颇受宠信,故"为学士承旨者多至宰相"③。德宗、顺宗、宪宗三朝共任四十三名翰林学士,位至宰相者十六人,占百分之三十七强。"安史之乱"后,翰林学士在动乱之际,促迫应急,代行中书舍人之职,情有可原,然已成骑虎之势,无法更改。虽然有人以"朝野乂宁"为由,请求"合归职分",将制诰大权收归中书,但无结果④。宪宗元和三年(808年)又重申罢中书草制,进一步巩固翰林学士地位。翰林学士往往是独断专行,"内诏不宣,便令奉行"⑤,时谓"内相"⑥。他们掌制诰,代行中书之权,夺去部分相权,从而削弱了中书省的中枢地位。

第四,宦官专擅朝政瓦解了三省制度的组织原则。

中唐以来,由于节度使势倾中外,新设经济专使分割尚书行政大权,翰林学士代行中书职务,而使三省制度遭到削弱,唐朝政治出现了不稳定局面。在严峻复杂的社会矛盾斗争中,由于政出多门,变幻莫测的局面日趋严重,唐朝最高统治者对手下臣僚发生信任危机,不敢将重权交与权臣将相,因而宦官乘机擅权乱政,左右局势,从而进一步加深了中唐政治紊乱,促使帝国分裂,唐朝统治陷入深刻的危机之中。

唐代宦官系统,按官制规定,属内侍省。初唐虽有出任外廷职务之例,并有受高级武职者,但为数极少,且约束甚严,不至于乱。玄宗朝,宰臣姚崇与皇帝约定,宦竖不得干预朝政,后来宦官高力士羽翼已成,与奸相李林甫、杨国忠狼狈为奸,紊乱朝政。四方奏

---

①②③⑥　《资治通鉴》卷二三一、二三五、二一七、二三一。
④⑤　《唐会要》卷五七。

进，"必先呈力士，然后进御，小事便决之"①。天宝年间，宦官衣朱紫者千余，稍顺旨意，即授三品左右监门将军。杨思勖、牛仙童、边令诚等，均开宦官干政之先声。

中唐以后，社会矛盾重重，皇帝不能通过三省机构有效地驾驭朝政，便把内侍近臣宦官当做可依赖力量，委以重任，凡有节度使、观察处置使的地方，便有宦官监军，衔命往来于诸镇，络绎不绝。宦官在朝紊乱政纲，在镇掣肘军事。又设枢密使专门传达口令，也由宦官充任。更有甚者，朝廷为了对付方镇，加强禁军，统由宦官掌管，使他们直接握有兵权，枢密使实为"内相"，与中书门下首脑及翰林学士鼎足而立，形成朝中三大势力之一。甚至有时中书省、门下省长官与翰林学士也仰其鼻息，出其门而入相，不附其门而左贬者不乏其人。

"安史之乱"爆发后，监军使在军中掣肘，造成九节度使联兵邺城大战的失败，宦官鱼朝恩不但未获罪，反令其统帅神策军，超授天下观军容宣慰处置使。自此，宦官得以专典禁军，更加放肆干预朝政。他们利用手中的禁军和接近皇帝的方便条件，专擅军政大权。"监军则权过节度，出使则列郡辟易"②。肃宗朝宦官李辅国因从幸灵武，有翊卫之功，倍受宠信，位至三公，专典禁军，"判天下兵马事，势倾同朝"③，他身兼数使，公然对皇帝说："大家但宫里坐，外事自有老奴处之。"每日于银台门决天下事，打着皇帝的旗号，"须处分，便称制敕，禁中符印，悉佩之出入。纵有敕，辅国押署，然后施行"④，"节将除拜，皆出其门"⑤，宰相苗晋卿、崔圆以下，大都"惧其威权，倾心事之"⑥。萧华为相，不附李辅国，被其矫

---

① 《旧唐书》卷一八四。
②③④⑤⑥ 《旧唐书》卷一八四、一一二、一一二、一三八、一一二。

命罢免。代宗朝鱼朝恩"恃宠含威,天宪在舌"①,势焰熏天,"公卿惕息"②。宪宗朝"宠信内宦,有至专兵柄者"③。吐突承璀"恩宠莫上",破例授将帅之职,梁守谦掌枢密,"颇招权利"④。

大宦官横行朝廷,小宦官也遍布军事要地。宦官利用三省制度削弱之机,专擅朝政,三省长官无力节制。结果形成"中官掩蔽,庶政多荒"的局面⑤。虽有顺宗朝王叔文谋夺神策军权,罢五坊宫市之举,宪宗朝裴度罢诸道监军使之请,终因宦官势力盘根错节,三省组织基础已经瓦解,权力不得挽回,无法改变局势,直至唐王朝灭亡。

综上所述,三省体制本来是唐朝中央集权制的中枢部分,曾起过积极的社会职能。但是,自从"安史之乱"以后,唐朝社会发生了重大变化。由于节度使"出将入相"破坏门下省封驳权,翰林学士逐步取代中书省部分职权以及经济专使夺取尚书六部大部实权,从而严重地削弱了唐初三省分权建制、互相制约的集权体制。朝章混乱,制度废弛,决策臣僚繁频更动,上层统治集团核心处于十分不稳定状态,致使"政出多门","朝令夕改"。统治者为解决日益严重的社会弊端,则头痛医头,不计后果,许多社会政策缺乏连贯性。统治集团内部派系斗争尖锐,既失掉政治平衡性,又破坏了职权制约性,结果造成新的社会危机,加速了大唐王朝灭亡的历史进程。

（与关大虹合写。原载 1982 年《东北师大学报》第 2 期）

①③④　《旧唐书》卷一三一、一七○、一五六。
②　《册府元龟》卷四五九。
⑤　《旧唐书》卷一二○。

略论晚唐时期三省职权的转移及原因

唐代政务中枢即宰相制度系三省六部,中书省制订政策、草拟诏诰,门下省负责审议签发,尚书省为行政总汇。三省长官为实际宰相,辅佐皇帝处理军国要政,进行集权统治。三省制度的确立,对维护强大的唐王朝统治起到了积极的作用。

"安史之乱"以后,唐王朝由盛转衰,国势江河日下,社会危机四伏,政治日益腐败,财政收支困窘,内外战争频仍,统治阶级内部矛盾重重。在此形势下,作为中央集权统治支柱的三省制度遭到了极大的削弱,特别是晚唐(唐穆宗长庆元年至唐末)时期,组织严密、机构整齐的三省制度,发生了根本的变化,相互制约的三省职权不复存在,三省长官不再是"代天理物"的宰相。长期行之有效的制度崩溃于一旦,职权转移他所,晚唐一百零五个宰相(据《新唐书·宰相表》)已无一人为三省长官出任,中央行政工作的重心纳入到"聚敛之司"的轨道上去,枢密使、两中尉的出现使军政分离,军权交由宦官掌握等等现象,不一而足。本文试就晚唐三省职权的转移及其原因谈几点看法。

一

唐中央政府平定安史叛乱之后,无力彻底消灭安史余孽,只能授安史降将李怀仙、张忠志(李宝臣)、田承嗣等人为河朔三镇节度使。他们集财、政、军权于方镇,时与中央抗争,各地节度使争相效仿,拥兵自重,形成了藩镇割据的局面,终唐世而不断。围绕着中央政府与藩镇的斗争,唐朝廷采取了一些维持局面的临时措施,破坏了原有的三省制度。原来作为政权支柱的三省,职权迅速转移,相互制约的制度也随之崩溃瓦解。

唐代三省中,中书省为制订政策、草拟诏诰的机关,但晚唐时期,草拟诏诰的职权逐渐转移到翰林学士手中。

翰林学士,本是皇帝的私人顾问。唐制,乘舆所在,"必有文词经学之士,下至卜医伎术之流"①在皇帝身旁。他们出则扈从,入则直别院,以备不时召见顾问,地位不高,亦不参与决策,只是一个"智囊集团"。属于行政系统外的"差遣",不计官阶,亦无官署,在翰林院轮流值班。翰林院则是"待诏之所"②,他们在皇帝身边,经常参与四方表疏批答,应和文章。分工明确,系皇帝"私臣","止于应和诗赋文章而已"③,而"文书诏令,则中书舍人掌之"④。直到中唐前期,翰林学士员数不多,无足轻重。德宗继位之后,翰林学士方"礼遇日隆",号为"内相"。原因就是藩镇割据,战争频繁,"军国务殷","文章多壅滞"⑤,皇帝遇到紧急军务,临时安排身边的翰林学士草拟诏诰。特别是德宗兴元元年(784年)"奉天之难"时,翰林学士陆贽从幸奉天,在皇帝身边专知制诰事,时"天下骚扰,远迩征发,书诏日数十下,皆出贽"⑥,陆贽操笔挥纸,成于须臾,皇帝感到非常方便,遂成制度。以至发展为"凡将相出入,皆翰林草制"⑦。从此,翰林学士开始"朝服班序",加知制诰衔,代行中书舍人部分职权。宪宗元和年间,又置"学士承旨",罢中书草制。中和二年(882年),黄巢大起义浪潮冲击京师,僖宗逃往四川,并召集各地军队镇压农民起义,翰林学士杜让能随行,草诏调兵遣将。杜

---

①② 《新唐书·百官志》。
③④⑤⑥⑦ 《唐会要》卷五七。

让能"草辞迅速,笔无点窜,动中事机"①,深得僖宗嘉赏,授学士承旨。不久,沙陀军队逼迫京师,僖宗再次出逃,又是"唯让能独从"②。故晚唐翰林学士得经常参与决策,制订政策,有"内相"之称。这一时期,翰林学士出任宰相者甚众。中唐时期,德、顺、宪三朝四十三名翰林学士,位至宰相者十六人,占百分之三十强,晚唐一百零五名宰相,就有四十九人为翰林学士出身。

随着翰林学士承旨掌制诰,代行中书之职,中书省的中枢地位无形中消失了。

唐代制度,中书省中书舍人讨论军国大事,经中书侍郎和中书令审议后草诏,转给门下省,由"给事中、黄门侍郎驳正之"③,诏敕可行者,经门下省签发给尚书省,由六部分头执行,如有不合适宜者,则由门下省驳回。门下省的工作职责是与中书省同掌机要,共议国政,并负责审查诏令,签置奏章,驳正违失。随着中书省制订政策的职权转移他所,门下省的这一职权也名存实亡。

二

尚书省,为行政总汇,下设吏、户、礼、兵、刑、工六部,分押二十四司,负责中央政府日常行政工作。晚唐时期,这一行政首脑机关的职权,已由应付诸多社会问题纳入到一两个部门中去。

中唐以后,藩镇林立,拥兵自重,"户版不籍于天府,税赋不入于朝廷"④。至宪宗元和年间,藩镇控制北方十五道四十九州赋

①② 《唐会要》卷五七。
③ 《资治通鉴》卷一九三。
④ 《旧唐书》卷一四一。

税,朝廷赋税仅得"天宝税户四分之一"①。微薄的税收无力支付唐政府庞大的开支,财政工作显得异常重要。因此,中唐以后,各种经济专使就多由宰相亲领,如第五琦、杨炎、吕湮、刘晏、元载、窦参、韩滉等人就是以宰相判度支。由于形势需要,度支"渐权百司之职,广置吏员"②,宪宗朝又进一步改变财政管理制度,将度支、盐铁等司分置使司,以宰臣或他官判之,至是,户部之职尽废。

晚唐时期,蕃镇割据随着穆宗对卢龙、成德两镇用兵失败而愈演愈烈,"是时所在征镇,自擅兵赋,皆不上供"③,只有不定期的一点进奉而已,而开支则不断增加。长庆年间,北方与藩镇对抗,"仰给度支者十五万余人"④。朝廷又在河北设置供军院,负责平藩军队之后勤供应。后期镇压农民大起义,平定沙陀军入内地侵掠等,莫不开支巨大。文宗大和二年(828年),南诏统治者又对唐中央政府发动战争,攻入成都,"大掠子女百工数万人及珍货而去"⑤。懿宗咸通以后,南诏统治者"再入安南、邕管,一破黔州,四盗四川",造成"天下骚动,十有五年"⑥ 的连年战争状态。这些军事行动,都加重了唐王朝的财政负担。唐王朝为了维持财政开支,更加重用宰臣判度支、盐铁等使。文宗、武宗、宣宗年间,经济专使"多任以元臣,以集其务"⑦。史载户部度支之职,"元和以还,号为轻

---

① 《资治通鉴》卷二三七。
② 《唐会要》卷五九。
③ 《册府元龟》卷四八三。
④ 《唐会要》卷五九。
⑤ 《资治通鉴》卷二四四。
⑥ 《册府元龟》卷四八三。
⑦ 《旧唐书》卷一七九。

重之最，宰辅登用，多由此去"①。据统计，穆宗长庆元年以后，王播等二十七人担任过诸道盐铁转运使，其中由宰相兼判或由使职而入相的有二十四人，占百分之八十九左右。

晚唐时期，宰臣多出身于经济专使或执政后仍兼领诸使，直接造成户部失职，"宰相下行尚书之事，尚书卿监上任宰相之权"②，他们"坐政事堂而分决本司事"③，况"赋敛之司数四，而莫相统摄"④，各行其政，没有一个合乎常规的秩序，朝政失掉平衡，统治重心移至经济使司。武宗会昌年间就有人指出尚书省六曹，各有职务，而户部、度支两司，都由其他部门长官或宰臣兼判，使本司郎吏"束手闲居"⑤，办公地点也为"他官所处"，甚至有人兼领盐铁使后，竟要把使局置于本行。会昌五年，朝廷又置备边库，专门收纳度支、户部、盐铁三司钱谷，宣宗时改称延资库。这个机构是为了应付晚唐时期连续不断的战争而设置，最初由度支郎中判，到大中四年（850 年）八月，此职则由宰臣兼领，白敏中、崔铉等宰相都兼过延资使。宰相直接担任起朝廷财政出纳工作，更是把中枢机关的工作重心转移到经济上来。当时就有人指出中书省门下省的责任重大，"三司钱谷不合相府兼领"⑥，但形势发展到已经不可更改了。

---

① 《汉唐事笺后集》卷三。
② 《汉唐事笺后集》卷一。
③ 《旧唐书》卷一一八。
④ 《唐会要》卷五九。
⑤ 《唐会要》卷五四。
⑥ 《陆宣公翰苑集》卷一八。

三

随着中书省制订政策之职转移到翰林学士手中,尚书省行政工作重心转移经济使司,又出现了军政分离的现象。

中书令之职,"掌军国之政令"①,"征发兵马",并参与"拜免将相,号令征伐"的决策②。门下省长官掌出纳帝命,"佐天子而统大政者也,凡军国之务,与中书令参而总焉"③。宰臣也时常直接统率军队,所谓"出将入相"盖指此尔。

然而,晚唐时期,藩镇林立,不受节制,中央"羁縻而已",朝廷能控制的军队,则派宦官监军,中央禁军的大权更是直接掌握在宦官手中。代宗永泰年间,设置枢密使二员,由宦官出任,名义上"承受诏旨,出纳王命",实际上代皇帝裁决大量军务,是所谓"内廷宰相"。两枢密使与同为宦官的神策军两中尉号称"四贵",权势薰天,威慑朝廷,造成军政分离,成为左右晚唐军事活动的重要力量。这一问题早已引起部分大臣的不满和反对,如文宗大和二年,进士刘蕡就要求"揭国权以归其相,持兵柄以归其将"④,但直至唐末天复三年(903年),朱温一举全歼宦官,这个现象方告结束。

四

晚唐时期,三省制度崩溃瓦解,职权转移他所,不是简单的制度变更,机构改革,也不是"吏治腐败,政出多门"一句话所能概括

---

① 《唐六典》卷九。
② 《新唐书·百官志》。
③ 《唐六典》卷八。
④ 《旧唐书》卷一九〇下。

的,而是有着深刻的社会原因的。

晚唐前期,藩镇手握重兵,经常连兵一处,对抗中央,且赋税不入朝廷,战争频仍。后期,阶级矛盾激化,黄巢大起义转战十几省,并攻入京师。唐王朝为了适应这个形势的发展,而将原来相互制约、共同负责的三省制度逐渐演变成军、政、财独立,各对皇帝负责。首先,制订政策的职能由皇帝身边的"私臣"翰林学士承担。政府行政工作迫于经济需要,通过"邦计之臣"入相参政而转移到度支、盐铁等经济专司。同时,朝廷内朋党之争连续四十余年,藩镇战事不断,京师附近经常出现战争,皇帝失去了对朝中文武官员的信任,为了地位的稳定,将军事大权交与不能"取而代之"的宦官掌管。然后皇帝通过直接对军、政、财三个系统的掌握来延续、维持唐王朝的存在。这是在当时错综复杂的局势下,加强和维护皇权的一种措施。在某种意义上说,将三省相互制约、共同负责的制度,演化为军、政、财三权分立,各自对皇帝负责的制度,在中国封建社会发展的中期,是具有一定的积极作用的。唐王朝在经过安史之乱、藩镇割据战争之后,又延续了一百多年,说明了这个问题。北宋统一后,为了加强皇权,巩固统一,收缴节度使军权,中央设立两府制度,也是渊源于此的。

(原载 1987 年《吉林师院学报》第 2 期)

封驳制度与唐初政治

唐承隋制,设三省六部。中书省制定政策,草拟诏敕;门下省审议签发,或驳正违失;尚书省通过六部执行。其中,门下省"审署奏议,驳正违失"① 的封驳权,是封建专制主义政权得以巩固和存在的重要条件,尤其在封建社会高度发展的唐朝初年,其作用更为重要。

所谓封驳,是指封还皇帝失宜的诏命,驳正臣下有违误的奏章,是从封事和驳议发展而来。古时臣下上书奏事,防止泄密,用袋封缄,称作封事。《汉书·霍光传》中有"上令吏民得奏封事"的记载。《文心雕龙·奏启》说:"自汉置八代,密奏阴阳,皂囊封板,故曰封事。"驳议是臣属向皇帝上书的一种名称,即所谓"不允其议为驳"②,凡"有疑事,公卿百官会议,若台阁有所正处,而独执异意者,曰驳议"③。

封驳的一般形式是:"某官某甲议以为如是,下言臣愚戆议异"④,且大都采用密封,一方面是防止泄漏,更主要的是为了维护皇帝的威严而不公开驳正诏敕。封驳制度旨在避免"上之所举或违于道,乃至官人之非称,法制之缪戾,壅求贤之路,失任刑之极,

---

① 《通典》卷二一《职官典》。
② 《名义考》卷七。
③④ 《独断》。

礼交差僭,德义堕废,挠赏罚之柄,兴冤滞之叹"①。是封建统治阶级调整关系、处理矛盾的一种方式,能够起到君臣相互制约,驳正违失的作用。

封驳制度并非唐代首创,早在汉朝,就出现了驳议。但是,封驳权作为一种制度来讲,并未完善,也未认真执行过。李唐王朝建立之后,出于地主阶级长治久安的考虑,非常重视"三省"相互制约,才把封驳权作为一种制度确立下来。

唐代制度,中书省负责制定政策,草拟诏敕。凡军国大事,由中书舍人讨论,经中书侍郎和中书令审议后草拟诏敕,转给门下省,由门下省"给事中、黄门侍郎驳正之"②。诏敕可行者,经门下省签发给尚书省,由六部分头执行。如有不合适宜者,则由门下省驳回。由于门下省官员在不适宜的诏敕上直接涂窜封还,故又谓之"涂归"③。门下省的工作职责是与中书省同掌机要,共议国政,并负责审查诏令,签署章奏,行封驳之权。门下省的长官称侍中(纳言),下属门下侍郎(黄门侍郎)、给事中、散骑常侍、谏议大夫、起居郎等官。侍中、门下侍郎的职责都有"审署奏抄,驳正违失"一项。给事中的主要职责是封驳。给事中,秦代开始设置,汉因之,东汉无,魏复置,是一种加官,在内廷服务,备顾问应对,讨论政事。晋代始为正式官职,宋、齐、梁、陈及北齐皆设,"掌献纳,省诸闻奏"④。隋唐时为门下省重要官员,在侍中、门下侍郎之下,掌管驳正违失之政令,"凡百司奏抄,侍中即审,则驳正违失;诏敕不便者,

---

① 《册府元龟》卷四六九。
② 《资治通鉴》卷一九三。
③ 《新唐书·百官志》。
④ 《通典》卷二一《职官典》。

涂窜而奏还……三司详决失之,则裁其轻重"①,并参与审查发驿遣使,考虑六品以下官员升迁,申理天下冤滞之狱等项事情。给事中的封驳权作用很大,所谓"纠谬绳愆,所关尤大"。为了加强此项工作,唐初还规定散骑常侍、谏议大夫等官"掌侍从规谏"②。谏议大夫在封驳权的实施中起了重要作用。

除了在制度上明确封驳职权外,唐初还三令五申各级官员行使封驳,用以加强国家政权统治效能。贞观三年,诏令死刑罪"皆令中书、门下四品以上及尚书、九卿议之"③。又规定宰相商议军国大事时,必使"谏官随入,预闻政事"④。贞观四年,诏令百司"自今诏敕行下有未便者,皆应执奏,毋得阿从,不尽己意"⑤。贞观五年,又重申"凡有死刑,虽令即决,皆须三复奏","门下省复,有据法令合死而情可矜者,宜录奏闻"⑥。

在实际工作中,颇有政治头脑的唐初统治者,非常重视封驳权的有效实施。武德年间,大臣萧瑀曾对高祖李渊的诏敕详加勘审,凡"与前敕不相乖背者,始敢宣行"⑦。太宗李世民即位之初,就对黄门侍郎王珪说,"中书所出诏敕,颇有意见不同,或兼错失而相正以否。元置中书、门下,本拟相防过误",对诏敕"苟避私隙,相惜颜面,知非政事,遂即施行"⑧。贞观三年,唐太宗又指示宰相:"中

---

① 《新唐书·百官志》。
② 《通典》卷二一《职官典》。
③ 《唐会要》卷四〇。
④ 《贞观政要》卷二。
⑤ 《资治通鉴》卷一九三。
⑥ 《贞观政要》卷八。
⑦ 《旧唐书》卷六三。
⑧ 《贞观政要》卷一。

书、门下,机要之司,擢才而居,委任实重。诏敕如有不稳便,皆须执论……若惟署诏敕,行文书而已,人谁不堪,何烦简择以相委付?自今诏敕疑有不稳便,必须执言,无得妄有畏惧,知而寝默。"①

唐太宗在位期间,多次下诏求谏,鼓励臣下对"人主所行不当",提出驳议,并经常赏赐嘉奖上封驳议的大臣。对门下省驳回的诏敕和所陈谏疏,能够"虚己纳之",不以直言忤意,辄相责怒,造成一代"诤臣",敢于犯颜极谏。如著名政治家魏徵,仅贞观初年就上谏疏二百余条。君臣驳议风尚直接影响一代政治。栎阳县一位小官,在唐太宗将要游猎该县时,也敢以"收获未毕",提出驳议,制止皇帝违误农事生产的行动。唐太宗经常自我标榜说:"每思臣下有谠言直谏可以施于政教者,当拭目以师友待之。"②这种"主正臣直"造成的良好政治气氛,与倡导封驳有直接关系。

唐初封驳权的使用范围很广,官员们对许多问题都能各抒己见,诸如政治、经济、法律、军事及帝王的巡游、外戚的不法、宗室的家事等等,均可封驳谏诤。

唐初调整生产关系,制定经济政策,缓和阶级矛盾,扼止帝王的放荡生活方面,封驳制度起了重要的监督作用。在处理统治者与人民群众的关系上,唐初统治者鉴于隋王朝灭亡的教训,强调统治者的"内省",他们认为:"为主贪必丧其国;为臣贪必亡其身。"从地主阶级长远利益出发,对人民群众要做一些必要的让步,提供和创造必要的生产、生活条件,使人民群众有一个休养生息的机会,同时也为地主阶级提供了长久剥削对象。贞观初,根据关中地区的灾情,诏令免租税二年,关东地区也给复一年。不久又有诏敕,已交租税的不免。门下省官员马上驳回敕书,指出这是失信于民,

①② 《贞观政要》卷一、卷二。

"于财利小益,于德义大损","纵国家有倒悬之危,犹必不可"①。唐太宗根据大臣封德彝的建议,违反规定,把未满十八岁的"中男"签发为府兵,诏敕发出之后,门下省不肯签署。诏敕发出四次,被驳回四次。给事中魏徵面对唐太宗的质问,坚持"号令不信,则民不知所以,天下何由而治"②,从而纠正了这次不符合征兵制度的作法。

唐朝初年,编定有完整的成文法典。但皇帝仍经常凭喜怒来左右法律,"朕即法律"。所以臣下的驳议有许多是针对"或屈申在乎好恶,或轻重由乎喜怒"的情况而发的。贞观初,唐太宗嫌求仕的人"多诈冒资荫",敕令自首,不首者死。后来发现有人诈冒资荫,唐太宗诏令杀之。一位大臣提出据法应判流刑,太宗坚持要杀。这位大臣上书指出太宗的诏令出于一时之喜怒,而法律则是"国家所以布大信于天下也"③。一次,大臣长孙无忌入朝,误将佩刀带入,太宗竟诏杀监门校尉,戴胄两次驳回诏敕,依法免了校尉的死刑。太宗即位之初,听说各部官员受贿严重,遂派人行贿以试官员,有个官员受绢一匹,太宗诏令杀之。大臣以为这是陷人以罪,驳回了诏令④。给事中魏徵在一次驳回太宗诏令时,指出国家立法,是要皇帝"与天下共之"⑤,不能随意更改。贞观七年,太宗的儿子蜀王妃子父杨誉触犯法律,被有司留身勘问,太宗大怒,认为是有意刁难他的亲戚,遂免去有关官员。魏徵驳道,外戚不法,理应处理,官员为国家守法,不该惩处。因此恢复了此人官职。贞

---

① 《贞观政要》卷一、卷二。
②③ 《资治通鉴》卷一九二。
④ 《唐会要》卷四〇。
⑤ 《册府元龟》卷四六〇。

观六年,太宗的内侍宫人途经沣川县住在官舍,时值宰臣李靖、王珪出使经过这里,县吏把宫人移宿他处,让出官舍与二位宰相住,太宗认为是轻视他的宫人,要追究沣川县吏和李靖、王珪;贞观十一年,太宗巡幸显仁宫,嫌接待不丰厚,要治宫官的罪。这两件事均被魏徵据理驳回。由于封驳制度的有效监督,唐初在很大程度上避免了冤滥之狱。史载贞观四年"终岁断死刑二十九人"①,并有"几致刑措"的美谈②。

除对政策、制度、法律等问题行使封驳权外,限制帝王过分的奢侈生活,也是封驳制度的一项重要内容。李唐王朝的统治者和历代帝王同样,作为封建地主阶级的总代表,在生活上无不崇尚奢侈,追求享受,过着荒淫无耻的生活。社会刚安定一些,就大兴土木,巡游畋猎,骄奢淫逸,声色犬马。在这种情况下,一些地主阶级政治家本着维护封建统治长治久安目的,行使封驳权来扼止帝王某些不利于封建经济发展的言行。贞观四年,唐太宗下诏征发百姓修洛阳乾元殿,以备巡狩。给事中张玄素上书驳议,认为劳民伤财为一人之巡游,将要引起人民群众的不满,特别是"承凋弊之后,役疮痍之人,费亿万之功,袭百王之弊……甚于炀帝远矣"③。在此义正辞严的讽谏下,唐太宗终于收回了成命。明年,唐太宗又修洛阳宫等工程,戴胄据理谏净,指出:兵役、劳役已经使民众不堪其重,又修洛阳宫,造成"丁即役尽,赋调不减,费用不止,帑藏空虚",局面将不堪收拾,太宗无言以对,只好作罢。贞观中,二位宰臣询问宫廷内营修事项,有意加以干涉,唐太宗勃然大怒,斥责他们不

① 《资治通鉴》卷一九三。
② 《旧唐书》卷三。
③ 《贞观政要》卷二。

要多管宫中之事,侍中魏徵挺身指出:宰臣总管中外大事,理应知道宫内营建,如不该修建,就要谏止,说得唐太宗哑口无言。一次,地方官吏皇甫德参上书说:"修洛阳宫,劳人;收地租,厚敛;俗好高髻,盖宫中所化。"惹得唐太宗大怒,欲加以诽谤之罪。魏徵驳道:"上书不激切,不能动人主之心",要唐太宗正确对待臣下的谏议。朝廷重臣外戚宇文士及死后,谥号为"恭",也被门下省驳回,指出宇文士及"居家侈纵,不宜为恭",建议改谥"纵",以正时风。贞观八年,唐太宗听说郑仁基的女儿有姿色,征为嫔妃,并已发出诏敕,魏徵以郑氏女已许他人,不能夺人婚姻为由,驳回诏敕,从而制止了将要举行的大礼。魏徵身居门下省十余年,对唐太宗有碍封建统治的言行,多所驳议,上至封禅泰山大事,下至宗女出嫁,都条陈驳议,加以谏止。唐初君臣努力调整统治阶级内部的关系,在封驳制度的监督下,君臣之间,中央政府各部门之间,中央和地方之间的矛盾减少,从而达到了有力贯彻统治意图,顺利推行经济政策的目的。因之,唐初社会出现了"商旅野次,无复盗贼,囹圄常空,马牛布野,外户不闭"① 的局面,阶级矛盾有所缓和。这与唐初政治生活中倡行封驳有密切关系。

在封驳制度的监督下,唐初还积极慎重地处理解决民族关系问题,凡不符合国家民族方针政策的诏令,经常被门下省驳回。贞观四年,高昌王入朝,西域诸国皆要遣使入贡,唐太宗准备大肆操办,派使臣迎各国入贡使节。门下省谏官认为几千人往来中原,沿途接待,"边民荒耗,将不胜其弊",唐太宗只好追回已派出的使臣。贞观十五年,西突厥沙钵罗叶护可汗遣使入贡,唐太宗派使节到突厥册立可汗,同时加派使臣去西域各国买马。诏敕发出,使臣将

---

① 《贞观政要》卷一。

行,魏徵恐人误以中原志在买马而不专为抚慰突厥,遂上疏制止了买马之举,用以安抚少数民族首领,稳定边疆形势。

由此可见,唐初门下省的封驳制度在处理阶级关系、民族关系、统治阶级内部关系上,起了重要作用。此外,封驳制度还对唐初政治生活的许多方面发挥了重大影响。例如与谏官、御史大夫等分工合作,共同监督政令的实施;在选用官吏上,促成唐初任用贤能、亲者不亲、疏者不疏的吏治局面;在培养地主阶级后继人上,教育太子、诸王和贵族子弟忠于封建的传统道德,劝戒他们了解民间疾苦,阻止他们过分的放荡生活;建议或谏止对外军事征伐等等。

唐初封驳权得以认真实施,首先,一个重要原因是由唐初所面临的形势决定的。隋朝末年,农民大起义的风暴席卷全国,使甲兵强锐、威动殊俗的隋王朝倾刻瓦解。李唐王朝建立之初,面临着一个紧迫的任务,即恢复封建秩序,重建封建地主阶级统治政权。唐初统治者面对经济凋弊、财政崩溃的局面,使之无法"驱天下以纵欲,罄万物而自奉",只能执行轻徭薄赋、休养生息的政策来缓和阶级矛盾,恢复封建经济。在这种情况下,需要一个强有力的中央集权的封建政权来加强控制局势。同时,统治阶级内部也需要一个有效的制度相互制约,驳正违失,以保证休养生息政策的推行,维持封建统治的长治久安。因此,必须改变隋王朝"上下相蒙,君臣隔道"① 的统治方式,恢复发展前代形同虚设的封驳制度。

其次,李唐王朝政权是在隋末农民大起义之后建立起来的,唐初君臣常如"临深履薄",深知政权来之不易。在唐初君臣论政中,一个重要内容就是讨论创业与守成问题。在一次讨论中,唐太宗

---

① 《贞观政要》卷一。

问创业与守成孰难？房玄龄回答道：创业艰难。魏徵则以为守成比创业更难。他说：创业是在乱世之中，攻战厮杀，前朝衰弊，人心思治，故不算难。难在得到政权之后，统治阶级容易出现"志趣骄逸，百姓欲静而徭役不休，百姓凋残而务务不息"的局面，"国之衰弊恒由此起"。唐太宗说：创业艰难已经过去了，现在面临的是守成问题，君臣要上下同心，虑生骄逸之端，免践危亡之地。魏徵要求唐太宗"居安思危，戒奢以俭"，任用贤能，接受谏净，来保持这个来之不易的政权①，办法之一，便是在统治阶级内部起相互制约作用的封驳制度。

　　第三，唐初政权中，有一批颇有政治头脑的地主阶级政治家参政，从组织上保证了封驳制度的实施。以唐太宗、魏徵为代表的这批执政要人多是地主阶级知识分子出身，他们通晓儒家经典治术，懂得儒家治国安邦之道，熟悉历史，同时都亲眼看到隋王朝的结局，因而他们肯于总结经验，"鉴前代成败事，以为元龟"。所以，他们敢于评论时政，直言进谏，君臣之间互陈政治见解，成为一代出色的政治家。仅见于记载唐初君臣论政的《贞观政要》一书，就有唐太宗、魏徵、房玄龄、王珪、杜如晦、温彦博、刘洎、马周、岑文本、戴胄、长孙无忌及李勣、李靖等四十余人。上至位极人臣的宰辅，下至县丞和后宫女官，都不乏忠心耿耿、正直不阿之人。唐初统治者认为，"政出一人"是隋王朝的弊政，是其灭亡的重要原因之一。因此，唐太宗要革除前代帝王"一日万机，独断一人"的弊政。他主张"以天下之广，四海之众，千端万绪，须合变通，皆委百司商量，宰相筹划，于事稳便，方可奏行"②，便用封驳制度来保证政策方针的实施。

――――――――――

①② 《贞观政要》卷一。

　　综上所述,封驳制度是在唐初特定的历史条件下,以维护封建统治阶级基本利益为前提,地主阶级政权中的有识之士总结历史经验、接受历史教训、改革政治、复兴封建国家所采取的一项重大措施,同时也是调整和缓和阶级矛盾、民族矛盾及统治阶级内部矛盾的一项重大策略。唐朝初年,采取了一系列调整生产关系、恢复和发展生产的有力措施,诸如继续推行均田制、租庸调法,轻徭薄赋,招抚流亡,抑制豪强,减轻刑罚,去奢省费,革除弊政,选用廉吏,兴修水利,鼓励直言,奖励农耕等,对恢复封建经济,起了重大作用,出现了历史上著名的"贞观之治"。封驳制度对上述顺应经济发展规律的措施的实行,起了重要的监督保证作用,是造就一批地主阶级杰出政治家有效地治理国家、促成"贞观之治"的重要原因之一。研究中国封建社会政治发展的历史,封驳制度在一定历史时期的积极进步作用,不容忽视。

(原载 1982 年《历史教学》第 11 期)

中唐的财政危机及其对策

一

公元 755 年爆发的"安史之乱",是在唐朝历史上一次大的封建军阀割据战争。八年大规模的战乱,不仅结束了唐玄宗李隆基统治的历史,而且成为唐王朝由盛到衰的转折点,喧赫一时的"开元天宝盛世"退出了历史舞台。

战争对社会生产破坏极为严重,号称北方政治经济中心之一的洛阳,"百户无存一"①。陕西、河南一带,在战乱影响下,"函陕凋残,东周尤甚,过宜阳、熊耳,至虎牢、成皋五百里中,编户千余而已。居无尺椽,人无烟爨,萧条凄惨,兽游鬼哭,牛必羸角,舆必脱辐,栈车挽漕,亦不易求"②。苏北至山西一带,由于兵灾战祸,"淮阴去浦坂,亘三千里,屯壁相望",百姓苦不言状③。山东、河北地区,"寇难荐兴","服于橹者,农耕尽废;居间里者,杼轴其空。革车方殷,军食屡凋,人多转徙,田亩污莱"④。残酷的战争,迫使千百万群众妻离子散,家破人亡。"当建中、贞元之际,大军聚于斯,兵残其民,大焚其邑。大田生荆棘,官舍为煨烬"⑤。各地军阀节镇

---

① 《新唐书·刘晏传》。
② 《册府元龟》卷四九八《邦计部·漕运》。
③ 《新唐书·刘晏传》。
④ 《陆宣公翰苑集》卷四《议减盐价诏》。
⑤ 《白氏长庆集》卷二六《许昌县令新厅壁记》。

拥兵自守,"乘机逐利,四出侵暴,屠烧县邑,贼杀不辜,环其地数千里,莫不被其毒,洛、汝、襄、荆、许、颍、淮、江为之骚然"①。

黎民百姓生活,十分困窘,"自三盗(指玄宗时的安禄山、肃宗时的史思明、代宗时的仆固怀恩)合纵,九洲羹沸,军士膏于原野,民力惮于转输,家室相吊,人不聊生"②!"大乡无十家,大族命单赢。朝餐是草根,暮食仍木皮。出言气欲绝,意速行步迟。追呼尚不忍,况乃鞭扑之"③!? 农村一派荒凉悲惨景象。德宗皇帝颁发的诏书也不得不予承认,"遂用兴戎,征师四方,转饷千里,赋车籍马,远近骚然。行赍居送,众庶劳止,力役不息,田莱多荒。暴令峻于诛求,疲民空于杼轴,转死沟壑,离去乡里,邑里丘墟,人烟断绝"④。

社会动乱的直接后果,是人口不断流徙,大量逃亡。代宗曾于敕令中指出:"近日以来,百姓逃散,至于户口,十不半存。今色役殷繁,不减旧数,既无正身可送,又遣邻保祇承,转加流亡,日益艰弊。"⑤ 从而加深了社会危机,即所谓"兵兴则户减,户减则地荒,地荒则赋重,赋重则人贪"⑥,形成恶性循环,而使国家控制的人口日趋减少。据统计,天宝十三年(公元 754 年)全国九百六十一万九千二百五十九户,五千二百八十八万零四百八十八口,广德二年(公元 764 年)则下降到二百九十三万三千一百二十五户,一千六百九十二万零三百八十六口。十年动乱减少六百七十八万六千一

<hr>

① 《韩昌黎集》卷一九《与鄂州柳中丞书》。
② 《旧唐书·代宗纪》。
③ 《全唐诗》卷二四一元结《春陵行》。
④ 《旧唐书·德宗纪》。
⑤ 《唐要会》卷八五《逃户》。
⑥ 《白氏长庆集》卷二八《才识兼茂策》。

百三十四户,三千五百九十六万零一百零二口。其中课丁损失尤为严重,天宝年间唐朝课丁八百二十余万,到乾元三年(公元760年)统计,课丁仅剩三百三十余万①。因此,贞元三年(公元787年)五月诏曰"诸州户减耗三分之二",是有根据的②。当然,人口逃亡地区是不平衡的,有的县乡户口逃亡十分惊人。元和十四年(公元819年),李渤奉命出使陕西,亲自"历求利病,窃知渭南县长源乡本有四百户,今才四十余户。阌乡县本有三千户,今才有一千余户。其它州县,大略相似"③。

纷乱的割据形势,加深了唐朝政治经济的危机。开成二年(公元837年),户部侍郎王彦威在《供军图》中具体说明了安史乱后的政治局势:"起自至德、乾元之后,迄于贞元、元和之际,天下有观察者十,节度者二十有九,防御者四,经略者三,犄角之师,犬牙相制。"④当时"诸道聚兵,百有余万"⑤。各地军阀节镇时而互相撕杀混战,时而串通一气,制造事端,抗拒中央。尤其是北方重镇,如"成德李宝臣、魏博节度使田承嗣、相卫节度使薛嵩、卢龙节度使李怀仙,收安史余党,各拥劲卒数万,治兵完城,自署文武将吏,不供贡赋"⑥。他们各聚兵数万,"始因叛乱得位,虽朝廷宠待加恩,心犹疑异,皆连衡磐结以自固。朝廷增一城,浚一池,便飞语有辞"。而他们"完城缮甲,略无宁日"⑦,俨然成为地方独立王国,成为唐朝心腹之患,是财政危机的重要因素。

---

① 《通典》卷七《食货典》。
② 《册府元龟》卷五一〇《邦计部·重敛》。
③④ 《册府元龟》卷四八六《邦计部·户籍》。
⑤ 《次山文集》卷七《问进士》。
⑥ 《资治通鉴》卷二二三,永泰元年。
⑦ 《旧唐书·德宗纪》。

元和二年(公元 807 年),宰相李吉甫"撰《元和国计簿》上之,总计天下方镇四十八,州府二百九十九,县千四百五十三。其凤翔、鄜坊、邠宁、振武、泾源、银夏、灵盐、河东、易定、魏博、镇冀、范阳、沧景、淮西、淄青十五道七十一州不申户口外,每岁赋税倚办,止于浙江东西、宣歙、淮南、江西、鄂岳、福建、湖南八道四十九州一百四十四万户,比天宝税户四分之一"[1]。由此可知,北方十五道七十一州均为藩镇霸占,与中央相抗衡,处于独立状态。

北方地区,一向是唐朝的统治中心,尤其是河北、河南、山东地区对唐朝具有特殊意义。就人口而论,据记载,天宝元年(公元 742 年)全国共计八百五十二万五千七百六十三户,其中河北占有一百四十八万七千五百零三户,河南占有一百八十三万六千五百六十一户。河北、河南共计三百三十二万四千零六十四户,占全国户数的百分之三十九。就国家谷物贮备来看,天宝八载(公元 749 年)全国各地粮食贮藏谷物共有九千六百一十六万二千二百二十石,其中河北各仓贮备占有二千一百零二万九千九百二十四石,河南占有二千二百四十六万七千六百四十一石,两道合计,几占全国之半。河北贝州境内中央唯一的仓库,贮粮达六百六十一万六千八百四十石,是唐朝北方供应基地之一[2]。就庸调绢帛征收而言,据《唐六典》记载,河南、河北、山东等地是唐政府征收绢帛纺织品的主要区域,天宝十四载(公元 755 年)前帝国收绢,河南、河北、山东约占三分之二以上,而且绢是当时的主要交换手段,在唐朝财政中有特殊意义。这一地区的矿产与盐业资源丰富,在全国中占有相当重要的地位。据《新唐书·地理志》记载,河北铁产区有定、邢、

---

①　《资治通鉴》卷二三七,元和二年。

②　《通典》卷一二《食货典》。

幽、惠、镇五州六县,山东铁产区有五县,铜产区有二县。兖州莱芜铁冶十三,铜冶十八,是北方著名冶炼中心。山东、河北也是食盐重要产区之一,如平卢节度使统辖的淄青、兖海、天平军等地,年收盐课达七十万贯,约占元和三年(公元808年)全国榷盐税收入的一半,占盐铁使全国收入的百分之十二①。

由于山东、河北、河南等地长期沦为藩镇所有,唐朝则失去这个重要产业区,大约有三分之一以上的人口、二分之一的仓贮谷物、三分之二的庸调绢帛、十分之一以上的盐课以及数量可观的矿产,均为军阀节镇霸占,使唐朝财源枯竭,形势严重。"天宝之后,区夏痍破,王官之威,北不逾河,西止秦邠"②。各地军阀节镇,"乱人乘之,遂自擅署吏,以赋税自私,不献于朝廷"③。他们"视一境如一室,刑杀其下,不啻仆畜"④,"皆厚自奉养,王赋所入无几"⑤。甚者"官厨无兼时之食,百姓在畿甸者拔谷掻穗以供禁军"⑥!

在此财源枯竭的严重形势下,唐朝政府每年仍要支付巨额军费、战费以及宫廷贵族官僚们的生活行政开支。元和年间,唐朝军队已达八十三万人,比天宝时五十七万增加三分之一,"大率二户资一兵"⑦。地方驻扎的大量军队,"屯戍相望,中军皆鼎司元侯,贱卒亦仪同青紫。每云食半菽,又云无挟纩,挽漕所至,船到便留,

---

① 参见《唐大诏令集》卷一一二,《旧唐书》卷四八,《唐会要》卷八八。
② 《新唐书·北狄传》。
③ 《新唐书·藩镇传》。
④ 《白氏长庆集》卷三〇《叙诗寄乐天》。
⑤ 《旧唐书·杨炎传》。
⑥ 《新唐书·食货志》。
⑦ 《资治通鉴》卷二三七,元和三年。

即非单车使折简书所能制矣"①! 临到战时，又加特殊供应。如建中四年(公元783年)讨淮西节镇李希烈时，唐朝采取"以方镇御方镇"之策，大赏出征士兵，给以"出界粮"。所谓"优恤军士，每出境者加给酒肉，本道之粮又留给妻子，凡出境一人兼三人之粮。由是将士利之，才进军逾境以规供费，故诸军月费钱一百三十余万贯"②。如果作战"每有小捷，虚张俘级，以邀赏赉"③。既造成战事连年，又增加国家财力负担。

至于统治阶级的挥霍享用与官员行政开支，数额很大，无法计算。当时宰相李吉甫"疾吏员广，由汉至隋，未有多于今者"④! 永贞元年(公元805年)全国文武官员总数三十六万八千多人，比开元时一万八千则激增二十倍。"人寡吏多，困于供费"⑤，"其间有职出异名，奉离本局，府寺旷废，簪组因循甚众"⑥。官场挥霍贪纵十分严重，"自天宝以后，风俗奢靡，宴席以喧哗沉湎为乐，而居重位秉大权者优杂倨肆于公吏之间，曾无愧耻，公私相效，渐以成俗，由是物务多废"⑦，统治阶级处于危机状态。

二

由于社会急剧变动，北方财源断绝，唐朝财政收入只好依靠江南。江南地区自三国以来，历经六朝隋唐各族人民开发建设，经济

①　《唐会要》卷八七《转运盐铁总叙》。
②　《册府元龟》卷四八四《邦计部·经费》。
③　《旧唐书·李全略附传》。
④　《新唐书·李吉甫传》。
⑤　《旧唐书·代宗纪》。
⑥　《旧唐书·宪宗纪》。
⑦　《旧唐书·穆宗纪》。

发展很快。中唐以后,北方军阀割据混战,南方战乱较少,处于相对稳定状态。"江东诸州,业在田亩,每一岁熟,则旁资数道"①。当时的有识之士,已认识到江淮地区的重要性:"今国家内王畿,外诸夏,水陆绵地,四面而远,而输明该之大贵,根本实在于江淮矣。何者? 陇右、黔中、山南已还,烧瘠啬薄,货殖所入,力不多也;岭南、闽蛮之中,风俗越异,珍好继至,无大赡也;河南、河北、河东已降,甲兵长积,农厚自任,又不及也。"② 后世的王夫之也论及此事:"当其时,贼据幽冀,陷两都,山东虽未尽失,而隔绝不通,蜀赋既寡,又限以剑门栈道之险,所可资以赡军者唯江淮。"③ 在元和十四年(公元 819 年)的赦文中也指出了这种实际情况:"天宝以后,戎事方殷,两河宿兵,户赋不入,军国费用,取资江淮。"④ 所谓"当今赋出于天下,江南居十九"⑤ 的说法,虽然有些夸大,但却反映了江南在全国财政收支中的重要地位。

在落后的封建小农经济状态下,掌握与控制人丁劳力具有重大意义。社会财富的创造与积累,取决于人口的多寡。"安史之乱"以后的形势,北方大量人口除死伤流徙外,多为藩镇所控制。唐朝直接控制的江南广大地区,人口渐见增加。增加的主要原因,一是北方人口避乱而逃移江南,如大历初年即有不少人口集聚于江淮间⑥。再是由于社会战乱较少,人口自然增长率加快。据李吉甫《元和郡县图志》统计,北方人口密集的京兆府、华州、同州、凤

---

① 《权载之文集》卷四七《论江淮水灾上疏》。
② 《全唐文》卷五二五罗让《对才识兼茂明于体用策》。
③ 《读通鉴论》卷二三。
④ 《全唐文》卷六三《宪宗上尊号赦文》。
⑤ 《全唐文》卷五五五韩愈《送陆歙州诗序》。
⑥ 参见《韩昌黎集》卷二四。《全唐文》卷三一五李华文。

翔府、河南府、魏州、汴州、宋州、许州、徐州、郑州、冀州、赵州、定州、易州等地下降幅度很大，其中易州，元和年间的户数只有开元年间户数的六十五分之一。而南方的襄、郢、唐、苏、鄂、洪、饶、吉、衡、广等州的户数，却有明显增加，其中饶州、鄂州都三倍于前，由下州一跃而升为上州，襄、洪、苏等州均接近两倍于前。人口布局的变化，改变了江南社会经济状况，为唐朝财政来源提供了可能的条件。

为了从江南攫取社会财富，唐朝政府采取措施，保护与控制江淮运道。安史乱后，史朝义分兵东出宋州，淮上战事紧张，江南运道受阻，于是江淮盐铁、租赋、粟帛，乃溯江而上，改由湖北襄阳越汉水，陆运至首都长安。宝应元年（公元762年）以穆宁为河南转运租庸盐铁使，寻迁鄂州刺史，以总东南贡赋，唐朝财政收入得以勉强维持。广德二年（公元764年），淮上形势有所缓和，刘晏受命改革漕运，创行"分段交卸，依次进发"办法，"江船不入汴，汴船不入河，河船不入渭；江南之运积扬州，汴河之运积河阴，河船之运积渭口，渭船之运入太仓"，既可免沉溺停运之患，又可节省大量脚费开支，每年"转粟百一十万石，无升斗溺者"①。

建中年间，田悦、李纳、梁崇义诸藩相继作乱，李、田二藩军队扼守江北要冲涡口，致使淮运再次断绝；梁崇义霸占襄、邓、汉、沔运路，亦告受阻。江南两路漕运皆绝，长安处于恐慌状态。为此，江淮水路转运使杜佑曾建议别治运道，幸而有李纳部下大将李洧以徐州归命朝廷，江淮运道复通，暂时缓和了唐朝的供应危机。

德宗时，为了控制江淮运道，曾派重兵守卫徐州与汴州，用以确保淮上漕运安全。贞元四年（公元788年）改派寿、庐、濠州都团

---

① 《新唐书·食货志》。

练使张建封代替"年少不习兵事"的高明应出镇徐州,扼制淄青节镇兵祸,而使运路畅通无阻①。地处吴楚津梁的汴州,则由收复汴州的将军刘玄佐镇守。"汴州自大历以来多兵事,刘玄佐益其师至十万人"②。他们"缉修戎旅,振耀声势,遐迩谈瞩,且为完军,制持东方,犹有所倚"③,形势大为好转。直到宪宗元和年间,江淮运路基本稳定,从而保证了唐朝必要的财政来源。

与此同时,唐朝对主管财政机构也作了相应的调整。唐政权建立之初,国家财政收支掌握在司农寺、太府寺与户部尚书等有关部门:司农卿掌国家仓储委积之事,太府卿掌国家赋货之事,户部尚书职掌全国户口、田赋、土贡等政令,其属下有户部、度支、金部、仓部四个具体工作部门。户部郎中掌天下州县户口之事,分十道以总之;度支郎中掌度支国用租赋多寡之数;金部郎中掌库藏出纳之节,金宝财货之用;仓部郎中掌国之仓庾受纳赋税,出给禄廪之事④。安史乱后,天下兵起,藩镇割据混战连年,中央机构职能废弛。特别是主管财政的机构,"职司久废,无复纲纪,徒收其名,而莫总其任,国用出入,无所统之"⑤。财政收支十分混乱,"纲目大坏,朝廷不能覆诸州,四方贡献悉入内库,权臣猾吏,因缘为奸"⑥。唐朝统治阶级为了改变困境,加强财政管理,乃设度支、盐铁转运等财政专使,即所谓"军国之用,仰给度支、转运二使"⑦。盐铁转运使、度支使全权负责财政收支工作。乾元元年(公元758年),著名财臣第五琦加江南等五道度支使,"促办应卒,事无违阙",所以

---

① 《资治通鉴》卷二三三,贞元四年。
② 《韩昌黎集》卷三七《董公(晋)行状》。
③ 《陆宣公翰苑集》卷二〇《议汴州逐刘士宁状》。
④⑤ 《册府元龟》卷四八三《邦计部·总序》。
⑥⑦ 《册府元龟》卷四八八《邦计部·赋税》。

累迁度支郎中、户部侍郎兼御史中丞，专判度支，财权集中于一身，兼领转运、租庸、盐铁、铸钱、司农、太府、内纳、山南东西、江西、淮南馆驿等专使。广德二年(公元764年)，又以著名理财家刘晏领东都、河南、江淮转运使、租庸、盐铁、常平使。刘晏由于改革漕运成功，而晋升为吏部尚书，又兼益州、湖南、山南东道转漕常平铸钱使，与第五琦分领天下钱谷。永泰元年(公元765年)，刘晏充东都、淮南、浙江东西、湖南、山南东道转运、盐铁、铸钱等使，第五琦充京畿、关内、河东、剑南、山南西道铸钱、转运、盐铁等使。此后，唐朝基本上任用专使分管全国财政。

永泰二年(公元766年)，第五琦充京畿、关内、河东、剑南、山南西道转运、常平、铸钱、盐铁使，刘晏加东都、畿内、河南、淮南、江南东西、湖南、荆南、山南东道转运、常平、铸钱、盐铁转运使，二人分领全国财政。大历五年(公元770年)，诏停关内、河东、三川转运、常平、盐铁使，刘晏与户部侍郎韩滉分领关内、河东、山南、剑南租庸青苗使。至大历十四年(公元779年)，天下钱谷财货均由刘晏掌握①。建中元年(公元780年)，刘晏被贬后，仍行旧制，以户部侍郎韩洄判度支，金部郎中杜佑负责江淮水陆转运使，推行刘晏、韩滉分领财政旧法。当时韩洄条陈财政："天下铜铁之冶，是曰山泽之利，当归于王者，非诸侯方岳所宜有，今诸道节度都团练使皆占之非宜也，请总隶盐铁使。皆从之。"② 至此，唐朝又将山泽之利控制于财政专使手中。建中三年(公元782年)，又分置汴东、汴西水陆运盐铁租庸使，汴东以包佶为之，汴西以崔纵为之。贞元八年(公元792年)，宰相赵憬、陆贽建议，以"东南两税财赋，自河

① 《唐会要》卷八七《转运盐铁·总叙》。
② 《册府元龟》卷五〇一《邦计部·钱币》。

南、江淮、岭南、山南东道至渭桥，以户部侍郎张滂主之；河东、剑南、山南西道，以户部尚书度支使班宏主之"，完全遵照"大历故事，如刘晏、韩滉所分焉"①。

元和年间，唐宪宗为了解决平藩镇中的财政开支问题，先后以兵部侍郎李巽、刑部尚书李鄘、京兆尹王播等人充诸道盐铁转运使，统管全国财政，他们的工作是有成效的。"榷筦之法，号为难重，唯大历中仆射刘晏雅得其术，赋入丰羡。巽为之一年，征课所入，数晏之多岁，明年过之"②。元和四年（公元809年），唐朝在扬州、江陵等处设点分征贡赋，盐铁使扬子留后崔倰兼充淮南、浙西、浙东、宣歙、福建等道两税使，江陵留后崔祝兼充荆南、山南东道、鄂岳、江西、湖南、岭南等道两税使，度支山南西道分巡院官兼充剑南、东西川及山南西道两税使③。他们分工负责，职掌一个地区的财政，统归中央管理。

肃、代、德、顺、宪各朝，根据财政机构的调整，改由干练的专使负责，先后任命理财重臣第五琦、刘晏、韩滉、杨炎、陆贽、包佶、崔纵、班宏、张滂、杜佑、李巽、王播、程异等人，明确专使职权范围与统辖地区，颇有成效，保证了中央必要的财政收入。"颇能言强国富民术"的第五琦，总管财政，多所改革。百姓除租庸外，无得横赋，"人不益税而上用以饶"④。著名理财家刘晏，"其才亦有过人者"⑤，先后执政理财近二十年，税入增加二十倍。"清勤检辖，不容奸妄"的韩滉，在藩镇叛乱的关键时刻，转运江南、两浙粟帛，"府

① 《唐会要》卷八七《转运盐铁·总叙》。
② 《册府元龟》卷四八八《邦计部·才略》。
③ 《册府元龟》卷四八三《邦计部·总序》。
④ 《旧唐书·第五琦传》。
⑤ 《文献通考》卷二〇。

无虚月,朝廷赖焉"①。杨炎"救时之弊,颇有嘉声",创行两税法,而使"人不土断而地著,赋不加敛而增入,版籍不造而得其虚实,贪吏不诚而奸无所取。自是轻重之权,始归于朝廷"②。"悉心报国,以天下事为己任"③ 的陆贽,颇有政治头脑,根据时弊而论撙节以裕国用,论储蓄以备凶荒,论赋税宜求均平,论征税务求便民,论君主不宜聚敛,论征税须求正确。虽未付诸实行,但对德宗朝的财政是有影响的。"持身有术,尤精吏职"的杜佑,充度支盐铁使,时间虽然不长,但"颇有所立"④。宪宗朝的财臣李巽、李鄘、王播、程异等各有建树:李巽锐于治,持下以法,察无遗私,吏不取少给;李鄘擒奸禁暴,威望甚著,出镇淮南数载,"府廪充积"⑤;王播长于吏术,剖析如流,"黠吏诋欺,无不彰败"⑥。程异出使江表,以调征赋,"尤通万货盈虚,使驰传江淮,哀财用以给军兴,兵得无乏"⑦,保证了宪宗平藩镇的财政开支。

三

唐朝立国以来,财政有固定制度,税收有常额标准。"凡诸州税钱,各有准常。三年一大税,其率一百五十万;每年一小税,其率四十万贯,以供军国传驿及邮递之用。每年又别税八十万贯,以供

---

① 《旧唐书·韩滉传》。
② 《旧唐书·杨炎传》。
③ 《旧唐书·陆贽传》。
④ 《旧唐书·杜佑传》。
⑤ 《旧唐书·李鄘传》。
⑥ 《册府元龟》卷四八三《邦计部·才略》。
⑦ 《新唐书·王播传》。

外官之月料及公廨之用"①。开元天宝以后，由于国家机构繁杂，官员冗累，养兵数额不断增多，每年开支巨额军费、行政费以及统治阶级挥霍享用的费用，国家财力负担逐渐加重。安史乱后，形势更加严重，特别是连年不断的战争消耗了社会大量物质财富。建中元年(公元 780 年)，杨炎创行两税法，目的在于缓和财政收支的紧张局势。当年全国税收一千三百五万六千七十贯，比贞观时增加六七倍。如以当时全国户数三百八万五千七十有六计算，每户可摊四贯二百三十二文②! 如此巨额收入，并不能满足有增无减的战费需要。特别是自从淮西李希烈叛唐以后(公元 782 年)，每月军费开支超过百万贯以上，国库开支维持不了数月③。

为了应付这种严重局势，唐朝统治者采取许多苛细酷烈的办法，搜括民财。首先于建中四年(公元 783 年)初税间架除陌钱。间架法即房屋资产税，"凡屋两架为一间。屋有贵贱，约价三等。上价间出钱二千，中价一千，下价五百"。除陌法即交易税，"天下公私给与货易率，一贯旧算二十一，盖加五十，给与它物或两换者算之"④。其次，借商与税商。太常博士韦都宾等人建议："以军兴庸调不给，请借京城富商钱，大率每商留万贯，余并入官，不一二十大商，则国用济矣。"因之下诏大索京畿富商，计其所得八十万贯⑤。同时对僦柜质库事业也加以拷索，四取其一，又括得二百万⑥。商税税率百分之二，由宰相赵赞建议创行，于"诸道津要都

① 《唐六典》卷三。
② 《旧唐书·德宗纪》。
③ 《旧唐书·德宗纪》。
④ 《册府元龟》卷五一〇《邦计部·重敛》。
⑤ 《旧唐书·德宗纪》。
⑥ 《旧唐书·卢杞传》。

会之所,皆置吏阅商人财货,计钱每千税二十文"①。凡属竹、木、漆等物按值抽十分之一税率。第三,榷酒与税茶。安史乱后始征酒税,概分为榷曲、榷酒,或置官店,以收其利。广德二年(公元764年)诏令"天下州县各量定酤酒户,随月纳税"②。不久一律官办专卖,"禁人酤酒,官司置店,以助军费"③。贞元九年(公元793年),张滂创立税茶法,凡"郡国有茶山及商贾以茶为利者,委院司分置诸场"④,征收茶税。第四,加增正供税钱。建中三年五月,淮南节度使陈少游,请于本道两税钱每千钱增二百文,德宗据此则诏令推行全国,使两税正供税率增加十分之二⑤。第五,征收青苗钱,每亩十五文。由于"资用窘急,不暇成熟,候苗青即征之,故谓之青苗钱"。由青苗使主持,每年约征五百余万贯,"以充百司课料"⑥。第六,紧缩行政开支,减少官员俸料。即所谓"京诸司官等,自艰难以来,不请禄料,职田苗子又充军粮"⑦。广德二年曾从百官俸禄中拨出二万贯助籴军粮。永泰元年又纳职田充作军粮,甚至诏税百官钱市绢十万匹,以赏回纥兵⑧。大历十四年,州府官租万四千余斛,令分给所在地以为军粮。第七,卖官鬻爵,广度僧尼,节级纳钱,扩大财源。至德元年九月,宰相裴冕"不识大体,以聚人曰财,乃下令卖官鬻爵,度僧尼道士,以储积为务"⑨。唐朝明

---

① 《册府元龟》卷五〇四《邦计部·关市》。
② 《册府元龟》卷五〇四《邦计部·榷酤》。
③ 《通典》卷一一《食货典》。
④ 《册府元龟》卷四八三《邦计部·总序》。
⑤ 《册府元龟》卷五一〇《邦计部·重敛》。
⑥⑦ 《册府元龟》卷五〇六《邦计部·俸禄》。
⑧ 《册府元龟》卷四八四《邦计部·经费》。
⑨ 《册府元龟》卷五〇九《邦计部·鬻爵赎罪》。

码实价,大卖度牒,攫取所谓"香火钱",无法计算。据说御史崔众到太原一次:"纳钱度僧尼道士,旬日得百万"①。明令卖官鬻爵,凡纳钱物者多给空名告身,又准敕纳钱百千文者给以明经出身。"如未曾读学,不识文字者,加三十千,应授职事官并勋阶邑号赠官等","如能据所有资财十分纳四助军者,便与终身优复"②。第八,聚敛之臣,逢迎阿时,敲榨民财,额外贡献,即有所谓日进、月进、献助、进奉、羡余之说。"故科敛之名凡数百,废者不削,重者不去,新旧仍积,不知其涯。百姓受命而供之,旬输月送,无有休息"③!因此,广大群众处境十分困难,正如元和六年中书门下所奏:"国家自天宝以后,中原宿兵,见在军士可使者八十余万,其余浮为商贩,度为僧道,杂入色役不归农桑者,又十有五六。则是天下常以三分劳动苦骨之人,奉七分坐衣侍食之辈。"④当时有正义感的诗人深刻地揭露了残酷的现实:"奈何岁月久,贪吏得因循,浚我以求宠,敛索无冬春!"⑤

广大群众倾家荡产完纳繁苛的租赋杂敛,仍不能满足统治阶级的财政需求。"六军之命方急,无财则散"。宪宗元和年间(公元806—820年),只好动用皇帝内库贮存的物资财富,以供军需。元和十年,诏以内库缯绢五千万匹付左藏库以供军。十一年,以内库钱五十万贯出付度支供军。十二年,诏出内库绅绢布帛共九十万端匹、银五千两付度支接济军饷。又诏以内库罗、谷及犀玉金带之具及妇女首饰,付送度支,令归其直。十三年,出内库玳瑁琉四百

① 《唐会要》卷四七《议释教》。
② 《册府元龟》卷五〇九《邦计部·鬻爵赎罪》。
③ 《旧唐书·杨炎传》。
④ 《旧唐书·宪宗纪》。
⑤ 《白香山集》卷二《秦中吟·重赋》。

只、犀带具五百副,令度支出卖进直。又出内库绢三十万匹、钱三十万贯,付度支以给军用。十四年,出内库钱帛匹共一万,付度支以给军用①。

中唐财政为了解决货币支付问题,统治者曾通过榷盐、榷酒、榷茶、青苗、间架、除陌等各种办法,以增加货币收入。由于"国步犹阻,帑藏未充,重敛乃人不堪命,薄征则军赋未足"②,唐朝便采取通货贬值政策,乾元元年(公元758年)铸当十"乾元重宝",二年又铸当五十"乾元重宝"(亦称重轮乾元钱),"官炉之外,私铸颇多"。乾元年间仅京兆一地私铸犯罪致死者即有八百人之多!主持铸钱的第五琦因此而被贬为忠州刺史。地方铸钱可考者有丹、平、襄、兴、润、越、福、宣、洪、鄂、广、桂、兖、潭、益、梓、梁、扬等州二十余处,铸造钱币既多且滥,直接影响到社会经济生活。没有雄厚物资作为基础的滥铸钱币,自然引起了物价上涨,通货膨胀。上元元年(公元760年),米价暴涨,每斗至七千钱,比安史乱前两百文一斗米价高出三四十倍③。当时所铸的几种乾元文字铜钱,相差无几,更加引起流通混乱,人心不安,唐朝被迫改弦更张,乃令畿内把重轮钱减作当三十,旧开元钱则增为一当十,当十乾元钱照旧流通。宝应元年(公元760年),代宗即位后,把乾元当十钱改为当二钱,乾元重轮钱改为一当三。元载任相,又大小乾元钱平价流通,同时下令禁止私铸乾元重轮钱。唐朝一再增铸钱币,改革货币流通,仍不能制止物价上涨。统治者的如此错误决策,给国家增加了更多困难。

---

① 《册府元龟》卷四八四《邦计部·经费》。
② 《册府元龟》卷五〇一《邦计部·钱币》。
③ 《新唐书·食货志》。

在诸多对策中,以盐业专卖最为切要,而且有成功的一面。唐朝前期,国家允许自由开采经营盐业,不予干涉限制。开元二十五年以后(公元737年),河东道两池改盐屯为召商人经营,立课征盐;河北道幽州及河东道大同横野军则行盐屯,由驻军负责;剑南、山南两道盐并许民开采,按月计课;而沿海各道亦征盐课,由农司主管。安史乱后,第五琦、刘晏则改行盐业专卖,国家直接控制与掌握产运销工作。第五琦于山海井灶近利之地设置盐院,凡制盐群众(包括旧业者与游民)须经政府许可,著其户籍为"亭户",免其杂徭,一切均由官府经理,斗加时价百钱为百一十文,私制私售者论以法。宝应元年,刘晏理财首先抓盐业,继续实行专卖,用以解决迫切的财政困难,即所谓"正盐官法,以裨国用"①。

食盐是群众生活必需品,关系重大。唐朝专卖食盐,是解决财政危机的主要办法。刘晏认为"因民所急而税之,则国用足"。他主持盐政时期,"自许、汝、郑、邓之西,皆食河东池盐,度支主之;汴、滑、唐、蔡之东,皆食海盐",则由刘晏亲自掌握②。他基本上承继第五琦盐法,首先整顿组织,在产盐区设置十监,又在产盐中心区设置四场,具体负责盐政。同时在淮上设置巡院十三处。巡院与第五琦的监院有所区别,除管理"亭户"生产、监禁私贩外,又招募"驶足",置驿相望,调查四方盐价行情及其利弊,以便及时采取对策③。其次是整顿"亭户"制度,讲究生产技术,民制官收,盐尽归廪,统由政府掌握。在运销方面,奖励商人经营,就场粜盐,收价之后,便允许商人自由运销。"其江岭间去盐乡远者,转官盐于彼

---

① 《新唐书·刘晏传》。
② 《资治通鉴》卷二二六,建中元年。
③ 参见《云笈七签》。

贮之。或商绝盐贵，则减价粜之，渭之常平盐"①。在征榷方面，统一划价，寓税于价，稳定市场价格。近三十年中，每斗盐价约在一百一十文左右。贞元四年以后，江淮盐价增至二百，再增六十，合为三百七十文。民需食盐基本得到保障，国家又能从中获利。总之，刘晏等人的盐业专卖是有成效的，他们执政之初（公元760年左右）岁入钱六十万，盐利占四十万，至大历末（公元779年）岁入一千二百万，盐利增至六百万，占岁入之半，对解决唐朝财政危机起了相当的作用。

中唐时期（公元756—820年）六十余年，内乱繁频，经济凋敝，民生困窘，财政危机。统治阶级面对社会现实，曾采取许多应急措施，苛细收敛，以解决财政危机，虽能收到一些效果，使唐朝命运得以延缓，但由于其阶级和历史的局限性，唐朝统治者不能也不可能彻底解决财政危机问题。晚唐时期，社会更加百孔千疮，"江淮转运路绝，国命所能判者唯河西、山南、剑南、岭南西道"②，财政崩溃，陷于绝境，在农民战争的暴风雨中，唐朝只有灭亡一条路了。

1978年9月于长春

（原载1983年陕西人民出版社《唐史研究论文集》）

---

① 《资治通鉴》卷二二六，建中元年。
② 《册府元龟》卷四八三《邦计部·总序》。

隋唐五代史研究的历史与现状

一 历史的回顾

自从本世纪以来,隋唐五代史研究工作有很大的进展,已逐步形成一支颇具规模的专业队伍,并出现一批成果卓著的史学家。在广泛的研究工作中,在老一辈史学家的带动下,由于史学工作者的辛勤努力工作,对有关隋唐五代史的资料整理、校订和考证工作取得了很大成绩。在全面开展研究工作的基础上,对一些重大历史问题,诸如土地占有状况、社会阶级关系、政局演变、内外战争、民族迁徙、农业手工业生产、商业贸易、驿站交通、科技工程、文化艺术、宗教思想、典章制度、中外往来以及均田制、府兵制、科举制、赋役制、刑法制等,也有相当的研究,并取得了一些公认的成果。据不完全统计,国内已出版的著作约有五百五十余种,在报刊发表的论文大约有四千三百余篇(截止 1982 年的统计)。这些论著,对改善隋唐五代史的研究状况起了良好作用,并为今后进一步开展研究工作奠定了基础,我们十分珍视这一批巨大的研究成果。

隋唐五代史的研究工作有一个历史的发展过程。大致说来,早期著述多受清代乾嘉以来的考据学风影响,侧重于史料的搜集、排比、整理和考订,对一人、一事、一物以及有关事物典章制度加以考证,从而解决了若干具体历史问题,为后世研究工作提供了便利条件。

当时学者所作的主要工作,概分为三类:一是整理校勘文献,诸如罗士琳的《旧唐书校勘记》、张道的《旧唐书勘同》、《旧唐书疑义》、罗振常的《新唐书斠义》、赵绍祖的《新旧唐书互证》、王先谦的《新旧唐书合校》、杨春的《新旧唐书异同考》以及张宗泰的《旧唐书考证》等。他们勤奋工作，疏正史实，校订文字，为后人阅读利用文献资料提供了便利条件；二是注释考订文献，诸如洪钧的《旧唐书大食传考证》，沈炳震的《唐书宰相世系表订讹》、丁谦的《新唐书吐蕃传地理考证》、《沙陀传地理考证》、《西域传地理考证》、《南蛮传地理考证》、《大唐西域记地理考证》、《杜环经行记地理考证》以及王先谦的《新旧唐书魏徵列传合注》，汪崇沂的《旧唐书李靖传考证》等，他们搜集许多资料，就有关人物、地名、典制、掌故和历史事件作了注释，对进一步开展研究工作是有贡献的；三是就若干重要问题，搜集资料，排比考订，加以探索研究，诸如徐松的《登科记考》，劳经原的《唐折冲府考》，赵钺的《唐御史台精舍题名考》、《郎官石柱题名考》以及吴廷燮的《唐方镇年表》等专著，反映了当时学者的研究水平。

徐氏《登科记考》，三十卷，书成于道光十八年（1838 年）。按唐人撰著登科记一类典籍不下十余家，而见于《新唐书·艺文志》著录者仅三数家，已相继失传。因此，徐氏以此为题，广泛搜罗资料，加以考订复旧，补阙佚书。徐氏为清末著名学者，曾参与《全唐文》编纂工作，对唐代科举考试颇多研究，诸如制科名数与科举考试科目、内容方法及其主管衔司署吏官员均有考释。本书概分三部分：一是正文（1—26 卷），以年代时序为纲，自唐武德元年至周显德六年，列载有关科举沿革大事，知贡举者姓名、各科录取人数以及可考者姓名、试题与对策原文，每条资料均注出处；二是附考（27卷），著录进士、明经、制科人数凡一千零二十五人；三是别录（28—30 卷），载记有关唐五代科举掌故、议论、诗文等文献史料。此书是清代学者对唐史研究的重要成果之一,资料丰富,考订翔实,对后世影响很大。

劳氏《唐折冲府考》四卷,书成于道光二十一年(1841年)。有关府兵制问题,史籍资料不完备,立府之数,其说不一,或曰六百三十,或曰八百,各地区设置军府失载,间有错误。因之,劳氏以此为题,考诸两唐书文献,参以传纪地理之书,旁及诸家文集、石刻、碑志,钩稽荟萃,完成此书。据赵钺序称:"是书首卷载折冲府废置之由,凡新旧书及六典、通典诸书所列折冲府制,广为甄录,并列全文,有复出者亦仍其旧,全同者则仅列其目,间有涉及府制者别为杂录,系之于后。余卷分载府名,凡官于其府及置府之因地立名者,详为引证;志缺而见于他书者,则补于每州之后。所隶之卫尚有可考者,则列卫名于府上,所补之府,无可考其所属之州者汇为补遗附后。"《唐折冲府考》录志书存府四百四十八,补府一百零八,共得五百五十七府,可供进一步研究唐朝兵制的参考。

吴氏《唐方镇年表》,八卷。按《新唐书》有《方镇表》六卷,只是表地而不表人,仅记各镇兴废以及区划变革,未列节度使的任免年月。作者以《方镇表》为基础,搜集大量文献资料,诸如两唐书、类书、地志、别集、总集以及碑志杂史等,以方镇为纲,按年代时序列载节度使更迭情况,涉列唐朝节镇人物凡一千三百五十七人,是一部具有文献资料研究价值的大著,故岑仲勉先生认为:"自道光中徐松著《登科记考》,近百年来,能于唐史一部分作有系统之整理者,莫吴廷燮《方镇年表》若!"

本世纪二三十年代,在中国逐渐建立起马克思主义的新史学,自然地改变了隋唐五代史的研究状况。马克思主义史学家在接受前代史学遗产的基础上,将隋唐五代史作为封建社会史发展中的一个断代加以探索,并以此为前提开展了政治、经济和文化有关问题的研究,已取得了明显的结果。老一辈马克思主义史学家郭沫若、范文澜、吕振羽、翦伯赞等人,在他们的论著中直接或间接地论述隋唐史上的若干问题,从而树立了隋唐五代史的正确研究方向。特别是范著《中国通史简编》与吕著《中国简明通史》,首次以马克思主义的观点、立场和方法,系统地阐述隋唐五代史的发展规律以及若干重大历史问题,为隋唐五代史的研究奠定了初步基础。

范文澜精通中国丰富的文化遗产,是我国较早地应用马克思主义研究历史的著名史学家之一。早在 1940 年发表的《关于上古历史阶段的商榷》(刊于《中国文化》第 1 卷第 3 期)一文,阐明了中国古代史研究的理论基础,指出"人类历史的发展,要经过原始公社、奴隶占有制度、封建制度、资本主义制度,而后达到社会主义的社会"。作者以此为指导思想写了《中国通史简编》,按照一般的社会发展规律,划分中国封建社会史的初期(西周至秦统一)、中期(秦至隋统一为中期前段,隋至元末为中期后段)、后期(明至清鸦片战争以前)三个时期。范老对隋唐五代史作了充分的研究,在书中明确指出唐朝强盛与衰亡的历史过程,认为:"支持隋唐以来社会生产上升的条件,除官私奴隶大减外,主要有下列几点:一、长江流域经东汉孙吴特别是南朝的开发,南方经济赶上了黄河流域。隋唐时,恢复了繁荣的黄河流域以外再加上长江流域,封建经济的地盘至少扩大了一倍,并且以此为基地,继续向闽江珠江两流域逐步扩大。二、自隋唐时起,航海技术进步,海上贸易比陆上贸易更为有利,加强了中国与外国间的交换关系。三、因为商品流通的增加,货币流通也为之增加。货币的作用虽然还不到破坏封建经济的程度,但地主自给自足的经济比南北朝以前更削弱了,因而民间工商业得到进一步的发展。四、运河与驿站的畅通,大大增加了交通运输上的便利。繁盛的商业刺激了手工业的发展,商业税和手工业税逐渐成为国家收入的一个重要部分(当然远不及地税的重要),因此减轻了统治者对民间工商业的压迫。"(《关于中国历史上的一些问题》,此文收载于《范文澜历史论文选集》)这些论点,无疑对唐史研究起了促进作用。

吕振羽自三十年代以来运用马克思主义写出大量中国古史方面的论文与专著,在《中国简明通史》中,对隋唐五代史的叙述,同范著一样,建立了中国隋唐五代史的马克思主义思想体系。尤其值得提出的是,他在这部大著之前,1935年发表的长篇论文《隋唐五代经济概论》(刊于《中山文化教育馆季刊》第2卷第4期),全面地系统地论述了本期社会经济的构成、演变及其剥削关系,今天看来其中曾有个别问题欠妥之外,作者的立论明确,对一些问题的分析探索是符合马克思主义原则的。比如对隋末农民起义前的社会形势分析,作者认为:广大农民群众在"苛重的徭役和兵役的负担之下,加之赋税的繁重恰和统治阶级的享受向两极驰趋,矛盾对立的局势,便急剧地趋于突端"。又如对唐代地主经济的诸构成和其剥削诸关系,作了系统的探索,根据"均田制"的施行原则,"地主阶级的政府,原在把农民缚于土地之上,作成实质的国家的农奴,不过既给予农民对其受有的'永业田'和'口分田'有买卖之权,因而事实上除户绝者外,他们便成了事实上的小土地所有者"。显然,这些正确论断,对隋唐社会历史问题研究具有极大参考价值。

但是,长期以来资产阶级反动史学流派居于主导地位。他们之中的一些人从外国贩运来的实验主义的历史观及其形而上学的方法论,深深地毒害了中国史学界。资产阶级反动史学流派任意歪曲包括隋唐五代史在内的中国古代历史,以其唯心主义的方法论与陈旧的进化史观武断中国历史问题,用烦琐的考证来代替科学的研究方法,目的在于对抗与破坏在中国逐渐发展起来的马克思主义新史学。

　　从1928年开始，到1934、1935年间形成的社会史论战高潮中，中国托洛茨基分子也打着唯物史观的招牌，制造混乱，歪曲中国历史。李季等人认为隋唐五代史是处于"封建的生产方法时代"之后，"资本主义时代"之先的所谓"前资本主义的生产方法的时代"，而且声称"历时二千零八十六年，虽朝代更易在二十以上，然这样生产始终没有变化"①。显然，这里将隋唐五代史的研究工作引入歧途。

　　在社会史论战中，一方面是马克思主义史学在不断发展，另一方面是资产阶级反动史学流派与托派史学观点日益暴露出他们的本来面貌，没有解决任何具体历史问题。于是这两派便走向合流，以陶希圣等人为代表，另立旗帜于1934年12月开始创办《食货》半月刊。他们申明："中国社会史的理论斗争，总算热闹过去了。但是如不经一番史料的搜求，特殊问题的提出和解决，局部历史的大翻修、大改造，那进一步的理论斗争，断断是不能出现的。"② 他们的目的在于"搜求"所谓经济史料，用具体问题研究成果，继续歪曲中国社会性质，对抗中国革命运动的发展。在此形势影响下，有关隋唐五代史经济问题讨论有所发展，陶希圣、鞠清远著《唐宋官私工业》(1934年)、《唐代经济史》(1935年)《唐代财政史》(1940年)等书陆续出版。应当指出，这些著作的出版，提供了较为系统的史料，客观上推动了隋唐五代经济史的研究。

　　新中国成立以后，马克思主义新史学随着中国革命的胜利而取得统治地位。在中国共产党的正确领导下，隋唐五代史的研究

---

①　《中国社会史论战批判》第95页。
②　《食货》创刊号《论者的话》。

工作同其他学科一样大有进展,专业队伍不断扩大,研究成果不断增多。在五百五十种专著与四千三百篇论文中,大约有三分之二左右是新中国成立以后的作品(截至1980年统计,隋唐五代史著述共五百二十一种,1949年前为一百六十一种,解放前五十年占总数的百分之三十一;1949年后为三百六十种,解放后三十年著述占总数的百分之六十九)。这些著述,题材广泛,内容丰富,对隋唐五代时期的农民战争、土地制度、阶级关系、典章制度、民族问题、中外经济文化交流以及重大历史人物事件等问题研究取得了新成绩,对其中不少问题有新突破。

更值得提出的是,在大量专题研究取得成果的基础上,断代史的研究工作成绩不少,已出版的著作有岑仲勉的《隋唐史》(1945年)、杨志玖的《隋唐五代史纲要》(1955年)、吴枫的《隋唐五代史》(1958年)、吕思勉的《隋唐五代史》(1959年)、韩国磐的《隋唐五代史纲》(1961年)等五部断代史专著,以马克思主义理论为指导,以大量历史资料为基础,全面阐述本期历史的发生、发展演变规律及其若干重大历史问题,在隋唐五代史的教学与科研工作中起了一定的积极作用。

应该看到,三十年来的隋唐五代史的研究同其他学科一样,也走过一段曲折的道路。由于极左思想路线的影响,在一个时期里用所谓阶级斗争、儒法斗争代替了生动的历史科学研究工作,一家之言代替了百家争鸣,正常的科学研究工作中断了。在一些论著中往往是用教条式的公式来套历史而不作具体分析,把复杂的历史问题简单化。以"古为今用"为口实,将历史生硬地与现实联系起来,甚至为了所谓现实需要不惜宰割剪裁历史事实。这种违反历史唯物主义的论述历史的形而上学的方法论,至今在隋唐五代史的研究中仍不时出现,我们应引以为戒。

粉碎"四人帮"以后,史学工作者迎来了科学的春天。尽管我们还有许多缺点与不足之处,但隋唐五代史的研究大有发展,所取得的成就是显著的,而且超过了以前任何时代。仅据1979、1980、1981年三年的不完全统计,已发表的论文约在三百五十篇以上。更可喜的是研究路子宽了,选题新了,成果多了。如《试论隋末知识分子在农民战争中的作用》、《唐代手实初探》、《吐鲁番出土唐代庸调布研究》、《敦煌文书中的唐五代行人》、《唐代户口的分布与变迁》、《唐代粮食亩产量》、《唐代的地震与劳动人民向大自然斗争》、《试论唐代藩镇割据的社会基础》以及《碎叶城今地考》等文章,运用不少新资料,提出的一些见解,有助于隋唐五代史研究工作的进一步开展。

我们也应看到,在此期间,香港、台湾不少学者致力于隋唐五代史的研究工作。汤承业先生重视隋史研究工作,他发表的《略论隋文帝之吏治措施》、《对隋文帝治术之分析》以及《论隋文帝戡平三方叛乱与剪除六王之谋》等文章,较为全面地论述了隋文帝统治时期的政局。李树桐先生侧重于唐初政治的研究,在《大陆杂志》上连续发表的《玄武门之变及其对政治的影响》、《唐初帝室间相互关系的演变》、《李渊太原起义考实》、《唐高祖称臣于突厥考辨》等文章,丰富了唐初历史的研究内容。严耕望先生是一位勤奋的唐史研究学者,除做了大量文献考订工作外,对官制研究的成果显著,如《唐代六部与九寺诸监之关系》、《唐代方镇使府之文职僚佐》、《谈唐代地方行政区划》以及《论唐代尚书省之职权与地位》等文章,可作为代表著作。顾炎辉先生研究唐代法制颇见功效,他在《法学丛刊》中连续发表了二三十篇文章,诸如《唐律各论》、《论唐律身份与罪刑》、《论唐律上罪名定刑之态样》、《论唐律诈伪律》等。港台学者对五代史的研究虽不及隋唐,但也发表一些有关文章,如林瑞翰先生著《五代豪侈暴虐义养之风气》，反映了五代军阀割据称雄的社会风尚，值得一读。此外，港台学者出版的专著计有：傅乐成著《隋唐五代史》、章群著《唐史》、林天蔚著《唐史新编》、刘伯骥著《唐代政权史》、周道济著《汉唐宰相制度》、吴章铨著《唐代农村问题研究》、王寿南著《唐代藩镇与中央关系之研究》、黄敏枝著《唐代寺院经济的研究》等，应当引起隋唐史学界的重视。

二 已故史学家的贡献

回顾过去，隋唐五代的研究工作之所以取得如此巨大成绩是与那些勤奋的史学家热爱历史专业、努力工作分不开的。已故史学家吕思勉、岑仲勉、陈寅恪、向达以及汪篯诸先生作出了很大的贡献。

他们之中，多数人是作为本世纪前期由旧史学向新史学过渡时期的代表人物。他们具有共同特点：勤奋治学、知识渊博，谙熟中国古代典籍，继承了清代学者实事求是的考据方法，又受到日本、欧美近代学者的治学方法影响（如实用主义与进化论观点），而取得较高的学术成就。他们又处于中国革命走向胜利的关键时期，紧跟时代步伐，积极学习马克思主义，运用历史唯物主义与辩证唯物主义的观点、立场和方法，研究中国古代史，在已取得成就的基础上，又有新的建树，在史学界起了承前启后的积极作用。

吕思勉（1884—1957年）先生，知识渊博，功底深厚，成就卓著，在国内外史学界享有盛名。他在中国通史、断代史以及民族史、学术史、史学史等各方面的著作甚多，已出版的两部通史、四部断代史、五部专史及其他著述约六百余万字，还有近九十万字的读史札记于1982年由上海古籍出版社整理出版。吕氏之所以能够取得如此重大成就，写出大量历史著作，绝非偶然。先生研究历史踏实而勤奋,平生除任教外即埋头于读书、研究与著述,孜孜不倦,据说读过三遍二十四史,值得后学仰慕与学习。吕氏对史学的贡献是多方面的,概略言之如下:

第一,培养人材:先生从二十年代即任教于大学,三十年代以后在上海光华大学已颇负盛名,在中文、历史系不仅教专业课,而且也教基础课,从中国通史、世界通史、中国近代史、中国文化史、中国社会史、中国民族史到史学方法、史学名著研究以及与古史有关联的文字学等课程,可以说是一位博大精深的教授。讲课不人云亦云,囿于旧说。时常指陈胡适浅陋之处,则与学界捧场不同。比如胡适根据今天的经纬度怀疑《汉书·西域传》所记西域各国道里为失实,作为古书数字不可靠的证据。吕氏则指出:《汉书》所记为人行里程,而经纬度则是两点之间的直线距离。此为两件事,其所以搞错,在于胡适没有细读《尚书·禹贡疏》,不知古人将经纬度距离称之为"天空鸟迹"。先生以此教育学生应引以为鉴①。

第二,开创通史著作新局面:吕氏《白话本国史》四册,出版于1922年,长期被用作大学教本,并为青年"自修适用"的读物。顾颉刚评之曰:"编著中国通史的,最易犯的毛病,是条列史实,缺乏见解,其书无异为变相的《纲鉴辑览》或《纲鉴易知录》之类,极为枯燥。及吕思勉先生出,有鉴于此,乃以丰富的史识与流畅的笔调来写通史,方为通史写作开了一新的纪元。"② 此书特点,作者自称有四:一是采用新方法整理国故;二是实事求是;三是为青年学习历史指示门径;四是讲究条理,注意历史变迁进化方面的论述。吕先生力求采用新方法、新观点,敏锐观察分析中国历史的发展与变

---

① 邹化琦《史学家吕思勉二三事》,1982年6月17日《解放日报》。

② 《当代中国史学》第85页。

化,提出"上古"(先秦)、"中古"(唐中叶以前)、"近古"(南宋前)、"近世"(清中叶以前)、"最近世"(西力东渐到清朝灭亡)分期法,并且注意多民族的活动历史,上古史中设有"汉族以外的诸族"专章,以后各期均有专章论述边疆各族的历史演变。作者根据史实加以总结,为后世提供经验,给人以启示。这个特点,在四十年代出版的《中国通史》上下册中表现更为显著。

第三,建立断代史新体裁:吕氏晚年专攻断代史,根据通史与断代史流弊,改变史论与史钞的缺点,写出四部断代史专著,自创新体,每部书分前后两部分,前部是政治史,包括王朝的兴亡衰盛,各种重大历史事件的前因后果,各个时期政治设施的成败得失,以及王朝与周边民族之间关系等,采用新的纪事本末体;后部是社会经济文化,分列章节,以叙述社会经济、政治制度、民族疆域、文化学术等方面的具体发展情况,采用新式叙述典章制度体例。

《隋唐五代史》是解放后的专著,作者先后用十年功力,与《先秦史》、《秦汉史》、《两晋南北朝史》相连贯。此书上册为政治史,叙述了隋代兴亡,分析了初唐盛世的因果,说明了安史之乱前后的社会变化,同时对重大历史人物作了评述,指出了隋文帝、唐太宗均有两面性,抨击武则天为"暴君"。下册叙述社会组织、等级、人民生计、实业、人民生活、政治制度以及学术、宗教等方面,内容丰富,颇多参考价值。就中国古代史的发展状况,作者对中唐的历史变化,提出了有价值的意见。他认为,从晋到唐代中期的田赋制度,如晋的户调制、北魏的均田令、唐的租庸调,属于同一趋向,到唐德宗时实行两税法是个变迁。唐代中期以后不但社会经济发生变化,政治形势也发生大变,提出了藩镇割据的局面,从此中央集权的王朝实力衰落,北方部族进一步侵扰。因此,作者指出唐代后期作为"中古"与"近古"两个时期的界限,其中的一些观点是可取的。

第四，吕先生对专史研究的成果，也是多方面的，诸如经济史、民族史、思想史、文学史以及史学史等。限于篇幅，从略。

岑仲勉（1885—1961年）先生，是一位大器晚成的著名史学家。早年诵读四书五经，自行点读《通鉴纲目》，专习经史与宋代理学，深受乾嘉学派影响，对王念孙、王引之父子的考据方法颇为赞赏，遂潜心治史。1937年，年已五十二岁的岑仲勉应聘为中央研究院历史语言研究所研究员，专攻史学，致力于唐代史事的研究与文献整理工作。先生自白："我半途出家，年将四十才专门从事史学研究，在五十二岁到六十二岁则是我做学问最努力的时期。"先生治史四十载（1921—1961年），著书十七部，论文近二百篇，凡一千万言，是我国多产的著名历史学家之一。

先生治学可分为三期：第一时期为工余自学阶段（1912—1937年）。志趣广泛，以史地、中外交通和西北民族史为主要研究内容。此间发表唐史方面主要文章有《括地志序略新注》、《隋书州郡牧守编年表》、《新唐书突厥传拟注》、《跋突厥文阙特勤碑》等。岑氏以考据方法为基础，又广泛应用对音方法来考订边陲塞外古地名，以作为历史资料的补充，立足于史林，自成一家。

第二时期为"史语所"研究阶段（1937—1948年）。此间环境屡次变迁，研究条件恶化，但是先生刻苦治学，锲而不舍，专攻唐代史事研究与文献整理工作，发表这方面论文约三十余篇。岑氏治学严谨，论断卓识，为中外史家所推崇。首先是对唐人文集《白氏长庆集》、《张曲江集》以及《全唐文》、《全唐诗》的研究考订取得了显著的成绩。其次是对唐代有关文献的研究整理远超前代学者丁居晦、徐松、劳经原、吴廷燮等人的水平。所撰《翰林学士壁记注补》、《补唐代翰林两记》、《登科记考订补》、《郎官石柱题名新著录》、《唐方镇年表正补》以及《贞石证史》等，超越前人仅限于讹字、衍文或错简方面的考订,先生是从历史入手,注重历史内容。他认为:"校唐人文字者,总须参酌史实,然后能定其异同,亦不因一字之差,遽生误会。"

在此期间,岑先生发表了颇有影响的几部大著:《唐史余沈》成稿于1944年,1960年上海古籍出版社出版。此书凡四卷,二百四十二条,按皇帝顺序考订有唐一代史事,引书近一百二十余种,颇有文献参考价值;《隋书求是》成稿于1945年,此书发端于1935年发表的《隋书州郡牧守编年表》,是一部工具性质的资料著述,按隋朝三百四十四州编刺史郡守姓氏,便于检索;《元和姓纂四校记》成稿于1948年,作者在四库馆臣、孙星衍、罗振玉三校的基础上,完成了林宝《元和姓纂》的四校记,博采年谱碑志典籍,征引诸家考证,进行刊误、拾遗、正本、辨伪的深入校证增补,终成一百七十万言的大书,为研究唐史与谱学的重要参考文献;《唐人行第录》作于1938年,稿成于1960年。本书征引唐代文学典籍宏富,按姓氏行第编录,以便检索。岑氏对唐代名人行辈、官职、经历进行了全面、深入、系统的考察,是为阅读唐代典籍者必备的工具书。

第三时期为解放后在大学执教阶段(1949—1961年)。此间先生已是六七十岁的老人了,健康已不如前,但在中山大学教授隋唐史,培养研究生,费尽了心劳。十二年来培养大批人才,晚年著书立说仍不减当年。在报刊发表的重要论文有《唐代两税基础及其牵连的问题》、《租庸调与均田有无关系》、《唐代两税的内容》等。先生的研究重点是隋唐史,于1950年写出《隋唐史》讲义,进行"内部交流",后来由高教出版社公开出版。

《隋唐史》体式,上卷为隋史,下卷为唐史,大致按时序,以节为单位论列史事。隋史十九节,唐史六十八节,全书五十一万余字。作者用浅近文言文写作,以引导学生研习历史与阅读古籍。内容仍以政治史为主,涉及到隋唐时期经济、文化、社会史各个方面。在叙述各种问题时,尽可能上溯其源,下探其变,凡属典制颇多考订,立一家之言。本书特点:一是具备断代史规模,"极力避免与通史之讲授相复",重点深入探索问题;二是基本按照时序论列史事;三是重视同世界史的联系;四是资料丰富,注释尤多精辟。

解放后,岑先生有感于中央提出根治黄河的战略部署,于1955年完成了《黄河变迁史》巨著,以供治黄参考。接着又完成了《突厥集史》与《西突厥史料补阙及考证》,以补沙畹《西突厥史料》之缺陷,为中国学者治突厥史树立了榜样。《通鉴隋唐纪比事质题》一书,为作者老年之作。岑氏认为《通鉴》是"首屈一指"的名著,但由于编纂之经过复杂,"里面或取舍失宜,或排比弗当,或先后违序,或褒贬无章"。因之,先生在研究隋唐史过程中,常以《通鉴》"和在前的史料来比读,总觉得有不少可商可疑之处"。积稿成书于1958年,凡六百七十余条,以作读史者参考之用,是为先生逝世前留下的大著。

陈寅恪(1890—1979年)先生,国学基础深厚,曾同先生在国外同学达七年之久的俞大维在《怀念陈寅恪先生》中说:陈氏常讲"读书须识字",幼年时他对《说文》与王引之父子训诂之学下过一番工夫。他对十三经不但大部分能背诵,而且对每字必求正解。对史书则无所不读,尤其重视史志文献,如《史记》天官书、货殖传,《汉书》艺文志,《晋书》天文志、刑法志,《隋书》经籍志,《新唐书》地理志等,他如"会要"、"三通"等典制文献。并能背诵"三通"序言。先生更熟悉二十四史,历史上发生的大事载于何书,乃至卷、页、行,都记得清楚,记忆力是超人的。对子书、文集也多涉猎,而精于诗词文学。

陈氏先后留学国外达十一年之久,因学比较语言学,而通达十余种外语,"他所会业已死了的文字,拉丁文不必讲,如梵文、巴利文、满文、蒙文、藏文、突厥文、西夏文及土耳其文、波斯文,非常之多。至于英、法、德、俄、日、希腊诸国文更不用说,甚至连匈牙利的马札儿文也懂"①。

先生早年应聘为清华国学研究所导师,与当代大师梁启超、王国维同列讲席。其后任教于清华大学历史系、中文系,为当代著名的教授,开设《唐代西北石刻译证》、《年历学》、《中国古天象年历》、《佛教翻译文学》、《魏晋南北朝之西北史料》、《蒙古史料之研究》等课程。在西南联大主讲《两晋南北朝史》、《隋唐史专题研究》和《元白诗研究》。在岭南大学、中山大学讲授《唐代乐府》、《唐诗证史》等。从先生授业者,不少人已成为国内外名家。

先生平生著述七部,一百七十五万字,论文九十一篇(其中隋唐史文章三十七篇),为后世留下一笔精神财富。

三十年代以后,陈氏声望日隆,已成为国内外公认的著名史学家。据先生自谓"平生为不古不今之学",治魏晋隋唐史始于三十年代。大著《隋唐制度渊源略论稿》成于 1940 年,《唐代政治史述论稿》成于 1945 年。两书是陈氏的史学代表作,被誉为划时代的巨著,在学术界影响很大。积多年之研究成果,在两书中建立了自己的唐史研究体系,对当代一些重大问题多所发明,诸如关陇集团、党派斗争、府兵制,以及唐朝统治"内重外轻"或"外重内轻"等问题,提出不少真知灼见,对唐史研究有很大贡献。

在多年研究实践中,陈氏综观私家著述的小说与官修史书的长短外,认为两者应等量齐观,为史料学开拓新方向,如以《顺宗实录》与《续玄怪录》,论述唐宪宗被杀事,是可取的。关于史料的运

---

①　陈哲三《陈寅恪先生轶事》。

用问题,他在《冯友兰中国哲学史上册审查报告》中指出:古代遗留下来的材料都是片断的分散的,必须放在当时的历史背景下,进行综合联贯的研究。必须防止穿凿附会,把现代人的思想和处境强加到古人身上。他说:"盖古人著书立说,皆有所为而发。故其所处之环境,所受之背景,非完全明了,则其学说不易评论,而古代哲学家去今数千年,其时代之真相,极难推知。吾人今日可依据之材料,仅为当时所遗存最小之一部,欲借此残余片断,以窥测其全部结构,必须具有艺术家欣赏古代绘画雕刻之眼光及精神,然后古人之用意与对象,始可以真了解。"陈氏强调运用史料必须重视历史背景,这是正确的。他对所谓伪材料提出了独到的见解:"以中国今日之考据学,已足以辨别古书之真伪。然真伪者,不过相对问题,而主要在能审定伪材料之时代及作者而利用之。盖伪材料亦有时与真材料同一可贵。如某种伪材料,若径认为其所依托之时代及作者之真产物,固不可也。但能考出其伪时代及作者,即据以说明此时代及作者之思想,则变为一真材料矣。"

在研究实践中,陈氏不断认识史料,扩大史料范围。以诗证史,以文证史,以小说证史,是先生的一大发明。《元白诗中俸料钱问题》、《谈秦妇吟》、《以杜诗证唐史所谓杂种胡之义》、《长恨歌笺证》、《白香山琵琶行笺证》等文为其典型代表作品。而在1955年撰写的《元白诗笺证稿》是为集大成的名著,值得后学仔细研读。

陈氏治史力求搜集新资料,用以研究新问题。早在1930年撰《敦煌劫余录序》中,即明确指出:"一时代之学术,必有其新材料与新问题,取用此材料以研求问题,则为此时代学术之新潮流。"为此,先生身体力行,利用新发现的敦煌资料写了《敦煌本维摩诘文殊师利问疾品演义跋》、《敦煌石室写经题记汇编序》、《敦煌本心王投陀经及结勾经跋尾》三篇文章,是前辈史学家治学的典范,对目前开展唐史研究工作也颇有现实指导意义。

向达先生，多年致力于中国文化史、中西交通史以及文献典籍的研究工作，特别是对有关唐代文化艺术、文献典籍、敦煌卷子以及中外文化交流的研究成果卓著。

早在1926年，作者曾于《学衡》杂志上发表的《龟兹苏祗婆琵琶七调考》，是为向氏研究西域之始。1933年又在《国风》中发表《唐代开元前后长安之胡化》以及解放后在《文物参考》上发表的《敦煌艺术概论》等文章，均属研究唐与西域文化关系方面的论著。1957年由三联出版的《唐代长安与西域文明》一书，为颇负盛名的大著。本书别具风格，为开创之作，资料丰富，内容翔实，见解新颖，在学界影响甚大。

先生是我国早期致力于研究敦煌学的学者之一，曾作《西征小记》(1947年3月《大公报》)，记叙西征考察，介绍敦煌文书，并出国寻访被盗往国外的文书卷子，抄录有关目录，发表心得，对中国敦煌学的开创工作是有贡献的。

向氏对唐代变文、俗讲很有研究，先后发表《唐代俗讲考》、《唐代经讲考》以及《敦煌(变文)丛钞》等，直接丰富了唐代文学艺术的研究工作。

先生长于整理古籍文献工作，早在1962年发表的《记现存的几个古本大唐西域记》，以其所见，对诸本流传演变作了系统的考释。近年已由中华书局影印出版，将为进一步整理研究《大唐西域记》提供了条件。向氏在对南诏史作一系列研究之后，又于六十年代出版了《蛮书校注》一书，是为作者在整理古籍工作中重大收获之一。对《蛮书》详加考订注释，博大精深，为南诏史的研究工作提供了丰富的资料。

汪篯先生执教于北京大学历史系，毕生从事隋唐政治史的研究工作。1966年"文革"初期,汪篯先生被迫害致死。汪氏生前撰写不少文稿与札记,《汪篯隋唐史论稿》已于1981年由中国社会科学院出版社出版。他治学态度严谨,努力以马克思主义为指导,开展史学研究工作。1981年由求实出版社出版的《唐太宗与"贞观之治"》为其代表著作之一。作者根据隋末唐初社会形势,全面系统地评述了唐太宗李世民这个历史人物及其"贞观之治"的由来,史论结合较好,对唐初政治史的研究多有建树。汪氏的几篇"杂记"文章也很有分量,如《唐代实际耕地面积》,征引大量文献资料,加以考订,断定唐天宝时实有耕地面积,约在八百万顷至八百五十万顷之间。此说比较接近历史实际,已被史学界采用。

　　总之,上述几位著名中国历史学家虽然各有专长与特点,但对隋唐五代史的研究,态度严谨,勤奋治学,成果卓著,为发展隋唐五代史学科作出了巨大的贡献。随着时间的推移,社会的前进,今天看来在他们的治学思想与方法及其取得的成果中,存在不少缺陷,甚至是错误,自然影响了他们著述的生命力与战斗力;这是时代的局限性,我们不能苛求前人,以现实尺度去衡量前人,加以评头论足,而应正确地对待前人的研究成果。吸取经验教训,跟上时代潮流,才能完成时代赋予我们的光荣使命,将隋唐史的研究推向一个新的水平。

三　当代史学家的研究成果

　　近几年来,我国隋唐五代史的研究工作发展迅速,在高等院校与科研单位,除中国古代史教研室承担隋唐史教学科研任务之外,还创建一批研究室或研究所,诸如北京大学的中古史研究中心、陕西师大的唐史研究所、武汉大学的魏晋隋唐研究室、四川大学魏晋南北朝史研究室、河北师大的唐史研究室以及中国社会科学院历史所的魏晋隋唐研究室等,形成一批老中青相结合的专业队伍,指导进修教师,培养硕士研究生,对隋唐五代史开展了广泛的研究工作,并取得良好成绩。

老一辈专家唐长孺、谷霁光、缪钺、史念海、王仲荦、韩国磐、杨志玖、金宝祥、王永兴、潘镛等先生,已过花甲或古稀之年,仍然在教学科研第一线上,带领中青年学者努力工作,他们在隋唐五代史的研究工作中取得的成果突出,略述如下。

唐长孺先生在武汉大学多年主持魏晋隋唐史研究室工作,五十年代后期即培养一批颇有水平的专业研究生。唐先生专攻魏晋隋唐史,早在四十年代即有研究成果问世,而且在学术界影响不小。几十年来,发表的学术论文数十篇,并出版了《新唐书兵志笺证》、《魏晋南北朝史论丛》(正、续篇)、《三至六世纪江南大土地所有制的发展》等专著。近年又应聘负责主持吐鲁番出土文书的整理研究工作,成绩显著,是一位在国内外影响较大的中国历史学家。

唐先生学识渊博,基础深厚,对魏晋南北朝史研究贡献甚大,而且对本段历史若干问题有独创之功。举其要者有:一是土地问题,对魏晋北朝的占田、均田与户调有专文发表,自成体系,成一家之言。对东晋南朝大土地所有制的发展论述有专著出版,为东晋南朝土地占有状况、社会阶级构成的进一步研究奠定了基础。二是门阀问题,对其势力消长与寒人势力上升的研究功力很深,纵横联系,上下贯通,而取得显著成绩。三是民族问题,对错综复杂的北朝民族问题有专门研究,《拓跋国家的建立及其封建化》一文影响甚大,为史学界公认的名篇。四是思想文化问题,对玄学及其魏晋时期南北学风异同的研究很见功效,其中一些见解具有极大参考价值。先生对唐史研究的贡献,以《唐书兵志笺证》最为突出。

欧阳修编纂《新唐书兵志》的目的在于"记其废置得失,终始治乱,兴灭之迹,以为后世戒"①。其中"记载并不全部正确,也多缺略"②。唐氏为补其不足,乃援引兵志原文,一是笺其所出,找出兵志所根据的史源,勘对其差异;再是根据原始资料,纠正兵志的错误。此书资料丰富,考订翔实,对研究唐代兵制提供了可靠的文献基础。先生主持吐鲁番出土文书整理研究工作很有成绩,组织部分专业人员,对文书核对、缀合、标点、定名,力求恢复原样,公诸于世,以供学界研究,功德无量。

谷霁光先生,治学勤奋认真,多年来除发表大量有关中国经济史、兵制史论著外,上自先秦、下至晚清,既有史事探索,又有名物制度的考释,可谓博学多能的史学家。1982 年福建人民出版社出版的《史林漫拾》可为佐证。

早在三十年代,谷先生在中国史研究方面即取得不小成绩,《补魏书兵志》、《唐折冲府考补校》已收载《二十五史补编》。后来发表的《府兵制度的起源》、《镇戍与防府》以及《安史之乱前之河北道》、《唐代皇帝"天可汗"溯源》等文章,在史学界颇有影响。1962年出版的《府兵制度考释》一书,为谷氏学术专著之一。本书是作者三十年研究唐代兵制的重要成果。书凡二十万字,全面系统地论述了府兵制的由来、演变、发展及其衰落的历史,附有大量图表,制作精详,很能说明问题。先生通过本书对唐代兵志重要问题作了考释,并对争议问题发表了个人意见。对兵制演变,作者认为贞观十年以后进入全盛时期,从高武以后趋于破坏,至开元元年为第一阶段,天宝八载前为第二阶段,此后名存实亡达三十年而退出历

①　《唐书兵志序》。
②　《唐书兵志笺证序》。

史舞台。阶段勾划清晰,给人以明确概念,对进一步研究兵志很有帮助。对兵农合一说,折冲府数目以及折冲府与地方行政的关系,作者也提出不少颇有见地的意见。

谷先生对中国古代经济史的研究,方面很广,涉及唐史方面的力作,有《论汉唐间赋税制度的变化》、《汉唐间"一丁为亩"的规定与封建占有制》两篇文章。作者认为:自汉至唐,在赋役制度的变化上,存在着地、资、丁、户之间错综复杂的关系,指出这一时期封建国家在法令上规定征收的田租,在实际征收上却不完全按照租者实有的田亩多少有无而定,而是以户租的形式出现,并且逐渐产生了按户计资,"九品混通"。尽管按户以资产为宗,计资以田亩为主,但显然与按亩计征是有着重大区别的。这是很有启发性的论断,应予注意。

缪钺先生多年致力于魏晋南北朝史的教学与研究工作,学识广博,"喜欢研读史书",早年发表不少魏晋南北朝时期的论著。岁月既久,积累渐多,遂于1962年辑为《读史存稿》,由三联书店出版。其中《北魏立三长制年月考》、《北朝之鲜卑语》、《东魏北齐政治上汉人与鲜卑之冲突》等文,均属解放前作品,征引广博,以考据见长,从中可见先生治学的严谨态度。

先生对谱录之学颇多研究,发表的《王粲行年考》、《颜之推年谱》、《颜延之年谱》、《魏收年谱》等著述,广泛搜集资料,排比成篇,对进一步研究这些历史人物提供了系统资料。五十年代中期以后,相继发表的《论晚唐诗人杜牧》、《杜牧卒年考》、《杜牧与张裕》,集中反映了作者对晚唐诗人杜牧的研究水平,在此基础之上完成了《杜牧传》专著,1977年人民文学出版社出版。

缪氏对唐史研究也有不少成就。1961年发表的《关于武则天评价的问题》①，认为武则天是中国古代史中杰出的女政治家，但也有缺点，而某些个别缺点相当严重：如推举酷吏，戕害良将；任用庸儒武家，削弱国防力量；奖励告密，残害人民；崇信佛教，劳民伤财。这些见解不失为公允之论。先生酷爱唐诗，功底深厚，曾发表不少颇有影响的论著，如《论李义山诗》、《杜诗简论》等。

缪钺先生认为，进行历史研究如不详尽地搜集，占有真实可靠的资料，是谈不上科学研究的，反对有些人研究历史不是从历史事实本身出发，而是从观点、观念出发的错误方法。他领导的魏晋南北朝史研究室正在进行《北朝会要》的编撰工作，并准备在此后完成《魏书斠注》。这两部书的编纂，对于历史研究，特别是对于魏晋南北朝史的研究，有着很大的意义。

史念海先生是国内老一辈历史地理名家之一，早在三十年代即开始从事中国历史地理研究工作，发表不少很有创见的论文，隋唐历史地理是史先生研究的重点问题。1939 年在《禹贡》上发表的《两唐书地理志互勘》，是一篇文献整理著作，为阅读与利用这部文献资料提供了便利条件。解放后发表的《开皇天宝之间黄河流域及其附近地区的发展》与《隋唐时期长江下游农业的发展》，是姊妹篇，别具特色，为作者创新力作，一向为学术界所重视。

《开皇天宝之间黄河流域及其附近地区的发展》一文，首先谈及"关中的农业和粮食问题"，作者认为关中地区在人口、兵力不断增加的新形势下，粮食消耗则与日俱增，调运粮食运输艰难。因此，唐朝政府力求兴修水利，发展农业生产，同时注意西北边境屯田，解决军事给养，以缓和粮食供应问题。其次谈及"黄河中下游南北地区农业的发展"，作者认为黄河中下游在隋朝和唐朝中叶以

① 见《四川日报》，1961 年 5 月 8 日。

前担负着接济关中粮食的主要任务,因此,当时的统治者十分注意发展当地农业生产,开发水利,凿通运道,使之日益富庶起来,天宝初年各道粮食储备大增,为唐朝强盛提供了物资基础。在《隋唐时期长江下游的农业》一文中,作者认为这一地区的农业,前期虽有发展,但所占地位仍不如北方。天宝以后江南农业发展迅速,作者援引有关人口增加与水利兴修进展资料,十分具体而有说服力。这两篇文章,思路精审,从历史地理具体变化情况,说明问题,配以地图,形象鲜明,颇多创见,使读者耳目一新。

史先生既重视书本文献资料,又重视实地考察。1972 年开始考察黄河流域的中游与下游,中间还曾经涉及到淮河下游和长江以南的太湖周围一些地方。从实地考察中,作者认为“野外考察既可以订正文献记载的讹误,更可以补充它的疏漏之处”。“通过野外考察来了解历史时期自然环境的变化及其影响”,“解决一些久未解决的问题”[1]。这种治学精神值得学习,史先生为历史地理学界树立了良好榜样。他的文献研究成果载于《河山集》一集,实地考察收获载于《河山集》二集。这两部学术专集,反映了作者深厚的学识水平。

王仲荦先生是国内治魏晋隋唐史的著名学者,勤奋写作,态度严谨,造诣颇深,在史学界影响很大。从五十年代初即从事魏晋隋唐史的教学研究工作,孜孜不倦,三十年来的研究取得了不少重要成果。

大著《魏晋南北朝史》,上下两卷,近八十万字,是作者三十年研究本期历史的结晶,堪称为开创性的断代史专著,具有鲜明的特色:第一,全书内容力图贯彻魏晋封建说,为断代史著中的创举。

---

① 《河山集》二集自序。

作者明确表示:"我是把西周、春秋时期的井田制、村社制,看作是农村公社。一直到现在,我还是坚持这个看法。就是说在当时有两种经济结构存在,即存在古代东方的奴隶制度,也还残存着原始社会遗留下的农村公社制度。到了魏晋南北朝,西晋的占田制,北朝和唐代的均田制,实际又是封建前期,地主经济已占统治地位下再度建立起来的村社残余形态。到了唐中叶,均田制度破坏,两税法实施,我国村社的残余形态,才基本结束,后来只有实行连坐法的保甲制度还残存下来罢了。这标志着中国封建社会进入它的中期和后期了。"①自成一家之言,为这部断代史的最大特点。第二,书体精博,内容丰富。以世家大族的政治经济势力的发展为中心,广泛论列魏晋南北朝史的发展演变,汲取诸家之长,论从史出,而坚持的结论贯彻于丰富的史料之中,实为治史者的楷模。第三,文化史内容超过以往同类著作,全书十二章中以三章篇幅论述本期的经学思想、哲学思想、宗教思想、历史地理著作,以及文学艺术创作与科技发明等成就。作者用心良苦,功力深厚。第四,重视民族问题与对外友好往来,既反映出历史本来面貌,又有现实意义。第五,附注精审详尽,具有较高学术参考价值。此书定稿之后,王先生继续撰写《隋唐五代史》,可以预料,这部断代史专著将会很快同读者见面。

王先生在古籍整理研究方面,也有重要贡献,大著《北周六典》、《北周地理志》已经出版。《北周六典》一书历经四十年,前后四易其稿,搜讨一代典章制度资料,成为研究北朝、魏、齐、周、隋政治制度的重要参考文献。

韩国磐先生,长期致力于魏晋隋唐五代史的教学与研究工作,

---

① 《魏晋南北朝史·序言》。

几十年来发表了大量论著,对魏晋隋唐五代史的研究工作颇多贡献。韩先生治学认真,勤奋无比,长期体弱多病,仍然锲而不舍,坚持培养研究生和从事研究工作,在同辈史学家中所取得的成绩是显著的。

长期以来,韩先生在报刊发表的史学论文约四五十篇,著作六部,总计约一百五十万言。他对隋唐五代史的研究范围很广,早在四十年代末即有成果问世,先后发表了《隋文帝夺位真相》、《杨玄感之乱考实》等文章。五十年代中至六十年代中,韩先生年富力强,研究的广度与深度都是可观的,连续发表大量文章:有关政治史方面的有《隋唐五代时期的阶级分析》、《简论隋朝的统一》、《隋朝中央集权势力与地方势力的斗争》、《略论唐太宗选用庶族地主》、《唐朝的科举制与朋党斗争》、《科举和衣冠户》、《唐末五代的藩镇割据》以及《论唐太宗》、《评武则天》、《关于李密问题的意见》等;经济方面的有《隋唐五代时期的生产力发展》、《唐代的均田制与租庸调》、《从均田制到庄园经济的变化》、《五代时期南中国的经济发展及其限制》、《唐代灌溉事业的发展》、《唐天宝时农民生活一瞥》、《唐宪宗平方镇之乱的经济条件》、《关于魏博镇影响唐末五代政权递嬗的社会经济分析》等;民族关系方面的有《吐蕃和唐朝的亲善关系》、《唐朝时汉族和少数民族的经济文化交流》等。其中不少文章,立论踏实,资料丰富,结构严谨,而有创见。1979 年自编出版的《隋唐五代史论集》,为其论著代表,值得阅读参考。

五十年代出版的《隋朝史略》、《柴荣》、《隋炀帝》、《隋唐的均田制度》,属于专题性质的著述,在当时史学界中起了良好的作用。后来出版《隋唐五代史纲》、《魏晋南北朝史纲》两部断代史著作,内容系统全面,为作者多年研究魏晋隋唐五代史的结晶。两书名为"史纲",既注意对一般史实轮廓的叙述,又照顾到重点问题的深入探讨。材料丰富,史实清晰,论点持平,通俗易懂,而自成体系,是较好的断代史专著。

杨志玖先生,治学广博,功力深厚。早在四十年代即有《契丹职官里的南北》、《阿保机即位考辨》等文章发表,研究契丹早期历史颇见功效。解放以后,先生多年致力于隋唐五代史的教学与研究工作,先后发表不少有价值的文章,回答中学历史学界提出的一些疑难问题,诸如隋文帝凭些什么条件统一中国? 隋文帝时的府兵制度究竟是怎样的制度? 唐朝是否征服过吐蕃? 关于王仙芝起义的时间、地点、他的家乡和战死地点究竟怎样? 刊于有影响的《历史教学》杂志上,起了良好作用。

杨先生撰写《隋唐五代史纲要》出版于 1955 年,是解放后出版较早的一部断代史著作。这是作者在大学教中国史的讲稿,"因为是作讲授用的,要受一定课时的限制,因此它的内容便不是很详细、全面的,而只能是有重点地叙述和分析这一历史时期的主要事实"(见本书前言)。本书简明扼要,体系分明,按照隋、唐前期(以安史之乱为分界线)、唐后期和五代十国四段叙述,唐代文化单独成章。作者对唐朝历史盛衰这个重点问题作了较为全面的分析论述,开元时代"在当时的世界上,大唐帝国是最富庶最文明的大国,这是我们应该肯定的"。杨先生在书中列举大量事实来说明"在这个繁盛富强外表的内部,却潜伏着深刻的社会危机,腐蚀着大唐帝国的基础"。立论正确,通俗易懂,有助于读者理解唐代历史关键问题。

近年来杨先生发表的《论藩镇割据与儒家学说》、《试论唐代藩镇割据的社会基础》,是新的研究成果。前者论证儒家学说在制止藩镇割据、维护唐朝统一方面曾起过一定作用;后者对一般公认大土地所有制发展为藩镇割据的社会基础持否定态度,见解新颖,值得阅读参考。

金宝祥先生，四十年代以后即从事中国古代史的教学与研究工作，并取得不少研究成绩，特别是在唐史研究方面取得的成果是显著的，在史学界颇有影响。

金先生的唐史研究代表论著有《唐代封建经济的发展及其矛盾》、《论唐代的土地所有制》、《北朝隋唐均田制研究》以及《安史乱后唐代封建经济的特色》、《论唐代的两税法》等。他多年的研究则侧重于唐代阶级关系演变，土地占有状况及徭役制度性质等问题，显然这是唐史中的关键问题。最近由甘肃人民出版社出版的《唐史论文集》，可以看到先生对上述唐史中几个重要论点的形成、发展和变化。《唐代封建经济的发展及其矛盾》一文发表于1954年，建立了作者对均田制的瓦解、庄园制的兴起、安史乱后江淮地区商品经济的繁荣以及两税法中所规定的两税是夏秋两征的户税的初步看法。后来论著的重点，一是土地所有制问题，作者认为：以生产者依附关系强化为特征的世族地主所有制向以生产者依附关系减轻为特征的庶族地主所有制的转化，是唐代历史的一个基本内容。均田制是属于世族所有制的一种形式，因此均田制在唐朝的瓦解是标志着国家佃农人身依附关系的减轻。特别安史乱后由于货币流通广泛，而促使封建人身依附关系的进一步削弱。二是税制问题，六十年代发表的《论唐代的两税法》一文，又提出新证，认为两税法中所规定的两税是夏秋两征的户税而不是户税加地税，并且以为在两税法颁布前的大历四年，户税征收的对象已扩大到以佃食为生的客户。《安史乱后唐代封建经济的特色》文中认为两税法的颁行是商品货币经济发展的反映，力役系于户税，"据地出税"，"悉无他徭"，是两税的真正特点。这是作者多年的研究成果，有益于唐史研究，值得重视与参考。

王永兴先生对隋唐史很有研究,近年来对文献整理、考订与研究方面取得了显著的成就。其一是关于隋唐时期农民战争史料搜集整理工作,1980年由中华书局出版了他编著的《隋末农民战争史料汇编》,按照地区农民战争首领系统,全面系统地汇辑了有关资料,为进一步研究隋末农民战争提供了文献资料基础。1978年在《文史》上发表的《关于黄巢农民军的一些史料考辨》,对权威性历史文献《通鉴》等书关于黄巢农民军的记载失实或误谬提出了考辨,诸如黄巢的南征路线、乾符六年正月的战争、宜君战役时间以及尚让投降时溥等问题,作者旁征博引,考订翔实,澄清一些传统问题,有助于对唐末农民战争的探索。

其二是关于敦煌文献的整理与考订工作。早在五十年代,王先生对敦煌文献就做了不少研究工作。曾于《历史研究》杂志上发表了《敦煌唐代差科簿考释》。近年来作者根据新发现的资料,对伯3559号、伯2657号、伯3018号、伯2803号四件文书做了进一步的研究,撰文《唐天宝敦煌差科簿研究》,刊于《敦煌吐鲁番文献研究论集》。此文制作精审,根据大量确凿资料,吸取国内外学者的研究成果,提出了颇有创造性的意见。王先生对四件文书录文的考订注释,翔实可靠,堪称定本,并对其中的遮收、平水、帖廉等名词提出了考释。在此基础上对差科簿中反映的唐代徭役问题做了深入的研究,对"中女"与"色役"问题的研究有所进展。作者根据差科簿"中女"资料,探索唐代边疆地区群众的土镇兵役负担,从而揭示了当时的社会问题,很有说服力,这对进一步提高唐史研究水平是有贡献的。

潘镛先生早年曾在《中央日报》的《史语》副刊上发表不少有关唐代经济史方面的文章,如《唐人的借贷利息》、《唐代借贷中债务人的连带责任者》、《唐人借贷的质物》、《唐代农民的灌溉工具》等。

先生长期任教中国古代史,对唐代经济史颇有研究,从文献资料入手,整理《旧唐书·食货志》取得不少成果,1979年完成了《旧唐书食货志笺证》文稿。《笺证》是在前人罗士琳《旧唐书校勘记》、卢文绍《锺山札记》、张宗泰《旧唐书考证》、沈炳震《新旧唐书合钞》、张森楷《旧唐书校勘记》的研究成果基础上,对书志中错漏,舛讹和疑难问题做了进一步的勘正和注释,为史学界利用书志资料提供了便利条件。此外,潘先生还发表一些颇有见地的文章,诸如《读旧唐书食货志的校勘》、《试论唐初的土地制度》以及《两唐书纪三门运渠斟义》等,直接丰富了唐代经济史的研究内容。

在老一辈史学家中对隋唐史研究有贡献的学者,还有吴泽、周一良、何兹全、熊德基、陈光崇、李埏等先生。由于他们研究的侧重点不在隋唐史,限于篇幅,只好从略。

下面再简要介绍一下五六十岁的中年学者,即有乌廷玉、杨廷福、胡如雷、黄永年、宁可、卞孝萱、胡守为、沙知、袁英光、张泽咸、宋家钰、唐耕耦、黄惠贤、李必忠、牛致功、史书苑、刘学沛、徐连达等同志,他们是隋唐史学界的骨干力量,多年来勤奋治学,埋头苦干,排除干扰,热爱专业,取得了不少的成绩,对隋唐史的研究同老一辈史学家一样是有贡献的。

乌廷玉同志重点研究课题为唐代阶级关系与土地制度,《唐朝均田制度的几个问题》、《论唐朝士族地主和庶族地主的历史地位》可作为他的代表论著;胡如雷同志勤奋写作,除大著《中国封建社会形态研究》、《唐末农民战争》外,发表的论文如《唐代均田制研究》、《唐宋之际中国封建社会的巨大变革》等,是很有影响的。杨廷福同志则致力于唐代法律的研究,不久前出版的《唐律初探》,收载七篇论文为作者研究成果,值得一读。黄永年同志近几年围绕唐初政治史,写了不少有价值的文章,如《论李勣》、《论永徽六年废立皇后真象》、《开元天宝时所谓武氏政治势力的剖析》等。宁可同志是中国古代经济史研究的专家,对唐代经济研究也做出不少成绩。卞孝萱同志重视唐代文学与谱录的研究,同时对唐末五代史的研究是有成效的。胡守为同志的魏晋隋唐史根底深厚,早年发表的关于武则天的考释文章颇有见地。沙知同志参加整理吐鲁番文书工作,取得不少成绩,并且发表了一些有分量的文章。袁英光同志多年致力于唐史研究工作,对中晚唐藩镇割据问题发表了很好的意见。张泽咸同志除发表不少唐史论著之外,主编的《唐五代农民战争史料汇编》,为隋唐五代史的研究做了一件有益的工作。宋家钰同志十分关心隋唐史研究现状,发表的《近年来隋唐政治经济关系问题研究评介》一文,有助于研究工作的开展。唐耕耦同志多年发表不少有关隋唐史的文章,近著《唐代前期的户等与租庸调的关系》,颇有新意,值得推荐。黄惠贤同志对晋隋唐史的功力很深,做了大量的资料整理与研究工作,成绩是显著的。李必忠同志从五十年代中期致力于隋唐史的教学与研究工作,《唐代均田制的一些基本问题的商榷》、《安西四镇考辨》均属力作。牛致功同志治唐代政治史,尤以唐初为重点,近年在这方面发表的文章不少。史书苑同志也是偏重于唐代政治的研究,特别是对一些历史人物的论著颇有影响。刘学沛同志研究隋唐史很见成效,近年来发表的一些有关唐前期政治史方面的论文,颇有参考价值。徐连达同志对唐代政治制度史有研究,《论贞观之治》、《唐代监察制度述论》为其代表。

　　上述情况可见,隋唐五代史学界已形成一批规模可观的队伍,他们的研究成果为这门学科奠定了基础,新的一代在迅速成长,可以预见,隋唐五代史的研究将有更大的发展。

四 存在的主要问题

为了迅速发展隋唐五代史这门学科,我们不能满足于已取得的成绩,要正视隋唐五代史研究中存在的问题,认真总结经验教训,积极改进研究现状,以促进隋唐五代史学的进一步发展。

目前,隋唐五代史研究中存在的主要问题是理论基础薄弱,对若干重大历史问题的立论不够明确,分析不够深透,而是往往限于一般化的倾向。为了开创隋唐五代史研究的新局面,我们要重新学习马克思主义,把理论作为研究工作的指南,结合中国历史实际,进行创造性研究工作。马克思主义经典作家对隋唐五代史没有也不可能有具体的研究论断,我们应当以经典作家的观点、立场和方法为指导,对重大历史问题进行创造性的研究。马克思主义本身是发展的,不是一成不变的,而套用某些概念与条文更是不足取的。我们应当学习经典作家的治学精神,他们在研究所取得的成果之后,才提出自己的结论的。而每当有新的材料出现时,总是及时地加以改正,吸收其合理部分,使之不断深化和发展。例如,十九世纪五十年代,马克思依据当时所能看到的材料,对于原始社会提出了"亚细亚生产方式"的论断,认为这是亚细亚所特有的。后来历史学家、人类学家不断取得新的知识,如哈克斯特豪森、毛勒,特别是摩尔根的书相继出版,大大丰富了这方面的知识。马克思、恩格斯深入地研究了这些最新成果,发现"亚细亚生产方式"几乎全世界到处都有,因此才发现原先的提法就不合适了,所以恩格斯写《家庭、私有制和国家的起源》一书时,就不再使用"亚细亚生产方式"一词了。又如,马克思先认为古代东方是没有私有制的,后来他看到了俄国学者科瓦夫列斯基的著作,发现在印度的某些地区确实存在着私有制,于是就修正了原来的看法。这说明马克思主义是随着人类认识的前进而不断发展的。如果我们不用辩证的观点看待马克思主义,把经典作家的某些具体结论当作凝固的、僵死的教条,死死地抱住不放,并且不是全面理解,而是抓住某些名词术语,为我所用,实质是背离了马克思主义,走向反面。研究路子需要我们去开创,究竟能走多么远,取得怎样水平,那要看我们自己付出的劳动代价。

隋唐五代史有关理论方面的问题是不少的。比如,唐代社会发展动力问题,看到的一些论述,多属抽象而脱离具体历史实际,其结论是不能使人信服的。中国历史上为什么会出现唐朝的"盛世"?至今没有专文发表,有些文章中虽然涉及到这样的问题,也只是平平论列而过。对统治阶级及其实行的有关方针政策,在每个具体历史时期里究竟起了哪些作用,它同"贞观之治"、"开元之治"有什么关系,缺乏理论探索,而往往现象罗列,否定多于肯定,没有反映出时代特征。对被统治阶级与广大农民群众的历史地位的研究,主要反映在有关农民战争方面。三十年来已发表的著作有十余种,文章约有百余篇,从数量上看很为可观,但就其质量而言,还有不少问题。关于唐末农民战争中的"平均"口号问题,政权性质问题,以及参加群众的成份问题,没有深入进去,套用一些理论观点,抽象概念代替了创造性的论断。有些文章没有摆脱旧框子,人云亦云,重复劳动。1980年发表的一篇文章中专论黄巢起义失败原因,作者提出骄傲自满、流寇主义和叛徒投降三条失败原因,依然重复过去论断,既缺乏新资料,又缺乏新内容,不能不说是研究工作中的浪费。民族问题,本来是一个极为复杂的社会问题,往往也是作简单化的处理。历史发展表明,隋唐时期是中国统一的多民族国家发展的新时期,显然没有重视对这个问题的具体研究,不少论著中,只是一般地论述国家统一或民族融合,对地区民族政权性质及其同中央王朝的关系,特别是唐朝同突厥、吐蕃、回纥、南诏等发生的多次战争性质,缺乏具体研究,理论分析更为薄弱。对本期历史人物的研究,表面上看似乎问题不大,但一接触到具体问题,就暴露出我们的薄弱环节,同样一个历史人物,所用资料也大致相仿,而得出的结论却相反(如对李密、武则天等人物研究就是如此),显然是论者关于历史人物评价的理论原则不一致而造成的。关于隋唐时期国家法权问题,在研究有关典章制度的演变及其对若干史事的考订方面,已取得不少成果,但论述其历史的现实的价值时,则软弱无力,如对唐律的研究只是片面论述其反动实质,而忽视了其存在的积极作用,不能认为是马克思主义的理论分析。隋唐五代时期曾发生了多次大规模战争,只是简单地加以概括为侵略与反侵略、正义与非正义的性质,显然是不够的,比如隋唐时期的辽东战争,持续时间很长,动员人力很多,性质错综复杂,用"侵略"二字加以概括论断,既不符合历史实际,又违反了马克思主义的理论原则。

　　隋唐五代史研究工作中,长期处于自由分散状态,因而产生了选题不平衡,内容过于集中,是可以理解的。但作为专业工作者来说应当正视目前研究现状,研究范围过窄,选题重复,必须加以解决。以唐史为例,多年来形成的重视唐前期忽视唐后期的研究现象,至今没有得到克服。这种不正常的现象仍在发展着。据统计,1981年到1982年间报刊发表唐史方面的文章约有百余篇,其中有关唐前期政治史方面的文章近二十篇,后期文章仅三数篇。前期文章中集中于贞观时期的文章达十三篇之多,诸如贞观之治、贞观法制、太宗戒奢尚俭约、太宗简政、太宗守法、太宗求谏、太宗纳谏等等。对这些问题的研究并非不重要,但问题在于选题雷同,没有新资料,论述更少新意,很难将贞观时期历史问题研究引向深入,开创新局面。后期的几篇文章,不仅数量少,而且仅仅局限于对韩愈、柳宗元史事评论方面的文章。这种畸轻畸重现象应当加以解决。

唐代文化以丰富多彩而著称于世,理应进行全面研究,但事实并非如此。多年来的研究往往集中于唐诗方面,而唐诗又集中于李白、杜甫两位大诗人的身上,大量的重复是很严重的。据1981年中国人大出版社报刊资料索引统计,本年度刊载有关唐代作家与作品的文章共有四百篇左右,其中对李、杜研究的文章达一百八十多篇。而对杜甫研究的文章多达一百二十余篇,其内容除杜甫生平事迹外,对杜诗具体篇章研究十分详细,诸如咏物诗、咏雨诗、咏画诗以及战争诗等,同时对杜甫的忠君思想、爱国思想、军事思想以及杜诗的人民性、浪漫主义、现实主义等等,连篇累牍,不一而足。对这些问题的研究是无可厚非的,但其中却有大量重复之处,而且选题如此集中,势必影响了丰富多彩的唐代文化的研究。

正因为如此,我们的研究领域里出现了不少空档或缺门问题。多年来,史学界研究工作往往集中于几个主要问题上,诸如农民战争、土地占有状况、社会史分期、民族融合以及人物评价等问题,而隋唐史的研究也是大同小异,这种情况应该改变。史学界在讨论中国古代史分期问题过程中,只是集中于封建社会史的发端与结尾,而没有注意中国封建社会史的发生、发展、衰落的各个阶段研究。隋唐史在中国封建社会历史的发展中占有重要地位,我们不能停留在旧说"中古时期"的论断,而应进行具体研究,其中包括隋唐史发展阶段性研究。就唐史而言,初、盛、中、晚之说是宋人研究唐诗时提出来的,并不能科学地反映唐史的发展面貌。这个问题很重要,如果置之不理,其他问题也不能得到很好的解决。对隋唐经济问题的研究,已发表不少水平较高的文章,但对自然物候与地理环境变迁却很少有人顾及;对隋唐社会问题的研究,有关阶级与阶级斗争内容方面已取得很大成绩,但对人口消长问题的研究甚少;从六十年代以来对隋唐统一历史的研究,显然是加强了,但对各时期疆域沿革变迁则注意不够;研究隋唐政治制度既有专著、专文发表,但对唐代出现的羁縻州府、节度使以及各种专使的研究尚无人过问。此外,还有唐代世风、礼制特点、宗教信仰、道德观念、人材使用以及边疆地区少数民族族源等问题,都是我们在研究工作中应当引起重视的。

最后谈谈研究条件与方法问题。尽管我们的工作已取得了很大的成绩,但总的看来研究条件较差,手段落后,方法简单,思路狭窄,进展速度缓慢。高水平的研究工作,首先必须查阅大量文献典籍。《全唐文》、《全唐诗》、《册府元龟》等大书,都是千卷左右。《唐书》、《通典》、《唐会要》、《唐六典》、《唐大诏令集》等书,少则三五十卷,多则二三百卷。笔记杂著虽然不多,但也不下百八十种。约计保存至今的唐代历史文献有两千五百余种。一个人在较短的时期里看完这些书籍,并且要将所用的资料搜集起来确有困难。因此,研究工作的不深入,写不出高水平的论著,并不奇怪。我们要跟上时代步伐,在传统研究方法的基础上,利用现代化手段,选择先进方法,组织起来,分工合作,集体攻关,是十分重要的。在当代人文科学研究中,利用现代电子信息,在改进研究手段与方法上具有十分重要的作用。我们应当加以学习研究。选用先进方法提高研究水平,要积极改善现状,从专业队伍的培养建设、文献资料的搜集整理,到专题论著的研究开展,都要有所创新。应按照国家社会科学规划的精神要求,制订三年、五年、十年的奋斗目标,完成一些重要研究成果。我们肩负时代崇高任务,隋唐五代史研究必将出现一个新的局面。

1983 年 9 月

（1983 年唐史学会年会论文，1984 年日本《唐史会刊》转载）

关于日本学者对隋唐史的研究

(1)中日文化交流渊源流长,迄今已有近二千年的历史了。长期的中日文化交流,对两国文化发展、人民友谊起了积极作用。日本学者认为,古代日本同中国往来,"逐渐吸取新文化,经过咀嚼和醇化,培养固有的文化,创造了特殊而优异的国风文化,并且有时输诸中国,促进了它的文化发展"(木宫泰彦《中日文化交流史·序》)。这种评论是公允的,有利于中日两国文化的交往。

灿烂的中国古代文化,引起了亚洲各国的强烈反映。日本早在奈良时代(710—794年),在高等学府里,即将《文选》、《尔雅》、《史记》、《汉书》、《后汉书》等中国典籍列为讲授课业,研讨中国古代有关文学、历史问题。平安时代(794—1192年),皇室宫中讲书内容有《史记》、《汉书》、《后汉书》和《晋书》等中国史籍文献。奈良、平安时代,日本遣唐使来往频繁,中国古文献在日本得到广泛的流传。约在公元891年形成的《日本国见在书目》,收藏汉文典籍达一千五百七十九部,一万六千七百九十卷之多。"汉学"在日本成为研究的主要课题,并取得一些重要成果。

(2)当今日本"汉学家"(或称"支那学"者),享名世界,对中国各方面的研究,从数量到质量均属首屈一指,其他国家无以匹敌。据1979年日本四百三十所国立、公立和私立大学统计,从事中国人文学科教学的讲师以上的研究人员共有一千三百二十二人,他们分别开设将近两千五百门有关中国问题研究的课程。有些课程开得很专门,诸如《日知录》、《二十二史札记》等典籍均列为单科讲授。此外,尚有一批著名的名誉教授,以及在各大学中短期任教的教授、副教授尚未统计在内。因此,估计当前日本"汉学家"约有三千到三千五百人左右,其中研究中国历史的学者所占比重甚大。据了解,开设"东洋史"(以中国史为主)课的高等学校达九十五所,专门研究单位有七所。

(3)日本研究中国历史由来已久。江户时代(1603—1876年),即盛行"汉学"研究,当时研究的重点是中国古代的儒学,尤其是对朱熹的《四书注》,日本学者争相研讨,在学界影响较大,但是对中国史的研究也未忽视。德川家康(1542—1616年)喜好《史记》、《汉书》等著作。侍读林罗山是朱子研究学者,也是通达中国历史的主要人物,他精通"二十一史"与《资治通鉴》,对促进中国历史的研究是有作用的。江户时代开始大规模翻刻中国史书,据记载,当时翻刻的"正史"即有《史记》、《汉书》、《后汉书》、《三国志》、《晋书》、《宋书》、《南齐书》、《梁书》、《陈书》、《南史》、《北史》、《隋书》、《唐书》、《五代史》等十四种,以及宋、元、明史的一部分。此外还有《资治通鉴》、《通鉴纲目》、《群书治要》、《玉台新咏》、《明史纪事本末》、《东都事略》等。当时的"汉学",也叫"宋学",内容含义很广,以朱熹儒学为中心,包括中国历史文化内容。

明治时代(1867—1912年),日本对"汉学"的研究并未减弱,特别二十世纪初,由于日俄战争以后,日本资本主义经济迅速发展,而科学文化亦随之繁荣起来。在此形势影响下,对"东洋史"的研究风行一时,而中国历史是"东洋史"的中心,成为突出发展的学科了。

(4)日本的中国史研究中心,是在二十世纪初形成的。一是东京帝国大学文部,1910年始设"东洋史"学科,从事研究中国历史。以此为基地逐渐形成了中国史研究中心。早在明治二十年(1887

年），东京帝大即开设"支那历史"课程，由岛田重礼执教，后来逐渐形成一支队伍，专门从事对中国历史的研究，而且取得不少研究成果；一是京都帝国大学文部"东洋史"学科，是日本研究中国史的另一个中心。1907年京都帝大文部开设"东洋史学专攻"，内藤虎次郎、白鸟库吉和桑原隲藏分别担任"东洋史"三个讲座，主讲中国古代史、清史等。此后，中国史研究日益发展起来，培养出一批中国史学者，并出现了早期的中国史研究专著。

应当指出，日本明治维新以后兴起的中国史研究之风，较之江户时代有重大变化：开始把日本的中国史学从江户时代传统的儒学观点解放出来，走上建立近代史学的道路（即"东洋史"的道路）。"东洋史"学的开拓者那珂通世（《那珂通世遗书》1915年出版）、市村瓚次郎（《支那论集》1916年出版）、白鸟库吉（1969年全集出版）和内藤虎次郎（1969年—1973年全集出版）可作为代表人物，直接影响后来的中国史研究。

（5）"东洋史"学道路，开始是从研究中国远古的传说入手，如1906年白鸟库吉提出所谓"尧舜抹杀论"后，先后发表了一些有关尧、舜、禹传说的文章，逐步形成了两个学派。一是以白鸟为首的东大派，一是以内藤为首的京大派，各自建立起新的理论学说体系。两派的共性是打破以往中国史研究中的王朝体系，各自建立了中国史分期法。

内藤虎次郎，号湖南，"汉学"基础深厚。1907年应聘于京大任教，主持"东洋史"讲座多年，开设有中国上古史、中国古代的文化、中国近世史、清史以及中国史学史、目录学等课程。1921—1922年写成的《支那上古史》（1944年弘文堂出版）建立了中国历史分期学说。内藤根据中国文化发展分期法，认为中国史可划分为上古、中古、近世三个历史时期，而每个历史时期之间有一个过渡期。上古起自开天辟地至后汉中叶，后汉后半期至晋是过渡期；五胡十六国开始步入中古时期，直到唐朝末年。其中又分前后两期，后期从南北朝开始至唐末。内藤认为，后期主要特点是以贵族为中心的贵族政治占统治地位；近世则由宋代开始，前期为宋元，后期为明清。这一学派的影响甚大，内藤的学生冈崎文夫、宫崎市定等对其学说均恪守不渝，时至当今仍有相当势力。

以白鸟为首的东大派，与内藤学派分期学说大同小异，其不同者他认为中古时期可延续到明代或清代，否认宋代是近世的开端。

两派各自提出的历史理论，都是直接或间接为日本资本主义向外扩张服务的。内藤的"文化中心转移说"，白鸟的"边疆变迁说"，已成为三十年代日本军国主义侵略中国、朝鲜的理论根据。特别是白鸟库吉等人大搞的所谓满鲜史地调查，用意更为明显。

(6)两派多年统治"东洋史"坛，凡属研究隋唐史的学者无不受其影响。后来出现的第二代、第三代隋唐史学者多是他们的门生。

日本对隋唐五代史进行专门研究，是从本世纪三十年代开始，迄今已有五十多年的历史了。早期专攻隋唐史的学者仅有宫崎市定、滨口重国、曾我部静雄、日野开三郎等人。此后逐步发展，出现不少有成就的学者，如加藤繁、那波利贞、玉井是博、石田干之助、道瑞良秀、青山定雄、铃木俊、仁井田陞、内田智雄、筑山治三郎、平冈武夫、周滕吉之、远藤元男、矢野主税、原田种成等人，大约二十位学者中有四分之三是东大东洋史科毕业，非东大出身者为数甚少。他们都是属于第二代学者，大约在1911年前生。这些学者奠定了日本隋唐史研究的基础，他们撰写了大量的论文与专著，在日本"东洋史"学界影响很大。

宫崎市定的《五代宋初的通货问题》、《日本的官位令与唐的官位令》、《隋炀帝》、《大唐帝国》等，滨口重国的《唐王朝的贱人制度》、《秦汉隋唐史研究》，曾我部静雄的《均田法与它的税役制度》、《宋代财政史》，日野开三郎的《支那中世的军阀》、《唐代邸店的研究》、《唐代租庸调的研究》，加藤繁的《支那的社会》、《中国经济史考证》，那波利贞的《敦煌·吐鲁番社会经济史料》、《唐代社会文化史研究》，玉井是博的《支那社会经济史研究》，石田干之助的《东洋文化交流》、《关于南海的中国史料》、《唐史丛抄》，道瑞良秀的《唐代的寺院的经济研究》、《唐代佛教史研究》，青山定雄的《支那历史地名要览》，铃木俊的《东洋史概说》、《中国史的时代区分》、《均田、租庸调制度的研究》，仁井田陞的《唐令拾遗》、《唐宋法律文书的研究》，内田智雄的《大唐六典·训典补订》，筑山治三郎的《唐代政治制度的研究》，远藤元男的《隋唐的盛世》，周藤吉之的《中国土地制度史的研究》、《唐宋社会经济史的研究》，矢野主税的《魏晋百官世系表》、《门阀社会史》，原田种成的《贞观政要定本》、《贞观政要的研究》等著作，反映了第二代学者对隋唐史研究取得的重要成果。

　　侧重于隋唐史研究的日本第三代学者有福泽与九郎、栗原益男、布目潮沨、西岛定生、堀敏一、古贺登、谷川道雄、砺波护、西村元佑、池田温、菊池英夫、爱宕元、土肥义和、小田义久、上山大峻、船越泰次、高桥继男、松井秀一、渡边信一郎等人。这些学者是属于1910年以后所生，五十左右岁的学者居于主导地位。他们在隋唐史研究方面各有见长：福泽与九郎从事唐代经济史研究；栗原益男侧重于安史乱后藩镇割据的研究；布目潮沨是位多产作家，以隋唐政治史为重点；西岛定生整理研究敦煌吐鲁番文书取得可喜成就；堀敏一是以研究均田制见长；古贺登所著《新唐书》是有影响的著作；谷川道雄发表不少有关隋唐帝国形成的论著；砺波护是较为年轻的学者,在东大文部东洋史科开设"唐代官僚制度"专题讲座;西村元佑曾参与敦煌吐鲁番社会经济资料整理工作,撰写有关均田制、力役文书与差科簿的文章颇有影响;池田温是唐史研究后起之秀,对于南朝、隋唐的户籍及土地文书作了广泛而深入的研究;菊池英夫曾参与编辑敦煌文献目录分类工作,在多卷集《世界历史》中负责编写唐代兵制问题;船越泰次研究两税法取得不少成果;高桥继男以中唐以后的财政问题为重点,发表不少有关盐政方面的文章。

(7)在东洋史学兴起的历史背景下,1935年日本建立了学术社团组织"东洋史研究会",宫崎市定长期担任会长,组织国内学者积极开展有关东洋史的研究活动。不久日本国家又组建了专门研究机构,1938年东京大学创立东洋文化研究所,京都大学设有人文科学研究所,重点研究中国史。战后两家合并,由平冈武夫主持,在多年校订中国古代文献(如《尚书正义定本》)的基础上,重点转移到中国史研究方面。1954—1960年先后出版"唐史入门"专著九种:

1.《唐代的历表》(424页):

> 序说,帝号,年号,年干支与年次,日干支与日次,西历,二分二至,定朔番号,开元之年长安的日出、南中、日入时刻表,西安气象。

2.《唐代的行政地理》(436页):

> 序说,《新唐书》、《旧唐书》、《唐会要》、《元和郡县志》、《通典》、《太平寰宇记》、《唐六典》以及《贞元十道录》所载有关唐代府、州、郡、县索引。

3.《唐代散文作家》(160页):

> 序说,从《全唐文》、《唐文拾遗》、《唐文续拾遗》收载唐代

散文作家 3516 人,分别录其姓名、别名、原籍、时代、作品数量及其出处卷数页码。

4.《唐代的诗人》(208 页):

序说,从《全唐诗》、《全唐诗逸文》中收载唐代诗人 2955 人,分别录其姓名、别名、原籍、时代、作品数量及其出处卷数页码。

5.《唐代的长安与洛阳·索引篇》(224 页)

6.《唐代的长安与洛阳·资料篇》(266 页)

7.《唐代的长安与洛阳·地图篇》(收图 47 幅)

8.《李白诗歌索引》(644 页)

9.《李白的作品》(236 页)

这九种专著均属资料索引性质,目的是为唐代历史研究提供方便,印数虽然不多,但对唐史研究是有益的。此外,他们还计划编辑《唐代石刻》、《登科记考》、《唐代人物传记汇编》、《1912 年以来唐代文献研究类目》等专著,惜未成书,甚为遗憾。

五十年代中期,京都大学人文科学研究所,在平冈武夫主持下,与市原亨吉、今井清、砺波护等人合作,共同编辑了《唐代史料稿》。这是一个较大的工程,国家拨有专项经费资助,1952 年开始工作,1954 年取得初步成果。这项工作大体分三个步骤:第一,影印和复制《册府元龟》宋刻本与明抄本、《唐会要》明抄本缩微胶卷,从中摘出有关唐代资料,加以校勘,作出三万五千份"卷宗"(即专项资料),并按时序加以编排;第二,收集整理有关《旧唐书》、《新唐书》、《资治通鉴》、《全唐文》资料,并将这些资料同《册府元龟》、《唐会要》资料进行综合整理;第三,经过考订整理,按年、月、日排比撰写成《唐代史料稿》。

《唐代史料稿》武德元年部分,分三期发表:1954 年《人文科学研究所创立二十五周年纪念论文集》刊载第一部分,第二、三部分分别刊于 1955、1956 年《东方学报》。此项工作中断十年,1966 年至 1972 年《东方学报》又发表了长庆元年至四年、大和元年至三年的部分内容。约计《唐代史料稿》每年平均六万五千字左右,全书告成大致为二千万字左右。已发表部分仅占全稿的三十分之一弱。由于人力、物力、财力所限,绝大部分没有完成。

日本另一个隋唐史研究中心,是由日野开三郎先生所创。他以九州大学文学部东洋史研究室为基础,开展了对中国古代史研究,其中以唐宋史为重点,出版有《九州大学东洋史论集》,代表刊物《东洋史学》,发表不少有关隋唐史方面的论文。1958 年特刊《六朝隋唐政权研究文献目录》,是一份专题性质索引资料,具有相当参考价值。这个研究中心的创始人日野先生(1908 年生),为日本东洋史学界著名学者,是一位多产作家,从三十年代中期开始著书立说,至今已有半个多世纪了。此间发表的论文一百八十多篇,专著十二部,多属唐宋史内容,大著《唐代租庸调的研究》三卷本、《唐代邸店的研究》二卷本,在学术界颇多影响。

(8)七十年代以来,由于对新资料(主要是敦煌吐鲁番文书)的开发与利用,以及研究路子与方法的改进,日本对隋唐史的研究有所发展。1970 年由已故铃木俊先生发起成立了唐史研究会,是以唐史研究为主,涉及整个中国古代史问题。参加该会的学者共二十七人,均为副教授以上的中国史学者,其中唐史研究学者十二人。研究会召集人为中央大学文学部教授中村治兵卫先生,事务局分设于明治大学、中央大学历史研究室。他们约定每年夏季在日本箱根召开一次讨论会,交流情况,研究动态。同时组织编辑《唐史研究会报告》,至今已出版了四集,每集以一个中心主题(如第三集为中国村落史的研究,第四集为中国史学界新动态),并出版一册《隋唐帝国与东亚世界》(1979),发表有关研究会成员的论著,对隋唐史的研究工作起了推动作用。

(9)日本经常发表有关隋唐史研究成果的学术刊物很多,早期权威性刊物有内藤湖南主持的《支那学》,可作为"京大派"史学代表刊物。学术水平较高的刊物当推《东方学报》,分东京版与京都版,每期往往发表不少中国史研究论文。如受陈寅恪先生推崇的内藤乾吉撰《关于唐六典的实施》,即发表于京都版《东方学报》第七册(1936年)。此文论述"六典"引用资料丰富,颇多见地,很有参考价值。社会上学术性的期刊杂志很多,举其要者有《史学杂志》、《东洋史研究》、《亚细亚文化研究》、《亚细亚研究》、《东亚经济研究》以及《史渊》、《史潮》、《史林》、《史观》、《史窗》、《史朋》等刊物,均发表不少有关隋唐史研究论著。此外,尚有一批"还历"、"古稀"纪念性的学术论文集,诸如《内藤还历论丛》(1926)、《白鸟论丛》(1928)、《狩野论丛》(1928)、《桑原论丛》(1931)、《稻叶论丛》(1938)、《加藤集说》(1946)、《羽田论丛》(1950)、《滝川论丛》(1957)、《清水论丛》(1962)、《铃木还历论丛》(1964)、《铃木古稀论丛》(1975)、《三本论丛》(1972)、《内田论丛》(1978)等,亦收载一些隋唐史论著。还有专刊《隋唐》,虽然时间持续不长,但也发表不少专业论著。

(10)有关隋唐史研究动态专题报道,《史学杂志》每年出版第五号特辑《历史学界的回顾与展望》中收载,已由山川出版社汇总出版,从1950年开始每年出版一本,至1983年已出版了三十四本。另一种动态反映,由国际历史学会日本国内委员会主持编辑的《日本历史学的发达与现状》,每五年编辑一本,由东京大学出版社出版,1955年出版第一本,至1980年已出版了五本,第六本将于1985年出版。综合报道日本史学界研究情况,包括日本史、东洋史、西洋史以及有关专史等，隋唐史的研究在本书中有专项评述反映。此外，有关文献目录索引计有四种：一是《东洋史研究文献类目》，由东方文化研究所，东京大学人文科学研究所负责编辑，1934年开始出版，其中1934年至1937年各出一册，1938年至1945年每两年出版一册，1946年以后每年出版一册，直到1983年已出版三十七册，内容包括日文、中文、英文等语种文献目录，对隋唐史也有专项反映。二是东洋史研究论文目录编辑委员会编《日本东洋史论文目录》四册，1964—1967年由日本学术振兴会出版。三是东洋文库敦煌文献研究室联络委员会编辑出版的《敦煌文献研究论文目录》(1959年)，收有隋唐史专题论文目录。四是中谷英雄编《唐代史研究文献目录》，和歌山高校图书研究会油印出版(补遗为铅印本)。此目录专收日文、中文有关唐史论著，起于明治(中国自民国)以后，止于1956年3月，内容分为一般、历史地理、社会、经济、政治、法制、宗教、学术思想、科学、文学、美术以及言语文字等十二类，便于检索。

　　(11)日本学者对隋唐史的研究是多方面的，属于东方传统，重视资料，考据论证问题，以中国传统的历史研究方法为主导。研究内容大致包括有关政治制度、经济问题、人物事迹、文献考订以及古籍整理等。七十年代以来，日本学者每年发表的隋唐史论著约在数十篇左右，其中有关政治史、制度史、法制史以及社会经济史方面的文章超过半数以上。对一些问题的研究已向广深发展，如利用敦煌吐鲁番文书以及所公布的大谷文书资料撰写了一批有关户籍帐册、均田实施、赋税徭役等内容的论文，如山本达郎著《中国古代籍帐研究》、西村元佑著《东土耳其斯坦(西州)的唐代直辖统治和均田制——以贞观十四年九月安若知延手实和贞观年间巡抚高昌诏的意义为中心》、土肥义和著《唐代均田制给田基准考

——特别是以吐鲁番盆地的实例为中心》、佐藤圭四郎著《唐代商业考察之———有关高利贷的情况》、西岛定生著《从吐鲁番出土文书看均田制实施状况》等论著问世后，提出一些新见解值得注意。

　　同时对若干问题的讨论也是很热烈的。如对唐宋之际中国社会的特点，一些学者发表不少看法，宫崎市定、周藤先之以及后起之秀柳田节子、斯波义信、草野靖等人，从各自学术观点出发，继承与批判他们前辈的理论，取得相当进展。他们认为，研究唐宋之际社会特点的关键，还是在于把握基本的生产关系的变化，这种观点是符合社会历史实际的。宫崎市定在《东洋史研究》29卷4期发表的《从部曲发展到佃户——唐宋社会变革的一个侧面》，在日本史学界影响甚大。作者认为，作为唐宋之际社会变革的一个重要方面，首先就是"贱民"——即不自由民的解放。宋代已废除唐代贱民（部曲），确立佃户的法律地位。就唐宋生产关系变化来说，即从唐代以"部曲"为主的庄园劳动，推移到宋代是以佃户为主的庄田劳动。周藤吉之是战后第一位不同意内藤史学分期法的学者，他主张宋代是"中世说"，发表的一些论著多从劳动者（雇佣人、奴婢）的身份地位变化着眼，以此解释当代主要社会生产关系——地主与佃户关系，并把它描写成为"农奴制庄园"的社会，从而构成了他的"中世说"的中心内容。柳田节子发表的《宋代专制统治与农民——雇佣人与奴婢》一文中基本论点与周藤学说相同。这是值得我们研究的重要课题。

　　（12）近年来，日本学者对隋唐史研究后辈力量的培养与提高，也做了不少工作。山根幸夫主编的《中国史研究入门》（1983年9月山川出版社出版），是这一类工作的具体反映。本书第四部分为隋唐时代，由堀敏一教授负责编写，有山根清志专任讲师、金子修一副教授参与工作,读者对象是大学东洋史科中国史专业学生。书中结构清晰,内容简练,在不到一百二十页的篇幅中,就隋唐主要历史问题作了叙述。书中除简明前言、列举日、中、西文隋唐史专著外,即是"研究史"部分,具体纲目:

1. 政治过程:

　　隋唐政权与贵族制,隋与唐初的统治阶级,隋末叛乱与唐朝的建立,唐代前期的宫廷政争,唐代后期的藩镇割据,唐代后期的官僚与宦官,唐代后期的民众叛乱。

2. 政治制度:

　　律令法制,官僚制度,都城制度,村落制度,身份制度,胥吏,色役,兵役。

3. 财政,经济:

　　均田制与籍帐,租庸调,杂役,户口与括户,主客户制,运河与漕运,常平、义仓、和籴,户税,地税,两税法,专卖制度,农业,庄园经营,商工业,交通。

4. 少数民族,对外关系:

　　政治,外交,战争,对外通商以及外国人在中国的地位。

5. 文化:

　　国家与宗教,祭祀,宗教政策,思想,教义,史学史,教育史,文学,艺术,科学,风俗,社会,文化交流。

作者根据上列各题,分别叙述其研究的历史与现状,重点介绍具有代表性日、中、西文论著(截至1982年),目的在于引导青年史学工作者,在此基础上,继续深入钻研,促进本学科的前进。书中最后部分为"史籍解题",列载《隋书》以下一百种中文古籍,并附三十余种有关敦煌吐鲁番文书目录,以供读者检索。此书不仅为初学的人打下基础,同时也为青年史学工作者提高指明方向,我们可资借鉴之处甚多。

1984 年 1 月

（原载 1984 年中国唐史学会《会刊》第 1 期）

唐代三书与三体

中国古代史籍浩如烟海，体裁内容丰富多彩，记述有关典制内容者，虽见于《史记》八书或《汉书》十志，但其时并未形成独立著作，多附于"正史"之中。直至唐代出现的《唐六典》、《通典》与《唐会要》，乃成为我国的目前传世最古的三部典制专书。

《唐六典》，三十卷，是一部官修典制文献。唐玄宗亲自主其事，始于开元十年（722年），历经十六年，先后四易总纂官，终于二十六年定稿成书。参与其事者均为当代著名儒臣。该书首列三师、三公、尚书都省，然后为吏、户、礼、兵、刑、工六部，以象周官之制。继则按唐朝现行令式与国家组织编制，依次列有门下、中书、秘书、殿中、内侍五省，御史台，太常、光禄、卫尉、宗正、太仆、大理、鸿胪、太府、司农等九寺，国子、少府、将作等三监以及诸卫、太子东宫诸官，最后为三府、督护、州县等地方行政组织及其官员配置。全书近三十万字。正文记载唐代中央与地方各级政府组织机构、官员编制及其职权范围等内容，层次分明，眉目清晰，便于检索。注文约占全书三分之一，或记其职官沿革，或补充其具体说明，或附录有关诏敕文诰，均属当代第一手资料，为我国典制史籍的创举。

《通典》全书二百卷，正文一百七十余万言，注文二十余万字，内分食货、选举、职官、礼、乐、兵、刑、州郡、边防等九典。所记内容上起先秦，下至唐代，为我国古代贯通古今的一部典制文献，其中有关唐代内容约占全书的四分之一。该书作者杜佑，为中唐著名宰臣，历事玄、肃、代、德、顺、宪六朝，为官五十年，多次入相出将，而"持身有术"。书成于贞元十七年（801年），内容取材，隋代以前多采用正史和有关文献，唐代部分内容则多采自当代有关官方文书、帐册、实录、国史以及部分私人著述。体制源于"正史"书志，直接吸取开元时刘秩《政典》的体例内容。

该书编纂宗旨，作者在《进通典表》中指出：一是总结历史经验教训，"将施有政，用乂邦家"，有所为而作；再是抨击过去"然多纪言，罕存法制"，以期改变重人治轻法制的立国方针。目的在于为封建统治阶级制订典制法规提供材料根据，即所谓"知历代沿革之宜，为政惠人，审群黎利病之要"（《旧唐书》本传），而成此书。因此，从内容排列顺序与资料选用来看，《通典》不仅仅是一部单纯典制文献，而是立足于人事，直接为当代统治阶级服务的政书，这是唐代典制体史书的一个特点。

"会要"体史书，也是唐代首创。它以类事项目为中心叙述当代典章制度的发生、发展和演变状况，与"正史"书志相仿，但较之门类庞杂，叙事具体。和《通典》也有类似之处，但其书是以类事为纲，断代体制。"会要"体史书次目繁多，内容广泛，具有典制百科全书的特征。此点又与类书相近。这种史书是我国古代史书中的新体裁，具有特殊功用。正如清代学者俞樾所说："观一人之始终，莫如纪传，而甲乙不相联系；考一时之治乱，莫如编年，而前后不相贯穿。于是后人有会要之作"（《春秋会要序》），可见此书显然是为了解决纪传编年体史书之不足而作。

《唐会要》的编纂始于苏冕。唐德宗贞元中（794年前后），苏家藏书至二万卷，苏冕与其弟苏弁坐事贬官，乃以其家藏书资料"纂国朝故事为是书"（《唐会要》卷三十六），止四十卷，叙述德宗以前唐代九朝典制内容。这是一部私人著述。到了宣宗时又诏令左仆射崔铉负责主持续修苏氏会要,参与其事者有杨绍复、裴德融等人,书成于大中七年(853 年),凡四十卷,撰次德宗以来故事。续会要已成为官修典制文献。宋代初年,司空平章监修国史王溥奉命撰宣宗以来故事,增益苏、崔等会要为《唐会要》一百卷,于建隆二年(961 年)上奏朝廷。至此,历经一百七十余年,前后三易其人,而成一代典制文献巨著。

《唐会要》近百万字,所属子目五百十四,对唐代典制沿革损益,极其详核。综观此书,内容极为广泛,除职官、兵刑、礼乐、舆服、宫殿、科举、学校、户口、租税、盐铁、漕运等制度政策法令外,前有帝号、储君,后有民族、外邦等,不同一般典制文献。虽以史志为主,但亦涉及一代有关具体历史内容。如官号内有识量、忠谏、举贤、委任、宗奖诸条,已超出史志范围。从记载内容可知,苏冕创制于前,材料丰富;崔铉续作其间,内容尚可;王溥总成其书,晚唐记事过于简陋。总之,《唐会要》取材与《通典》同出一源,多采自当代一手文献资料,向来被评为具有较高价值的历史文献。

总之,《唐六典》、《通典》、《唐会要》三书,属于典制类古文献,三书代表三体,均产生于唐代,开创了中国古史撰著的新体裁,对后世影响甚大。《六典》出世之后,历代沿用其体,明清两代相继而成《明会典》、《清会典》,主要列载一代政权机构组织形式及其上下隶属关系,约定成制,作为各级官员处理政务的依据与守则,既不收载朝野议论,也不博采故事情由,例为政府部门处理事务参考之用,具有国家组织法规的社会职能。《通典》则条例社会各种文物典章制度,贯通古今,到宋代出现《文献通考》、《通志》,乃合称为"三通"。清代乾隆时又加入官修《续通典》、《清通典》、《续通志》、《清通志》、《续文献通考》、《清文献通考》,乃有"九通"之说。1935年商务印书馆刊印"九通"时,再加入刘锦藻的《清朝续文献通考》,

统称之为"十通",凡二千七百六十八卷。内容浩繁,博贯古今,可资考稽上自远古下迄宣统三年(1911年)清朝灭亡之前的典章文物制度,成为研究中国数千年政治制度发展演变的系统文献资料。"会要"始于苏氏,记叙一代一朝典制因革损益,并评论政治制度兴废得失。有宋一代,《宋会要》之辑前后凡十次,可惜不存其一。清人从《永乐大典》中辑有《宋会要辑稿》。南宋时又有徐天麟《西汉会要》、《东汉会要》。元明两代皆无人续修,直至清代方有继者,诸如姚彦渠《春秋会要》、孙楷《秦会要》、杨晨《三国会要》以及龙文彬《明会要》等,是为研究断代史典制的基本参考文献。

(原载1984年《古籍整理研究学刊》第2期)

"两唐书"说略

　　"两唐书"是反映同一时代社会内容的纪传体史书。由于产生时间、编纂思想以及取材内容之不同，而使之各有差异。因之，对这两部古籍进行比较研究，不仅是历史文献研究中的重要课题，而且对阅读与利用这两书的内容资料也很有现实意义。

　　《旧唐书》虽然产生于五代时期，但有其漫长的形成历史过程。按唐朝修撰国史，始于高宗时期。据载：显庆元年(656年)长孙无忌与令狐德棻首次撰成武德、贞观二朝国史八十卷。接着著名史学家吴兢又续成国史八十卷，于天宝八载(749年)兢死后由其子上于朝廷。后来韦述接着续修。据说国史自令狐德棻至于吴兢，虽累修撰，体制不定，竟未成一家之言。因此，韦述开始发凡起例，补阙续遗，乃成国史一百十二卷。由于"安史之乱"，典籍毁于战火，唐朝下令全国，访求散在民间典籍，从韦述家中得一部百十三卷本国史。这部史书，柳芳出力不小。柳芳为肃宗朝史官，同时与韦述受诏续修吴兢所撰国史，书未成而述先亡，而由柳芳绪述凡例，勒成国史百三十卷，内容上自高祖，下止肃宗乾元年间。上元中(761年)，柳芳又别撰有《唐历》四十卷，根据高力士口述开元、天宝时事而成，大历以后阙而不录。宣宗时又命崔龟从等人接《唐历》分年撰次，完成了唐代元和年间以前的编年史著。

　　五代时期，为了修撰唐史，各朝曾不断下诏征求有关唐朝史料。后梁末帝龙德元年(921年)，史馆奏请征集家传资料，凡有记得唐武宗会昌以后公私奏行公事章疏者，并许编录送纳朝廷。后唐明宗天成元年(926年)九月,以蜀王衍旧僚庾传美充三州搜访图籍使,前往成都征求唐朝典籍,得九朝实录而归。后晋时期,文献资料准备工作已大体就绪,天福六年(941年)二月下诏修纂《唐书》。张昭远负责本纪,用力最勤;贾纬长于史学,会昌以后纪传补充多出其手;赵熙作文字修改,也出一定力量。历经四年,至开运二年(945年)六月编成,凡二百卷,三百零九万字。

《旧唐书》形成,去唐朝不远,征集文献资料十分广泛,曾下诏京师诸道及中外臣僚,凡进纳有关实录、奏章、传记以及日历制敕册书者,均予奖励。当时积聚的文献资料相当可观。各部分资料来源比较丰富,具有较高的文献价值。

本纪部分,除以《长历表》为基础外,还有如下各类文献:

第一,庾传美得自蜀中的九朝实录。据唐宋史志及《直斋书录解题》著录,唐代列朝实录,自高祖至武宗均有著录,《书录解题》并注有"今本"字样,可见其书到南宋时尚存,修唐书时自然利用了这部分重要文献资料。

第二,吴兢、韦述、于休烈、柳芳、令狐峘等人相继修撰的《国史》、《唐历》。《新唐书·艺文志》注有《唐书》一百卷,又一百三十卷,《国史》一百六卷,又一百一十三卷。《宋史·艺文志》注有柳芳《唐书》一百三十卷、《唐书叙例目》一卷。显然,唐书编者是在《国史》的基础上修成的。

第三,后晋王朝保存的公文帐册以及有关著述。诸如韦澳等《续唐历》、吴兢、韦述、陆长源等《唐春秋》、陈岳《唐统纪》、焦璐《唐朝年代记》等书,均成于《旧唐书》之前,当为唐书编者所参考。又如唐末裴庭裕采宣宗朝事撰《东观奏记》、沙仲穆撰《太和野史》以及贾纬编《唐朝补遗录》,也是唐书本纪的资料来源。

第四,宣宗以后无实录与国史可据,本纪当根据残存的日历、制敕以及有关文书档案资料,即所谓"杂取朝报吏牍补缀而成之"(参见赵翼《廿二史劄记》)。

列传部分,除功勋状、谱牒一类文献外,还有如下各类文献:

第一,《国史》旧有列传,有的直接抄入,如唐书中的唐绍、徐有功、卢杞、裴延龄、田承嗣等传,有"今上"、"史臣"字样,可证之为出自《国史》。大致说来,肃宗以前大部分列传沿用了吴兢、韦述、柳芳的《国史》旧传。

第二,凡实录中附记有关人物传,也被唐书列传编者采用。如今存《顺宗实录》四月癸酉附张荐传、五月辛卯附令狐峘传、六月乙亥附张万福传可资证明。

第三,四裔传部分史料来源,据《唐会要》载应送史馆事例:"蕃国朝贡由鸿卢报史馆,蕃夷入寇及来降由中书、兵部、军将分别报史馆"。如以《契丹·奚传》与《唐会要》对勘,两传纪事相同,史料来源则同出一源。

诸志部分,多以六部九寺直属官衙残存文件档案为基础,如赵莹在奏疏中所指:太常寺保存的乐舞资料,用以凭撰《乐志》;大理寺保存的刑名律令资料,用以撰述《刑法志》;司天台保存的天文历法资料,用以撰述《天文》、《律历》、《五行》诸志;御史台掌握的官署变迁、官员品秩升降,以及官员兼、摄、检校之例与资授、册拜之文,用以撰述《职官志》;兵部职方掌握的山河地理、州县废置资料,用以撰述《郡国志》;秘书省保存的古今典籍,帐册注录,用以撰述《经籍志》(参见《五代会要》卷十八)。

总之,旧书修撰时间短促,从发凡起例到定稿上奏朝廷仅用四年时间,基本上是抄撮已成唐史的有关文献。唐前期文献资料完整,国史、实录可依之处不少,颇受后人重视。司马光编《资治通鉴》选用两唐书资料时,多以《旧唐书》为主;唐后期(穆宗以后)无本可据,资料零乱,本纪内容繁琐冗杂,叙事首尾不完整。《历志》、《经籍志》止及玄宗时代。而列传中唐末人物缺漏较多,资料不全,或列履历表,或作附传,少则二三人,多则七八人。《刘文静传》则附十六人之多,史实过少,参考价值不大。但不可因此而贬低《旧唐书》历史文献价值。难能可贵的是保存了不少原始资料,如庞勋、黄巢、李茂贞、王行瑜、朱温等人的事迹。尤其书中抄录的一些文章,如《吕才传》中所载论宅经、禄命葬文,《卢藏用传》中所载析滞论,是唐代反对迷信的重要文献。《贾耽传》所载进奏文,以及《李百药传》中的《封建论》、《魏徵传》中的《十渐不克终疏》,均属当代历史文献名篇,幸赖此书得以保存。至于诸志中可取之处也不少,诸如《历志》、《天文志》多据李淳风、僧一行的原著,保存了《麟德历》、《大衍历》中某些内容。《地理志》经玄宗、德宗时期一再修订,分别注明了不同时期的统计数字材料与重大史事变革,超过同类有关著作,值得重视。

　　《新唐书》修纂,是在《旧唐书》形成百年之后。作为一部正史来说,宋仁宗认为《旧唐书》修纂不好,一是"纪次无法,详略失中,文采不明,事实零落";一是编者为"衰世之士,气力卑弱,言浅意陋,不足以起其文"①。因此,决定重修。庆历四年(1044年)发端于贾昌朝的倡议,五年正月开局修纂。列传部分由宋祁负责,历经十四年,直到嘉祐三年(1058年)始告完成一百五十卷唐书列传。纪、志、表部分由欧阳修负责。他自称中途参加工作,至和元年(1054年)入局,"接续残零,刊撰纪、志六十卷"②。从文字风格可知,本纪和赞、志、表、序以及选举、仪卫二志无疑是出自大文学家

---

① 见曾公亮《进唐书表》。
② 《欧阳文忠公全集》卷九一《辞转礼部侍郎劄子》。

欧阳修之手。全书编纂历时十七年,至嘉祐五年(1060年)方告完成。

参与《新唐书》修纂工作的还有当代名人,如范镇、王畴、宋敏求、吕夏卿、刘羲叟、王尧臣等,反映了当时史学著述的最高水平。此书由曾公亮表奏朝廷,按"书成奏御,旧制惟列官最高者一人,(欧阳)公官高当书。公曰:'宋公(祁)于传功深而日久,岂可掩其名夺其功?'于是纪、志、表书公名,而列传书宋公。"欧阳修此种作法甚得人心,"宋丞相庠闻之叹曰:自古文人好自凌掩,此事前所未有也"①。传为一代佳话,值得提出。

《新唐书》二百二十五卷,三百六十九万字。其资料来源,除以《旧唐书》为底本外,搜取范围十分广泛,显然胜过《旧唐书》。《新唐书·艺文志》所载有关唐代史事著作,"无虑百数十种,皆五代修唐书时所未尝见者。据以参考,自得精详"②。宋初人著述,如孙甫《唐史记》、赵瞻《唐春秋》、陈彭年《唐记》以及赵邻几追补会昌以来的"日历"等,均在采摘参考之内。许多列传中采用了小说、文集、碑志、佚史和政书等文献资料,诸如《东观奏纪》、《因话录》、《大唐新语》、《杜阳杂编》以及《陈子昂集》、《卞贤集》、《樊川文集》、《孙可之文集》等。还有不少传记材料,系采自《通典》、《唐会要》、《册府元龟》、《太平御览》等类书③。

诸志在采用"旧书"各志资料之外,又有新的扩大。如《食货志》采自"旧志"以外的文献,其中部分内容与《唐会要》、《册府元龟》、《太平御览》引文同出一源,也有些内容是明显采自《贞观政

---

①　《欧阳修全集》附录《先公事迹》。

②　《廿二史劄记》卷十六。

③　参考《唐史余渖》。

要》、《陆宣公翰苑集》、《韩昌黎集》、《顺宗实录》、《白氏长庆记》以及《朝野金载》等书;《选举志》与《兵志》则脱胎于《通典》,二者差异不大。其他志书,则如吕夏卿《唐书直笔》中所言:"今之内藏书之盛,传记可以质据者,得大衍、景福之历而《律历志》可完矣,得职该六典之书而《百官志》可完矣,得《开元曲台礼》、《郊祀录》而《礼乐志》可完矣。"由此可知,"新书"资料来源是丰富的。

"两唐书"编纂指导思想大有不同。《新唐书》成于北宋中叶,正处于社会问题日趋尖锐时期,"三冗"问题开始严重,阶级矛盾、民族矛盾趋于复杂化尖锐化,因而出现了"庆历新政",以仁宗为首的统治者企图通过社会改革缓和社会矛盾。当代政局对修史影响颇大,欧阳修等人修纂《新唐书》的指导思想明确:第一是封建卫道十分明显,往往采用所谓春秋笔法,抨击所谓乱臣贼子,用以维护封建正统地位;第二是积极维护专制主义中央集权统治,抨击唐末以来军阀藩镇犯上作乱,目的在于加强现存的北宋王朝统治地位;第三是确定"事增文省"的编写原则,以期贯彻编者的指导思想。

《新唐书》比《旧唐书》增加的内容较多,概括如下:

第一,增表增事:"新书"增有《宰相表》、《方镇表》、《宗室世系表》、《宰相世系表》,为创新体例之作。如《宰相世系表》记述宰相三百六十九人、世系九十八族,颇为详备,便于检索。

第二,增传增事:"旧书"列传一千七百八十七人,"新书"增至一千八百六十二人。马端临在《文献通考》中指出,"新书"删"旧书"六十一传,增三百三十一传。据赵翼统计,"新书"新增史事达二千余条,为后世保存不少重要材料。

第三,增志增事:除增《仪卫》、《选举》、《兵志》三志外,《天文志》、《历志》内容超过"旧志"三倍以上。《艺文志》书增一千二百余种,文集五百余家。《地理志》附有羁縻州府八百余条,保存大量边疆完整材料。《食货志》由"旧志"两卷扩为五卷，俸禄、屯田、边镇、和籴列入专卷专节叙述，而赋税内容超过"旧志"几倍以上。

第四，增时增事："新志"普遍扩大了记叙时间范围，囊括有唐一代史事。《地理志》"旧书"断至天宝十一载，"新书"延至唐亡之时。《经籍》、《艺文志》"旧书"止及开元，"新书"则延续晚唐。《食货志》时差更大："旧志"赋税止于太和四年，"新志"括至大中七年；"旧志"盐法断至大中四年，"新志"则续至光启元年。

第五，增"旧志"所无材料：卷五十一《食货志》赋税所记"先是扬州租庸以钱，岭南以米，益州以罗、绸、绫、绢供春彩"。除岭南外，余者"旧志"失载。卷五十二所载齐抗奏议不见他书，陆贽奏议与《通鉴》所摘详略不一。杨於陵奏议大部内容为"旧志"所不载。卷五十三水利史事，多为"旧志"、《通鉴》等书所不载。故马端临编《文献通考》漕运部分全录"新志"。

由于编纂时间牵连时间过长，工作分散，两位主要负责人的个人志趣爱好不同，又缺乏统一合校工作，《新唐书》存在不少问题。举其要者有三：一是删改《旧唐书》原文，降低了本书的文献史料价值。凡属"旧书"中的骈体文都作了程度不同的删改，"新书"采用散文译"旧书"的骈文，虽然文笔流畅，但失去了历史的真实感。随意删削原文，致使读者难以了解。如"旧志"广德元年七月诏书原文："一户之中，三丁放一丁，庸调、地税依旧，每亩税二升。""新志"省去"庸调地税依旧"六字，擅改为："一户三丁者免一丁，凡税亩二升。"二是删削具体数据，降低了文献史料的科学性。"新书"编者对一些具体数据资料，不问等差，选取首尾两数，或任选两数，以约数代替具体数据，很不准确。尤其在地理志、食货志中的户口、财政、经济数据，编者滥加删削，留下不准确的数字资料，实属缺陷。三是年历紊乱，查阅不便。如"新书"记载"顺宗时始减江淮盐价"，实为宪宗即位以后的史事,《册府元龟》卷四百九十三记载可资证明。

正因为如此,《新唐书》成书后三十年,即有《新唐书纠谬》之作问世,此书虽有偏颇之处,但读唐书者不可不参阅。

"两唐书"传世之后,颇受社会重视,有关整理、考订与研究著述很多。沈炳震的《新旧唐书合钞》,是一部系统整理抄纂著作。此书二百六十卷,编者"用十年之心力,再四削稿而成之"①。沈氏精心研究"两唐书"时,"新书"已列入"二十一史"而"旧书"尚未列入正史。因此,抄例开头则表明个人见解:"新书列于正史,旧书几等于稗野,因当主新书而旧书附焉。然新书简严,而旧书详备,势不能以新书为本而分注旧书。"此书属于抄纂之作,对阅读检索两唐书颇为便当,但只限于两唐书对勘互证,未能援引《唐六典》、《通典》、《唐会要》、《册府元龟》以及《资治通鉴》等重要史籍,自然地影响了《合钞》价值。因之,非议者有之:"是书割裂新旧书之文,以牵就其意,非复原书面目。或从新书,则旧书为注;或从旧书,则新书为注。揆以著作之体,终有不合。"② 尽管如此,《合钞》多有可取之处,读者既可节省时间,又能对勘两书原文,其功不可灭。

《新旧唐书合钞补注》是王先谦继名著《汉书补注》、《后汉书集解》之后的一部史学著作。此书是在沈氏《合钞》的基础上有所发明,用《唐会要》、《全唐文》、《册府元龟》、《艺文类聚》等五六十种古籍原著为《合钞》作注,校勘文字,考订史事,以补《合钞》自证史籍之不足,有一定参考价值。

《新旧唐书互证》二十卷,清赵绍祖撰。此书刊于嘉庆十八年

---

① 雍正十一年柯煜序言。
② 查世俊跋语。

(1813),有目无序,列"新书"引文于前,加以按语,与《合钞》同为阅读唐书的工具参考文献。然《合钞》卷帙浩繁,《互证》则较为简明,二书各具特点。《互证》一至四卷本纪载事二百零七条,五至六卷志载事七十九条,七至八卷表载事一百四十六条,九至二十卷列传载事七百零五条。总计载事一千一百三十七条,作者征引《纠谬》、《通鉴考异》、《二十二史考异》之说,加以案语,考订"两唐书"中有关时、事、称呼等是非得失,并大量引用"两唐书"本文考证其中矛盾记载,有利于考订"两唐书"史实矛盾舛误,颇多参考价值。

《唐书注》,唐景崇撰,作者序称:"拟仿彭元瑞之注《五代史》而变其通例,盖彭注全录'薛史',此则'旧书'过繁,第择其足资参考,且应增补者录要附入而已。"专为"新唐书"作注。注例则取《史记》三家注、《汉书》颜注、《三国志》裴注以及《通鉴》胡注之法,而订纠谬、补阙和疏解三义。征引文献典籍"逾数百种"①,惜未完稿,刊本仅有十卷,止注本纪。据余棨昌序称:"计最完全之稿为本纪十卷,礼乐志十二卷,历志九卷,天文志三卷,百官志五卷。有稿不全者为食货志三卷,仪卫志一卷,车服志一卷。表稿虽全,尚未整理。其中尤以列传为最大,先生所手订者,仅十数卷而已。"

《旧唐书校勘记》,六十六卷,清罗士琳、刘文淇校订。乾隆武英殿刻《旧唐书》,与影宋本多有不同。此书以宋人所引《旧唐书》为主,参考《唐六典》、《唐会要》、《通典》、《文献通考》、《新旧唐书合钞》、《二十二史考异》、《十七史商榷》等书,进行校勘,多所发明,有利于阅读《旧唐书》。

有关"两唐书"的整理、补注以及校勘校订著作,除上述者外,约有三十余种,书名举要如下:

---

① 张书云序言。

1. 金王若虚：《新唐书辨》三卷

2. 明李东阳：《新旧唐书杂论》

3. 清张宗泰：《旧唐书考证》

4. 清 张 道：《旧唐书疑义》四卷（《正觉楼丛刻》本）

5. 清陈黄中：《新唐书刊误》三卷（未刻，见于《南献遗征》）

6. 清蔡世钹：《读旧唐书随笔》一卷（《丛书集成》3834 册）

7. 佚　　名：《新唐书证误》（《稽瑞楼书目》注录抄本一册）

8. 陈 汉 章：《唐书注稿偶存》四册（浙江省图书馆稿本）

9. 罗 振 常：《南监本新唐书斠义》一卷（1936 年上海石印本）

　　具体篇章考订，收载于《二十五史补编》者有《唐折冲府考》、《唐折冲府考补》、《唐折冲府补考拾遗》、《唐折冲府考校补》、《唐方镇年表》、《唐藩镇年表》、《唐书宰相世系表订讹》等。丁谦对《新唐书》的《突厥传》、《吐蕃传》、《回纥等国传》、《沙陀传》、《北狄列传》、《东夷列传》、《南蛮列传》、《西域列传》等，均有考证文字，收载于浙江省图书馆丛书。此外还有汪宗沂《旧唐书李靖传考证》、洪钧《旧唐书大食传考证》、张宗泰《新唐书天文志疏证》、董沛《唐方镇表考证》、华湛恩《唐藩镇表》、罗振玉《唐书宰相世系表补正》、《补唐书张义潮传》、沈维贤《唐书西域传注》、王先谦《新旧唐书魏徵列传合注》、王忠《新唐书吐蕃传笺证》、《唐书南蛮传笺注》、唐长孺《唐书兵志笺证》等。

　　有关"两唐书"论著，在前人许多读书札记中有不少记载，诸如顾炎武《日知录》，阎若璩《潜丘劄记》，钱大昕《十驾斋养新录》、《诸史拾遗》，劳格《读书杂识》以及李慈铭《越缦堂读书记》等，均有所得。特别值得提出的，钱大昕《二十二史考异》百卷中有"新书"考异十六卷、"旧书"考异四卷，王鸣盛《十七史商榷》百卷中有"两唐书"商榷二十四卷，赵翼《陔余丛考》卷十至十二、《廿二史劄记》卷十六至二十对"两唐书"均有专题论述,颇多见地,值得参阅。近人岑仲勉先生著有《唐史余渖》,除利用正史外,对其他杂史、金石、诗文以及近代发现的各种史料,作了互相印证与切实考订。其中涉及"两唐书"内容者甚多,如据别史以补正史(补《高偘传》),或驳吴缜、钱大昕诸家学说之误,或专论某些问题,如《总论新唐书》、《修唐书史臣表》等,很有参考价值。

多年来,史学界对"两唐书"研究的心得论文,不上二、三十余篇,或综合论述,或作对比分析,或考订具体篇章,或从某一课题与侧面入手,都取得一定的成绩。傅振伦的《两唐书综论》、钱宝琮的《新唐书历志校勘记》、白寿彝的《新唐书大食传注(附表)》、罗香林的《唐书源流考》、谭英华的《略论新唐书食货志的编纂方法和史料价值》等,均属力作,对"两唐书"的研究有所贡献。

无论是从史学研究的角度,也无论是从古籍整理的角度来看,我们对"两唐书"的整理与研究都是不够的。今后应在系统全面整理考订的基础上,对这两部史学著作在中国古代史学中的地位与作用,它的编纂指导思想与体例结构,及其在历史文献中的应用价值,都要作出符合时代要求的评述,将研究工作引向深入。

1982 年 2 月初稿,1986 年 2 月修订

(原载 1986 年《古籍整理研究学刊》第 3 期)

1978—1988 年
中国隋唐五代史研究述评

1978 年以来，中国隋唐五代史研究取得了长足的进展，可谓人才辈出、成果丰硕。但同时也暴露出一些问题，需要加以注意并研究解决。兹就笔者所见，对这一时期中国隋唐五代史研究的基本状况及其发展趋势略加分析并述次如下。

一　研究队伍现状的分析

中国隋唐五代史研究队伍的实力一向比较雄厚。特别是1978 年以来，国内各高等院校历史系隋唐五代史教学与研究人员数量有较明显的扩充；一些高等院校和省市，还增设了从事隋唐五代史研究的所、室；原有研究机构的力量也得到了不同程度的加强。因此，这一时期中，隋唐五代史研究队伍迅速扩大。据不完全统计，到目前为止，国内从事隋唐五代史研究的专业人员总数约在四百人以上。

这一时期中，隋唐五代史研究队伍的素质有较大的提高。据估计，其中具有教授、研究员职称者约三十人，占总数的百分之七点五；具有副教授、副研究员职称者约一百人，占总数的百分之二十五；具有讲师、助理研究员职称者约一百八十人，占总数的百分之四十五。

从年龄结构来看，这一时期中，隋唐五代史研究队伍年轻化速度较快。高考制度恢复以后，一大批博士、硕士学位研究生、本科生充实到各高等院校和研究机构，使隋唐五代史研究队伍不断得到更新,平均年龄逐年下降。目前,国内隋唐五代史研究专业人员的平均年龄约在四十五至五十五岁之间。

从研究方向来看,原来那种片面重视政治史、经济史研究的倾向已经改变,文化史研究已经得到更为广泛的关注;隋史、五代史研究多年遭受冷落的现象也有所纠正。因此,这一时期中,隋唐五代史研究队伍的力量配置渐趋均衡。据粗略统计,目前,侧重于研究政治史者约一百四十人,占总数的百分之三十五;侧重于研究经济史者约一百人,占总数的百分之二十五;侧重于研究文化史者约八十人,占总数的百分之二十;从事其他方面研究者约八十人,占总数的百分之二十。此外,侧重于研究隋史、五代史者的比例也呈上升趋势。

总之,这一时期中,一支老中青相结合,结构合理、素质较好的隋唐五代史研究队伍已经基本形成。

近年来,隋唐五代史研究队伍更新中的一个可喜的现象,是一大批中青年人才崭露头角。他们功底扎实、思想活跃,在各自的研究领域中取得了显著的成绩。其中有代表性的是杨际平、牛志平、张国刚、任爽等人。

杨际平现任厦门大学经济史研究所副教授,近年来在唐代经济史研究特别是利用敦煌吐鲁番文书研究唐代土地制度方面成就突出,发表的主要论文有:《试考唐代吐鲁番地区"部田"的历史渊源》(《中国社会经济史研究》82·1)、《吐蕃时期敦煌计口授田考(兼及其时的税制和户口制度)》(《甘肃社会科学》83·2)、《从敦煌户籍看唐代均田制下土地还授的实施问题》(《中国社会经济史研究》83·3)、《和籴制度溯源》(《中国社会经济史研究》84·3)、《从敦煌文书看唐代前期的和籴制度》(《中国社会经济史研究》85·1)、《唐代户等与田产》(《历史研究》85·3)、《隋唐均田、租庸调制下的逃户问题

(兼谈宇文融括户)》(《中国社会经济史研究》86·4)、《麹氏高昌土地制度试探》(《新疆社会科学》87·3、87·4)、《再谈麹氏高昌与唐代西州"部田"的历史渊源》(《中国史研究》88·2)、《上海藏本敦煌所出河西支度营田使文书研究——兼论唐代屯营田的几种经营方式》(《中国社会经济史研究》88·2)。唐代据以定户的资产是否包括田产,一直是唐代经济史研究中颇有争议的重要问题。杨际平在《唐代户等与田产》一文中,从历史传统、唐代田制、赋役制以及敦煌吐鲁番户籍等方面,论证了唐代据以定户的资产包括田产在内。他认为:实行租庸调和两税法时期,据以定户的资产均包含田产,并以田产为主。租庸调法以丁身为本,田产多少,户等高低,和每丁所应交纳的租庸调额无关,但与输租远近、兵役差役负担有关。而其后逐步出现的地税、户税和两税法,则与各户田产都有密切关系。从总的趋向来看,唐代农民赋役负担的轻重,与田产多少、户等高低的关系日益密切。这一结论,使唐代户等与田产的关系的研究,大大推进一步。

牛志平现任陕西师范大学唐史研究所教授,近年来在唐代文化史特别是婚俗方面的研究有所突破,发表的主要论文有:《从离婚与再嫁看唐代妇女的贞节观》(《陕西师大学报》85·4)、《唐代妒妇述论》(《人文杂志》87·3)、《唐代婚姻的开放风气》(《历史研究》87·4)、《说唐代惧内之风》(《史学月刊》88·2);出版的著作有《唐人称谓》(三秦出版社)。在《唐代婚姻的开放风气》一文中,牛志平对唐代婚姻状况进行了总体考察。他认为:唐代处于封建社会的上升、繁荣时期,又属"开放型"社会,因此,婚姻制度表现出开放的特点。当时,禁锢人性的封建礼教尚未发展到后来那么严酷的地步,礼法束缚较弱,女性地位较高,贞节观念淡漠,民族通婚频繁,因此,青年男女具有择偶的相对自由,离婚再嫁颇显容易,夫妻关系不相禁忌,刚柔倒置。这一观点在史学界引起了一定的反响。

张国刚现任南开大学历史系副教授,近年来对唐代政治史特别是军制、官制、藩镇割据问题作了深入的研究,发表的主要论文有:《武则天废监军制辨误》(《南开大学学报》80·6)、《唐代监军制度考论》(《中国史研究》81·2)、《肃代之际的政治军事形势与藩镇割据局面形成的关系》(《南开大学学报》82·6)、《唐代藩镇类型及其动乱特点》(《历史研究》83·4)、《唐代进奏院考略》(《文史》18辑)、《〈隋书〉两〈唐书〉百(职)官志校读拾零》(《南开大学学报》85·2)、《关于唐代兵募制度的几个问题》(《南开大学学报》88·1)。出版的著作有《唐代官制》(三秦出版社)、《唐代藩镇研究》(湖南教育出版社)。藩镇割据问题一直受到唐史研究工作者的重视。张国刚在《唐代藩镇类型及其动乱特点》一文中,从分析藩镇类型入手,概要地探考了唐代各类藩镇的基本情况、藩镇与朝廷的关系及其动乱特色、动乱原因。张国刚把唐代藩镇分为河朔割据型、中原防遏型、边疆御边型和东南财源型四类。他认为,不应笼统将藩镇与割据等同,或将藩镇动乱一律视作割据、叛乱。唐代藩镇具有区域性与制约性统一的特点,因此,宋、明人有关唐代藩镇的言论值得重视。这篇论文是近年来唐代藩镇问题研究中的力作,值得研究者借鉴。

任爽现任黑龙江大学历史系副教授,近年来对五代史特别是南唐史进行了独到的研究,发表的主要论文有:《南唐党争试探》(《求是学刊》85·5)、《吴唐禅代表微》(《求是学刊》86·4)、《唐宋之际统治集团内部矛盾的地域特征》(《历史研究》87·2)、《南唐时期江西的经济与文化》(《求是学刊》87·2)。唐宋之际的政治斗争一直是悬而未决的争论问题。任爽在《唐宋之际统治集团内部矛盾的地域特征》一文中,从中国封建社会政治、经济、文化结构的分析入手,揭示了南北两大地域地主阶级政治集团在政治态度、经济利益、文化传统方面的区别,并进而对永贞革新到王安石变法三个世纪之间统治集团内部派系冲突的分野、斗争焦点及其历史根源、历史影响进行了深入、细致的分析。他认为,唐宋之际,南方社会经济与文化的迅速发展造成了中国封建社会经济地理与文化地理的根本改观,同时给南北中国政治力量的对比带来了深刻的变化,从而使当时地主阶级统治集团的矛盾冲突表现出鲜明的南北分野的特色。这一认识把唐宋之际政治斗争的研究提高到了一个新的层次。

二　研究成果的估价

　　1978年到1988年,中国隋唐五代史研究取得了丰硕的成果。据不完全统计,出版的专著约近一百种,发表的论文在三千篇以上。

　　这一时期中出版的断代史著作,有韩国磐《隋唐五代史纲》(增订本,人民出版社1979)、吴枫、陈伯岩《隋唐五代史》(辽宁人民出版社1984)、陶懋炳《五代史略》(人民出版社1985)、王仲荦《隋唐五代史》(上海人民出版社1988)。

　　王仲荦大著《隋唐五代史》上下册百万余言,为其《魏晋南北朝史》的姊妹篇。作者历经六七年时间完成此书,反映了中国隋唐五代史研究的最高水平。此书以其朴实流畅的笔调对本期的政治、经济、军事、文化作了全面的阐述,资料丰富,论据翔实,论文严谨,多有研究心得。如对均田府兵制的评价,作者认为这两种制度未在南方出现,只能在北方形成,说明它不是中国封建社会的必然产物,而是由于十六国之后,鲜卑人进入中原,把他们先封建的村社残余形态带进北方,而出现了这种份地制度,又从份地制度上产生了府兵制度,顺理成章,对隋唐均田府兵制的研究颇有学术参考价值。书中除大量注文(如第三章第二节《租庸调制的破坏与两税法的实施》的注文中所征引的资料就达一万余字)、图表都具有参考价值外,以三分之一的篇幅叙述有关文化部分,难能可贵,充分反映了作者对文化史研究的高度重视,对进一步研究隋唐文化很有借鉴作用。

这一时期中,隋唐历史文化丛书(三秦出版社)的编辑、出版工作取得了很大的成绩。这是一套大型断代历史文化丛书,内容包括隋唐时期的政治制度、官吏制度、科学技术、文学艺术、教育、民族、外交、人物、事件和衣食住行等各个方面的专著、传记、资料、工具书,每一本将具体生动地深入阐述隋唐时期的一个专题,以学术性为主,兼有通俗性,尽量配以图片资料。这套丛书由宁可、沙知任编委会主任,张玉良、胡戟任责任主编,目前已经出版发行的有十余种。其中叶栋著《唐代音乐与古谱译读》叙述了唐代音乐的流传和繁盛情况,并系统介绍了作者二十年来研究敦煌琵琶曲谱和唐传五弦琴谱的成果。胡戟著《武则天本传》以生动、简洁的笔墨,勾勒了武则天一生的经历,对这位颇有争议的历史人物作了实事求是的评价,并对许多问题提出了自己的看法。程志、韩嫔娜合著的《唐代的州和道》是一本唐代历史地理的工具书,作者在占有大量历史资料的基础上,结合唐代地理文献,全面介绍了唐代州和道的设置、地理位置、沿革及变迁情况,对历史、方志、历史地理、古典文学的教学与研究有参考价值。牛志平、姚兆女合著的《唐人称谓》是一本有关唐代称谓的工具书,全书搜集唐代皇帝,后妃、皇室、官吏、百姓、亲族、夫妻、朋友等称谓八百多条,并作了简单的引证和阐释,在分类诠释方面很有创见。张国刚著《唐代官制》是作者多年来研究唐代官制的成果,该书对唐代官制的源流、利弊作了较为深入的论述,具有一定的学术价值。高世瑜著《唐代妇女》在充分搜集唐代妇女史料的基础上,分门别类地加以论述,全面地揭示了有唐一代各阶层妇女的历史活动,在许多问题上提出了自己的独到见解,开拓了妇女史研究的新领域。潘镛著《隋唐时期的运河和漕运》在实地考察的基础上,结合大量文献资料,全面论述了隋唐运河的历史沿革、开发利用、经济价值和历史作用,对过去研究中的讹误之处多有驳正,可供教学与研究工作参考。

这一时期中,隋唐五代史各方面的研究都取得了显著的进展。在出版的著作中,政治史、经济史、文化史方面的专著各占相当的比例。在发表的论文中,政治史论文约五百五十篇,经济史论文约四百篇,思想、文化史论文约四百篇,中外关系史论文约一百五十篇,民族、民族关系史论文约三百篇,人物研究、评价论文约五百篇。此外,科学技术史、史料考订、文献整理、考古文物、历史地理、研究方法以及工具书编纂等方面的研究也获得了大量的成果。

从总的情况来看,这一时期中,政治史、经济史方面的研究成果仍然居于领先地位。在政治史方面,各项制度的研究取得了突破性的进展,其中较为重要的论文,有唐耕耦《唐代前期的兵募》(《历史研究》81·4)、徐连达、马长林《唐代监察制度述论》(《历史研究》81·5)、张国刚《唐代监军制度考论》(《中国史研究》81·2)、吴枫、关大虹《中唐时期三省制度的削弱与变化》(《东北师大学报》82·2)、姚澄宇《唐朝政事堂制度初探》(《中国史研究》82·3)、吴宗国《科举制度与唐代高级官吏的选拔》(《北京大学学报》82·1)、《进士科与唐朝后期的官僚世袭》(《中国史研究》82·1)、王超《政事堂制度辨正》(《中国史研究》83·3)、何忠礼《科举制起源辨析》(《历史研究》83·2)、高世瑜《唐代的考课制度》(《东岳论丛》83·2)、李光霁《隋唐职官制度渊源小议》(《中国史研究》85·1)、陈振《〈政事堂制度辨正〉质疑》、(《中国史研究》85·1)、方积六《关于唐代募兵制度的探讨》(《中国史研究》88·3)等。特别需要指出的是,法制史的研究也取得了很大的成就。出版的专著有杨廷福《唐律初探》(天津人民出版社1982)、乔伟《唐律研究》(山东人民出版社1985)等。

在政治史研究中,藩镇割据问题受到了学者的重视,除出版的专著有张国刚《唐代藩镇研究》(湖南教育出版社1987)外,发表的重要论文有:杨志玖《论唐代的藩镇割据与儒家学说》(《南开大学学报》80·3)、《试论唐代藩镇割据的社会基础》(《历史教学》80·6)、杨志玖、张国刚《藩镇割据与唐代的封建大土地所有制》(《学术月刊》82·6)、李昌宪《五代削藩制置初探》(《中国史研究》82·3)、张国刚《唐代藩镇的类型及其动乱特点》(《历史研究》83·4)等。

关于隋唐五代的阶级关系、政治斗争,近年来出版的专著有李季平《唐代奴婢制度》(上海人民出版社1986)、牛致功《李渊建唐史略》(陕西人民出版社1984)、吴枫、常万生《治世沧桑》(吉林文史出版社1988)。同时还发表了一系列有分量的论文,其中较为重要的有:胡如雷《唐代牛李党争研究》(《历史研究》79·6)、王仲荦《〈唐贞观八年条举氏族事件〉残卷考释》(《文史》80·9)、张泽咸《唐代的衣冠户和形势户——兼论唐代徭役的复除问题》(《中华文史论丛》80·3)、姜伯勤《敦煌寺院文书中"梁户"的性质》(《中国史研究》80·3)、瞿林东《唐代谱学简论》(《中国史研究》81·1)、汪征鲁《隋唐之际地主阶级的局部更新》(《历史研究》83·1)、齐陈骏、陆庆夫《唐代宦官述论》(《中国史研究》84·1)、任爽《唐宋之际统治集团内部矛盾的地域特征》(《历史研究》87·2)等。

这一时期中,农民战争史研究也取得了一定的进展,出版的专著有胡如雷《唐末农民战争》(中华书局1979)、方积六《黄巢起义考》(中国社会科学出版社1983)、诸葛计《唐末农民战争战略初探》(天津人民出版社 1985)等。

在唐代政治人物研究方面,近年来成果卓著,出版的专著有:吴枫《魏徵》(黑龙江人民出版社 1979)、汪篯《唐太宗与贞观之治》(求实出版社 1980)、胡如雷《李世民传》(中华书局 1984)、赵克尧、许道勋《唐太宗传》(人民出版社 1984)、傅璇琮《李德裕年谱》(齐鲁出版社 1984)、袁英光、王界云《唐太宗传》(天津人民出版社 1984)、吴枫、常万生《女皇武则天》(辽宁教育出版社 1986)、郑英德《唐明皇全传》(吉林文史出版社 1987)、袁英光、王界云《唐明皇传》(天津人民出版社 1987)等。

在经济史研究方面,近年来出版了几部很有分量的专著,发表了一些很有见解的论文。特别是利用敦煌吐鲁番文献研究唐代经济制度进展较快。出版的专著有:韩国磐《北朝隋唐的均田制度》(上海人民出版社 1984)、张泽咸《唐五代赋役史草》(中华书局 1986)、张弓《唐朝仓廪制度初探》(中华书局 1986)、姜伯勤《唐五代敦煌寺户制》(中华书局 1987)、宋家钰《唐朝户籍法与均田制研究》(中州古籍出版社 1988)。较为重要的论文有:姜伯勤《敦煌文书中的唐五代"行人"》(《历史研究》79·2)、唐耕耦《唐代的资课》(《中国史研究》80·3)、黄永年《唐代两税法杂考》(《历史研究》81·6)、黄盛璋《唐代户口的分布与变迁》(《历史研究》80·6)、武建国《试论均田制中永业田的性质》(《历史研究》81·3)、宋家钰《唐代的手实、户籍与计帐》(《历史研究》81·6)、《唐代户籍上的田籍与均田制——唐代均田制的性质与施行问题研究》(《中国史研究》83·4)、《从敦煌吐鲁番文书看唐代永业、口分田的区别及其性质》(《中国史研究》86·1)、王永兴《唐天宝敦煌差科簿研究——兼论唐代色役制和其他问题》(《敦煌吐鲁番文献研究论集》)、《关于唐代均田制中给田问题的探讨》(《中国史研究》86·1)、杨际平《唐代户等与田产的关系》(《历史研究》85·3)、陈衍德《唐代专卖收入初探》(《中国经济史研究》88·1)等。

在文化史研究方面,近年来取得了一定的进展,出版的专著以宗教与文学艺术为主,其中较为重要的有:范文澜《唐代佛教》(人民出版社1979)、郭朋《隋唐佛教》(齐鲁书社1980)、程千帆《唐代进士行卷与文学》(上海古籍出版社1980)、傅璇琮《唐代诗人丛考》(中华书局1980)、汤用彤《隋唐佛教史稿》(中华书局1982)、任半塘《唐戏弄》(上海古籍出版社1984)、刘国盈《唐代古文运动论稿》(陕西人民出版社1984)、王达津《唐诗丛考》(上海古籍出版社1986)、罗宗强《隋唐五代文学思想史》(上海古籍出版社1986)、卞孝萱《唐代文史论丛》(山西人民出版社1986)、郭绍林《唐代士大夫与佛教》(河南大学出版社1987)等。

这一时期中,文献资料的整理出版工作有了明显的进展。资料汇编方面的重要成果有张泽咸《唐五代农民战争史料汇编》(中华书局1979)、王永兴《隋末农民战争史料汇编》(中华书局1980)、《隋唐五代经济史料汇编》(中华书局1987)、吴枫《隋唐历史文献集释》(中州古籍出版社1987)等。文献整理方面的重要成果有唐长孺主编《吐鲁番出土文书》(文物出版社),目前已出版7册。点校注释方面的重要成果有刘俊文《唐律疏议》(中华书局1983)、季羡林等《大唐西域记校注》(中华书局1985)、唐耕耦《敦煌社会经济文献真迹释录》(文献出版社1988)等。《大唐西域记校注》是建国以来国内研究西域史地的一项重大成果。校注者在吸收前人研究成果的基础上,对该书进行了比较全面的校勘和注释,纠正了许多前人的讹误之处,并且就不少问题提出了新的见解,是一部集大成的研究著作,受到国内外学术界的高度评价。与此同时,王文锦等人点校的《通典》也取得了很大成就。点校者在吸收前人研究成

果的基础上,参校各种版本,参考两《唐书》、《资治通鉴》、《文献通
考》以及唐宋类书等多种文献,自1978年以来,前后校勘两次,校
正明清本中讹误之处数千条、编写失误之处数百条,出校记近万条
约60万字。此书远远超过目前国内流行的"钦定"本,为研究者提
供了一个最佳本。

除以上几个方面之外,中外关系、民族关系、史料考订、考古文
物、历史地理等方面也都取得了显著成绩。这些成果不仅丰富了
本学科的内容,为隋唐五代史研究的发展创造了条件,而且作为文
化积累,还将对社会的进步产生积极的影响。

三　发展趋势的反思

随着研究工作的深入发展,这一时期中,在研究领域、研究方
法上也发生了显著的变化,值得总结。

就研究领域来说,国内隋唐五代史学界大体上经历了三个发
展阶段。解放以前,学者大多注意从微观角度开展研究,课题选择
主要集中于一人、一事、一个问题。经过老一辈史学家的辛勤努
力,隋唐五代史领域中许多含混之处得以澄清,许多错谬之说得以
纠正,许多悬而未决的疑难问题得以解决。这是隋唐五代史研究
的第一个发展阶段。在这一阶段中,老一辈史学家为隋唐五代史
研究的发展奠定了坚实的基础,创造了有利的条件。但是,这一时
期的研究也存在着严重的局限性。由于研究领域的狭窄,使得许
多具体的历史问题得不到融会贯通、得不到理论升华、得不到宏观
论证,因此也就难以更进一步研究这些具体问题。这种状况,大大
限制了隋唐五代史研究的深入发展。

解放以后,一直到文化大革命之前,学者普遍重视从宏观角度
开展研究,课题的选择基本集中于隋唐五代时期带有一般性的社

会问题。经过这一代学者的辛勤努力，隋唐五代史领域中许多重大问题的研究取得了突破性的进展。隋唐五代史作为中国封建社会历史进程中的一个重要阶段，其历史地位、历史特点、发展规律得到了较为深入的揭示和论证，许多理论问题也得到了进一步的澄清。这是隋唐五代史研究的第二个发展阶段。在这一阶段中，新一代学者吸收了老一辈史学家的研究成果，把隋唐五代史的研究推向一个更高的层次。但是，这一时期的研究同样也存在着严重的局限性。由于研究者片面注重一般性社会问题的理论论证，忽视具体问题的微观研究，从一个极端走到另一个极端，存在着严重的公式化概念化倾向，使得许多重大问题的论证缺乏足够的、有说服力的根据，往往在概念问题上纠缠不休。这种状况，同样也限制了隋唐五代史研究的深入发展。

　　近年来，学者的研究角度发生了很大的变化。课题的选择既注意具体问题的微观研究，同时也重视重大社会现象的宏观论证。在微观研究与宏观论证的结合上，已经收到了显著的成效；在课题选择的广泛性与多层次性方面，已经取得了可喜的进展。从总的情况来看，政治、经济、文化以及其他各方面的研究已经逐步趋于平衡；就某一方面来看，各个专题的研究同步发展。

　　以政治史的研究为例，这一时期中，阶级关系、政治制度、政治斗争、政治人物等各个专题的研究都取得了很大的成就。阶级关系的研究已经突破了统治阶级与被统治阶级、统治阶级内部两大矛盾的局限，扩展到对各个阶层、各个集团的研究，深入到对各个阶层、各个集团的各方面特征及其相互关系的分析。皇族、士族、庶族、自耕农、佃农、商贾、手工业者、奴婢等各个阶层的政治态度、经济地位、文化素质、地域特征的研究已经有了相当大的进展；皇族与士族、士族与庶族、朝官与宦官、主户与客户、官户与形势户、藩帅与牙兵等特殊问题的研究也取得了显著的成绩。政治制度的研究已经扩展到对各项制度的各个侧面进行深入分析与综合考察。职官的设置、分类、沿革,机构的层次、职能、效率,官吏的选任、考课、致仕等问题的研究逐步深入。一些特殊制度如封驳、朝集、辟署,特殊机构如进奏院、都护府,特殊官职如使职、记注官等等,也取得了很多研究成果。政治斗争的研究特别是统治阶级内部派系冲突的研究已经突破了根源、性质、影响的总体考察,深入到对各个派系及某些关键人物的具体分析。政治人物的研究已经突破了简单的阶级定性,扩展到对其历史、社会环境、经济地位、政治思想、性格特征、文化素质的具体分析与综合评价。

这种情况表明,近年来,中国隋唐五代史的研究已经进入了一个新的阶段。尽管这一阶段才刚刚开始,有许多新领域有待学者去开拓,有许多新问题等待学者去研究,但是,我们已经有了一个良好的开端。

就研究方法来说,国内隋唐五代史学界大体上也经历了三个发展阶段。解放以前,学者继承乾嘉学风,研究方法主要以资料排比、问题考证为主。经过老一辈史学家的辛勤努力与不断积累,形成了一套独具特色的研究方法。这是隋唐五代史研究方法的第一个发展阶段。在这一阶段中,老一辈史学家把传统的史学研究方法推进到一个更高的层次,为隋唐五代史研究方法的科学化奠定了基础。但是,这种研究方法也存在着严重的局限性。由于资料排比与问题考证仅能就某一具体历史问题的本来面目作出回答,就某一特定历史现象的演进线索进行勾稽,而不能就这些历史问题、历史现象的政治、经济、文化背景作出深入而全面的综合与分析,因此也就不能从根本上揭示史实之间的相互关系,并进而揭示隋唐五代的发展规律,从而限制了唐代史研究的深入发展。

解放以后,一直到文化大革命之前,唯物史观被学者所普遍接受,学者注意从政治、经济、文化背景中研究重大历史问题、历史现象、特别重视用生产力决定生产关系、经济基础决定上层建筑以及阶级斗争的理论去研究,解释隋唐五代的历史发展规律。这是隋唐五代史研究方法的第二个发展阶段。在这一阶段中,唯物史观在隋唐五代史学界得到确立,在某种程度上克服了解放以前研究方法过于拘谨的弊病。但是,由于学者没有很好地解决唯物史观与中国传统史学研究方法有机结合的问题,而是把唯物史观生硬地套用于隋唐五代历史,以抽象概念代替历史事实的具体分析,以简单类比代替隋唐五代历史发展规律的科学探求,以僵化的教条代替对隋唐五代历史问题、历史现象的客观解释与评价,从而使唯物史观变成了一种陈旧的、固定的模式。学者囿于其中,抱残守缺,这不仅使隋唐五代史研究受到影响,而且把唯物史观也庸俗化了。

近年来,学者的研究方法发生了重要的变化。以自我反思为起点,以唯物史观的核心精神与基本方法为指导,更新观念,开拓视野,吸收新思想,引进新方法,利用新资料,对隋唐五代史进行全方位、多层次的深入研究,力求客观地把握隋唐五代的历史发展规律。在思想观念上,学者已经突破了以阶级斗争为纲,以生产力的发展水平解释生产关系的性质、以经济基础的性质解释上层建筑的特征这一陈旧模式的局限,参照系统论的思想、社会学的思想、文化人类学的思想,把隋唐五代史作为一个整体、一个有机体,对其各个侧面、各种功能进行综合研究与深入分析,力求完整地认识隋唐五代在整个中国古代乃至于世界古代历史发展进程中的地位及其特点,从而摆脱了教条化的抽象概括、公式化的简单类比这一倾向,使研究结果更加接近于隋唐五代历史发展的真实。在研究方法上，系统观察的方法、社会调查的方法、定量分析的方法以及纵横比较的方法已经受到学者的重视，在具体应用上已经有所进展并且取得了初步的经验。思想观念的更新与研究方法的进步，不仅促使研究领域不断扩大，而且也促使研究资料的利用发生变化。以前受到重视的资料如政治、经济方面的资料被赋予了新的意义和价值，被人忽视的社会风俗、社会心理方面的资料得以发掘、利用，考古资料特别是敦煌吐鲁番文献资料的利用也取得了相当的成绩。这种情况表明，隋唐五代史的研究方法已经进入了一个新的发展阶段。尽管有些新方法的应用还有待于进一步的摸索与总结，但是，我们已经朝着科学化的道路迈出了重要的一步。研究领域的扩大与研究方法的更新必将促使隋唐五代的研究加快步伐，取得更加丰硕的成果。

四 几个值得注意的问题

以上我们就 1978 年以来中国隋唐五代史研究的队伍现状、成果、发展趋势进行了粗略的分析和介绍。我们认为，这一时期隋唐五代史的研究工作取得了显著的成就，但是这并不等于说以前存在的问题已经全部解决，而且，随着研究工作的发展，还会出现新的问题，这是我们必须加以重视的。就目前的情况来看，主要有以下几个问题应该引起注意：

首先，这时期中，重数量、轻质量的现象不容忽视。1978 年以来发表的论文和出版的著作在数量上大大超过了本世纪初到文化大革命前的总和。这些成果中固然不乏优秀论著，但平庸之作也占不小的比例，炒冷饭、应景应急的现象比较明显。造成这种现象的原因是多方面的，其中一个不可忽视的因素是提职冲击。少数人为了解决职称问题，粗制滥造，以量取胜。这种倾向如不及时加以纠正,将影响隋唐五代史研究的正常发展。因此,在今后要进一步提倡严谨求实的学风,提高研究工作的质量,是一项十分艰巨而又势在必行的任务。

其次,这一时期中,国内隋唐五代史学界在引进吸收新思想、新方法上取得了一定的成绩。但是,这绝不等于说传统的史学思想与研究方法可以彻底抛弃。自本世纪初以来,老一辈史学家通过不懈的努力,积累了一套独特的史学思想与研究方法;唯物史观作为一种科学体系,尽管需要加以发展,但仍具有不可取代的意义。老一辈史学家为我们留下来的是一份有价值的遗产,我们有责任加以批判性地继承。全盘否定,一切照搬,都不是科学的态度。为此,在今后一段时间之内,必须重视解决引进、吸收与在传统基础上的创新研究问题。隋唐五代史有自己的特点,研究隋唐五代史的思想、方法同样也应该有自己的特点。我们并不要求隋唐五代史学界步调一致,采用同一个模式、同一种方法,我们认为不同模式、不同方法应该并存,允许互相争论,非此就不能保证研究工作的活力。但是,在总的倾向上,必须提倡,强调以唯物史观为指导,从隋唐五代历史实际出发,在批判地继承传统史学思想方法的基础上,引进、吸收新思想、新方法,使隋唐五代史的研究朝着健康的方向深入发展。

再次,这一时期中,隋唐五代史学界基本上克服了文化大革命时期影射史学的影响,在本学科建设上已经初步走上正轨。但是,为研究而研究,为学术而学术的倾向也同时逐渐蔓延。作为一门科学,隋唐五代史研究有它的独立性。从性质上来说,它属于基础学科而非实用学科。因此,要求隋唐五代史的研究直接为现实服务,不仅是不合适的,而且是有害的。这是一方面;另一方面,这并不意味着隋唐五代史研究应该完全脱离现实,而且在事实上也不可能完全脱离现实。至于史学研究究竟怎样为现实服务，还有待于进一步的研究与讨论，但是，从影射史学走向为研究而研究、为学术而学术，其中仍然反映出我们尚未很好地把握史学研究应该把握的方向与原则，则是毫无疑问的。这种左右摇摆的状况将妨碍隋唐五代史的学科建设。就目前的情况来说，一个亟待解决的问题是社会需要与研究动向的矛盾。我们应该认识到研究隋唐五代史对于社会主义精神文明建设的重要意义。为了完成这一任务，必须改变以阶级斗争为纲的政治史研究，加强社会文化史的研究，开发新领域、新问题的研究，诸如家庭结构、婚姻形态、人口地理、边疆民族、社会生产、文化素质、心理状态等等。

最后，为了给隋唐五代史的研究打下坚实的基础，必须重视文献资料的编辑整理与工具书的编写工作。这一时期中，隋唐五代历史文献资料的整理与出版工作有了相当大的进展；工具书的出版例如《唐五代人物传记资料综合索引》、《新旧唐书人名索引》、《唐刺史考》等为研究工作提供了极大的方便，《中国历史大辞典·隋唐五代史分卷》的编纂工作也已经完成。特别值得指出的是，中国唐史学会在沟通信息、协调研究方向与步伐方面进行了卓有成效的工作。年会、专题研讨会的组织与召开，《唐史学会论文集》、《中国唐史学会会刊》的编辑工作都取得了很大的成绩。与此同时，学会还先后组织了多次实地考察工作，出版了《丝路访古》、《唐宋运河考察记》、《运河访古》、《蜀道话古》等著作，有力地推动了研究工作的发展。但是，必须承认，这方面的工作还存在着许多问题，轻视甚至歧视文献整理工作、工具书编写工作的倾向还不同程度地有所表现。这种现象如不及时加以纠正，将会造成十分不利的影响。文献整理、工具书编写与信息沟通等项工作关系到隋唐五代史研究工作的速度与质量，应该而且必须引起各方面的充分注意,得到各方面的大力支持。

隋唐五代是中国历史乃至于世界历史发展进程中光辉灿烂的一页。我们的祖先以其勤劳与智慧创造了伟大的历史业绩并且给我们留下了丰富的文化遗产。我们有责任以百倍的努力勤奋工作,不断提高研究质量,推陈出新,奉献出既无愧于古人又无愧于时代的研究成果,以推进当代精神文明的建设。

1989 年 2 月于长春

(原载 1989 年日本唐代史研究会会刊)

关于唐代历史文献的再认识

唐朝社会历史近三百年(618—907 年),处于中国封建社会的鼎盛时期。国家局势稳定,社会经济发展,文教事业繁荣,对当时亚洲各国以及宋元以后的历史发展,都产生了极为深远的影响。引人瞩目的具有时代特色的唐代文化,在继承古老文化传统的基础上又有新的发展,内容丰富,绚丽多彩,享名中外,占有重要的历史地位。古籍文献作为体现文化成果交流知识信息的载体,反映着时代物质文化的内容与人类精神文明的表象。资料表明,唐代文献典籍,数量浩繁,体裁齐备,内容广泛,远远地超过了前代。研究唐代文献典籍对加深了解时代风貌、历史状况、文化发展,是不可缺少的。更有助于了解当时人们观念形态、道德标准、智力水平及其价值取向,推动唐史研究向广深发展。

稳定的政治局势与开放宽容的社会环境,为唐代典籍文献的发展提供了必要的社会条件。唐朝统治者较为清醒地认识到,隋末以来积累的诸多社会问题,必须加以认真对待。首先是要调整政策,即由隋末以来的高压政策转变为宽容开放政策。政治上倡导廉洁,上层决策者强调自我约束,撰写《帝范》、《臣轨》、《开元训戒》一类著作,强化自我完善,励精图治。对内实行轻徭薄赋政策,休养生息,给百姓以恢复发展社会生产的机遇,同时妥善处理边疆十分复杂的民族问题,给边疆民族创造更多自治自理的社会条件,稳定内地与边疆社会秩序。对外加强友好往来与经济文化交流,容纳吸收国外思想文化艺术,以丰富发展中国传统文化。唐代社会思想虽然仍以儒家思想为宗,但容许甚至是提倡佛道思想传播,以致出现"三教争衡"的局面,各派思想异常活跃,标新立异或兼容并蓄,为唐代文化注入了新的活力。

开放宽容的社会环境,活跃了人们的思想,促进了文艺创作与学术著作的发展。唐诗之所以成为一代文艺之精华,是与诗人无拘束的创作分不开的。宋人洪迈在《容斋随笔·续笔》中指出:"唐人歌诗,其于先世及当时事,直辞咏寄,略无避隐,至宫禁嬖昵,非外间所应知者,皆反复极言,而上之人亦不以为罪。"如大诗人白居易《长恨歌》、元稹《连昌宫词》以及杜甫咏开元天宝间事,都无所避隐。又如大思想家吕才的《叙葬书》、《叙命论》、《叙宅经》等著作,闪烁着唯物主义思想光辉。大史学家刘知几的《史通》,以锐利的笔锋撰成享名古今的批判史学名著。这一切事实说明,良好的稳定的社会环境为唐代文献典籍的发展提供了必要的社会条件。

一　唐代文献的积聚与整理

历代文献典籍的积聚,有其历史的发展过程。唐朝统治者对文献典籍的积聚采取了开放的积极态度,他们曾广泛收罗前代遗籍,购求散佚文献,设置机构,任命专使,访求遗文,这对唐代文献典籍的形成与发展有密切关系。

李渊立国之初,就十分重视收聚隋朝国家藏书。大业十三年(617年)十一月克长安,遂命主符郎宋公弼收集图书典籍①。武德四年(621年)五月,东都洛阳王世充请降,秦王李世民曾令萧瑀、窦轨等封守府库,记室房玄龄授命收聚隋朝洛阳藏书②。次

---

① 《新唐书·高祖纪》。
② 《旧唐书·太宗纪》。

年,司农少卿宋遵贵负责载运这些图书,溯黄河西上,可惜行经砥柱,八千多卷书籍多被漂没,存者十不一二①。据说隋朝嘉则殿藏书达三十七万卷,遭致隋末战乱,损失十分严重,经过唐初收罗,尚存八万余卷②。为此,唐初统治者曾采取措施,购募遗书。武德中,令狐德棻奏请购募遗书,"重加钱帛,增置楷书,令缮写,数年间群书略备"③。当时确有不少遗籍,"稍稍复出"④。

　　唐王朝派遣图书使、访书使以及诸道采访图籍使一类专使,从事文献典籍收集工作。早在玄宗统治初期,即"以经籍多缺,令京官有学行者分行天下,搜检图籍"⑤。开元、天宝时期,著名儒臣宰相陈希烈和张悱、萧颖士等人,为搜求典籍做了不少具体工作。玄宗以张悱为集贤院判官,"诏以其家所著《魏书》、《说林》入院,缀修所阙。累擢知图书、括访异书使"⑥。秘书正字萧颖士奉使前往河南、河北地区收求遗书,也取得不少成绩⑦。这项工作,有唐一代持续不断,直至僖宗时代,董昌曾兼任诸道采访图籍使,负责收采地方文献典籍工作⑧。

　　对当代名家著述,也在求访之列。徐敬业兵败,以《讨武曌檄文》而闻名的骆宾王著述多散失,武则天颇重视其文,曾遣使访求

①　《隋书·经籍志》。
②　《新唐书·艺文志》。
③　《旧唐书·令狐德棻传》。
④　《新唐书·惠文太子范传》。
⑤　《唐会要》卷三五。
⑥　《新唐书·张公谨附传》。
⑦　《新唐书·萧颖士传》。
⑧　《新唐书·董昌传》。

之,得数百篇。时有兖州人郗云卿集成骆集十卷,得以流传于世①。安史乱后,长安兴庆宫史馆所藏国史皆为叛军焚毁。后来唐朝下令全国,访求散在民间史籍,从韦述家得其所著《国史》百十三卷,上于朝廷。代宗时,大诗人王维之弟王缙为宰相,代宗喜欢王氏诗文,尝谓缙曰:"卿之伯氏,天宝中诗名冠代,朕尝于诸王座闻其乐章,今有多少文集,卿可进来。"缙曰:"臣兄开元中诗百千余篇,天宝事后,十不存一。比于中外亲故间相与编缀,都得四百余篇。"翌日上交朝廷。号称"大历十才子"之一的卢纶,著述颇多,宪宗时召中书舍人张仲素寻访遗文。文宗尤爱其诗,曾问宰相:"纶文章几何? 亦有学否?"李德裕对曰:"纶四子:简能、简辞、弘止、简求,皆擢进士第,在台阁。"因此,文宗"遣中人悉索家笥,得诗五百篇以闻"②。晚唐时期,流落到民间的一些重要典籍,也有奉献于朝廷者。太和中,李彦芳为凤翔府司录参军,曾"诣阙进高祖、太宗所赐卫国公靖官告、敕书、手诏十余卷,内四卷太宗文皇帝笔迹"③,使一代重要典籍得以保存下来。

同时,唐朝政府对文献典籍的整理与编纂十分重视,由秘书省负责,下设有专门机构,延聘名儒才学之士,开展具体工作。唐初还专设有史馆,征召当代著名儒臣萧瑀、王敬业、殷闻礼、陈叔达、令狐德棻、唐俭、封德彝、颜师古、崔善为、孔绍安、萧德言、祖孝孙、裴矩、魏徵、窦进、欧阳询、姚思廉等人,分别主持修撰魏、周、隋、梁、齐、陈史,历经十五年,至贞观十年(636 年),在房玄龄、李百药、孔颖达、岑文本、许敬宗等人参与下,终于完成周、隋、梁、陈、齐

---

① 《旧唐书·骆宾王传》。
② 《新唐书·卢纶传》。
③ 《旧唐书·李靖传》。

五代史的编纂工作。此后史馆工作,持续不断,负责修撰国史、时政记以及实录等。唐初设置文学馆,以待四方文士。杜如晦、房玄龄、于志宁、苏世长、薛收、褚亮、姚思廉、陆德明、孔颖达、李元道、李守素、虞世南、蔡允恭、颜相时、许敬宗、薛元敬、盖文达、苏勖等均以本官兼领文馆学士,号称十八学士(太宗、武则天时也沿用此制,设有北门学士一类儒臣职称)。武德九年改称弘文馆,以褚遂良检校馆务,号为馆主。中宗以后又改称昭文馆、修文馆,置大学士四员、直学士十二员,以及若干详正学士、校理、直馆、博士等,专职人员达四十余人,招收生徒,传道授教,整理文献典籍。玄宗开元年间设有集贤院(初名丽正书院),成为全国文献典籍整理的权威机构,名相张说等人充学士,负责院事,集聚一批专家名流。院内五品以上为学士,六品以下为直学士,此外设有校理、待制、留院、入院侍讲、刊校、修撰、修书、直院以及书吏等。为了确保整理工作质量,规定:"学士入经三年已上为年深,若校理精勤,纰缪多正,及不详覆,无所发明,委书使录奏,别加褒贬。"① 此制确立,对保证整理文献工作质量颇有积极作用。

其实,早在唐朝立国之初,即开始了文献典籍的整理编纂工作。武德五年,秘书监令狐德棻奏称:"今乘丧乱之余,经籍亡佚,请购募遗书,重加钱帛,增置楷书,专令缮写,数年间群书毕备。"②由此可知,这项工作是颇有成绩的。贞观年间,先是秘书监魏徵奏引学者校定四部书,专设雠校二十人,书手一百人。因之,"秘府图籍,粲然皆备"③。后来,魏徵去职,又令虞世南、颜师古等人继续

---

① 《唐会要》卷六四。
② 《唐会要》卷三五。
③ 《旧唐书·魏徵传》。

工作。高宗时，采取新措施，罢雠校与书手，"令工书人缮写，计直酬佣，择散官随番雠校"①。又置详正学士，加强工作。先后由东台侍郎赵仁本、兰台侍郎李怀俨、东台舍人张文瓘以及崔行功等儒学之士，相继充使。李嗣真、吴兢等人曾受命"刊正经史，并著撰传记"②。李淳风主持自然科学著作校理工作，以国子监算学博士梁述、太学助教王真儒等注《五曹》、《孙子》等十部算经③。对国家藏书建章立制，文明元年(684年)十月敕："两京四库书，每年正月据旧书闻奏。每三年，比部勾覆具官典，及摄官替代之日，据数交领，如有欠少，即征后人。"④

虽经唐初整理，但至玄宗开元初年还有不少问题，秘书省典籍散落，条流无叙。因之，马怀素上书曰："南齐已前坟籍，旧编王俭《七志》。已后著述，其数盈多，《隋志》所书，亦未详悉。或古书近出，前志阙而未编；或近人相传，浮词鄙而犹记。若无编录，难辩淄渑。望括检近书篇目，并前志所遗者，续王俭《七志》，藏之秘府。"⑤ 据此，唐玄宗先后命褚无量、马怀素、元行冲等人负责整理国家收藏的文献典籍。这是唐代较大的一次整理工作，曾从全国各地征召才学之士，诸如闻喜尉卢僎、江阴尉陆云泰、武陟尉徐楚璧、陆浑丞吴绰、桑泉尉韦述、扶风丞马利征、湖州司功参军刘彦直、临汝丞宋辞玉、恭陵令陆绍伯、新郑尉李子钊、杭州参军殷践猷、梓州尉解崇质、邢州司户参军袁晖、海州录事参军晁良、荥阳主簿王湾以及朝官王择从、余钦、侯行果、段承业、卢僎、崔沔、田可

① 《旧唐书·崔行功传》。
② 《旧唐书·武承嗣传》。
③ 《旧唐书·李淳风传》。
④ 《唐会要》卷三五。
⑤ 《旧唐书·马怀素传》。

封、康子元等人,分工整理(毋煚、韦述、余钦总辑部分,殷践猷、王
惬治经,韦述、余钦治史,毋煚、刘彦直治子,王湾、刘仲丘治集),按
部类校定。"卫尉设次,光禄给食"①。当时广泛征集秘书省、昭文
馆、礼部、国子监、太常寺及诸司官员百姓藏书,于丽政殿缮写,并
"依刘歆《七略》,排为《七志》。其经史子集及人文集,以时代为先
后,以品秩为次第"②。前后历经四年(开元三年至七年),终于完
成了此项大规模的整理工作。据说整理四部书成之日,"上令百姓
官人入乾元殿东廊观书,无不惊骇"③!开元九年(721 年)十一
月,左散骑常侍元行冲上《群书四部录》二百卷,藏之内府,凡二千
六百五十五部,四万八千一百六十九卷。其后毋煚又略为四十卷,
为《古今书录》,以备检索。

继上述秘府典籍整理之后,元行冲知集贤院事,除任用旧人
外,又奏请朝邑丞冯朝隐、寇氏尉权寅献、秘书省校书郎孟晓、扬州
兵曹参军韩覃、王嗣琳、福昌令张悱以及进士崔藏之入校丽政殿藏
书。"由是秘书省罢撰辑,而学士皆在丽正矣"④。此次整理工作,
经历十余年,终于开元十九年冬完成。集贤院四库书总计八万九
千余卷:经库一万三千七百五十二卷,史库二万六千八百二十卷,
子库二万一千五百四十八卷,集库一万七千九百六十卷。"其中杂
梁、陈、齐、周及隋代古书,贞观、永徽、麟德、乾封、总章、咸亨年奉
诏缮写"⑤。

中唐以后,由于社会动乱,国家藏书散失严重,集贤院典籍溷
杂,儒臣蒋明为学士、副知院事,奏请执政,乃携其子蒋乂,整理典

---

① 《新唐书·褚无量传》。
②③⑤ 《唐会要》卷三五。
④ 《新唐书·马怀素传》。

籍,于乱中勒行部帙,得二万余卷①。晚唐时期,国家日益衰亡。
开成元年(836年)七月,御史台奏:"秘书省管新旧书五万六千四
百七十六卷,长庆二年已前,并无文案。大和五年已后,并不纳新
书。今请创立簿籍,据阙添写卷数,逐月申台。"据此奏请,唐文宗
敕令秘书省、集贤院应欠书四万五千二百六十一卷,"配诸道缮
写"②,以减轻中央负担。至唐朝末年,形势继续恶化,随着唐王朝
的灭亡,文献典籍遭致更大的浩劫,其严重程度并不亚于前代的兵
灾战乱。

二　唐人文化素质的提高与著述的繁盛

兴办文教事业,大力培养人才,从而改善了文化环境,提高了
民族文化素质,成为唐代文献典籍繁盛的另一重要社会原因。

唐代学校教育十分发达,从中央到地方府、州、县直至乡里建
立了完整系统的学制,除初等、中等、高等教育外,还有算学、天文、
医学一类专科性质学校的设置。唐太宗时期,最高学府太学学生
达八千余人,即所谓"国学之盛,近古未有"③。开元以后,国家强
盛,教育发达,形成完备的学校制度,从中央到地方有一整套的学
校体制,州县学生达六万余人。"开元二十一年,许百姓任立科学,
其欲寄州县受业者亦听"④。二十六年又命天下州县"每一乡之
内,别各置学,仍择师资,令其教授"⑤。对于各级各类学校的教师
学生名额、招生对象以及学习内容等均有详细规定。国内少数民

①　《旧唐书·蒋乂传》。
②　《旧唐书·文宗纪》。
③④　《唐会要》卷三五《学校》。
⑤　《全唐文》卷二四,玄宗《春郊礼成推恩制》。

族,如高昌、吐蕃等,其上层子弟也来长安学习。周边邻国,如日本、高丽、百济、新罗等,来唐留学的人员也不在少数。社会风尚向学,所谓"五尺童子耻不言文墨焉"①。甚至西州边远地区,能有十几岁的孩童卜天寿缮写《论语》一书,流行于社会,可见其文化的普及程度了。

文教事业的发展,收到了较好的社会效益,促使一代人的文化素质与智力水平有所提高。帝王、后妃、王子及臣僚将相等社会上层人物中,文化造诣较高。能诗者如太宗李世民、高宗李治、中宗李显、睿宗李旦、玄宗李隆基、肃宗李亨、德宗李适、文宗李昂、宣宗李忱、昭宗李晔与章怀太子、韩王元嘉、信安王祎以及文德皇后、则天皇后、上官昭容、杨贵妃、宜芬公主等人,均有诗作传世;善书法者如太宗草书屏风、高宗的飞白、睿宗的草隶、玄宗的八分章草以及肃宗、代宗、宣宗的行书,颇有工力;通晓音律者如高宗曾自制《庆云之曲》,玄宗是以大音乐家称著于世,既能作曲,又能指挥;著书立说者更不乏其人,如魏王泰主持编纂的《括地志》,章怀太子注《后汉书》,高宗好《孝经》,睿宗喜爱文字训诂之书,玄宗注《道德经》,代宗专攻《易》、《礼》,文宗喜读《贞观政要》,对一代文化发展颇有影响。

臣僚将相中更是多有才学之士,儒臣自不待言,仅以行武将帅为例,熟读《左传》与《孙子兵法》者不少,如哥舒翰、高霞寓、李靖、裴行俭、马季龙等。大将郭元振有文集二十卷传世。天雄军节度使罗绍威聚书万卷,好招延文人。两浙节度使钱之瓘,有诗千篇,辑其三百篇为《锦楼集》,享名于世②。

---

① 《通典》卷一五《选举》。
② 《册府元龟》卷三八八《将帅部》。

　　一些有文化教养的青年人,纷纷参加科举考试,以便求得一官半职,服务于社会。"开元以后,四海晏清,士无贤不肖,耻不以文章达。其应诏而举者多则二千人,少犹不减千人。"① 唐人重进士科,轻明经科。每年录取进士平均约为三十人,大抵每百人有一二人及第,明经则每十人有一二人及第。据清人徐松《登科记考》著录,进士科六百九十三人,明经科二百五十六人,制科七十六人,共计一千零二十五人。仅据著录考生与录取比例数推知,唐代进士科考生当在五万人左右,明经科考生当在三千余人,加上制科,总计考生不少于五万五千余人。有唐一代二百八十九年,共取进士六千零七十七人,而明经、秀才诸科远不及此数②。总之,这是一个可观的文化知识层,既能传播文化,又能著书立说,为文献典籍积累奠定了深厚的社会基础。

　　六部二十四司的郎官(郎中、员外郎),都是唐朝中央政府中舞文弄墨的职事官,仅据赵钺、劳格《郎官石柱题名考》,即有四千一百五十九人。这只是一般的中级文职官员,但他们都有从事著述的能力,如考功员外郎马怀素、起居郎沈佺期、户部员外郎宋之问等人,都是当代名家。较高的文职官员如博士、学士和翰林学士等,是从事著述的上层儒臣。"翰",原指毛笔。"翰林"始见于《文选》扬雄《长杨赋》,指文翰荟萃之所在。而翰林作为官名,则始于唐代。翰林学士之兴,起于文化昌盛的开元时代。本以文学语言备顾问,出入侍从,为皇帝礼遇优宠。他们有文词、经学之士,下至卜医数术之流,都在别院入值,以备晏见。所谓翰林院者,唐时称学士院,宋时称翰林学士院,后来才称翰林院。唐代翰林学士负责

---

① 《通典》卷一五《选举典》。
② 参考徐松《登科记考》。

唱和文章,批答表疏,不预政务。但自肃宗以后,直至晚唐,其势权日重,凡属赦书、德音、立后、建储、拜免将相,皆出其手。据统计,自玄宗以后,直至唐朝亡国,供奉翰林者约计二百六十余人①。此外,唐朝博士、学士、直学士、大学士、修书学士、详正学士一类高级的文职官员,具体人数无法考知,当不少于翰林学士。地方大批文士多集于节度使幕府之中,诸如掌书记、从事一类幕职。一般不限出身,文士亦不论进士与否,应聘就任后,"掌朝觐、聘问、慰荐、祭祀、祈祝之文与号令升绌之事"②。他们的人数不少,社会地位也很重要,一般为有名之文士、门第科甲具有资格者所居,日后也往往可被推荐为朝官,渐至将相高位。如李德裕、令狐楚等都是如此。掌书记所草之文书,上达朝廷帝王,下及地方军民,其文章之优劣,往往直接影响节度使的地位。据载,令狐楚曾被几任太原节度使相继辟为从事,后自书记至节度判官。此人文才出众,凡太原奏文到朝廷,爱好文学的唐德宗都能从中辨认出哪篇是令狐楚所为,对他颇为赏识。后来,节度使郑儋在镇暴卒,未及处理后事,军中喧哗,将有兵变危险。半夜中,十几名将士持刀劫令狐楚至军门,诸将环之,要他起草遗表。令狐楚当此险境,"在白刃之中,搦管即成,读示三军,无不感泣,军情乃安"③,即将暴发的兵变由此平息,可见其文笔工力颇深。作者队伍在不断壮大。韩愈在《与崔群书》中书:"仆自至今,从事于往还朋友间一十七年矣,日月不为不久;所与交往相识者千百人,非不多。其相与如骨肉兄弟者,亦

---

① 参见丁居晦《重修承旨学士壁记》、岑仲勉《唐翰林供奉辑录》、《补唐代翰林两记》。
② 《新唐书·百官志四下》。
③ 《旧唐书·令狐楚传》。

且不少。"与韩愈"交往相识者千百人"。据李翱在《答韩侍郎书》中说:"如兄者颇亦好贤,必须甚有文章,兼能附己,顺我之欲,则汲汲孜孜,无所爱惜,引拔之矣。如或力不足,则分食以食之,无不至矣。"即是说被引荐提拔的均属"甚有文章"的文士(兼能附己,顺我之欲者)。中央与地方大批文士,组成当代著述的群体,多有写作能力,对唐朝文献积累的作用不可低估。

由于唐代文化的发达,在社会上涌现出一大批诗人文士,将我国唐代文化推向一个新的历史阶段。诗歌、散文以及笔记小说十分发达,数量繁多,并具有时代特色。据统计,今存唐诗近五万首,诗人近三千人;唐文近二万二千篇,文人三千五百多。其中许多人在生前或死后有文集传世,而且有不少文集已超过百卷,形成洋洋大观的巨著。如仅见于《新唐书·艺文志》著录者计有:权德舆《童蒙集》、令狐楚《漆奁集》以及《樊宗师集》、《元氏长庆集》、《王起集》等。文集总数已不得而知,仅见于两《唐书》著录唐人文集计有六百三十余种,而流传至今者还有二百四十余种。唐代史学家、思想家和科学家的著述,仅次于文学家,其数量也是很可观的,并出现一大批名著。诸如《隋书》(魏徵等)、《庄子文句义》(陆德明)、《国史》(韦述、柳芳)、《通典》(杜佑)、《会要》(苏冕)、《元和郡县图志》(李吉甫)、《皇华四达记》(贾耽)、《大衍论》(僧一行)、《千金方》(孙思邈)、《十部算经》(李淳风)、《阴阳书》(吕才)、《韵海镜源》(颜真卿)、《论语注》(韩愈)、《非国语》(柳宗元)、《易诠》(李翱)等。

有唐一代出现不少多产作家,直接丰富了历史文献宝库。据不完整的统计资料表明,王方庆一人自著二十七种之多:《礼经正义》、《文贞公事录》、《魏文贞故事》、《尚书考功簿》、《尚书考功状绩簿》、《王氏女记》、《王氏王嫔传》、《友悌录》、《王氏训诫》、《王氏列传》、《王氏尚书传》、《三品官袝庙礼》、《古今仪集》、《王氏家牒》(十五卷、二十卷二种）、《王氏著录》、《九嵕山志》、《谏林》、《神仙后传》、《续世说新书》、《园庭草木疏》、《王氏神通记》、《王氏神道铭》、《南宫故事》、《八体书范》、《工书状》、《宝章集》，其中少则一二卷，多则五十卷，约计三百三十余卷；吕才一人著述十七种：《隋记》、《阴阳书》、《大博经》、《广济百忌历》、《轨限周易通神宝照》、《刻漏经》、《杨乌子改坟枯骨经》、《拨沙经》、《灵山秀水记》、《姓氏谱》、《青乌子》、《葬书》、《本草》、《本草目录》、《图经》、《阴阳杂要》、《玄珠录要》、《五姓凤髓宝鉴论》，约计三百卷左右，多已佚失，《全唐文》只辑佚文八篇；吴兢一人著述十四种：《梁史》、《陈史》、《齐史》、《周史》、《隋史》、《乐府古题要解》、《太宗勋史》、《贞观政要》、《唐春秋》、《中宗实录》、《睿宗实录》、《兵家正史》、《五藏论应象》、《唐书备阙记》，约计一百三十余卷；李吉甫一人著述十一种：《一行传》、《古今说苑》、《古今文集略》、《国朝哀策文》、《元和国计簿》、《元和百司举要》、《元和郡县图志》、《六代略》、《元和州县郡国图》、《注一行易》、《李吉甫集》，近二百卷；刘禹锡一人著述十一种：《传信方》、《洛中集》、《吴蜀集》、《刘白唱和集》、《彭阳唱和集》、《汝洛唱和集》、《和州志》、《虎邱真娘墓诗》、《刘禹锡集》、《刘禹锡外集》，约计六十余卷，除个别外多数保存下来了；李翱一人著述十一种：《易诠》、《孟子注》、《卓异记》、《何首乌传》、《论语笔解》、《南来录》、《协律子》、《杨烈妇传》、《高愍女传》、《五木经》、《李翱集》，约计二十余卷，多数今存；李淳风一人著述十种：《演齐民要术》、《释周髀》、《县镜》、《注颜之推稽圣赋》、《十部算经》、《注九章》、《注九章算经要略》、《注五经张邱建海岛甄鸾孙子算经》、《释祖冲之缀术》、《注王孝通辑古算术》，约计七十余卷。一人著述十种以下者很多，医学家孙思邈著述六种，天文学家张遂著述八种，地理学家贾耽著述八种，史学家张大素著述八种，韦述著述七种，政治家魏徵著述七种，文学家韩愈著述六种。此外，经学家孔颖达、陆德明、颜师古、卢藏用、元行冲等人著述，少则二三种，多则五六种不等，也是值得称道的①。

三　唐人著述及其特点

有关公私收藏唐人著述，目前尚难以作出准确的统计，据两唐书经籍艺文志收录情况可知，唐人著述约在二千二百余种，各类文献具体数据可见下列简表所示：

部类 ＼ 数据 书志	旧唐书经籍志		新 唐 书 艺 文 志			
	著录总数	唐人著述	著录总数	未见旧志著录	唐人著述	新志增旧志数
经　部	575 种	79	440	117	216	146
史　部	840	102	857	358	593	386
子　部	753	126	967	507	779	423
集　部	899	256	856	484	696	428
总　计	3060	563	3277	1390	2284	1383 种

如果再加上《册府元龟》、《玉海》、《宋史·艺文志》等史志目录文献补遗，可推知唐人著述约二千六百种左右，基本上涵盖了唐代文化载体。综观唐人著述，有如下特点：

第一，经书中除《易》、《礼》、《乐》、《春秋》等类较前代略有增加外，已见衰弱趋势，特别是孔颖达等人受命撰定《五经正义》以后，基本结束了多年经学派别林立百家纷争的局面，经学归于一统，著作日益减少。有唐一代著经二百余种，仅占四部书总数的百分之九点五，远不如其他各部。这种变化值得重视，已渐渐改变前代学

① 参见两《唐书》经籍艺文志及有关目录文献。

人皓首穷经的风气,有助于知识界的思想解放,开辟广阔的治学之道,探索历史的现实的诸多问题,出现一批具有时代特色的新著。

第二,史学长足发展。有关正史、杂史、仪注、刑法、谱牒以及地理类著作数量大有增加,而且记述范围也有所扩大。值得注意的是,唐初以来,对《史记》、《汉书》的专门研究大兴,于《汉书》尤盛,已形成著名的"汉书学"。仅据两《唐书》经籍、艺文志及《玉海·艺文部》有关部分记载,迄于唐世,《史记》专著约有十九种,而出于唐人之手者,即有刘伯庄《史记音义》和《史记地名》、司马贞《史记索隐》、王元感《注史记》、徐坚《注史记》、李镇《注史记》、陈伯宣《注史记》、韩琬《继史记》、张守节《史记正义》、褚无量《史记至言》、窦群《史记名臣疏》、裴安时《史记纂训》等十二种。《汉书》专著三十一种,其中唐人所作者,即有颜游秦《汉书决疑》、颜师古《注汉书》、郝处俊《御铨定汉书》、姚察《汉书训纂》、刘嗣《汉书音义》、顾胤《汉书古今集义》、释务静《汉书正义》、佚名《汉书正名氏义》、李善《汉书辨惑》、阴景伦《汉书律历音义》、佚名《汉书英华》、刘伯庄《汉书音义》、敬播《注汉书》、元怀景《汉书议苑》、姚班《汉书绍训》、沈遵《汉书问答》、裴杰《史汉异义》等十七种。颜师古所注《汉书》影响甚大,宰相房玄龄以其文繁,掇其要为四十篇,加以倡导深入研究。刘伯庄、秦景通兄弟、刘纳言等人,都是当时《汉书》章句训诂名家。唐人撰《大唐六典》、《通典》、《会要》三书,开创了典制历史文献的三种体裁,直接丰富了中国古代历史文献内容①。由于宽松的社会条件,为唐人研究撰写当代历史提供了可能。对《国史》的编纂,唐初即开始工作,令狐德棻、吴兢等人在前,韦述、柳芳等人在后,于玄宗、肃宗朝先后完成了一百一十三卷、一百三十卷两个本子。

---

① 吴枫《唐代三书与三体》,《古籍整理研究通讯》1984年第2期。

有关《唐春秋》、《唐历》、《续唐历》、《唐年历》一类编年史籍,有显著增加。直接反映社会现实问题,如记天宝之乱,有温畲的《天宝乱离西幸记》,宋巨的《明皇幸蜀记》,包谞的《河洛春秋》;记德宗朝河北诸镇叛乱,有崔光庭的《德宗幸奉天录》,袁皓的《兴元圣功录》,张读的《建中西狩录》;记甘露之变,有李潜用的《乙卯记》,佚名的《野史甘露记》、《开成纪事》。李德裕《会昌伐叛记》记武宗朝破回鹘、平刘稹事,郑言《平剡录》记咸通裘甫事,张云《咸通解围录》记南诏攻成都事。

第三,佛道著作显著增加。隋唐佛道教派繁杂,文献典籍十分丰富。据《旧唐书·经籍志》统计,经史子集四部书为三千零六十部,佛道典籍二千五百部,二者大约是六比四,由此可知佛道文献之多。唐人著述难以具体考知,佛典撰述,据汤用彤先生估计,自隋朝至唐元和中不下二千余卷①。有关唐人翻译著作,据圆照《贞元新定释教目录》记载,自武德元年至贞元十六年(616—800年),凡一百八十三年,翻译佛经达四百三十五部(包括史传文献),二千四百七十六卷。由上述两个数据我们可以推知,唐人译著佛典文献约在五百至六百部之间。道学文献,《新唐书·艺文志》著录为一百七十三部,另加长安太清宫、亳州太清宫、天台山冲阳观等处所藏,唐人著述约在二百至二百五十部之间。如以佛道文献相加为七百五十部计算,可占唐人著述的百分之三十左右,可见唐代宗教文献所占文化载体比例是很高的。

第四,诗文集、笔记小说内容不断丰富,数量也有扩大。唐代文化呈现一派欣欣向荣的景象,韵文中律诗、词的发展十分明显;散文变化更大,骈体文逐渐为古文所代替;笔记小说脱离志怪而走

---

① 《隋唐佛教史稿》。

向生活,以社会现实为题材的作品日益增多。文集编纂,始于东汉,历经三国两晋南北朝至隋代,《隋书·经籍志》收载此间文集为三百八十八种。唐人文集,据两唐书著约有六百三十种,此数已远远超过前代,如果加上胡震亨《唐音癸签》载唐人诗集五百四十五种,通计唐人诗文集约在七百至八百种之间,与佛道文献大体相当。唐人笔记小说,据两唐书志目录和《太平广记》诸书著录记载,约二百七十种左右,保存至今者尚有一百六十五种左右,其中作为专集传至今日者约四十余种①。笔记小说反映内容十分广泛,有历史琐闻,如《隋唐嘉话》、《唐国史补》、《因话录》等;有考据辩证,如《封氏闻见记》、《苏氏演义》、《资暇集》等;有杂俎传奇,如《玄怪录》、《甘泽谣》、《酉阳杂俎》等;有文化生活,如《教坊记》、《羯鼓录》、《历代名画记》等;有男女婚姻故事,如《霍小玉传》、《柳毅传》、《李娃传》等。多种多样,文采可观。

　　第五,综合性类书的编纂具有时代特色。中国类书是知识密集型的工具书,产生于三国时代,是中国古代文化发展的反映。早期类书多属文字语言方面的著述,反映内容尚不够广泛,结构体例也不够完整。唐朝类书的编纂规模、内容、体式与数量均超过前代。据《新唐书·艺文志》所载,唐朝所存类书凡十七家,二十四部,七千二百八十八卷,其中唐朝新编类书达十余部之多。武德七年成书的《艺文类聚》,一百卷,主编欧阳询,首创新体,从而奠定了中国古代综合性类书的体式与规模。贞观十五年成书的《文思博要》,一千二百卷,目录十二卷,规模十分庞大,超过前代所有类书,当代儒臣房玄龄、魏徵、岑文本、刘伯庄、马嘉运、崔行功、吕才、李

---

①　参见《说郛》、《唐人说荟》、《唐代丛书》、《五朝小说》、《玉海》、《类说》、《古今说海》、《笔记小说大观》等丛书。

淳风、褚遂良等人均参加了这一宏伟工程。龙朔元年(661年)成书的《东殿新书》，二百卷，许敬宗、李义府受命编纂，自《史记》至《晋书》，删繁就简而成。龙朔三年成书的《摇山玉彩》，五百卷，编者许敬宗、许圉师、上官仪等人，"博采古今文集，摘其英词丽句，以类相从"而成①。尤其值得提出的是，唐代最大的一部类书《三教珠英》，成于武则天统治时代，一千三百卷，目录十三卷，是以《文思博要》为蓝本，又更"姓氏"、"亲族"二部，尽收天下文词之士为学士，以李峤、张说、宋之问、沈佺期、富嘉谟、王无竞、李适、尹元凯等二十六人，完成如此空前巨著，反映了当代类书发展的新水平②。

由于唐代雕板印刷尚未流行，图书典籍主要靠手抄墨写行于世。因之，图书典籍的积聚与流通有一定的局限性。尽管如此，唐朝公私藏书也是很可观的。国家藏书除以秘书省为主以外，尚有集贤院、史馆、文馆以及东宫等处。《旧唐书·经籍志》列载的数据，是根据毋煚《古今书录》而成，凡经、史、子、集四部书四十五家，三千零六十部，五万一千八百五十二卷。这只是反映开元九年前秘府的藏书，而且唐人大部著作并未包括在内。《新唐书·艺文志》著录增至八万余卷(其中二万八千余卷为唐人著作)，也并非是国家藏书总目，只能反映唐代开元盛时国家收藏的主要部分图书而已。如果再加上《旧唐书·经籍志》列载的释道经典六万余卷，开元时期唐朝可考的藏书约计十四万卷。虽然这不是国家藏书总数，但也是很可观的数据了。安史之乱后，直至唐末，国家藏书更无可考，据说昭宗时秘府收藏四部书尚有十二库七万余卷，实际上国家典

① 《旧唐书·李弘传》。

② 参见《旧唐书·徐兴传》、《新唐书·张行传》、《旧唐书·阎朝隐传》。

藏的文献要超过此数。

　　唐代私人藏书也有所发展，仅据两唐书列传有关资料记载，约有二十三家之多，诸如高祖时期的李元嘉，太宗时期的魏徵，睿宗时期的李范，武则天时期的王方庆、钟绍京，玄宗时期的元行冲、韦述、吴兢、德宗时期的苏弁、柳公绰、柳宗元，宪宗时期的蒋义、韦处厚、杜兼、田弘正、张弘靖，穆宗时期的杨凭，文宗时期的王涯，宣宗时期的柳仲郢，懿宗时期段成式以及僖宗时期的李磎、陆龟蒙、罗绍成等人。其中少则千卷，多者达二万余卷。大藏书家还编有个人藏书目录，如《吴氏西斋书目》、《将彧新集书目》、《河南东斋史目》等。

　　有关公私藏书，历经时代变迁，自然的、人为的损伤与毁坏，绝大部分已经散失，保存到今天的只是少数。根据《中国丛书综录》与有关目录文献统计，唐人著述存于今者的约计：经部一百二十八种，史部一百七十七种，子部三百二十四种，集部二百四十四种。四部书共有八百七十三种①。再加上释道文献三百四十五种，总数约在一千一百余种。其中不少著作并非完璧，而是后人辑佚成书。仅据《中国丛书综录》所载，后人辑唐人著作即达一百一十八种，一百九十五卷。其中经部六十七种一百零二卷。史部二十三种六十六卷，子部二十五种三十卷，集部三种七卷。这些数据并不准确，只是反映了唐人文献典籍流传至今的一般情况。我们应当继续努力，深入系统研究唐代文献典籍，推进唐朝历史文化研究工作的开展。

（原载 1990 年《松辽学刊》第 2 期）

---

　　①　未按部统计，只以种计算，其中包括不同版本著作。

唐代庶民阶层的文化素质初探

一 唐代庶民阶层的涵盖面

关于庶民这一概念，根据我国不同历史时期，有其不同的看法。《国语·晋语》载："公食贡，大夫食邑，士食田，庶民食力，工商食官，皂隶食职。"《左传·襄公九年》："其卿让于善，其大夫不失守，其士竞于教，其庶人力于农穑，商工皂隶不知迁业。"庶民通指耕田农民，是根据社会地位来划分的，涵盖面很窄。秦汉以后，庶民的涵盖愈来愈广，凡没有官爵者都可以称为庶民（除出身低微的女婢以外）。魏晋南北朝时期，门第观念盛行。通常把世代居高官显位的士大夫称为世族，普通的中小地主、自耕农民、商人、手工业者称为庶民。士庶之间等级森严，"虽比屋邻居，至于士庶之际，实自天隔，舍藏之罪，无以相关"①。这时即使有一定财产的人因出身低贱，也摒弃于士族之外，士庶是以门第来划分的。

及至唐代，士庶划分又赋予了新的含义。虽然有些学者仍以门第作为士庶划分的标准，但自中唐以后，门第已不是人们划分士庶的唯一标准。门第、财产、品行的好坏成为人们划分士庶的另一尺度。在法国国立图书馆藏有敦煌文书第 2518 号《二十五等人图》。该文书长四尺八寸五分，宽一尺，卷尾留有儿童拙劣的笔迹"太平兴"三字，此文可能抄录于北宋太平兴国年间（976—983

---

① 《宋书·王弘传》。

年),那么该文至少在北宋以前,即在唐末五代时完成。根据《二十五等人图》,我们可以看到时人对庶民的划分,兹择要抄录如下:

"凡人二十五等,但看景行,可鉴庸愚。究察情怀,委知圣智,是以薄言得失,各举端倪,计未合仪,但为来者之抚掌耳目。其注及异类于后,□者鉴之,以为机要。"

"庶人者,白屋之士也。家无轩冕缙绅,即旷士风,或不知礼;输什一之税,役丁年之夫,牧豕负薪,其体若一。井邑相望,其流实繁。或有业在典坟,心惟孝悌,竟从乡赋,自致青云。不然则谨身节用,以养父母,此庶人之本也。"

很明显,庶民阶层的概念在唐代范围很广。它包括自耕农民、工商业者和处于社会下层贫困的知识分子等。

应该指出,唐朝实行科举制度,许多庶民阶层的子弟通过参加科举考试,步入仕途,也就相应脱离了庶民阶层。还有一些地主阶层中的子弟因家境破落,沦为贫民;还有一些隐居草莽,不愿为官的民间人士等,也都属于庶民阶层的行列。

目前学术界存在这样一种错误倾向。一谈封建社会的文化教育,认为普通的庶民阶层根本没有接受教育的机会,对社会进程影响不大,因而对庶民阶层的研究也就不够深入,进而也就难以窥探中国古代社会的全貌。唐代社会是我国封建社会的鼎盛时期,社会之所以经济繁荣、政治稳定,与占全社会绝大多数的庶民阶层文化素质的提高有密切关系。基于此,我们有必要对唐代庶民阶层的文化素质,即对唐代庶民阶层的知识水准、思想意识和行为观念等因素进行剖析,进而找出它与治世的关系。

二 对唐代庶民阶层知识水平的探讨

庶民阶层处于中国封建社会的下层,占社会总人口的绝大多数,庶民阶层知识水平的高低,直接影响社会的繁荣与稳定。因此,要提高全社会的文化素质首先要重视庶民阶层知识水平的普及。

(1)唐代庶民阶层接受知识的途径

唐代庶民阶层成份复杂,涵盖面很广。它包括贫困的知识分子、普通农民,又包括中小工商业者、民间逸人等,因而其获得知识的途径也各不相同。考诸唐代文献,唐代庶民阶层获得知识的途径大致有如下几种方式。

学校教育。学校是唐代庶民阶层接受教育的重要途径。与以前历朝相比,唐代学校教育十分发达。唐初武德元年(618年)五月,唐高祖下令在京师长安设置国子学、太学、四门学等学校,招收贵族子弟入学,在各郡、县亦各置生员,"自京师至于州县皆有数"①。国子、太学、四门等学校只有贵族子弟才有资格入学,故实际上普通的庶民子弟很难有机会接受学校教育。武德七年(624年),唐高祖又下诏令:"其吏民子弟,有识性明敏,志希学艺,亦具名申送,量其差品,并即配学。州县及乡,并令置学。"② 此后,乡里之学兴盛,越办越多。唐政府曾有明确规定:"各里置学,仍择师资,令其教授。"唐代百户为里,五里为乡。按唐玄宗天宝十三年(754年)全国有户九百余万户推算,则全国共有乡里之学九万余所。若每所学校有学生为20—30人,则有唐一代入乡里之学的在学人数可达二百万人左右。在这二百万人之中,有很多都是庶民家庭的子弟。像宰相窦易直,"幼时家贫,受业村学"③。中唐时进

---

① 《新唐书·选举志》。

② 《旧唐书·礼仪志四》。

③ 《因话录》卷六。

士程骧家甚贫苦，"就里中举员，给薪水洒扫之事，读书日数千言，里先生贤之"①。唐代乡里之学的学制很长，一般是九年。据《唐会要》卷三十五记载："州县学生，当州试，并选艺业优长者为试官，仍长官监试，其试者通计一年所受之业，口问大义十条，得八已上为上，得六已上为中，得五已上为下，及其学九年不贡举者，并解追。"若学生学习九年，不能通过贡举考试的，就必须退学毕业。唐政府又规定，庶民子弟入学学习最大年龄不准超过二十一岁。"若庶人生年二十一已下，通一经已上，及未通经，精神通悟，有文词史学者，每年铨量举选"②。从唐代庶民阶层子弟入学的人数，学校的学制和学习的年限来看，其所受的教育程度还是不低的。

私塾教育。有唐一代，私人办学之风兴盛。尤其在开元天宝之际，私塾的数量和质量都很有优势。以致在开元十二年（753年）七月，国家不得不下令："天下举人，不得充乡贡，皆须补国子学及县学生，然后听举。"③ 这项禁令旋即废除。私人办学的人员成份复杂，他们利用自己的特长，为传播知识，弘扬民族文化做出了贡献。如初唐时期的马嘉运，贞观年间退隐白鹿山，诸方来投业者至千人④。王恭教授乡里，弟子数百人⑤。王质"客寿春，力耕以养母，讲学不倦，诸生从业者甚众"⑥。入私学学习的学生除了部分官僚子弟外，大部分都是贫苦穷人的子弟，他们之中有许多人考中进士，成为当时著名的学者。李翱家贫，从韩愈学文，颇有所得，

---

① 《樊南文集》卷八《齐鲁二生》。
② 《唐会要》卷三五。
③ 《旧唐书·玄宗本纪》。
④ 《新唐书·马嘉运传》。
⑤ 《新唐书·王恭传》。
⑥ 《新唐书·王质传》。

最后考中进士。唐代社会利用退休文人官吏、落第秀才和隐居学者来普及知识,使人能尽其材,这不能不说是一种教育尝试。

家庭教育。家庭教育是唐代庶民阶层学习的另一重要途径。魏晋南北朝时期,家学之风很盛。许多官僚贵族,为保持自己门第兴盛不衰,从小就对其子弟进行家庭教育,形成许多儒学世家。经过隋末农民大起义的洗礼和一系列的社会变革,许多豪门贵族受到了打击,沦落为庶人,但其家学却一脉相承下来。一些庶民家庭有远见之人为了摆脱出身低微和受歧视的境遇,开始重视对子女的教育。唐代大诗人元稹八岁丧父,其母郑夫人贤明识礼,家贫,为稹自教书。稹"九岁能属文,十五两经擢第"①。元稹在《三遣悲怀》诗中云:"顾我无衣搜荩箧,泥他沽酒拔金钗。野蔬充膳甘长藿,落叶添薪仰古槐。"可见元稹少时家境贫寒,是在母亲的教诲下成为著名诗人的。文学家韩愈幼时家庭也很贫苦,母亲死后,"育幼弟与归家之妹,经勤业"②。中唐诗人李商隐自幼家贫,早在童蒙之时,就受到叔父的教诲。他在后来回忆时说道:"某爱童蒙,最承教诱,违诀虽久,音旨长存。"③可见李商隐幼时受家庭教育是很深的。李商隐成年之后,又与弟义叟、从弟宣岳等开办私学,教授经典。尚书李景让少孤,母夫人性严明,居东都,诸子尚幼,家贫无资,言动以礼,其子温、景庄等皆以进士所及第④。庶民可以教授自己的子弟,说明其本身亦具有一定的知识水平。

自学学习。由于经济条件的限制,唐代还有许多庶民子弟无

---

① 《旧唐书·元稹传》。
② 《韩昌黎文集校注》卷六。
③ 《樊南文集》卷六。
④ 《唐语林》卷七。

法上学校学习,不得不靠自学来实现自己的宏愿。有唐一代,自学成材者大有人在。毕诚,字存之,郓州须昌人。诚"少孤贫,燃薪读书,刻苦自励。既长,博通经史"①。杜牧《樊川文集·唐故平卢节度使巡官陇西李府君墓志铭》中也记载,李府君"幼孤,旁无群从可以附托,年十余岁即好学,寒雪拾薪自炙,夜无燃膏,默念所记"。段文昌,少孤,寓居广陵之瓜州,每听会口寺斋钟动,诣寺求食,为求读书,竟然乞讨。晚唐诗人韦庄颇好读书,经常数米而食,秤薪而炊,炙少一脔而当之。庶民阶层的子弟靠自学有很多人成为历史上著名的政治家、文学家,譬如政治家马周、牛僧孺,文学家岑参、柳宗元、韩愈等,都是庶民阶层中的佼佼者。唐代诗人孟郊《登科后诗》:"昔日龌龊不足夸,今日放荡思无涯。"形象地描绘了庶民阶层中的有志之士通过拼搏,考中进士时的愉快心情。

综上所述,可知唐代教育的普及性。《隋书·柳昂传》记载:"古人之学,且耕且养。今者民丁非役之日,农亩时候之余,若敦以学业,劝以经礼,自可家慕大道,人希至德。"唐代仍沿袭这种教育方式,在农闲之时,国家或私人把农民集中起来,募人讲学,教授学业,进行教化。这种特殊的教育方式在我国古代十分流行,一直沿用到清末。唐代许多文献里都提到过这种教育方式。在贞观年间,江都有位学者叫曹宪,以讲《文选》著名。他在家乡讲学,听者数百人,虽"公卿子弟亦从之学"。公卿子弟亦从之学,庶民子弟学习《文选》的人自然不少,而其讲课方式即在农暇时聚众授课。

另外,唐政府还曾多次组织庶民群众自己学习,大规模开展普及知识的活动。天宝三载(744年),国家下令:"宜令天下家藏《孝

---

① 《旧唐书·毕诚传》。

经》一本,精勤教习,学校之中,备加传授。"① 天下每户藏《孝经》一本,无疑是让庶民自己学习。开元年间,唐玄宗还下诏:"朕顷所撰《广济方》,救人疾患。颁行已久,计传习亦多。犹虑单贫之家,未能缮写,闾阎之内,或有不知。倘医疗失时,因致横夭,性命之际,宁忘恻隐。宜令郡县长官,就《广济方》中逐要者,于大板上件录,当村坊要路牓示。仍委采访使勾当,无令脱错。"② 唐政府下令把药方写成告示,张贴各村要路,令庶民学习,亦可见唐政府对普及文化知识的重视。

　　总之,通过我们对唐代庶民阶层获得知识途径的分析,可以清楚地看到,唐代教育打破了严格的等级界限,教育向社会各阶层开放,把教育普及扩大到整个社会,进而也就提高了全社会的文化水平。

　　(2)唐代庶民阶层知识水平蠡测

　　随着唐史研究的不断深入,一大批反映唐代庶民阶层知识教育的文献也逐渐被发掘、整理出来,如唐前期庶民阶层的通俗读物、现存于法国国立图书馆第 2721 号敦煌文书《珠玉抄》,唐太宗时杜嗣先的《兔园策府》,中唐诗人李商隐的《杂纂》等,已引起了学术界的重视。这些文献在唐代社会中流传很广,也深受广大庶民群众的喜爱,因而也最能反映唐代庶民阶层的知识水平。现根据上述文献,并参考其他典籍,拟对唐代庶民阶层的知识水平作简单的探讨,看一看唐代庶民阶层具备怎样的知识水平。

　　历史地理知识。唐代庶民对历史地理知识了解的十分广泛,但内容都很肤浅。诸如《珠玉抄》中有:"何名三皇? 伏羲姓风,神

---

① 《唐会要》卷三五。
② 《全唐文》卷三二《刊广济方诏》。

农姓姜,黄帝姓姬。”“何名三史?《史记》、《前汉书》、《东观汉记》。”
“何谓三川、八水、五岳、四渎?”“何名九州?”等等,内容简单,可出
口成诵。

天文历法知识。中国古代自然科学最为发达的应首推天文历
法,唐代亦是如此,天文历法知识极为普及。隋朝天文学家丹元
子,按照晋人陈卓所定的星座,把恒星编成通俗的七字长歌,名为
《步天歌》,文字浅近,便于朗诵,广为流传。唐人王希明又对《步天
歌》作了进一步整理,写成《丹元子步天歌》一书,影响很大。在敦
煌文书中也保存了许多唐代庶民抄写的历法文件。如敦煌郡布衣
窦某曾抄录了《甲寅年日历》,随军参侍瞿奉达撰写的《日历》在敦
煌农村广为传抄。说明唐代天文历法知识在庶民之中还是相当普
及的。

音乐舞蹈知识。唐代庶民对音乐、舞蹈颇为爱好,而且有的对
音乐舞蹈有很深的造诣,出现了许多民间音乐家和舞蹈家。唐代
诗人元稹在《法曲》诗中云:“自从胡骑起烟尘,毛毳腥膻满咸洛。
女为胡妇学胡妆,伎进胡音务胡乐。火凤声沉多咽绝,春莺啭罢长
萧索。胡音胡骑与胡妆,五十年来竞纷泊。”唐代庶民还通晓乐理
知识,何满子即是其中一位。何满子一生作过无数名曲,在唐代宫
廷民间盛传。元稹曾为之写下了《何满子歌》:“何满能歌能宛转,
天宝年中世称罕。婴刑系在图圄间,水调哀音歌愤懑。梨园弟子
奏玄宗,一唱承恩羁网缓。使将何满为曲名,御谱亲题乐府纂。”①
唐代庶民对舞蹈也十分喜爱。开元天宝时期,长安洛阳胡化甚盛,
男效胡装,女学胡舞,流行社会。值得大书的是唐代庶民中的集体
舞更盛,舞时连臂踏歌,热闹非凡。有诗为证:“李白乘舟将欲行,

① 《元氏长庆集》卷二六。

忽闻岸上踏歌声,桃花潭水深千尺,不及汪伦送我情。"唐代庶民对音乐舞蹈之喜爱,于此可见一斑。

医学知识。人的身体健康离不开医学知识,唐代医学知识普及也很广。在新发现的敦煌文书中,有许多庶民抄录的医学著作,《食疗本草》、《医方》、《新修本草》都是当时普及的读物。据《医方》残卷载:"首为疗诸疮膏药方,疗大便不通方,疗患肺不计新旧方,疗男子冷疾方。末为疗于癣方,疗温癣方,疗伤中不止方。"唐玄宗李隆基还下令民间学习药学著作,已见于前引《刊广济方诏》。

数学知识。在日常生活中,人们要经常运用数学知识,在敦煌文书中,保存了许多庶民抄录的残卷如《算学》、《立成算经》、《算经》等。在《敦煌十二咏》的卷末,编有九九乘法口诀表①,说明简单的数学知识在民间还是相当普及的。

农学知识。唐代农业生产技术较之以前各朝尤为发达,无论是从单位面积的亩产量还是从生产操作、施肥等技术都比以前有了显著提高。究其原因,就是唐代农民农业生产知识增多了。唐代农学著作很多,流传至今的大约有一二十种。其中主要有《兆人本业记》三卷,武则天删定,成书于垂拱二年(686 年)。《旧唐书·文宗纪》云:大和"二年二月庚戌,敕李绛所进则天太后删定《兆人本业》三卷,宜令所在州县写本散配乡村"。《兆人本业》对农业生产知识的普及和推动起了积极的作用。《困学纪闻》卷五引《馆阁书目》谓此书记载了农俗和四时种莳之法,共八十事。《保生月录》一卷,韦行规撰。韦行规,贞元、会昌(公元785—846 年)时人,晁公武《郡斋读书志》说它是分目杂纂种艺、祈禳之术的书。章如愚《山堂考索前集》说:"凡饮膳、服饵、种艺、盖藏之法,皆附本月书

---

① 参见《敦煌遗书总目索引》斯 0390 号文书。

之。"可见该书是一部内容广泛,无所不括的农学著作。此外,唐代的农学著作还有韩鄂《四时纂要》五卷、陆羽《茶经》三卷、陆龟蒙《耒耜经》一卷以及诸葛颍《种植法》、薛登《四时记》、王从德《农家事略》、慎温其《耕谱》、孙光宪《蚕书》、佚名氏《王氏四时录》等等。农书之多,为唐代庶民阶层获取农业生产知识提供了必要的条件。

文学知识。魏晋南北朝时期的文学,盛行骈文和辞赋,这两种文体讲究俳偶华丽,追求辞藻的优美,而忽略思想内容。"连篇累牍,不出月露之形;积案盈箱,唯是风云之状",是典型的贵族文学。唐朝建国后,由于实行科举制度,重视对教育的普及,这两种文种已不适应社会的发展,代之而来的是诗歌、散文的兴盛。尤其是到唐代后期,通俗诗歌、传奇小说、俗讲变文等都为广大庶民所喜闻乐见。这些文学作品,通俗易懂,内容丰富,对传播文化知识,提高唐代庶民阶层的文学水平起着不容忽视的作用。在英国伦敦博物馆所藏敦煌文书斯6537号,有《放妻书》一道。该文书系唐代敦煌地区庶民百姓的离婚书一件,从书中语言来看,除个别地方有文字错误或缺漏之外,总体来说是文笔流畅,有一定的修养。

社会一般常识。在敦煌文书《珠玉抄》中收录了许多社会常识性的资料,如"何名五谷五菓?何名经纬阡陌"等人们日常熟知的事情。在"辩金藏论法"一段中,还收录了许多立世名言和社交心得,"大柯不远,以近取避。从近至方,一步为始。明圣受谏则圣,曲木受绳则正。所次不欲,勿施于人;己欲求达,先达于人。事无大小,关心者忧。人无信不立,车无輗不行。君子于礼而行,小人出口则语。成人者美,破人者恶。君子一日三省其身则谦恭,勿轻慢他人,常自损己。以善人为交,如入兰芳之丛,以恶人为交,如同鲍鱼之穴"①。这些立事名言和社交心得,不但深受唐代庶民阶层的喜爱,在今天对我们仍具有借鉴意义。

伦理道德知识。唐朝统治者认为:"礼所以决嫌疑,定犹豫,别同异,明是非者也。非从天下,非从地出,人情而已矣。人道所先,在乎敦睦九族,九族既睦,由乎亲亲,以近及远。"② 唐朝建国后,大力推崇儒学,国家下令天下各家藏《孝经》、《论语》各一本,勤读学习,其目的就在于使庶民群众懂伦理,重道德。在这种思想的影响下,民间相继出现了许多伦理道德方面的书籍,如《励忠节抄》、《孝子传》、《劝善经》、《劝孝歌》、《孝顺乐赞》等,在民间广为传抄。这些书籍的流传和推广,对于提高唐代庶民的道德修养起到了进步作用。

以上对唐代庶民阶层的知识水平进行了简单的概述,虽非面面具到,但也大体反映了唐代庶民阶层的知识水平。纵观以上诸事实,我们不难得出这样一个结论:由于唐朝政府对文化教育的重视和唐代庶民阶层的勤奋努力,唐代庶民阶层的知识水平还是不低的。

(3)唐代庶民阶层知识水平的变化

我国封建社会的一个重要特点就是地主阶级垄断文化教育。尤其是在魏晋南北朝时期,世族门阀势力兴盛,为了维护其自身统治,实行文化专制,出现了"累世家学"的局面。唐人柳玭曾说:"夫门第高者,一事坠先训,则异他人……所以修业不得不至,为学不

---

① 参见吴枫、郑显文《〈珠玉抄〉考释》,收入1991年香港国际隋唐五代史研讨会论文集。

② 《贞观政要》卷七。

得不坚。"① 士族地主为了维护等级观念,总是努力学习,企图在文化知识领域占据优势。经过隋末唐初的社会变革,科举制度的兴盛和门第观念的淡漠,"累世家学"作为一种历史现象正逐渐消失。唐代世族萧炅不识字,尝以"伏腊"为"伏猎"。张九龄知其不学,故相调谑。一日送芋,书称"蹲鸱"。萧答云:"损芋拜嘉,惟蹲鸱未至耳。然仆家多怪,亦不愿见引恶鸟也。"九龄以书示客,满座大笑②。中晚唐时,地主子弟,"京师客儿,不解文字饮,惟能醉红裙"③。韩愈在《请复国子监生徒状》中对贵族子弟的腐朽没落、厌学成风予以尖锐的批评,他说:"国家典章,当重庠序。近日趋竞,未得本源,致使公卿子弟耻游太学。"④ 地主子弟的厌学风气致使统治阶级内部愈来愈腐败。

　　随着唐代地主阶级知识水平的下降,唐代庶民阶层的知识水平呈上升趋势。据《困学纪闻》卷十四载:"《兔园策府》三十卷,唐蒋王恽令僚佐杜嗣先,仿应科目策,自设问对,引经史为训。注:恽,太宗子,故用梁王'兔园'名其书。"由此可见,《兔园策府》是唐代前期科举考试的举子考进士的必读之书,内容很深,非一般庶民群众所能读懂。由于时间久远,该书也早已佚失。在法国国立图书馆所藏敦煌文书第 2573 号保存了本书的残卷。

　　《兔园策府》一书内容丰富,引用许多典故,称得上词精义微,若非具有一定知识基础,是不能读懂上书的。到了唐朝末年,《兔园策府》已成为乡间俗子的通俗读物。据《新五代史》卷五五《刘岳

---

① 《旧唐书·柳玭传》。
② 朱揆《谐噱录》。
③ 陈善《扪虱新语》卷八。
④ 《韩昌黎文集》卷八。

传》载："宰相冯道世本田家,状貌质野,朝士多笑其陋。道旦入朝,兵部侍郎任赞与岳在其后,道行数反顾,赞问岳:'道反顾何为?'岳曰:'遗下《兔园册》尔。'《兔园册》者,乡校俚儒教田夫牧子之所诵也,故岳举以诮道。道闻之大怒。"从这段文字记载来看,唐代前期科举考试的必读教材《兔园策府》,到晚唐五代变成了田夫牧子的通俗读物,反映了唐代庶民阶层文化水准的不断提高。

日本学者那波利贞先生在《对唐开元末天宝初之际社会变革的考证》里指出:"在宪宗时代,即中唐时期,富豪、贵族、名门子弟的教育逐渐衰退。原来教育低下的庶民,因商业的发达,其精神生活、教育爱好已与贵族阶层并驾齐趋,并逐渐提高。"这种看法,颇有见地。唐朝实行科举制度,贵族子弟和庶民群众不论门第高低,都可以通过科举考试做官,因而激发了庶民群众的学习热情和上进意识,其文化水准也得以提高,以至于唐前期内容深奥的《兔园策府》到后来成为凡夫俗子的通俗读物。我们也可以清楚地看到:与唐前期相比,唐中后期是在逆境中不断向前发展的。

三　唐代庶民阶层的行为观念与思维模式

一个人、一个阶层、一个社会总体文化素质如何,不仅内在地表现为人们知识的多寡,它还要通过人的语言、思想意识和行为观念等方式外在地表现出来。因此,只探讨唐代庶民阶层的知识结构还远远不能从整体上了解唐代庶民阶层的文化素质,还必须对唐代庶民阶层的思想意识和行为观念进行剖析。唐代庶民阶层的思想意识和行为观念的内涵很广,在这里我们不想逐一进行剖析,只想就能反映唐代庶民阶层文化素质高低的唐代庶民阶层的参政意识、思维模式、道德观念和价值取向等几个问题进行尝试性的探讨。

　　唐代庶民阶层的参政意识。前一时期,国内学术界就中国传统文化的评价问题进行了激烈的争论。争论的焦点之一是中国传统文化所设计的人格,在实际生活中的存在形式。许多学者认为,中国封建社会的经济形式是自给自足的经济,由此经济形式而决定人们的思想比较守旧,缺乏上进意识;人们的思想很狭窄,目光短浅,没有参政意识。我们认为,这种观点过于片面笼统。对于中国古代人们的思想意识和行为观念要分不同时期,不同的社会阶层分别进行考察。在中国封建社会的上升时期"汉唐盛世",不仅许多地主阶级不甘落后,追求上进,甚至占人口绝大多数的庶民阶层也具有强烈的参政意识。因此,我们不能一概而论。

　　前已述及,唐代庶民阶层具有较高的知识水准,由此而决定,唐代庶民阶层也和唐代庶族地主一样,具有强烈的进取意识,不甘沉沦,积极要求参政议政。自东汉以来,国家选拔人材以"门资"取士,不凭才干,致使许多有才学的庶民子弟沦落荒野,得不到重用。而有些豪门子弟则一出生即可做得高官。正如左思《咏史》诗中所论的"世胄蹑高位,英雄沉下僚"。唐朝建国后,革除了魏晋南北朝时期的弊端,创立科举制度,打破了豪强地主垄断仕途的特权,把用人权掌握在中央政府手中。凡有治国用兵之能,都可通过科举考试,进入仕途,取得参政议政的机会。这就为普通庶民子弟入仕提供了一个均等的机会。他们生机勃勃,积极要求参加对国家的管理。贞观时期,寒门李义府,为马周、刘洎所推荐。唐太宗召见他时赋诗云:"上林许多树,不借一枝栖。"太宗答道:"吾将全树借汝,岂惜一枝。"① 最后官至宰相。可以这样说,科举制度的创立,门第观念的打破,为唐代庶民阶层参政议政大开了方便之门。

---

　　① 刘餗《隋唐嘉话》卷中。

　　关于唐代庶民阶层的参政意识，拟从两个方面进行分析。一是勤奋好学的上进意识；二是唐代庶民阶层的忧国爱民意识。

　　唐朝社会是一个重视文化教育的社会。诗人岑参在《送薛播擢第归河东》诗云："归去新战胜，盛名人共闻。乡连渭川树，家近条山云。夫子能好学，圣朝全用文。"① 在这样一个重视知识的社会里，无疑会激发庶民阶层的上进精神。纵观有唐一代，唐代庶民子弟奋发成材者比比皆是。武周时名臣员半千，"贫穷孤露，家资不满千钱，乳杖藜糗，朝夕才充一饭。有田三十亩，有粟五十石"，闻武则天举英才，"货卖以充粮食，奔走而归帝里"②，后来大有文名于当世。赵武盖少孤，生于河右，遂狎弋猎，获鲜禽以膳母。母勉之以学，武盖不从，母歔欷谓曰："汝不习典坟，而肆情畋猎，吾无望矣。"不御所膳。武盖感激而学，数年博通经史，著《河西人物志》，有集行于世③。晚唐宰相牛僧孺，少单贫好学，有偃傺之志。类此事例很多，不胜枚举。那么是什么力量推动着唐代庶民阶层去勤奋好学，追求上进呢？究其根本原因就是世族地主的衰落和庶民地位的提高，唐朝政府重视文化教育，创立科举制度的结果，虽然到唐朝中后期，科举制度已存在许多弊端，但通过科举考试入仕仍为庶民阶层参政议政的一个重要途径。

　　唐代庶民阶层中许多人有强烈的忧国爱民意识，并非像某些学者所言的中国古代小农意识严重，目光短狭。庶民出身的文学家、思想家韩愈，年十七岁，"读圣人之书，以为人之仁者皆为人

---

① 《岑参集校注》卷二。
② 《全唐文》卷一六五员半千《陈情表》。
③ 《大唐新语》卷十二。

耳"①。这些人以天下为己任,虽家贫,衣食不足,仍为他人排忧解难。还有一些庶民子弟,为了继承祖先的优秀文化,不被外民族耻笑,发奋学习,自有很强的民族自豪感。《皮子文薮·颂夷臣》云:"夷师本学外,仍善唐文学。吾人本尚舍,何况夷臣事。所以不学者,反为夷臣戏。"正是由于广大庶民群众努力学习,吸收外来优秀文化,才创造了辉煌灿烂的盛唐文化。当唐政府处于多事之秋时,许多庶民又心焦如焚,为国家的前途命运担心。"安史之乱"爆发后,唐玄宗李隆基西逃。在途中,有位叫郭从谨的农民指责唐玄宗说,安禄山包藏祸心,已不止一日。有人控告他,陛下将控告者杀死,使安禄山阴谋得逞。我们百姓,早预料会有今天。但宫门森严,我们无法进宫表达忠心。这些感人肺腑的言语,无不饱含着一个普通庶民的爱国之心,怎能说唐代庶民目光短浅,小农意识严重,不关心国家大事呢?

唐代庶民阶层的思维模式具有开放性的特征。有的先生曾指出:"中国古代的生产方式,以分散的自给自足的小农个体经济为其主要形式,返回到人自身的内倾式的致思趋向,直接导向封闭性的思维模式,从而使思维模式具有顽强的抗变和保守性。"② 这种观点表面看起来似乎很有说服力,也容易为一些学者所接受,但仔细推敲就会发现很难自圆其说。我们知道,在我国封建社会的初期春秋战国时期,社会的生产方式是自给自足的自然经济占主导地位,而人们的思维却十分活跃,出现了"百家争鸣"的局面,只是到了秦朝统一之后,人们的思维才转向保守。因此,可以说一个阶层、一个社会的思维模式与政治体制密不可分。尤其在封建社会,

---

① 《韩昌黎文集校注》卷三。

② 陈晓明《中国传统思维模式向何处去》,《福建论坛》1985 年第 3 期。

与统治阶级的专制程度强弱有关。在封建社会中央集权高度集中的朝代秦、宋、元、明、清各朝，封建君主大权独揽，个人统治国家，致使政治腐败，国家机制运转滞泥，钳制了社会思想的发展。而在封建社会兴盛的唐朝时期，统治者们注重发挥国家各部门的职能，使国家机构运转正常；在学术上实行百家争鸣，大胆吸收和引进外来的文化，人们的婚姻观念、思想意识较之以前都有了明显的改变。一件件事实充分说明，唐代庶民阶层的思维方式并非封闭，而是具有开放性特征。

我们先看唐代庶民阶层的社会道德观念。唐代庶民继承了我国古代传统的"忠孝"思想，又有所发展，其具体表现为社会道德观念的进步。在唐代庶民阶层的通俗读物《珠玉抄》、《杂纂》等书籍中有多处记载。《杂纂》中云："见他文籍强披览，见他鞍马逞乘骑，见他弓矢强弹射，见他物价强评价色，见他文字强弹驳，见人家事强处置，见他斗打强助拳，见他评论强断是非。"① 都是属于不道德的行为。在《珠玉抄》中有《十无去就》："不卸帽，通喧凉，一；言语多猥谈，二；不扣门，直入人家，三；主人未揖，先上厅，四；坐他床椅交脚，五；局席不慎哕唾，六；主人未劝，先举匙筋，七；探手隔人取美食，八；众人饭未了，先卸匙，九；不离坐，便漱口，十。"另外，在《珠玉抄》中还有"不达时宜"、"不自思度"、"六顽"等内容，这些内容在今天看来大都是人们日常生活中接人待物的常识，但它却有深刻的哲理性，反映了唐代庶民的道德教育已不在于口说，而是身体力行，与以前历朝相比，唐代庶民阶层的道德水准有所提高。

我们再看一下唐代庶民阶层的婚姻观念。唐代庶民阶层的婚姻观呈现了历史上少有的开放性特点，其主要表现是民间男女自

① 李商隐《杂纂·强会》，《丛书集成》本。

由恋爱,追求婚姻自由。唐代宗大历年间,女子晁采"少与邻生高茂约为伉俪。及长,茂时寄诗通情……乘间欢合。母得其情,叹曰:'才子佳人,自应有此。'遂以采归茂"①。在唐人的笔记小说中,记载了许多庶民阶层的女性追求婚姻自由,男性追求幸福的感人事迹。如《博异志》中多次出现向杨真伯求爱的女郎,《离魂记》中与王宙私奔的倩女,元稹《莺莺传》中张生追求崔莺莺等等。文学作品虽非属实,但它以社会为基础,在一定程度上反映社会现实。所以,从唐代庶民阶层的婚姻观念来看,并非沿袭守旧,而是具有开放性的特点。

　　唐代庶民阶层的价值观念与以前相比,也有明显的变化。其具体表现为:一,唐代庶民重才学,轻财物。唐代社会是一个比较尊重知识,爱护人才的社会。没有才干,没有知识,即使身居高官,积财巨万,也往往被人所轻视。尤其在盛唐开元天宝时期,"虽五尺童子,耻不言文墨",更助长了社会的爱才风尚。《唐语林》卷四曾记载这样一件事:薛元超考进士不中,对人说:"吾不才,平生有三恨,始不以进士擢第。"有才学,有知识的人在社会上备受尊重。晚唐时期,扬州军将雍某家资丰厚,他却羡慕士流,将女儿嫁给有才而无财的吴楚狂生崔涯,并时常接济他们。唐代庶民对知识更为重视,将之当作"珠玉"、"珍宝",贵于白玉黄金。社会上流传着许多通俗诗,无不流露出唐人重才轻财的价值观。唐人著作《刋嫭书》云:"勤学不辞贫与贱,发愤长歌十二时。平日寅,少年勤学莫辞贫。君不见,朱买臣未得贵,出自行歌自负薪。男儿不学读诗书,恰似园中肥地草。食时辰,偷光凿壁事殷勤,丈夫学问随身宝,

---

　　① 《全唐诗》卷八〇〇。

白玉黄金未是珍。日出卯，人生在世须臾老。"① 其次，唐代庶民阶层的重义轻利观念。重义轻利观念是中国古代传统人格的优秀成分。唐代庶民阶层也继承了这一优秀传统，并有所光大。据《唐语林》卷一记载，天宝中，有一书生旅次宋州。时李勉年少贫苦，与此书生同居。而不旬日，书生疾作，遂至不救。临绝，把所剩钱物交勉，让转交其子。后勉千方百计寻找其子，终于将财物归还原主。在当时既无人证，勉又极端困苦的情况下，能够坚守信义，不辱使命，实在难能可贵。此类事情唐代野史小说记载甚多。唐传奇小说《柳毅传》记述了落第书生柳毅，科举考试不中，落第归家，在途中见一妇人小龙女牧羊道上，当听见小龙女的悲惨遭遇后，义愤填膺，绕道洞庭湖畔为其捎书。此故事虽属虚构，但它却反映了唐代庶民重义轻利的心理。

在对待外来文化上，唐代庶民阶层不是因循守旧，而是大胆地吸收引进外来文化，并对本民族的文化加以创新改造，形成了盛唐文化，出现了"盛唐气象"。向达先生指出："开元、天宝之际，长安胡化盛极一时，此种胡化大率为西域风之好尚：服饰、饮食、宫室、乐舞、绘画，竞事纷泊；其极社会各方面，隐约皆有所化，好之者盖不仅帝王及一二贵戚达官已也。"② 其中胡服对唐人影响最大。唐人姚汝能云："天宝初，贵族士庶好衣服为豹幅，好人则簪步摇。衣服之制度，襟袖窄小，识者窃怪之，知其戎矣。"③ 在饮食上，汉人也吸收外来民族的饮食文化。烧饼、胡饼、搭纳，都本胡食，只不过略有改变。唐代庶民群众对胡食尤为喜爱。日本僧人圆仁入

---

① 《敦煌变文集》卷七。
② 《唐代长安与西域文明》第41页。
③ 姚汝能《安禄山事迹》卷下。

唐,在唐都长安略有所见:"开成六年正月六日立春,命赐胡饼寺粥。时行胡饼,俗皆然。"① 在音乐舞蹈方面,唐人也吸收了外来的音乐舞蹈艺术,创造出了自己的艺术风格。唐代许多乐曲、舞蹈都是由西域传入内地的。甚至连西域的器乐如曲项琵琶、筚篥、龟兹琵琶等都深为唐人所喜爱。唐人王建在《凉州行》中写道:"城头山鸡鸣角角,洛阳家家学胡乐",其中也包含许多庶民家庭在学胡乐。凡此种种,都足以说明唐代庶民阶层并非思维封闭,而是开放性的。常任侠先生说得好:"当唐代封建帝国的旺盛时代,它的政治势力和文化影响,从东方的朝鲜、日本,到中亚细亚的阿拉伯和东罗马,各国的艺术家、商旅,顺着丝绸之路而来,到大唐政治中心的长安。她最能吸收众长,容纳各不同民族的文化,百业并进,吸收精华,开花结果,焕为异彩。这是我国人民对于当时的可贵贡献。"②

应该指出,中晚唐以后,唐代庶民阶层的群众意识加强了。许多庶民已不再局限于单个的家庭,而是面向社会,出现了许多民间组织和社会团体。在英国大不列颠博物馆和法国国立图书馆藏有两件唐末五代时期"女人社"社约文书。从文书内容来看,"女人社"是民间妇女自愿结成的组织。她们以"至诚立社"为宗旨,提倡社员之间地位平等,"大者著姊,小者若妹",彼此互相尊重,一旦有人遭到不测,其他社员便自动捐助油壹合、白面壹金、粟壹斗,帮助其渡过难关。本社社员如有人死亡,同社社员纷纷前往吊唁,对死者家属进行安抚,以示同社怀恋之情。"女人社"每年正月举行一

---

① 圆仁《入唐求法巡礼行记》卷三。
② 常任侠《丝绸之路与西域文化艺术》,上海文艺出版社 1981 年版,第94 页。

次大规模的活动,活动内容是"建福",即祝福国家太平,家庭和睦,父母安康。活动经费是大家共同捐助。"女人社"制定了严格的纪律,如"社内不谏大小",不讲文明社貌,恣意在会上喧闹,不听组织劝阻,由全社一致通过,进行处罚。在文书末尾,注有某坊巷的女人社①。通过社约文书,我们可以看到,参加"女人社"的妇女大都是同一村内的邻居,没有打破地域界限,活动范围很小。另外,关于"女人社"活动,虽然文书记载较略,但我们可以看出,它属于社团性质。尤其值得称道的是,唐代庶民妇女敢于冲破家庭束缚,和男子一样在社会上独立交往,是对封建"男尊女卑"观念的一次猛烈冲击,同时也说明唐代庶民参加社会组织活动,思维方式较以前社会有了明显的进步。

以上我们对唐代庶民阶层的思想意识和行为观念进行了简单的探讨。众所周知,人的行为是在思想意识支配下来完成的,因而人的行为思想也最能反映人的文化素质。但是,因人的知识水平、经历不同,人们观察世界、认识世界的能力也不同。归根结蒂,人的文化素质的高低决定人们的思想意识和行为。

四 唐代庶民阶层的文化素质与唐代社会的发展

人的文化素质的高低对社会的影响是潜意识的,它影响社会各方面。首先,人的文化素质的高低对社会风气有巨大影响。前已述及,人的思想意识和行为,与人们文化素质的高低密不可分,而人们的思想意识和行为又具有社会属性,直接影响社会风气的淳正。关于这一点,李唐统治者对此认识颇为深刻。唐高祖曾云:"自古为政,莫不以学。则仁义礼智信五者俱备,故能为利博深。

---

① 参见法国国立图书馆所藏敦煌文书第 3489 号。

朕今欲敦本息末,崇尚儒宗,开后生之耳目,行先王之典训。……
礼让既行,风教渐改。使期门介士,比屋可封,横经庠序,皆遵雅
俗。"① 唐睿宗曾云:"朕闻古之教者,家有塾,党有庠,术有序,国
有学,盖立训之基也。故上务之则敦本,下由之则成俗。"② 唐玄
宗曾云:"古之学士,始入小学见小节,入大学见大节。知父子长幼
之序,君臣上下之位,然后师逸功倍,化人成俗,莫不由之。"③ 还
有许多唐朝皇帝对此都有过精辟的论述,在此就不一一罗列了。
纵观上面所论,它大体上能反映这样一个事实:社会风气的好坏,
离不开学校教育,只有通过对人们进行知识教育,才能提高全社会
的文化素质。唐代社会之所以人们思想开放,社会风气淳正,人们
热爱生活,追求上进,与唐王朝重视知识教育有关。

　　唐代庶民阶层文化素质的高低也影响着社会经济的发展。尽
管这种影响看不见摸不着,但却实实在在起着作用。著名经济学
家厉以宁教授曾经提出了"反事实度量法",其核心内容就是人的
文化素质的高低与社会经济发展成正比例④。就唐代农业生产而
言,由于唐代庶民阶层非常重视农学教育,具有丰富的农业生产知
识,使得农业生产工具得到了改进,农业生产技术和单位面积的亩
产量与汉代相比,有了明显的提高。

　　人的文化素质的高低与政治发展也密切相关。自东汉末年
起,世族地主垄断着国家政权。许多世族子弟凭门籍,做高官,缺
乏上进意识。晋人孙绰曾对世族地主的腐朽有过精彩的论述,他

---

① 《全唐文》卷三《赐学官胄子诏》。
② 《唐大诏令集》卷一〇五《集学生制》。
③ 《全唐文》卷二六《令举实才诏》。
④ 参见厉以宁《教育经济学》,北京出版社,第235页。

指出,世族子弟整天耽于逸乐,沉湎酒色,"居官无官官之事,处事无事事之心"①,严重地阻碍了社会的发展。唐朝建国之后,吸取前代统治者的教训,创立科举制,为广大庶族地主和庶民子弟入仕打开了通道,许多庶民子弟通过努力学习,参加科举考试而步入仕途,参与对国家的管理。于是唐朝历史上出现了一大批庶民出身的政治家,如马周、张九龄、陆贽、李勉、员半千、韩愈等。这些人出身低微,懂得下层劳动人民的疾苦,所以在他们任职期间励精图志,思国忧民,对社会的发展作出了贡献。就广大庶民本身而言,由于庶民群众刻苦自勉,奋发上进,也直接影响了统治阶级的所作所为。唐代社会被誉为中国封建社会政治最为清明的时期,固然与统治阶级有较高的文化素质有关,但广大庶民阶层有相当的文化素质也是一个不容忽视的因素。

时过境迁,兴盛繁荣的大唐帝国已昙花一现,消失在历史长河之中。当我们今天探讨唐代庶民阶层的文化素质时一定会有所醒悟,唐代社会为什么会成为中国封建社会的盛世?大唐帝国为什么会成为当时世界上最强大的帝国?我们如果要在唐代社会历史中汲取一点值得借鉴的东西,那就是唐朝政府重视知识,重视教育,以及唐朝统治者和占人口绝大多数的庶民阶层的文化素质有所提高。

1992 年 5 月于长春

(与郑显文合写。1992 年香港学术会议论文)

---

① 《晋书》卷七五《刘弘传》。

从分合大势看南唐的历史地位

南唐是五代十国时期割据江淮的一个小王朝。历烈祖李昇、元宗李璟、后主李煜三世，传三十九年。当其极盛之时，据有三十五州之地，人口约五百万。

南唐三十九年的历史，在中国古代社会发展的长河之中，并不十分引人注目。因为无论就其版图的广狭、人口的多寡、传世的久暂，都无法与历代强盛的统一王朝相比，所以正统的旧史家如薛居正、欧阳修，在新、旧《五代史》中，把它列入"僭伪"、"世家"之类，以彰其"攘窃"之罪；非正统的旧史家如马令、陆游，在其《南唐书》中，虽有意推崇，但仍以"诛乱尊王"、"笔削春秋"为辞；明、清两代，陈霆撰《唐余纪传》、吴非撰《三唐传国编年》、陈鳣撰《续唐书》，牵强附会，又把它当作大盛世的余波。近年以来，尽管随着研究工作的深入，学界对这一问题有了进一步的认识，却还是不能摆脱通史与断代史的局限，从而影响对南唐历史地位的全面展示与充分估价。

南唐的历史地位，并不在于它是否是正统王朝，而在于在这一时期之中，江淮地区的政治、经济、文化发生了一系列深刻变化。这些变化不仅增强了南唐的国力，使其得以北拒晋、汉、周，南威闽、楚、越，独霸一方，虎视中原，有混同环宇、一统天下之志；而且在北宋统一以后，南唐故地仍然继续在政治、经济、文化的进步中发挥重要的作用。五代纷争，十国扰攘，分合之际，世变之时，南唐承上启下，扮演了极为关键的角色。不了解这一点，不仅不能真正认识南唐的历史地位，也不能真正认识唐宋之际天下分合的基本形势。

一

南唐承杨吴之基绪,据有江淮。"控朱方而定霸,总泽国以称雄"①。其地北隔长淮与中原相对,东邻闽、越,西有荆、楚,南倚南汉,处于南北中国交通之冲要,战略地位十分重要。唐末大乱,群雄逐鹿,其较强者无不以统一中国为己任。而在这场角逐之中,中原与江淮是两个实力最强的地区,争夺也最为激烈。南唐与中原政权之间的抗衡,必然牵涉到周围诸国。南唐、楚、荆南、后蜀等国,由东至西,形成一道屏障,阻止了中原政权向南中国的进攻。因此,中原政权与南唐对垒,必先从其邻国下手;南唐欲求自存,亦需团结南方诸邦,并设法从中原背后寻找同盟。以此为基点的军事与外交活动,从五代十国初期即已开始,并且逐渐形成了这样一种格局,即中原政权争取了吴越与楚,从东西两侧威胁南唐;南唐则竭力拉拢荆南、后蜀,以解除楚国在西面的牵制,并与契丹结盟,从背后骚扰中原政权。概括地说,五代十国各割据政权实际是以中原与江淮为核心,形成了对立的两大集团,互相包围,互相牵制。这一时期之中,整个中国的政治形势,就是以此为特点而逐步向前发展的。

中原与江淮两个地区之间的矛盾冲突,根深蒂固,由来已久。从地理环境的角度来说,中国是一个由若干相对封闭的小面积空间组成的相对封闭的大面积空间。以黄河为线索,我们可以把古代中国划分为两大区域。在这两大区域之中,又分别存在着若干小区域。两大区域及其所包含的各小区域之间,不仅在地形地貌、气候土壤、植被物产等自然条件方面千差万别,而且山川纵横、关

---

① 《全唐文》卷一二六周世宗《赐江南国主李璟玺书》。

津阻隔、交通不便。在这一基础之上,是以小农经济为特征的社会经济形态。小农经济在很大程度上依赖地理环境的恩惠,同时在其发展过程中又受到地理环境的制约,在长期维持简单循环的状态之下,形成了社会分工极不发达、商品经济受到严重限制、各地区之间发展很不平衡的局面。这种局面不仅使各地区之间潜伏着深刻的利益冲突,而且使国内各地区的政治、经济与文化势力在本质上缺乏凝聚与统一的坚实基础。因此,从实力对比的角度来说,大一统王朝的出现与维持,是统治者凭借经济、政治、文化占优势的区域对劣势区域实施控制的结果。这种控制自然不排斥劣势地区的发展与进步,但是,经济上的掠夺,政治上的排斥与文化上的歧视,作为这种控制的本质内容,不仅妨碍劣势地区的发展与进步,而且妨碍双方的交流。大一统局面的出现,并不意味着地域矛盾的化解而只表明一种缓和。在盛世的掩盖之下,以前遗留下来的旧矛盾与不断形成的新矛盾逐渐积累、激化,一旦王朝的统治基础发生动摇,地域矛盾就会以各种各样的方式表现出来,造成分裂局面。分久必合,合久必分。不从根本上解决地域矛盾,分裂便永远是大一统王朝的归宿。

唐朝后期,江淮一带发展迅速。中原地区逐渐失去了传统的优势地位。这一变化的结果不仅是赋税所出倚办于江淮,而且是这一地区有能力与中原抗衡。唐末大乱,天下血战,中原地区鞠为荒野。乾宁四年(897 年),朱温与杨行密大战于清口,朱温惨败,"还者不盈千人",杨行密从此"保据江淮",形成了"汴人不能与我争"的局势①。及南唐得国,江淮与中原之间的对峙局面并没有大的改变。自李昪为吴相以来,休养生息,保境安民,二十余年之间,

---

① 《十国春秋·吴太祖世家》。

江淮地区桑柘满野、物阜民丰，"兵食既足，士乐为用"，猛将谋臣皆有建功立业之意。于是纷纷上言，或建议出兵中原，恢复唐室；或主张攻取楚越，以固根本①。李昪虽然反对轻开兵衅、妄起战端，但是，"痿人不忘起，盲人不忘视"，"每思高祖太宗之基绪，若坠丘谷"②。及李璟即位，与中原的军事斗争渐次展开。保大六年（948年）。后汉伐河中，李守贞向南唐乞援，李璟为之出师，进至沂州。七年，出师渡淮，进攻正阳。九年，复议北征后周，耀兵于淮上。同年，出师援助兖州，至于沭阳。这些举动虽然规模不大，也未获得成功，但其中反映出的问题，却是南唐在与中原的抗衡之中，处于攻势。一直到保大十三年（955 年），后周大举南伐，夺取淮南，南唐称臣纳贡，奉周正朔，形势才有根本性的变化。

　　为了对中原政权进行牵制，南唐与契丹保持着密切的往来。南唐得国之初，李昪采纳宋齐丘之谋，结好契丹，"以取中国"。于是"遣使以美女、珍玩泛海修好，契丹主亦遣使报之"③。李璟在位时，南唐与契丹"岁遣单使往复"④。"虏使至则厚币遣还。迨至淮北，辄使人刺之。后遣使沿海赍琛宝以报聘。虏意晋人杀其使，数犯中原。"⑤ 这种计谋的运用，确实给中原政权造成了相当大的困难。及契丹灭晋，甚至还遣使至南唐，云："晋少主逆命背约，既遣使入蕃。虏主欲与君继先君之好，将册君为中原之主矣！"⑥ 一直到保大十二年，述律遣其舅为使，来到南唐，在清风驿夜宴之时，被

---

① 《马氏南唐书·先主书》。
② 《钓矶立谈》。
③ 《资治通鉴》卷二八一后晋天福二年。
④ 《宋史·高琼传》。
⑤ 《马氏南唐书·嗣主书》。
⑥ 《江南野史》。

后周大将荆罕儒派人刺死,南唐与契丹的往来才中断①。

南唐联络契丹牵制中原政权,中原政权亦竭力拉拢南唐的邻邦对其进行反包围。其中吴越与楚是中原政权的主要同盟。吴越处于南唐东面,据有两浙。唐末,杨行密夺取淮南以后,吴越不仅在西、北两面直接受到吴国的包围,而且与中原的陆路联系也被切断,形势十分不利。为了改变这种局面,吴越与吴国对淮南的东部展开了长时期的激烈争夺。及吴国与后梁矛盾加剧,朱温便利用吴与吴越之间的冲突,拉拢吴越。开平元年(907年),朱温封钱镠为吴越王,使其"兼镇广陵"②。其目的就在于"方赖率三军而挺荆楚,纠列国以平淮戎。允为东海屏藩,永保中原重镇"③。此后,中原虽屡经改朝换代,这一政策却始终不变。而吴越处于江淮政权的威胁之下,也需要与中原保持密切关系。钱镠临终,嘱其子曰:"善事中国,勿以易姓废事大之礼!"其中深意,即在于此。南唐初年,李昪以保境安民为国策,与吴越的关系有所缓和。及李璟即位以后,与中原政权的冲突加剧,与吴越的关系也迅速恶化。这一时期中,两国战祸频起,而吴越的军事行动往往与中原政权互相呼应。为了对付吴越,南唐乘闽国内乱之机出兵占据建州,灭亡闽国,形成了对吴越三面包围的形势。吴越虽然夺得福州,击败南唐军队,但迫于形势,仍然不得不向中原政权求助。保大十年,吴越向后周乞师,希望"朝廷聊出天兵,以为倚角之势"④,准备与南唐大动干戈。及后周伐南唐,周世宗谕吴越:"出兵会击金陵",又诏

---

① 《陆氏南唐书·契丹传》。
② 《十国春秋·吴越武肃王世家》。
③ 《全唐文》卷一〇二《梁太祖授钱镠吴越国王册文》。
④ 《册府元龟》卷四三〇将帅部乞师。

其"以国兵他路进讨"①。于是,吴越出兵,进攻常、宣二州,对淮南战局影响很大。

楚国处于南唐西面,据有湖南。楚国与吴国争夺岳、鄂一带,累年战争,与南汉、荆南的关系也很紧张。所谓"淮南为仇雠之国,番禺怀吞噬之志,荆渚日图窥伺"②。这种三面受敌的形势,迫使楚国不得不与中原政权搞好关系。当杨行密与朱温对抗之时,曾试图与楚连横,马殷惧吴之强,也打算与之修好。但是,大臣高郁认为:"成汭地狭兵寡,不足为吾患;刘䶮志在五管而已;杨行密公之仇雠,虽以万金赂之,不能得其欢心。莫若上奉天子,下抚士民,训卒厉兵,以修霸业,则谁与为敌矣!"于是楚国"始修贡京师"③。朱温即位以后,出于与吴国对垒的需要,封马殷为楚王。同对待吴越一样,中原凡改朝换代,照例加封,使之与江淮政权为敌;而楚国同吴越一样,也始终不肯称帝。南唐初期,李昪奉行保境安民政策,与楚国的关系大为缓和。升元中,南汉曾遣使请与南唐共攻楚以分其地,李昪未加理睬。及李璟在位,与中原大动干戈,与楚国的关系也逐渐恶化。保大九年,楚国内乱,马希萼与马希崇兵戎相见,南唐遂借机出师,一举灭楚。当时,楚废王马希广曾遣使向后汉告急,云:"荆南、岭南、江南连兵欲分湖南之地,乞发兵屯澧州以扼江南、荆南援朗之路。"④ 后汉将发兵入援,不料内难发作,其议遂寝。后来,王逵据朗州,击退南唐军队,楚地得而复失。及后周伐南唐,拜王逵为南面行营都统,以攻鄂州。

---

① 《东轩笔录》。
② 《十国春秋·楚拓跋恒传》。
③ 《十国春秋·楚高郁传》。
④ 《十国春秋·楚废王世家》。

　　南唐联络契丹牵制中原,中原政权则利用楚、吴越夹击江淮;而南唐又竭力与后蜀、南汉、闽、荆南诸国搞好关系,对楚与吴越进行反包围。在这场大规模的战略较量之中,南唐先胜后败,其中的原因很多,最重要的一点是,在南北两大区域互相抗衡之际,南方各小区域之间的纷争削弱了它的整体优势,使中原政权有可乘之机。这种局面的存在,使南唐难以发挥其战略优势。恰如李昪所叹:"地势未便,犹如绘事窘于边幅,虽有手笔,无所纵放,毛遂云锥未得处囊中故也!"① 但是,南唐的存在,尽管使南方诸国耿耿于怀,实际上却与它们的命运息息相关。南唐丧失淮南之后,吴越与中原的陆路交通被打开,同时也使其直接受到中原政权的威胁。北宋初年,吴越遣使入贡,宋太祖对使者说:"汝归语元帅:江南倔强不朝,我将讨之。元帅当练兵甲助我,无惑人唇亡齿寒之言。"②开宝七年(974年)宋师伐南唐,授钱俶东南面招讨制置使,命其出兵助战。大臣沈虎子谏曰:"江南,国之藩蔽。今大王自撤其藩蔽,将何以卫社稷乎!"③ 李煜亦致书吴越,言:"今日无我,明日岂有君。一旦天子易地赏功,王亦大梁一布衣耳!"④ 然而,此时的吴越,已是不得不行。南唐灭亡不久,钱俶即被迫献地纳土。楚国助后周进攻南唐,及南唐丧失淮南,楚国的处境日益窘迫。宋乾德元年(963年),太祖出兵击楚,周保权军溃,国遂灭。南汉素以南唐为屏障。及后周伐南唐,南汉主闻南唐屡败,忧形于色。乃"遣使入贡中朝",同时"治战舰、修武备"。又说:"吾身得免,幸矣! 何暇

---

① 《钓矶立谈》。
② 《十国春秋·吴越忠懿王世家》。
③ 《十国春秋·吴越沈虎子传》。
④ 《十国春秋·南唐后主本纪》。

虑后世哉!"① 由此可见,南唐虽然没有实现统一天下之志,但对于阻止中原政权南下,却发挥了相当重要的作用。它的存在,是五代十国分裂局面得以持续的一个关键因素。

二

五代分合之际所暴露出来的问题,不仅是地域矛盾所导致的国家分裂,而且是地域矛盾所导致的社会分裂。

中国地理环境的局限性不仅表现为内部各小区域之间的相对封闭,而且表现为与外部世界的相对隔绝。在这个由山川关津分割开来的许多小区域组成的大区域之外,东南两面濒临浩瀚的海洋,西面绵亘着高大的山脉,北面则是广袤无垠的沙漠草原。在漫长的历史进程中,古代中国赖以沟通外部世界的陆、海丝绸之路不绝若线,时断时续,其作用实际上极为有限。这种内外双重封闭的地理环境一方面使文化的发展与延续具有稳定性,易于形成并保持传统;另一方面则使各地区之间的往来受到限制并且尤其不利于国际交流。其结果是中国古代文化呈现出区域文化色彩杂陈的局面,而在整体上则由于缺乏大量外来文化因素的强烈刺激难以打破相对固定的格局,因而在某种程度上助长了保守与排外倾向的形成与蔓延。同地区间的闭塞与隔膜相表里,小农经济赋予社会结构的封闭性与分散性这两个特征不仅限制社会成员交往的广度与深度,而且模糊其交往的界限。在温文尔雅的外表掩盖之下,人际关系的非正常性发展造成了社会的严重变形。一方面,小农经济对地理环境的高度依赖对主体人格的伸张是一种天然的束缚,而社会结构的封闭性、分散性以及社会关系的非正常性又不可

_____

① 《十国春秋·南汉中宗本纪》。

能为主体人格的适度发展提供强有力的社会依据。其结果不仅是社会成员自我意识的盲目,同时也是社会成员群体意识的淡漠,使社会中很难形成具有共同政治倾向、经济利益以及文化品格的阶级或阶层,而往往是以特殊形势为契机,组成特殊性质的各种集团。这些集团不仅不能长期存在,而且结构松散,在同其他集团发生矛盾时,内部的冲突往往更加剧烈。尤其值得重视的是,自我意识的盲目,群体意识的淡漠以及社会关系的非正常性影响于政治,不仅使中国古代社会的政治体制从一开始就具有专制精神,而且为其逐步发展与强化提供了无限的可能性。专制政治是以封闭性、分散性为特征的社会结构的必然产物。专制政治的一个基本特征是君主的孤立,与之相适应的是臣民之间的相互孤立。没有这种臣民之间的相互孤立状态,专制君主就不可能有效地维护其统治地位。社会舆论对"无党"的竭力褒扬,专制君主对"结党"的深恶痛绝,可以说非常深刻地从社会心理的角度反映了中国古代政治结构的组合方式及其稳定条件。

封闭的地理环境、矛盾的经济形态、变形的社会结构与不断发展、强化的专制政治相互作用,造成了血缘宗法关系的根深蒂固,造成了以血缘宗法关系为共同基础的各种区域文化传统的绵延不绝。这种区域文化传统的内在倾向之一是以家族观念为主体的极端排外并进而演变为以地域观念为主体的极端排外。当孤立的人与人之间发生冲突的时候,与小农经济相伴而生并因此具有封闭性特点的血缘家族关系便成为唯一可靠的支点,于是便有了社会各个领域中形形色色的裙带关系;当冲突进一步扩大到地区与地区之间的时候,与小农经济、血缘家族关系相伴而生并因此同样具有封闭性特点的地域关系便成为唯一有利的屏障,于是又有了政治斗争中大大小小的地域集团。在这里,家族事实上是地域集团的核心,而地域集团的本质则是家族的放大。在中国古代社会频繁发生的利益冲突之中,家族与地域集团互为表里,唇亡齿寒。

以地域矛盾为契机,以地域界限为派系分野标志进行利益争夺,往往是中国古代统治集团内部冲突的一个重要特征。尤其是南方人士与北方人士之间的矛盾,由来已久。在五代之前,这种矛盾还主要局限在小范围之内。由于中原与南方广大地区相比,在政治、经济、文化实力上一直占有十分明显的优势,所以,即使王朝南迁,中原人士在统治集团中也处于无可争辩的主导地位,在与南方人士的冲突中,中原人士始终是胜利者。但是,唐宋之际,南方社会经济与文化的迅速发展改变了中国古代社会经济地理与文化地理的原貌,使南北中国政治力量的对比发生了深刻的变化。这种变化不仅使中原人士在统治集团中的主导地位受到严重挑战,从而引发了空前激烈的南北冲突,而且影响到这场冲突的结局。在唐宋分合之际,南唐既处于关键时期,又处于关键地点,其内部的政治斗争就不能不深刻地反映出时代以及地域上的特点。

南唐统治集团内部的矛盾错综复杂,斗争十分激烈,从李昪为吴相,筹划以唐代吴开始,一直持续到南唐灭亡。既波及很广的范围,又牵涉众多的人物。但是,尽管在不同时期内双方斗争的焦点不尽相同,各自的主张也时有变化,两派之间却始终保持着一个清晰的界限。这个界限,就是两派人物之间的地域差别。

李昪是海州人,少流落,后来被吴国权臣徐温收为养子,并且借助徐温的势力掌握了吴国的政柄。这期间,李虽然几经曲折,却并未遇到特别棘手的难题。但是,当他进一步试图取代杨氏的时候,情况就完全不同了。吴国政权是一个以当地人为主体、以淮南人为核心的地方性割据政权。《十国春秋》吴国列传部分载吴国将相大臣家世可考者七十一人,其中当地人四十二位,约占总数十分之六;当地人中,淮南人二十八位,占总数十分之四,占当地人十分之七。杨行密本人就出自淮南庐州。因此,淮南地方势力在吴国政权内部根深蒂固。李昪的养父徐温曾经试图取代杨氏,就是因为庐州籍将领刘威、陶雅、李遇等人合力抵制,甚至"密议诛温"而告搁浅①。李昪经营南唐,遇到的也是这一问题。史载:"烈祖辅吴之初,未逾强仕,元勋硕望,足以镇时靖乱,然当时同立功如朱瑾、李德诚、朱延寿、刘信、张崇、柴再用、周本、刘金、张宣、崔太初、刘威、韦建、王绾等,皆握强兵,分守方面。由是朝廷用意牢笼,终以跋扈为虑。上虽至仁长厚,犹以为非老成无以弹压。"② 上面提到的这些人,多为当地土著,并且对李昪抱抵制态度。如德胜军节度使兼中书令周本,多次扬言于朝路,表示不肯"推戴异姓"③,同时支持临川王杨濛与李昪抗衡。及杨濛被杀,李昪代吴已成定局,令其率众拥戴,周本还说:"我受先王大恩,自徐温父子用事,恨不能救杨氏之危,又使我为此,可乎?!"④

李昪老谋深算。其为人"内谋其家,外谋其国,劳心役虑,数倍于曹、马"⑤。为了扫清代吴的障碍,李昪一方面对杨氏旧臣竭力怀柔,"高位重爵,推与宿旧"⑥,"一骑一卒,必加姑息"⑦,另一方面则积极扶持自己的势力。首先是大力招徕、奖拔北来士人。史载,李昪"于所居第旁创为延宾亭,以待四方之士。遣人司守关徼,

---

① 《九国志》。
② 《南唐近事》。
③ 《马氏南唐书·周本传》。
④ 《资治通鉴》卷二八〇后晋天福元年。
⑤ 《五国故事》。
⑥ 《钓矶立谈》。
⑦ 《南唐近事》。

物色北来衣冠,凡形状奇伟者必使引见,语有可采,随即升用"①。南唐政权中著名的北方人士如孙晟、韩熙载、常梦锡、马仁裕、王彦俦、高越、高远、江文蔚等,都于此时聚集李昪周围,成为他的腹心。其次,著意搜罗当地特别是江南一带地位尚很卑微的小人物。南唐政权中著名的当地人士如宋齐丘、陈觉、查文徽、冯延巳、冯延鲁、边镐、游简言、何敬洙等,都是此时投其门下,白衣起家,由李昪一手扶植起来。经过二十年苦心经营,李昪不仅大大缓和了杨氏旧臣的敌对情绪,达到"骁勇夙将元寮素所跋扈者无不乐从"的目的,而且拉拢起支持他的北方人与江南人两大势力,所谓"羽翼大成,俾佐弥众"②,终于取代杨氏,甚至做到"上下顺从,人无异意",以致虽吴社迁换而"国中夷然无易姓之戚"③。但是,问题并没有到此结束。南唐政权结构与吴国相比,虽然有所变化,却并无根本性的不同。马令与陆游所撰两部《南唐书》中,将相大臣家世可考者八十二人,其中当地人士四十七位,约占总数十分之六;当地人中,江南人士二十九位,占总数近十分之四,占当地人十分之六。虽然北来的李氏取代了土著杨氏,但是,当地势力仍然是南唐政权的主体,只不过淮南人换成了江南人。淮南地方势力同北方势力的角逐,由于江南人的倒戈而告失败;然而,江南势力同北方势力的矛盾却随着南唐的建立而日渐显露,并且爆发出更大规模的冲突。

　　史载:"南唐之士……宋齐丘、陈觉、李徵古、冯延巳、延鲁、魏岑、查文徽为一党,孙晟、常梦锡、萧俨、韩熙载、江文蔚、钟谟、李德

---

① 《钓矶立谈》。
② 《江南野史》。
③ 《钓矶立谈》。

明为一党。"① 此语不仅点出了两派的主要人物,同时也指出了双方的基本分野。宋齐丘为首的一派中,除魏岑以外,都是当地土著;而孙晟为首的一派中,除萧俨以外,都是侨寓人士。如果全面考察一下所有那些与派系斗争有关的人物,就可以更清楚地看出:斗争着的两派按这些人物的籍贯来决定对他们采取何种态度,而这些人也各依自己的籍贯,分别站在宋派或孙派一边。翻开南唐史籍,南北人士之间的倾轧无处不在,不胜枚举。可以说,整个南唐政权实际上是以籍贯为界限,分裂为截然对立的两大阵营。

　南唐统治集团内部的派系冲突在李昪时期已见端倪,并且围绕着首赞禅代之功的争夺发生了数次纠纷。但是,由于较有统治经验的李昪注意使当地人士与侨寓人士之间保持力量平衡,因此,这一时期中双方的矛盾尚未演化成大规模的冲突。及至元宗李璟时期,这种平衡因土著人士势力迅速膨胀而不复存在,双方矛盾随即尖锐化,斗争也就进入高潮。史载:"及宋子嵩(齐丘)用意一变,群憸人乘资以骋,二冯(延巳、延鲁)、查(文徽)、陈(觉),遂有五鬼之目。望风尘而投款者,不可以数。"此时宋齐丘为相,陈觉为枢密使,冯延巳、游简言为翰林学士,土著人士"在外者握兵,居中者当国"②,在朝廷中占据了绝对的优势地位。双方的矛盾,自然包括政见分歧,但是,隐藏在政见分歧背后的,却是无法调和的派系利益。随着形势的发展,这种冲突完全超出了政见分歧的范围,演变成了不顾大局的派系倾轧。这场倾轧消耗了南唐的国力,使其在与中原政权的抗衡中遭致惨败,影响不可谓不大。但是,这场倾轧还有另外的含意。在这场空前的社会分裂中,南方与北方同样进

---

① 《马氏南唐书·党与传》。
② 《陆氏南唐书·江文蔚传》。

行了较量，其结果是南方获得了胜利。在争夺统一权的斗争中，南方是失败者；而在争取政治地位的斗争中，南方却是胜利者。胜利的南方人在经过了这场短兵相接之后，将在更加广阔的舞台上显露身手。

三

国家与社会的分裂，从根本上来说，是各地区之间缺乏凝聚基础并且发展失衡的结果。在这种情况下，军事与政治的较量只能提供解决问题的暂时性手段。冲突自然是一种交流，有助于各地区之间相互了解与认同。但是，冲突无疑又妨碍交流，只有充分的建设，才有可能彻底克服地理环境、经济形态、社会结构、政治体制、文化传统本身所具有的局限性，为各地区之间的凝聚提供条件。在漫长的历史进程中，正是因为有了不断的建设，才形成了真正的统一，但是，在大一统王朝之内，非中心区域的建设往往因政治上的排斥、经济上的掠夺以及文化上的歧视而困难重重，而在分裂的形势下，非中心区域往往由于摆脱了这些不利因素，获得前所未有进步。这是一种潜在的对抗，意义深远。在这种对抗之中，南唐竭尽全力，成就显著。尤其在经济与文化的发展方面，南唐的成功，令人瞩目。

南唐经济的发展，主要得力于两个条件。其一，和平局面的维持，为经济的发展提供了保障。这一条件的获得，既与当时的形势有关，同时也与统治者奉行的政策有关。南唐得国，大规模的战争已经基本结束，各割据政权之间处于相对均衡状态，进一步的相互吞并实际上已经不可能。特别是南唐政权刚刚建立，亟需稳定内部，因此竭力奉行安民保境政策。除此以外，南唐统治者个人的经历，对这一政策的推行，也产生不可忽视的影响。李昪少孤流落，生长兵间,对战争带来的社会经济残破、人民生活痛苦深有感受,每言:"百姓皆父母所生,安用争城广地,使人肝脑异处,膏涂草野!"① 当时,群臣争相进言,建议出兵拓展疆土,李昪太息曰:"吾少长军旅,见兵之为民害深矣,不忍复言。使彼民安,则吾民亦安矣,又何求焉!"② 因此,从其执吴政以来,即休兵罢战,敦睦邻国,以致于"仅将一纪,才一拒越师"③;及南唐得国,更是"在位七年,兵不妄动"④。李璟时期,虽然同中原与南方邻国发生了数次战争,但境内基本上没有受到战争的破坏。特别是长江以南地区,数十年战乱不及,"男不失秉耒,女无废机织"⑤,经济建设得以正常进行。其二,统治者鼓励经济发展的政策,起到了推动作用。这些政策主要包括:1. 招抚流民,增加户口;2. 兴修水利、扩大垦田;3. 改革赋税、劝课农桑;4. 发展工商业,扩大对外经济交流。

　　良好的外部环境与强有力的政策,使南唐统治下的江淮成为当时中国经济发展最迅速的地区。这些成就不仅使南唐政权有能力与中原政权抗衡,而且对北宋统一以后的经济格局产生了重大影响。从某种意义上来说,这是唐宋之际经济重心南移的一个重要环节与中心内容。

　　人口增加,既是经济发展的条件,又是一个重要标志。把《元和郡县志》与《太平寰宇记》作一粗略比较,我们就可以从中窥见这一时期中江淮地区人口增加的大概趋势及其对中国古代人口布局的影响。唐开元年间,是中国人口增殖的高峰时期之一。安史之

---

① 《钓矶立谈》。
② 《资治通鉴》卷二八一,后晋天福二年。
③ 《钓矶立谈》。
④ 《陆氏南唐书·烈祖本纪》。
⑤ 《钓矶立谈》。

乱以后,北方人口大量南迁。但到了元和年间,江淮大部地区户口数比开元时期还是有所下降。及到宋初,江淮户口数远远超过了开元。其中许多州郡,户数有成倍甚至近十倍的增长。唐代及唐代以前,中国人口以中原地区最为集中。天宝年间,全国每平方公里平均人数为十三点八,其中都畿道为五十八点七,居全国第一位;河北道为五六点七六,居第二位;京畿道为四十六点四一,居第三位;河南道为三十八点二,居第四位。而后来大部属于南唐的江南西道则为十一点三五,处于全国平均数以下。及北宋崇宁年间统计,全国每平方公里平均人数为十八点一,其中大致相当于唐代江南西道的江南东西二路,前者为二十四点九,后者为二十七点七,都超过了全国平均数,跃居前列,中原地区则失去了原来的地位①。由于缺乏年代更近的资料,我们不能对南唐人口增长的幅度进行更精确的统计,但南唐的贡献是相当明显的。

这一时期中江淮地区农业经济的发展不仅使南唐"比年丰稔,兵食有余"②,而且对宋代农业经济产生了重要影响。以粮食产量的增加为例:唐开元二十二年到二十四年中,由江淮漕运到京师的粮食共七百万石③,这是唐代漕运数的最高峰。唐代后期,江淮地区成为中央政府最重要的经济来源。然而,统治者大肆搜刮,每年由这一地区运出的粮食也不过四十万石左右,而且经常不达此数④。及至宋初,江淮漕运额骤增至每年四百万石⑤,比唐代最高年额增加近一倍,比唐代后期增加近十倍。宋太宗淳化四年(993

① 《中国历代户口、田地、田赋统计》第114—164页。
② 《资治通鉴》卷二八二,后晋天福六年。
③ 《旧唐书·食货志》。
④ 《册府元龟》卷五〇二《邦计部·平籴》,卷四九八《邦计部·漕运》。
⑤ 《宋史·食货志》。

年），东南六路岁运米六百二十万石，其中原属南唐的淮南、江南东、江南西三路即为三百七十万石，占总数的百分之六十①。

在手工业方面，南唐的纺织业、印染业、矿冶业、制茶、造纸、晒盐、造船、金银陶瓷、文具制造等，均有突出成就。不仅产量高，而且工艺精细，涌现出许多名产上品。宋代初年，江淮出产的丝织品、铜、银、茶，约占全国产量的二分之一。手工业名品，如醒骨纱、天水碧、京挺茶、澄心堂纸、龙尾砚、李廷珪墨、诸葛笔、句容铜器、二仪刀等，各具特色，为宋人所珍爱。

南唐文化事业的发展，同经济发展一样，既得力于相对稳定的政治环境，又得力于统治者的提倡。

安定、富强的南唐，在五代十国时期，成为饱经战乱沧桑的文人士大夫理想的栖身之所。史载："时中原多故，名贤夙德皆亡身归顺。"② 南唐统治者亦大力招揽，从而出现了"北土士人闻风至者无虚日"的局面③。大批北方士人涌入南唐，对当地文化事业的发展，是一个极大的推动。这些人来到南唐后，或卜居乡野，教授学徒；或大开门馆，延纳隽彦，提奖后进。对提高当地人的文化水平，发挥了重要作用。随着江淮地区社会经济的发展，有远见的当地人自己动手兴办教育事业，对文化的发展，亦起到了不可忽视的作用。其中如江州陈氏、奉新胡氏、建昌洪氏、泰和罗氏、庐陵刘氏、奉新罗氏所建之书楼、学舍、书舍、书院，规模较大，名著于时。其余私学，不可胜计。这种私学书院，不仅在当时培养了大批人才，而且对宋代书院体系产生了巨大的影响。南唐政权对教育事

---

① 《宋会要辑稿》一五七册《食货四十二·漕运二》。
② 《南唐近事》。
③ 《十国春秋·南唐列祖本纪》。

业也十分重视。李昪初年,即于淮水之滨设立太学。昪元四年(940年),又于庐山白鹿洞建学馆,号庐山国学。所属各州县旧有之官学,因而不废,一些地方还兴办了新的学校。除此之外,南唐统治者还大力提倡文风。李煜曾劝诫近臣:"卿辈从公之暇,莫若为学为文。"① 上濡下染,蔚成风气。不仅李氏宗族多有文采,文武大臣喜为篇咏,而且整个社会形成了浓厚的文化气氛。文献载:"(李)建勋罢相江南,出镇豫章。一日与宾僚游东山,各事宽履轻衫,携酒肴,引步于渔溪樵坞间,遇佳处则饮。忽平田间一茅舍,有儿童读书声。相君携策就之,乃一老叟教数村童。惊悚离席,改容称谢,而翔雅有体,气调潇洒。"② 俨然一幅平和恬淡的田园图画,比诸同时期北方战乱不休、百姓涂炭的局面,宛如另一个世界。

南唐文化事业的成就,首先反映在人才的兴盛上。当地人文化水平的提高,对中国古代社会文化乃至于政治结构都产生了重要的影响。大唐帝国号称文化极盛。而《新唐书》文苑、儒者两传所载家世可考之学者文士一百四十三人中,江淮地区仅十八人,约占总数的百分之十二点六。及至北宋,比重大增。《宋史》道学、儒学、文苑三传所载北宋学者文士家世可考者一百三十四人,其中祖籍江淮者达四十二人,占三分之一。再以宰相为例,唐代宰相家世可考者三百六十八人,其中江淮地区不过十三人,仅占总数的百分之三点五。及至北宋,情况大变。宋初,太祖有言:"不用南人为相。"③ 及真宗破例以王钦若为相始,其后北宋家世可考之宰相五十三人,而祖籍江淮者达十六人,约占总数的百分之三十。执政家

---

① 《全唐文》卷八八一《徐铉御制杂说序》。
② 《宋稗类钞》。
③ 《道山清话》。

世可考者二百二十八人中,祖籍江淮者的比例与宰相大致相同。从中可以看出这一时期中江淮地区政治与文化地位的显著提高。因此元宗李璟竟至数典忘祖,云:"自古及今,江北文人不及江南才子之多。"① 这一深刻变化,宋人已经注意到了,其说云:"古者江南不能与中土等。宋受天命,然后七闽二浙与江之西东,冠带诗书,翕然大肆,人才之盛,遂甲于天下。"② 其中南唐所起到的作用,是不容忽视的。

南唐文化事业的成就,还反映在文化产品的丰富与文风的创新上。南唐的文学艺术、儒学均有突出的发展。文学方面,诗人辈出,传世之作甚丰。刘洞、李建勋、沈彬、江为、孙鲂、孟宾于、乔匡舜、丘旭、陈陶、伍乔、王周,皆为一时名家。南唐词苑,世所瞩目。李璟、李煜父子,冯延巳、张泌等人,一代词宗,千古绝唱,对宋代词苑影响深远。南唐艺术,以绘画成就为最高。董源之秋岚远景、徐熙之草木鱼虫、顾德廉之人物、周文矩之道释鬼神车服楼观,均为上乘,有"近世神品"之誉。其余如巨然、赵幹、朱澄、卫贤、蔡润、解处中之山水花鸟,顾宏中、厉昭庆、高太冲、竹孟松之人物仕女,曹仲元、王齐翰、陶守立之道释鬼神,各擅其奇,称妙后世。南唐儒学,素称发达。史载:"五代之乱也,礼乐崩坏,文献俱亡,而儒衣书服盛于南唐。"③ "五代僭伪诸国,独江南文物为盛。"④ 著名的儒学人物,"如韩熙载之不羁,江文蔚之高才,徐锴之典赡,高越之华藻,潘佑之清逸,皆能擅价于一时。而徐铉、汤悦、张洎之徒,又足

---

① 《江表志》。
② 《容斋四笔》。
③ 《马氏南唐书·儒者传》。
④ 《马氏南唐书·儒者传》。

以争名于天下,其余落落不可胜数"①。南唐学者传世之作,有数千卷之多。其中包括周礼、乐、小学、正史、编年、实录、杂史、政事、时令、地理、儒家、杂家、小说家、阴阳家、艺术、术数、仙释、别集、总集约二十类近一百六十种②。其中有许多流传至今,成为中华民族文化遗产的一部分。南唐在保存古代文化遗产方面,也做出了巨大贡献。唐代是中国古代文化的鼎盛时期。当时,国家藏书,"其著录者,五万三千九百一十五卷,而唐之学者自为之书者,又二万八千四百六十九卷"③。唐末大乱,"编帙散佚。幸而存者,百无二三"④。宋初,国家藏书仅万余卷。而南唐藏书,竟达十余万卷,且"雠校精审,编秩完具,与诸国本不类",以致时人以比鲁之存周礼⑤。难怪张洎奉命入贡于中原,回来以后,作诗"诋訾京师风物,有一灰堆之句"⑥。尤其值得重视的是,随着大唐帝国的覆灭,正统的儒家学风扫地以尽。"读书不知今古"而好"属意于万物,有感于心,必冥而通之"⑦。"兼览道、释书,通禅寂虚无之理"⑧。这种新的风气逐渐在当地学者中间形成、扩散,无疑对宋学的出现产生了深远影响。刘敞、李觏、王安石、朱熹、陆九渊等宋学大家皆出自南唐故地,绝非偶然。

中国历史上的分合,原因不一,结果也不相同。但是,与统一

---

① 《研北杂志》。
② 《宋史·艺文志》《续唐书·经籍志》。
③ 《新唐书·艺文志》。
④ 《宋史·艺文志》。
⑤ 《马氏南唐书·归明传》。
⑥ 《金坡遗事》。
⑦ 《化书·序》。
⑧ 《十国春秋·南唐张洎传》。

时期相比,分裂时期给予中国历史发展的助力也不可忽视。尤其
是在五代十国时期,南方特别是江淮地区政治、经济、文化的发展
对宋代以后中国历史进程产生了巨大的影响。南唐虽然没有从政
治上统一中国,但却为后来的统一提供了经济与文化上的保证,并
且使得宋代以后的中国在政治、经济、文化的发展上具有了更加坚
实的基础。从这个意义上来说,南唐三十九年的历史尽管短暂,却
不失中国历史发展史上辉煌的一页。作为中国古代政治、经济、文
化中心南移的一个关键环节,南唐不仅完成了它的历史使命,而且
应该占有一定的历史地位。

　　　　　（与任爽合写。1994 年台湾中国历史上分与合学术
　　　　　讨论会论文,1996 年山东大学出版社《赵俪生先生
　　　　　八十寿辰纪念会论文集》收载）

唐代养生文化论稿

唐朝起于公元618年,止于907年,历经二百九十年,在中国古代史中占有重要地位。有唐一代,社会生产力有显著的提高,人口接近五千三百余万,实际垦田已达到八百五十万顷。当时不仅在中原地区垦田兴盛,而且在边远的东北营州、西北凉州、西南贵州等地区都有较大的进展。所谓"四海之内,高山绝壑,耒耜亦满"①,反映了当代农业生产的发展景况。与之相配合的水利设施兴建日益增多,水利灌溉技术不断进步,加之改进农业生产工具,培育良种,讲究耕作技术,加强田间管理,从而大大地提高了粮食单位面积产量。在此基础之上,手工业生产也大有进步。手工业门类繁多,分工细密,技术先进,规模与产量都已达到前所未有的水平。据统计,天宝时期唐朝税收绢布折合公制计算已达一点七二一亿平方米,当时全国每人可分三点五平方米。这仅仅是税收数,实际产量比这个数字要大得多②。

与此同时,商业贸易也兴盛起来。城市不断增多,交通往来发达,全国驿路总长将近五万余里③,水路交通"千轴万艘,交通往来,昧旦永日"④。市场繁荣,货币稳定。农业、手工业以及商业贸

---

① 《次山文集》卷七。
② 参见拙文《开元天宝盛世新探》。
③ 《唐六典》卷五。
④ 《册府元龟》卷五〇四。

易的发展,为社会积累了大量的财富。"是时州县殷富,仓库积粟帛,动以万计"①,长安、洛阳地区的国家粮仓堆积如山,甚至"陈腐不可较量"。据天宝八年(749年)统计,全国各地粮仓储粮达九千六百零六万二千二百二十石②,其中含嘉仓一处储粮计有五百八十三万三千四百石,到1969年发现此仓时尚存炭化谷子五十万斤。唐朝"人有余力,帑藏丰溢"③,国力是十分强大的。

唐朝物质基础雄厚,政治稳定,促进了科学文化事业的繁荣。唐诗是中国诗史中的黄金时代,在古典文学中占有显著地位。唐代诗坛,万紫千红,缤纷多彩,体裁与风格有新的创造,思想内容比前代有所充实。散文、小说、词曲、音乐、舞蹈、绘画、雕塑等也有较大的发展。著名散文家萧颖士、元次山等人对散文思想内容及创作实践颇有建树;唐代小说已摆脱前代怪志神鬼内容,而充满现实生活气息;词曲开始流行民间,以诗歌解放的姿态进入文坛。此外,诸如历史学有《史通》、《贞观政要》名著问世,地理学的贾耽著《陇右山南图》与《海内华夷图》直接丰富了中国古代史地的内容。

唐代科技水平大有进展,在天文仪器制造、天文计算与实际观测以及天文历书编纂等方面都取得了很大的成绩。医药理论与实践应用出现了《急备千金要方》、《外台秘要》、《本草拾遗》等一批名著,将中国古代传统医药学大大推进一步。

在科学文化发展的形势促进下,人们的文化素质有所提高。开放宽容的社会条件,活跃了人们的思想。以唐诗为例,正如宋人洪迈在《容斋随笔·续笔》中所述:"唐人歌诗,其于先世及当时事直

---

① 《资治通鉴》卷二一六。
② 《通典》卷二○。
③ 《通典》卷四○。

辞咏寄,略无避隐。至宫禁壁昵,非外间所应知者,皆反复极言,而上之人亦不以为罪。"唐宪宗李纯看到《长恨歌传》时,深感其祖先受到莫大侮辱,十分痛恨作者,几次要治白居易的罪,但由于几位大臣的明谏,终于不了了之。由此可知,唐代社会文化思想是比较自由的,为发展养生文化开创了必要的条件。当权者为了永久维持统治地位,享乐人生,追求长生不老,极力讲究健身长寿之术,尤以唐太宗、高宗、中宗、睿宗、玄宗最为突出。他们征召当代著名养生家潘师正、孙思邈、司马承祯、张果等人到宫中传授养生之术,宣讲长寿之道。太宗时,自称有"长生之术"的天竺方士那逻迩娑婆,声称二百余岁,李世民信以为真,深加敬礼,使之于金飚门造延年长寿之药①。唐高宗李治到东都洛阳,曾召见隐居于嵩山之逍遥谷的潘师正,问及所需,潘答曰:"所需松树清泉,山中不乏。"李治与武则天十分敬重其人,特建"精思观"留住宫中,以备养生长寿顾问②。显庆三年(658年),高宗又召见隐居于太白山的孙思邈,授以谏议大夫,孙固辞不受。朝中知名人士孟诜、卢照邻等人多"执师资之礼以事之"③。颇有"长寿秘术"的张果,由玄宗李隆基发现后,立即召入宫中,授以银青光禄大夫,号"通玄先生",特于恒山造栖霞观,以示尊崇④。统治者的信奉与倡导,更加推动了养生文化的发展。

　　唐代养生文化既有赖于养生大家的游历四方,言传身教,使之绵延不断。更为重要的是,他们多著书立说,为后世遗留下大量文

---

① 《旧唐书·太宗纪》。
② 《旧唐书》卷一九二《潘师正传》。
③ 《旧唐书》卷一九一《孙思邈传》。
④ 《旧唐书》卷一九一《张果传》。

献典籍,直接丰富了中华传统文化宝藏,据载唐代养生文化典籍有案可查者约有四十至五十种,其中巢元方的《诸病源候论》,孟诜的《食疗本草》、《补养方》,孙思邈的《急备千金要方》、《摄养枕中方》,司马承祯的《修真秘旨》、《修身养气法》,张果的《太上九要心印妙经》,吕岩的《三宝心灯》,施肩吾的《养生辨疑诀》,胡愔的《黄庭内景五脏六腑图》,无名氏的《嵩山太无先生气经》,杨凝式的《神仙起居法》等著作,不仅内容丰富,而且论列精审,既吸收了前代养生文化成果,又有个人心得体会,成为唐代养生文献中的精品。

　　唐代养生理论与修炼方法,丰富多彩,通俗易懂,具有很大的应用价值,身体力行自然可达健身长寿之目的。

　　养生首先在于调整个人心态。孙思邈提出"虚无恬淡,颐养精神"的口号,教人们正确认识人与社会的关系,不要把名利放在心上,不妄喜怒,不近声色,不贪浓味,不神虑精散。养生之要在于养性,即道德修养。美好的德行,不吃药也会长寿。他强调"自慎",即所谓"养生之士,不知自慎之方,未足与论养生之道也。故以自慎为首焉"①。其"自慎"内涵是"安不忘危,恒以忧畏为本营"。因此,主张日常生活中要十二少,即少思、少念、少欲、少事、少语、少好、少恶、少笑、少愁、少乐、少喜、少怒。如果与之相反,即为十二多,那就会神伤心乱,疾病丛生,寿命不长了。吕岩在其名著《敲爻歌》中,以歌谣形式宣传养生之道在于德行修养,节制性欲,排除杂念,放松形体,逍遥自在,以保持心态平衡、愉快生活的态势。

　　为此,养生家要有正确的生死观。大诗人白居易认为人的生、老、病、死,生生灭灭乃是正常现象,如能认识这条规律,就能开朗洒脱地对待生死问题,这是积极养生长寿的思想基础。他说遇到

----

① 《摄养枕中方》。

烦恼时,不妨与"死"比一下,一个人死都不怕,还有何烦恼可言?常同不如自己的人相比,自己就能得到宽慰,心情坦荡。他以家和人和万事和为准则,泰然处理人与事,就会收到良好的养生效果。张公的《百忍歌》,固然有不少与世无争的消极内容,但对解决人际关系和个人生活中遇到的挫折遭遇,提高生活信心,不失为一种有效的修养方法。

唐代养生家在解决人与自然关系问题,是有明确认识的。孙思邈认为人体对自然"顺则有利,逆则有害",提出要以"自然之道,养自然之身"①。一年四季,春应养生,夏应养长,秋应养收,冬应养藏。并说明其道理:"春冻未泮,衣欲下厚上薄,养阳收阴,继世长生。养阴收阳,祸则灭亡。故云冬时天地气闭,血气伏脏,人不作劳出汗,发泄阳气,有祸于人也。"根据顺时养生的原理,总结一套按月养生歌谣,按季节增减衣物或调整食品,沐浴修身,安宁性情,勿冒霜露,不违四时,顺应自然规律,是符合养生科学道理的。

形与神、动与静的理论阐述,是唐代养生文化的重要命题。对于形神关系,施肩吾主张二者统一,即所谓"神者形之主,形者神之舍",精神稳定于形体之内,形神协合,可达预期的养生效果。与其他道家养生不同,施氏非常强调养形,注意阴阳平衡。养形关键在于气化,"因形留气,以气养形。小则安乐延年,大则留形住世。既老者,返老还童,未老者,定须长寿"。主旨为性命双修,形神兼养,方可收到健身长寿之功效②。既要形神统一,又要动静结合。孙思邈说:"流水不腐,户枢不蠹,以其动也。"因此,养生贵在于"动",但要适可而止,即所谓"养性之道,常欲小劳,但莫大疲及强所不能

① 《千金要方·养性》。
② 《钟吕传道集·论炼形》。

堪耳"。强思则伤,强举则伤,为此要以"静"止之。"静"要保持"似睡非睡,似醒非醒"的态势,如同道家的"坐忘"、佛家的"禅定"。"坐忘"与"禅定"则"形如槁木,心如死灰"。具体要求"耳无所闻,心无所思"。孙氏在《存神练气铭》中介绍一种"胎息定观"的入静方法,即五时、七候十二段修炼方法。五时,第一时心动多静少,第二时心静少动多,第三时心动静相半,第四时心静多动少,第五时心一向纯静,从而达到入静状态。这里的心,指的是精神意念。从五时可入七候:第一候,宿疾并销,身轻心畅,停心入内,神静气安;第二候,超过常限,色返童颜,形悦心安,通灵彻视;第三候,延年千载,名曰仙人;第四候,练身成气,气绕身光,名曰真人;第五候,练气为神,名曰神人;第六候,练气合色,名曰至人;第七候,身超于物,迥出常伦,终于练就一身健身长寿的本事。

唐代养生家的动静结合说,还是以"静"为主,他们认为只有入静才能达到健身效果。司马承祯认为修炼成道的关键在于以静养生。在修炼过程中,提出"七阶次"法:第一是敬信(恭敬信仰),第二是断缘(断绝欲望),第三是收心(排除杂念),第四是简事(无事无累),第五是真观(意念集中),第六是泰定(高度静态),第七是得道(成为神仙)。白居易常以入静修炼身心,有诗云:"负暄闭目坐,和气生肌肤。初似饮醇醪,又为蛰者苏。外融百骸畅,中适一念无。旷然忘所在,心与虚空俱。"

养生实践中,唐人重在养气。王冰认为生命原于变化之中,"四时行,万物备",因此提出"五运六气"之说。对于气,司马承祯解释说是生命的本原:"夫气者,胎之元也,形之本也。胎既诞矣,而元精既散,形既动矣,而本质渐弊。是故须纳气以凝精,保气以炼形。精满而神全,形休而命延,元本既实,可以固存耳。"① 此说构成了当代养生以养气为主的理论根据。对于气的功能,孙思邈认为"行气可以治百病,可以去瘟疫"。凡"善摄养者,须知调气方焉"。他在行气方法上曾于《千金要方·养性》中介绍了种种方法,诸如胎息法、迎气法、调气法、六字行气法、发放外气法等。炼气在养生行气中具有举足轻重的地位:"若欲安神,须炼元气。气在身内,神安气海,气海充盈,心神安定。定若不散,身心凝静。静至定俱,身存年永。常住道源,自然成圣。"② 吕岩的内丹行气养生,概分为收心、养气、行功、斩龙、养丹、胎息、符火、接药、炼神、服食、辟谷、面壁、出神、冲举等十四个过程,而其中心内容为和、时、静三个字。唐人对行气炼气颇多研究,《嵩山太无先生气经》为唐代养气专著,书中搜集了唐以前各种养气健身法,可称之为中国古代炼气大全。其中的服气诀、调气诀、咽气诀、行气诀、委气诀、闭气诀、六气诀等炼气方法,有待进一步整理研究,将推动当今有关人体生命科学的发展。

炼气是调整呼吸的基本方法,在健身养生过程中是至关重要的一环。因此,古代养生家十分强调养气与炼气不是没有道理的。现代科学研究证明:有意识的深呼吸是健身的一种手段,在静态下,人们每分钟大约呼吸 12—15 次,横膈膜和腹部肌肉系统越放松,呼吸效果就越好。紧张或其他感情引起的波动都会使横膈膜与腹部肌肉系统产生痉挛,使肺部呼吸受到影响,这时人们往往出现气短、头晕、手脚发麻、血压升高等症状,久而久之人们习以为常的现象就会引起其他疾病。医学专家的实验证明,三次放松的深

---

① 《服气精义论·服气论》。
② 《存神练气铭》。

呼吸可以消除日常生活中的轻微紧张状态,均匀的深呼吸可以终止紧张反应①。如前所述,唐代养生家都十分强调养气,入静调整呼吸,能将躯体与精神结合起来,它是一种自然且非常有效的健身法。掌握好呼吸就意味着可以左右形神的协调,这不仅是获得治愈疾病的抗源,还可达到认识自我的境地,道家的"坐忘"、佛家的"禅定"就是如此。

养气是自我精神意念的调整,属于养生内功,而导引则属于外功,二者结合进行,其健身效果更佳。所谓导引,是活动肢体的保健操。巢元方在《诸病源候论》中,广泛的吸收了前人导引养生法,对各种疾病治疗后,多附有"补养宣导"的具体作法。清人廖平将其经验方法辑有专书,名为《巢氏宣导法》,其中关于导引健身治病的具体方法达三百七十余条,对强健身体至关重要,成为养生文献的精华。巢氏的宣导法概分二类,一类用于强身健体,一类用于治疗疾病。其动作特点是将行气、引导、按摩三者结合在一起进行,并有一定姿势要求,诸如服食日光月光、叩齿吞津、行气、按摩等宣导法。值得提出的巢氏仿生类宣导法,是在三国华佗《五禽戏》与南北朝时葛洪的龙导、蛇屈、龟咽、雁飞等技艺健身法的基础上发展起来的。"龙行气,叩头下视,不息十二通","可愈风疥恶疮",以使"热不能入"②;"蛇行气,曲卧以正身,复起踞闭目,随气所在不息,少食裁通肠,服气为食,以舐为浆,春去冬藏不财不养",可"治五劳七伤"③,"龟行气,伏依被中,覆口鼻头面。正卧,不息九通,

---

① 参见 1993 年 9 月 4 日《光明日报》第 6 版《紧张疲劳万病之源》。

② 《诸病源候论》卷三五《疮病诸候》。

③ 《诸病源候论》卷三《虚劳病诸候》。

微鼻出气",可"治闭塞不通"①;"雁行气,低臂推膝踞,以绳自缚拘左,低头不息十二通",可"消食轻身,益精神","恶气不入,去万邪"②。

孙思邈在《摄养枕中方》中具体介绍了他创行的导引法:"卧引,平气正坐,先叉手掩项,目向南视,上使项与手争,为之三四,使人精和血脉流通,风气不入,行之不病。又屈动体四极,反张侧掣,宜摇百关,为之各三。"孙氏承继前代导引健身之术,而且积极介绍国外有关方法。他对天竺按摩法婆罗门十八势,大加推崇,认为此法适宜中老年健身:老年人"日能依此行三遍者,一月后除百病,行及奔马,补益延年,能食,眼明,轻健,不复疲乏"③。

司马承祯对导引颇有研究,主张以导引养形体,可以通经脉,和畅五脏,平衡阴阳。根据"五劳之损,动静所久。五禽之道,摇动其关"的理论,特创一套以导引为主体,以行气为辅助,并结合叩齿、梳发等动作的健身体操,效果良好,具有较高的实用价值④。

形体运动为古代养生家的基本功,是根据人体各部分的功能特点,创造出不少行之有效的技法。五代著名书法家杨凝式在七十六岁高龄时根据自己的健身长寿经验,总结有《神仙起居法帖》传世:"行住坐卧处,手摩胁与肚。心腹通快时,两手肠下踞。踞之彻脐腰,背拳摩肾部。才觉力倦来,即使人家助。行之不厌频,尽夜无穷数。岁久积功成,渐入神仙路。"这套技法,不分老少男女,不计时间与场合,简便易行,对于保健养生行之有效。

---

① 《诸病源候论》卷一四《大便诸病候》。
② 《诸病源候论》卷二一《宿食不消病诸候》。
③ 《千金要方·养性》。
④ 参见司马承祯《导引》。

　　唐代养生除调整思想意念,正确处理形神、动静关系,积极开展养性、养气与导引外,也很重视个人饮食与卫生。孙思邈认为"安身之本,必资于食",人们生活要讲究饮食,"人不知食宜,不足以生存"。为此,他提出五条原则:第一,荤素搭配,而以素食为主。荤食虽能"添髓强筋,补中填骨",但要适量,"厨膳勿使脯肉丰盈,常令俭约为佳",保证"每食不用重肉"①。第二,"五味不偏多",他认为"酸多会伤脾,苦多会伤肺,辛多会伤肝,咸多会伤心,甘多会伤肾"。五味适中,不得偏废②。第三,控制食量,饮食符合生理要求。平时不可极饥而食,极饱而方彻,常欲不饥不饱。凡"善养性者,先饥而食,先渴而饮,食欲数而少,不欲顿而多"。"莫强食,莫强饮"。"早饮清清一碗粥,夜饭少吃莫教足"③。第四,食物加工有度,且忌生冷。"勿食生肉伤胃,一切肉惟须煮烂,停冷食之"。食品加工火候适宜,"凡食太热则伤骨,太冷则伤筋"。食物"虽热不得灼唇,虽冷不得冻齿","冷热相攻而为患"。"人之当食,须去烦恼","食上不得语","语而食存,常患胸背痛"④。第五,饭后轻微运动,"每食讫,以手摩面及腹,令津液通流。食毕,当行步踌躇",以助消化。具体作法:"以手摩腹数百遍,叩齿三十六,津令满口。"且忌"饱食则卧","食不消成疾,乃生百病"⑤。显然,这些见解与方法是从生活实践中总结出来的,也是符合现代科学要求的,值得特别珍视。

　　讲卫生,可分为生理卫生与心理卫生两个方面。生理卫生诸如"唾不至远,行不疾步,耳不极听,目不极视,坐不久处,立不至疲,卧不至懻(音 jì,强直),先寒而衣,先热而解"⑥。日常生活要"饮食在常节,起居有常度,不妄作劳"。且忌"饮食不已,房事无

---

　　①②③④⑤⑥　《千金要方·养性》。

节,极目远视,数看日月,夜视星火,夜读细书,月下看书,抄写多年,雕镂细作,博奕不休,久处烟火,泣泪过多,刺头出血过多。又有驰骋田猎,冒涉风霜,逆风追兽,日夜不息"①。只有这样,才有可能"使形与神俱,而尽终其天年,度百岁乃去"②。

难能可贵的是,唐人养生不仅重生理卫生,而且也不忽视心理卫生。孙思邈认为,养生健身应"于名于利,若存若亡,于非名非利,亦若存若亡,勿恓恓于所欲,勿怀忿恨"③。要控制情绪,保持心态平衡。作为养生之大忌,则是"喜怒损志,哀乐害性,荣华惑德,阴阳精竭"。为静化心理,人们在千变万化的日常生活中"莫忧思,莫大怒,莫悲愁,莫大惧,莫跳踉,莫多言,莫大笑"④。因为"忍怒以全阴,抑喜以养阳",保持个人心理卫生,实属真知灼见,对于健身长寿非常重要,也是对中国古代养生学的一大贡献。

总之,唐代养生文化是在中国古代传统养生文化的基础上,有所发明,有所创新,成为唐代文化的重要组成部分。唐代养生大家苦心钻研前代经典,总结群众生活经验,自己努力实践,并以个人健身长寿为事实,完全说明了养生理论与方法的可行性,对提高一代人的寿命起了莫大的积极作用。八十一岁的巢元方(550—630年)、一百零二岁的孙思邈(581—682年)、八十八岁的司马承祯(647—735年)、七十五岁的白居易(772—846年)、八十二岁的杨凝式(873—954年),以及不明生卒的吕岩、施肩吾、胡愔等人都是高龄的老人,为后世遗留下一批养生著作精华。他们历经淡泊人生,排除一切杂念,强调自我修炼,加强养性、养气,积极开展导引活动,力求控制情绪,讲究生理与心理卫生,从实践中认识自然与生命、人体与活动的规律,总结出切实可行的健身长寿技艺与方

---

① ② ③ ④ 《千金要方·养性》。

法,闪烁着中华民族的智慧。他们的理论建树往往以歌谣或座右铭的方式流行于当代社会,具有广泛的群众基础;他们创导的健身方法,简便易行,可操作性强,对普及与提高养生文化知识,功不可没。

（原载 1994 年上海人民出版社《唐文化研究论文集》）

古典文献的源流与分类

——中国古典文献丛谈（一）

我国历史悠久，典籍文献源远流长。据传说，远在"三皇五帝"时期就已经出现了最早的文献，"三皇"时期的文献叫"三坟"，"五帝"时期的文献叫"五典"。这些传说当然不是信史，但它反映了我国古典文献产生很早。就现存的文献来说，《尚书》中的"虞夏书"，虽属后世伪造，但其中的一些材料，反映了虞舜和夏代的社会情况。到了商代，社会上肯定地出现了文献书籍。《尚书》中保存的几篇"商书"，其中如《盘庚》三篇，就是盘庚迁都时对他的臣民所作的演讲，这是我国最早的古典文献，距今已有三千五百年的历史了。

周代专门设有掌管典册的史官，记录周天子的言行，有了一定的书法制度，《左传》的五十凡即是史官记事的条例。当时，文献资料都保存在各国史官手里，很少向外流传，看文献的人只有到史官那里，经允许后才能阅读。《左传》中记载韩宣子在鲁国太史处看到《易象》和《春秋》，孔子周游列国时看到了"一百二十国宝书"，这些例子，正好说明战国以前各国都保存着古典文献，而且已经被人们阅读和利用了。

现在传世的《尚书》、《诗经》、《易经》三部古书，据说就是春秋末年根据史官记录的文件编定的。其中，《尚书》保存了三千五百年前的社会资料，《诗经》资料形成于西周时代，《易经》内容也很古老,但下限较晚,包括了战国时期的材料。这三部古典文献是研究我国封建社会以前历史的重要资料,是现今保存的大量古典文献的始祖,应当引起人们的珍视。

春秋时代,由于社会生产的发展和生产关系的变动,使依附于奴隶制的"士"(当时的知识分子)逐渐发生分化,成为一个新的社会阶层。一些具有专门知识技能的"士"非常活跃,他们到处游说,招徕门徒,扩大影响,创办"私学",发展社会文化。

孔子是第一个创设私立学校的人。他通过教授古籍,把奴隶主贵族文化思想传给弟子。孔子的政治思想是保守的,但他编定《书》、《诗》、《礼》、《乐》、《易》、《春秋》为"六经",打破了前代史官垄断典册文献的局面,使我国古典文化进入新的发展时期。

战国时代,是我国古代文化大发展时期。由于当时社会政治经济发展变动很大,反映出的许多新问题亟待人们加以研究解答,所以在思想文化领域里出现了"百家争鸣"的局面,在社会上也出现一大批反映各家各派学说的著述,极大地丰富了我国古典文献的宝藏。

我国现存最古的文字记载是殷代的甲骨文。几十年来,在我国先后出土的甲骨约有十万片,包括单字三千左右。一片甲骨文少则几个字或几十字,多则达一百八十字。每块甲骨文虽然很简单,但涉及的内容极为广泛。甲骨文中包括国家征伐、狩猎、畜牧、农事以及疾病、灾害、祭祀等等,为后世研究当代社会经济生活、政治结构、内外战事、思想信仰以及帝王世系等历史提供了大量的珍贵资料。

殷代后期,又出现了用铜锡合金铸成的青铜器,当时人们把器物上面刻铸的字叫做"铭",后人也称之为"金文"。青铜器一直沿用到西汉,在我国文化史上占有重要地位。青铜器物数量很多,种类也很复杂,大体可分为礼器、乐器、兵器、食器和日用工具等。器物铭文多少不等,内容十分广泛,有的器物上铸有制器的时间、原因和用途,有的将需要长期保存的文件铸在上面,如春秋末年,郑国和晋国曾将法律条文铸在鼎上,公布于众,传诸后代。铭文多者达四、五百字,具有极大的文献价值。如毛公鼎、智鼎、盂鼎、散氏盘、虢季子白盘等铭文,为研究当时社会历史提供了第一手资料。

甲骨、青铜器都不是专门作为书写用的材料,而专门作为书写用的材料是经过加工整治的竹简、木牍和绢帛。我国古代国家公文、私人著述都是写在简牍或绢帛之上,至今传世的有关经书、子书等大量古典文献,就是依靠简牍或绢帛写本传下来的。

二千多年来,我国曾多次发现简书,如晋太康二年(281 年)汲郡人不準(不字读 fōu,音否)盗掘魏襄王墓,得竹书数十车,凡七十五篇,十多万字,经过当代学者束皙等人整理,写成当时文字十六种,可惜大都散佚了。

解放后在各地发现了大量简书,1972 年到 1975 年间,我国文物考古工作者先后在山东临沂银雀山汉墓、湖北云梦睡虎地秦墓中发现大量完整的简策文献。秦墓中简策一千一百余枚,保存好,内容丰富,包括秦始皇二十年南郡守腾的文书、秦律条文三种、秦代治狱案例一种、论“为吏之道”的书籍一种、秦昭王元年至秦始皇三十年大事记一种,还有《日书》以及占卜一类书籍。银雀山汉墓有竹简四千四百多枚,其中发现两部孙氏兵法,一部是现今流传较广的《孙武兵法》,另一部是失传一千数百年之久的《孙膑兵法》。两部兵法的发现,从根本上解决了有关孙子兵法的历史疑案,为我们研究孙武、孙膑的军事思想提供了重要的依据。1973 年到 1974年间,在湖南马王堆三号汉墓中发现了十万余字的帛书,是极其珍贵的古典文献,对研究汉初的军事、地理、天文、历法等问题有重大参考价值。其中《五星占》约八千字,共分九部分(章),作于公元前170年左右,它是我国现存最早的一部天文帛书。占文保存了公元前370年到公元前270年间甘氏与石氏天文书的部分。特别值得提出的是,末尾三部分列出秦始皇元年(前246年)到汉文帝三年(前177年)凡七十年间木星、土星和金星的位置,并描述了这三颗行星在一个会合周期内的动态,具有极大的文献价值。《五星占》中还记录了"张楚"年号,是研究我国封建社会中第一次农民大起义的极为重要的资料。

秦汉以来,随着国家的统一,社会政治、军事、文化有了巨大的发展。在此基础上,我国劳动人民创造了纸张,从根本上改变了古典文献的面貌。纸张价格便宜而轻便,逐渐代替简牍和绢帛,成为书写的专用材料。此后写本纸书数量迅速增加,流通范围空前扩大,国家和私人藏书越来越多。汉武帝时期,首次下令全国征集图书,加以收藏保管。当时广泛开展所谓"献书之路",设置专门掌管写书之官,筹划建馆藏书,不断派遣使者前往地方收求遗书。所谓"百年之间,书积如丘山"。国家藏书除太史、博士官署之外,还有延阁、秘室、兰台、东观以及仁寿阁、文德殿、华林园、观文殿等处。"搜之不为不力,聚之不为不专"①。

公元前26年,汉成帝再次下令征集图书,命谒者陈农前往地方收求遗书。国家图书日益增多,保管贮藏与阅读流通发生很大问题,因而命光禄大夫刘向整理校勘经传、诸子、诗赋,命步兵校尉任宏整理校勘兵书,命太史令尹咸整理校勘术数,命侍医李柱国整理校勘方伎,而刘向负责总校。刘向等根据当时古典文献的内容范围,把书籍分为六大类。刘向每校完一书,作《叙录》一篇,条例

---

① 清王昶《青融堂集》卷四八。

篇目,说明大意,上奏朝廷。这是对古典文献第一次大规模的整理,意义重大,影响深远。刘向死后,他的儿子刘歆继其父业,综合群书《叙录》编成《七略》,是为我国最早的国家图书馆目录。《七略》将当时书籍文献分成七大类:辑略、六艺、诸子、兵书、术数、方伎、诗赋。辑略是概说,综述学术源流,"六艺"包括"六经"、《论语》、《孝经》、小学等九目,"诸子"包括儒、道、名、法、墨等十目,"兵书"包括权谋、形势等四目,"术数"包括天文、历谱、五行等六目,"方伎"包括医经、神仙等四目,"诗赋"包括歌诗、赋等四目,七类三十八目一万三千余卷,是我国最早的图书目录分类,对古籍的登记、管理、流通和阅读使用具有积极作用。

宋人郑樵指出:"欲明书者,在于明类例。"明类例可以帮助人们认识图书,并借以保存图书的确切记载。

清人王鸣盛也说:"凡读书最切要者,目录之学。目录明,方可读书,不明,终是乱读。"① 可见图书分类的重要性了。

自从刘向父子奠定我国古典文献分类法以后,历代有所补充订正,大致说来有四分法(如《旧唐书》、《崇文总目》、《四库全书》)、五分法(如荀勖《晋中经簿》)、六分法(如《隋书·经籍志》)、七分法(如阮孝绪《七录》)、九分法(如王俭《七志》)以及十二分法(如郑樵《通志》、孙星衍《词堂书目》)等。这些分类法基本上都是沿袭刘向父子的传统,只不过是有些增减罢了。

随着时代的推移,我国古典文献的数量不断增加。据统计,公元前26年刘向父子编《七略》之时,国家藏书达一万三千三百十九卷。西晋荀勖编《晋中经簿》登记的甲、乙、丙、丁四部书增至一千八百八十五部,三万九千九百四十五卷。南北朝时期,由于国家分

---

① 清王鸣盛《十七史商榷》卷七。

裂的政治原因,全国藏书数字没有统一记载,仅据宋元嘉八年的统计,南方图书已增至六万四千五百八十二卷。可惜这些图书在北周军队进占江陵时,悉数化为灰烬。隋朝统一南北,十分重视图书征集工作,规定"每献书一卷,偿缣一匹"①。国家收藏图书已达一万四千四百六十六种,八万九千六百六十卷。到了唐朝开元年间,由于政局稳定和社会经济文化的发展,国家藏书五万一千八百五十二卷,另有佛经、道藏九千五百多卷。宋代雕版印刷发达,书籍广为流通,国家图书馆崇文阁藏书已达七万多卷,而私人藏书更无法统计,南宋时,仅郑樵编纂《通志·艺文略》就著录图书一万零九百十二部,十一万零九百七十二卷(以现存典籍为主,不见者也予著录)。明清时期,古籍数量难以统计,明朝组织编纂《永乐大典》,收书二万二千九百二十卷。清乾隆时编《四库全书》著录图书三千四百五十多部,七万九千零七十卷。目前我国究竟有多少古籍,也很难做出确切的回答。六十年代初期,李诗同志估计有七、八万种。这个估计虽不十分精确,但也有相当的根据,可以作为一个基数,进一步进行精确统计。

四分法是我国古典文献的基本分类方法,它产生的时间很早,三国魏文帝时(220—226年),秘书郎郑默编定《中经》图书目录时就已确定了雏型。后来晋武帝咸宁年间(275—279年)秘书监荀勖曾依《中经》另编"新簿"(即《晋中经簿》),分甲、乙、丙、丁四部,以总群书。当时甲部为经书,乙部为子书,丙部为史书,丁部为文集。《隋书·经籍志》的编者把这四部直接标为经、史、子、集四部,下有四十个子目。经部下有《易》、《书》、《诗》、《礼》、《乐》、《春秋》、《孝经》、《论语》、谶纬、小学等十目,史部下有正史、古史、杂史、霸

---

① 《封氏见闻记》。

史、起居注、旧事、职官、仪注、刑法、杂传、地理、谱系、簿录等十三目，子部下有儒、道、法、名、墨、纵横、杂、农、小说、兵、天文、历术、五行、医方等十四目，集部下有楚辞、别集、总集等三目。还有道经部、佛经部七个子目。此后，许多史志（艺文、经籍）、官簿（《崇文总目》、《四库全书》）及私人藏书目录（《郡斋读书志》、《直斋书录解题》），都沿用四部分类法，直到近代。

经、史、子、集四部分类法，产生于封建社会之中，对古典文献的保管流通起过不少积极作用，但不能忽视其时代的局限性和封建的阶级性。经、史、子、集各类文献，大多属于封建地主阶级的意识形态，基本内容是贯彻尊儒重道思想，以儒家思想为正统，而经书是儒家的经典，所以被列为四部之首，起着纲领的作用，余者均属支流。

　　　　　　　　　　　　（原载 1980 年《历史教学》第 1 期）

四部书的构成及其流变

——中国古典文献丛谈(二)

一 经部

古代文人把先秦儒家的古典著作《易》、《诗》、《书》、《礼》、《乐》、《春秋》称为"六经"。实际上,秦灭以后,所谓"六经"中的《乐》已失传,只剩下"五经"了。到了汉代,《礼》有"三礼",即《周礼》、《仪礼》、《礼记》。"三礼"并非《礼经》的分化,是三部不同性质的书。《周礼》即《周官》,不是"礼"的专书,是讲政府行政制度的,旧日被认为是周公之典,大约是战国时人的著作;《仪礼》即《礼经》,也叫《士礼》,讲人们必须遵守的规则与思想作风修养;《礼记》是儒者选取的有关礼治的文编,实际上是解释《仪礼》的传。《春秋》也有左氏、公羊、穀梁三传。孔子撰《春秋》,对定、哀之间不敢明写当代政事,而用"微言大义"口授弟子,弟子领会不同,所传也不相同。《左氏春秋》专记《春秋》事实,《公羊传》与《穀梁传》则是根据师传"微言大义"而撰著,不讲事实,因之,汉代的"五经"形成为"九经"了。公元837年,唐文宗曾刻石"九经",后增《孝经》、《论语》、《尔雅》,即成为"十二经",北宋又升《孟子》为一经,才有"十三经"之说。

十三经内容广泛,文字精炼,因传世版本的不同,又经注疏家、校勘家增损衍文和佚文,所以各家统计字数不一。据清代钱泰吉的统计，十三经除去篇名之外，正文共计六十四万七千五百余字。古人常说稚年入学，皓首穷经，好像一辈子也读不完似的。其实不然，六十多万字的东西是可以读完的，只不过是文字古奥罢了。

有关经书的传、记、注、音、疏，十分繁复庞杂。战国以后，由于儒家解释"六经"大义的"传"、"记"兴起，于是《易》有"十翼"（是为《易传》，都是解释《易》的著述），《礼》有所附的"记"，《春秋》有三传，三传本来也是释经的作品，只是到汉代才升格为"经"。从东汉到魏晋，解释名物、文字的笺注之学逐渐发展成为治经主流，传至现代的有《毛诗笺》、《三礼注》、《公羊传解诂》、《周易注》等，称之为古注。与此同时，还有"经"的"音"，如徐邈对群经都作了"音"。唐陆德明总结诸家之"音"，而作《经典释文》。音、义相连，每注一种不同的音，即表示一种不同的解释。

南北朝以后，人们对汉魏笺注感到古奥，于是出现了讲义式的"义疏"，逐字、逐句、逐章释经；"疏不破注"，每种经都有二三家"义疏"。孔颖达等人编定"正义"，只取南北朝诸家义疏而无所发展。经、注、疏成为三个层次，但义疏已散失。唐宋人的注疏就是现存的《十三经注疏》。

北宋中叶以来，注疏经学有所创新，不少学者抛弃汉、唐旧说，自创新注，讲究义理，到南宋时已成一套新注，如《诗经集传》、《尚书集传》、《礼记集说》等，成为御用官学，人们称之为"宋学"，用以区别前代笺注之学。

清代学者要纠正宋儒义理空疏流弊，以恢复汉学的旗帜，根据汉人笺注作"疏证"，形式上恢复了经文、古注、疏证三个层次，编出清朝《十三经注疏》。其实，他们兼采各家，搜集佚文，互相会通，既疏通其义，又考订其误。节外生枝，十分庞杂。

　　总之，历代释经著述，散失很多，无法具体统计，现存属于经部的著述大约万种以上。据日本林泰辅《论语年谱》的统计，仅对一部《论语》诠释研究的著作，即达三千种之多。整个经书的传、记、注、疏、音的分量，估计要超过经书正文四、五百倍，约有三万万字左右。

二　史部

　　史部文献门类极其广泛，有正史、编年、记事本末、传记、职官、别史、杂史、载记、地理以及政书等门类。《四库全书》分十五类，收书五百四十三种，二万一千五百四十一卷。

　　正史类除《史记》外多数是历代封建统治者组织有关人员修撰的。司马迁的《史记》、班固的《汉书》、范晔的《后汉书》和陈寿的《三国志》，总称"四史"，也叫"前四史"。《旧唐书·经籍志》乙部正史类加上房玄龄等编《晋书》，沈约编《宋书》，萧子显编《南齐书》，姚思廉编《梁书》、《陈书》，魏收编《魏书》，李百药编《北齐书》，令狐德棻等编《周书》，魏徵等编《隋书》，共计"十三史"。宋朝人再增加李延寿的《南史》、《北史》，欧阳修的《新唐书》、《新五代史》，乃有"十七史"之称。明嘉靖时检刻正史，又加脱脱等编的《宋史》、《辽史》、《金史》，宋濂等编的《元史》，合称"二十一史"。当时由于是由国子监刊刻的，故称"明监本二十一史"。清代乾隆时张廷玉等编《明史》定稿，诏刊二十二史时，又诏增刘昫的《旧唐书》，并从《永乐大典》中辑出薛居正的《旧五代史》，合称为"二十四史"。乾隆四十年（1715年）武英殿本刻竣，是为清"殿本二十四史"。二十四史总计三千二百十九卷、四千五百多万字。开明书局影印"殿本二十四史"时，又增柯劭忞的《新元史》，遂有"开明二十五史"之说。1927年，赵尔巽等人修撰《清史稿》，又有"二十六史"之说。二十六史共计四千零十二卷,五千八百多万字,是研究中国古代历史的基本资料。

上述正史,除《史记》起于远古,止于汉初,是通史专著外,其他各史均属纪传体断代史。历代史家学者对正史的研究、考订、校注、增补的著述很多,流传至今的,据东君编《二十四史注补表谱考证书籍简目》统计,共有六百二十多种,可供治史者参考。

编年史与正史体例不同,是以帝王纪年为中心,按照年代顺序编纂史事。孔子编纂的《春秋》是我国最早的一部编年史。以后历代又有过"实录"一类文献。最早见于记载的有梁周兴嗣等的《梁皇帝实录》,记武帝事。唐以后,新皇帝即位后,马上组织有关人员编纂前代皇帝实录,已成为传统惯例。根据档案材料,把统治者的起居言行事迹,加工整理,按年、月、日、时记录,单独成书为"××皇帝实录"。我国历代实录卷帙浩繁,到清末光绪朝止,据统计,历代实录共有一百十六部,可惜大部分被毁,没有保存下来。目前仅有四种佚存实录,即韩愈撰《唐顺宗实录》五卷、钱若水等撰《宋太宗实录》二十卷(原书八十卷,今本收入《四部丛刊》)、明太祖到熹宗十三朝《明实录》二千九百二十五卷以及清太祖到德宗十一朝《大清实录》一百一十八帙(一千一百八十册),四千三百六十三卷,保存完好,具有重要参考价值。其次是"通鉴"一类史籍,分量也很大,如《资治通鉴》外,还有《唐鉴》、《明纪》、《清鉴》以及《通鉴纲目》等书。

大量古典编年史中,以宋代司马光编纂的《资治通鉴》最为有名。编者根据丰富史料,用十九年的时间把战国到五代时期一千三百余年的重要史实,综合写成一部以年为经、以事为纬的政治史。这部巨著向来为人们所推崇,并加以摹仿。宋李焘的《续资治通鉴长编》、明薛应旂的《宋元通鉴》、清阮沅的《续资治通鉴》、夏燮的《明通鉴》、谈迁的《国榷》、徐鼒的《小腆纪年》等书,全是在《通鉴》的影响下编写的。

纪事本末史籍是在编年体史书的基础上发展起来的,南宋袁枢编《通鉴纪事本末》,首创纪事本末体。袁枢抄录《通鉴》,书列二百三十九事,另附六十六事,总计三百零五事,一事一目,记载该事件的始末,各目按事件发生时间顺序编辑。本书分量不及《通鉴》的二分之一,对《通鉴》内容作了大量删减。在此著作影响下,出现了陈邦瞻的《宋史纪事本末》和《元史纪事本末》、谷应泰的《明史纪事本末》、李有棠的《辽史纪事本末》和《金史纪事本末》、张鉴的《西夏纪事本末》、杨陆荣的《三藩纪事本末》、高士奇的《左传纪事本末》、黄鹤寿的《清史纪事本末》以及李铭汉的《续通鉴纪事本末》等。

政书类主要记载历代文物典章制度,如政治制度、诏诰文书以及兵制、法制、财政、户口、赋役等。有的记载一个朝代,有的记载几个朝代。唐杜佑于公元 808 年修撰《通典》二百卷,记载历代典章制度的沿革,上起传说中的远古唐虞,下迄唐代宗朝事。计分食货、选举、职官、礼、乐、兵刑、州郡、边防等八典,下有若干子目,综述历代,而以唐制为详,是我国现存政书中最早的一部。其次是宋郑樵于公元 1161 年修撰《通志》二百卷,本书属于纪传体通史,上起远古,下至唐代,体例仿《史记》,共分五个部分,其中第四部分的二十略是本书精要所在,除礼、职官、选举、刑法、食货五略系根据前人的典章制度加以论述外,其余氏族、六书、七音、天文、地理、都邑、谥、器服、乐、艺文、校雠、图谱、金石、灾祥、昆虫草木等十五略属于个人专著,颇多识见。再次是南宋末马端临撰《文献通考》三百四十八卷。本书以杜佑《通典》为蓝本,在原有基础上加以补充。关于史事,《通典》记载到唐天宝时期,此本续补至宋嘉定末年

(1222年)，其中所载宋制最详。全书分二十四门，《田赋》、《钱币》、《户口》、《职役》、《征榷》、《市籴》、《土贡》、《国用考》从《通典·食货典》析出，《郊社》、《宗庙》、《五礼考》从《礼典》析出，《兵考》、《刑考》分《兵刑典》为二，《舆地考》系《州郡典》改题，《四裔考》是《边防典》的改称。新增加的五门：有采录历代著书目的《经籍考》，叙述历代帝王姓氏出处及其统治时期的《帝系考》，叙述历代封爵建国事略的《封建考》，叙述自然天象的《象纬考》，叙述各项事物灾异的《物异考》。立论精辟，创造不少新意。

　　《通典》、《通志》和《文献通考》习惯称"三通"，在此影响下，清乾隆时加入官修的《续通典》、《清通典》、《续通志》、《清通志》、《续文献通考》、《清文献通考》，称之为"九通"。1935年的商务印书馆印行刘锦藻的《清朝续文献通考》之后，才有"十通"之说。

　　"十通"之外，还有会典、会要、诏令等文献。会典有《明会典》、《清会典》等，会要有《春秋会要》、《秦会要》、《西汉会要》、《东汉会要》、《三国会要》、《唐会要》、《五代会要》、《宋会要辑稿》、《元经世大典》、《明会要》等，诏令有《两汉诏令》、《唐大诏令集》、《宋大诏令集》等。

三　子部与集部

　　子书是以先秦诸家思想体系为主的所谓"九流十家"组成，即以儒家、道家、墨家、名家、法家、阴阳家、纵横家、农家、杂家等九个思想流派和小说一家流派为主体，包括了历代著名思想家的代表著作以及文化艺术、天文历法、数术、医药、兵书、农艺、花鸟、虫鱼、器物、阴阳五行、占卜命相等。其中儒、道、墨、法等思想流派代表著作，后世也有许多传注义疏，约有数千种。《四库全书》收入子书共分儒家、兵家、法家、农家、医家以及天文算法、数术、艺术、谱录、杂项等十大类,计五百九十三种,七千三百四十六卷。清朝光绪年间湖北崇文书局刊刻的《百子全书》,收书一百零一种,五百零八卷,属于子书的主要代表著作,可供检阅。

此外,《宋元学案》、《明儒学案》、《清儒学案》以及《清学案小识》、《汉学师承记》、《宋学渊源记》等,也是属于子部书的重要文献,对研究宋、元、明、清时期哲学思想体系和学术源流很有参考价值。《宋元学案》一百卷,黄宗羲、全祖望等人编撰,列学案八十六个,另立党案及其他五个,将宋、元两代学术思想按不同流派加以系统总结论述。每个学案先列一个表,列举师友弟子,用以说明师承关系和学术渊源,其次叙述学者生平事迹,著作思想以及后人评论。《明儒学案》六十二卷,黄宗羲编撰,根据明代学者文集语录,分列宗派,立学案十九个,叙述明代思想家二百余人。每人先列小传,后载语录,叙述各人生平事迹、著作思想及其学术传授,属于系统的学术史专著。《清儒学案》二百零八卷,徐世昌编撰。《清学案小识》十卷,唐鉴编撰。这两部书汇辑了清代思想文化史资料,前书涉及清儒一千一百六十九人,后书记载二百六十一人。

集部主要是指历代文学家的文集,以《楚词》为首。历代文学家的诗文集,数量很多,但唐朝以前的大部分文集已经散失,没有保存下来。现存的唐朝文集约有一百九十四家,八百六十四卷。宋元文集据唐溶《静惕堂藏宋元人集目》统计,宋代见于著录者七百余种,实际上能见到的约有四百多种。辽代、元代文集不过六七十种。元代文集有一百一十五家。明清以后文集很多,明人文集约有二千种,清人文集仅据《贩书偶记》收载有二千三百七十多种,其数量难以作出确切回答,仅据《清代文集篇目分类索引》统计,约有四千种左右。

总之,现存历代文集大约有七、八千种左右。

这些文集是研究中国古典文学发展演变的第一手资料,同时对了解历代社会经济、政治、文化、民族以及中外关系等问题也有重要参考价值。张之洞在《輶轩语》中对清代文集作过如下评述:"国朝文集有实用胜于古集者,方苞、全祖望、杭世骏、袁枚、彭绍升、李兆洛、包世臣、曾国藩集中,多碑传志状,可考当代掌故、前哲事实;朱彝尊、卢文弨、戴震、钱大昕、孙星衍、顾广圻、阮元、钱泰吉集中,多刻书序跋,可考学术流别、群籍义例;朱彝尊、钱大昕、翁方纲、孙星衍、武亿、严可均、张澍、洪颐煊集中,多金石跋文,可考古刻源流、史传差误。此类甚多,可以隅反。"

除文集以外,还有历代文编,荟萃一代文章名篇。隋唐以前文献散失大,清严可均辑有《全上古秦汉三国六朝文》,收作者三千四百九十七人,每位作者文章一二篇至十余篇不等,按照时代编次为十五集,合七百四十六卷。清嘉庆时官修《全唐文》,收集唐、五代时期三千零四十二位作者写的各种体裁的文章达八千四百八十八篇。后来,陆心源又辑有《唐文拾遗》七十二卷,以补充《全唐文》之不全。五代以后的文编,有吕祖谦的《宋文鉴》、庄仲方的《南宋文苑》、陈述的《辽文汇》、缪荃孙的《辽文存》、张金吾的《金文最》、庄仲方的《金文雅》、苏天爵的《元文类》、薛熙的《明文在》、徐文驹的《明文选》、陈子龙的《皇明经世文编》、盛康的《皇明经世文编续编》、贺长龄的《皇清经世文编》、盛康的《皇清经世文编续编》、陈忠倚的《皇清经世文编三编》。此外,按照文学体裁分类,还有《全唐诗》、《全宋词》、《元曲选》以及笔记小说等。

隋唐以后历代笔记小说数量很大,更难统计。宋代笔记小说约有三百多种,明清笔记小说超过宋代又不止十倍。这类作品除大部头著作外,多散见于《太平广记》、《说海》、《古今逸史》、《五朝小说》、《龙威秘书》、《唐人说荟》、《艺苑捃华》、《说郛》以及《三言二拍》等丛书中。鲁迅的《唐宋传奇集》、郑振铎的《中国短篇小说集》，都是经过整理的笔记小说代表作品，可供查阅。

（原载 1980 年《历史教学》第 3 期）

类书、丛书与辑佚书

——中国古典文献丛谈（三）

类　书

类书，是采辑各种古籍中有关资料，把它分门别类地编列起来，供人查阅原文的工具书。类书所收的内容，上自天文，下至地理，旁及社会生活、科学技术，举凡人间的学问，无所不收，具有百科全书的性质。

类书的出现，给人们查阅与利用古籍资料提供了方便。明成祖朱棣在编《永乐大典》时对其臣僚说："天下古今事物，散载诸书，篇帙浩瀚，不易检阅。朕欲悉采各书所载事物类聚之，而统之以韵，庶几考索之便，如探囊取物尔。"

我国历史上第一部类书是魏文帝曹丕组织当时的学者王象等编辑的《皇览》。据《三国志·杨俊传》注：该书分四十余部，每部数十篇，约八百万字。可惜这部大书已经散失，没有保存下来。清孙冯翼辑佚本作一卷，收入《问经堂丛书》中。

早期的类书，多以专辑故事为主，如《皇览》、《华林遍略》；稍后乃有撷拾字句的，如《语对》、《语丽》；唐代以后才出现了如《艺文类聚》、《初学记》等文事兼采的类书。

今存唐代四大类书《艺文类聚》、《北堂书钞》、《初学记》和《白氏六帖事类集》中，以《艺文类聚》最为有名。《艺文类聚》由当时名家欧阳询主编,唐初武德七年(624年)编成。全书分天、岁时、地、州郡、山、水、符命、帝王、后妃、储宫、人、礼、乐、职官、封爵、政治、刑法、杂文、武、军器、居处、产业、衣冠、仪饰、服饰、舟车、食物、杂器物、巧艺、方术、内典、灵异、火药、香草、宝玉、百谷、布帛、果、木、鸟、兽、鳞介、虫豸、祥瑞、灾异等四十六部。每部又分各事物的子目,如天部下又分为天、日、月、星、云、风、雪、雨、霁、雷、电、雾、虹等,共计七百二十七个子目,约百万字左右。《北京大学二十五周年纪念研究所国学临时特刊》作过统计,这部类书,征引古籍共计一千四百三十一种。所引古籍多已散失,现存者不足十分之一。本书援引古籍谨严,均记出处,并具有特色。编者认为:"《流别》、《文选》,专取其文;《皇览》、《遍略》,直书其事。"他认为这两种作法"文义既殊,寻检难一"。因此,欧阳询创新体例,事文并举,"事居其前,文列于后"。从而改善了以往类书的偏重类事,不重采文,以及随意摘句,不录片段的缺点。使"览者易为功,作者资为用"。对后世来说,还有保存大量汉隋词章名篇的功绩。

宋代综合性类书日益增多,著名类书以《太平御览》、《册府元龟》为代表。"御览"凡千卷,由李昉等人主编,太平兴国八年(983年)成书。初名《太平编类》,后因宋太宗把它列为自己阅读的书籍之一,所以改名为《太平御览》。全书分五十五门、四千五百五十八个子目。资料来源于当代保存的一千六百九十多种文献,因此后人多以此书校勘文献,辑佚古书,或考证名物。例如我国古代科学家张衡创制浑天仪和地震仪的原著,早已亡佚,今保存于《御览》卷二天部浑仪目内。

《册府元龟》也是千卷,分三十一部、一千一百零四门,王钦若等主编,大中祥符六年(1013年)成书。本书所辑资料,均出于所谓正经、正史及唐五代诏令、奏议等史料,兼及《国语》、《战国策》、

《韩诗外传》、《吕氏春秋》、《管子》、《晏子》、《韩非子》、《淮南子》及《修文殿御览》等书。这些文献固多常见，但也有今已不传的，如书中引用唐和五代的诏令、奏议等史料，多全篇整节抄录，文中的一些俚语也未作删节，具有较高的原始资料价值。

北宋中叶，由于科学文化事业空前发展，特别是自从"神宗罢诗赋，用策论取士，以博综古今参考典制相尚，而又苦其浩瀚，不可猝穷"。于是社会上又出现了一大批类书。由于篇幅所限，兹不赘述。

明清时代的类书，种类繁多，分量庞大，流通使用广泛。明解缙等编《永乐大典》与清陈梦雷等编《古今图书集成》，都在万卷以上，规模宏伟，是贯通古今的类书巨著。

《永乐大典》成书于永乐六年（1408 年），凡二万二千八百十七卷，一万一千零九十五册，三亿七千万字。是我国历史上一部卷帙宏大，前所未有的大类书。书中采集古今图书七八千种，各类具备，无所不包。编辑方法仿照颜真卿编的《韵海镜源》，以《洪武正韵》为纲，按音韵编目，"用韵以统字，用字以系事"。元代以前的秘册佚文，往往一字不易地抄录，因此保存了大量古籍。清代开四库全书馆时，从中辑出佚书凡三百八十五部，四千九百四十六卷。有的虽已辑出，未及列入四库者，如《宋元两镇志》、《奉天录》、《九国志》等。此后，时常有人从《大典》中辑录佚书遗文的，如清徐松所辑的《宋会要辑稿》，其中大部分史料出自《大典》，而十之七八为《宋史》所不见。《大典》原有正副二本，正本早已无存，不知何时散失；副本一毁于英法联军，再毁于八国联军。解放后，经多方搜集，仅得二百十五册，加上从国外征集一部分复制本，包括照片在内，共得七百十四卷，约当全书总卷数的百分之三左右。1959 年中华书局影印出版，得以流传于世，供人阅读。

《古今图书集成》主编陈梦雷，前后用五十年的时间，终于康熙四十五年（1706年）完成这部大类书，初名《古今图书汇编》，后改为《古今图书集成》。这部书分历象、方舆、明伦、博物、理学、经济六编，三十二典，六千一百零九个子目，包括了当时社会的全部学问。作者在《松鹤山房集·上诚亲王汇编启》中说："凡六合之内，巨细必举，其在十三经、二十一史，只字不遗；其在稗史、子、集，十亦只删一二。"清朝康熙、雍正两朝鉴于《集成》汇编资料尚有遗漏，又先后组织大批学者专家开馆修订补充。雍正四年（1726年）定稿成书，铜活字印行，清末翻印两次，一是石印本，一是铅印本，印数发行不多。按今存"殿版"《古今图书集成》万卷计算，每页十八行，每行二十字，每卷平均约万字，全书一万万字。书中并附精美插图。其数量之大比当时《大英百科全书》第十一版多三四倍。

类书数量庞大，自三国曹魏以后，历代迭有编纂。据历代艺文、经籍志著录，约有六百余种，其中大部分已经散失，今存者约有二百种左右。

类书编纂的目的是为封建统治阶级服务的，从其部类子目安排和资料搜集来看，大都反映了封建正统观念及其伦理道德标准。且有的"繁简失宜，分合未当"。所引用资料，也多有欠慎失误之处。但必须指出，类书起着保存文献、传播知识、临文备查的积极作用。由于类书集中而又分门别类地保存了历代浩瀚的文献资料，对辑佚、校勘古典文献是不可缺少的工具书，因之一向为各国学术界所重视。如享有"百科权威"之称的《英国百科全书》在介绍我国百科全书时，就列举了魏晋隋唐以至近代的类书二十七种，并给以较高的评价。

丛　书

丛书与类书不同。丛书是把原来单独印行的许多典籍，汇编成为一部大书印行，题以概括各书的总书名。一部丛书多者辑书达数千种以上，如《丛书集成初编》；少者辑书不过二种，如明子章辑《秦汉国记》，仅收《三辅黄图》与《西京杂记》。丛书名目很多，有丛刻、丛刊、汇刻、合刻、丛编、类编、全书、全集等名称。

我国丛书产生很早，《诗》、《书》等古典文献已具有丛书的性质，对保存发展古籍文献起了重大作用。最早见于著录的丛书是陆澄汇编的《地理书》，这部书辑集了《山海经》以来一百六十家著作。后来任昉又增补是书为《地记》二百五十二卷。这是属于同一性质书籍编在一起的最早地理丛书。他如五代时国子监刻的《九经》、宋代刻的《七经正义》、元代刻的《十七史》等，均属专类辑刊丛书。

综合性丛书，据清代学者钱大昕讲，宋嘉泰元年（1201 年）俞鼎孙、俞经合编的《儒学警悟》，开创了综合性丛书的体例。该书收《石林燕语辨》等七种，凡七集四十一卷。此后，咸淳九年（1273 年）左圭辑《百川学海》，收书一百种，分十集，每集收七、八种至十余种不等。该书所收书籍以唐宋人著述为多，间有晋代及六朝时的文献。这部综合性丛书对后世影响很大。

明清时代，编辑丛书风气盛行，而且根据编者的学识爱好，各具特色。明代质量较好的丛书，有高鸣凤辑的《今献汇言》、胡维新辑的《两京遗编》、沈节甫辑的《纪录汇编》以及程荣辑的《汉魏丛书》等。

清代辑刻丛书之风更盛，不但数量多，而且质量也好。如黄丕烈的《士礼居丛书》、孙星衍的《岱南阁丛书》，都比较珍贵；卢文弨的《抱经堂丛书》、胡珽的《琳琅秘室丛书》,以精校古籍称著于时。卢文弨是清代校勘大家,凡经他手校勘的文献,都有校记,参考价值较高。至于鲍廷博的《知不足斋丛书》、伍崇曜的《粤雅堂丛书》、张海鹏的《学津讨源》、吴省兰的《艺海珠尘丛书》、曹榕的《学海类编》等,都以卷帙浩瀚闻名。《知不足斋丛书》分三十集,收书一百九十八种,不但校勘精良,而且许多几被淹没的古典文献,赖此得以流传后世。《学海类编》八百一十卷,收书四百四十一种,分为四部:经翼、史参、子类、集余。所选书籍,有其严格标准,有所谓十二不录之书,诸如佛道、诬妄、志怪、因果报应以及荒诞不经的著述一概不收。此外,经过名家校订的丛书,如卢见曾《雅雨堂丛书》,出自惠栋之手;吴骞《拜经楼丛书》、毕沅《经训堂丛书》,出自江声、孙星衍、钱坫之手;孙星衍《平津馆丛书》,多出自顾广圻之手;钱熙祚《守山阁丛书》,出自张文虎之手。这类丛书,编辑严谨,内容可靠,具有较高的文献价值。

还有以一姓为范围,专收同族人著述为一书的,如晁贻端辑《晁氏丛书》;有以一人为范围,专收一人著述为一书的,如王夫之《船山遗书》;同一性质的专科丛书,则有丁丙辑《当归草堂医学丛书》;同一时代著作,则有《汉魏丛书》、《唐宋丛书》。有关地域性的丛书,自明人《梓吴》一书开始,出现了一大批这类文献。如明末樊维城辑《盐邑志林》,收海盐县历代著述四十一种、六十五卷;清嘉庆间赵绍祖刻《泾川丛书》、宋世荦刻《台州丛书》、祝昌泰刻《浦城遗书》、邵廷烈刻《娄东杂著》等;清末有伍元薇刻《岭南遗书》、胡凤丹刻《金华丛书》、孙衣言刻《永嘉丛书》、丁丙刻《武林先哲遗书》、陆心源刻《湖州先哲遗书》、王文灏刻《畿辅丛书》,以及近代金毓黻刻《辽海丛书》等。此外,从《广雅书局丛书》中辑出的《史学丛书》,收集了清代学者有关史学研究的作品九十三种、一千七百七十一卷,其中有专就一史或诸史作的考证、辨说、注疏和校勘文字的资料,也有作补志、补表的,对史学工作者颇多参考价值。

"五·四"运动以后编辑的丛书,以《四部丛刊》和《四部备要》两部影响最广。前者由商务印书馆编印,分正、续编,都以涵芬楼藏书为基础,遍访国内藏书家所有宋、元、明刻善本,影印成为体式整齐的本子,是我国现存古典文献中的珍宝。正编凡三百二十三部、八千五百四十八卷(二十四史未计在内),分装二千一百册,1922年印行。续编凡五百五十部、六千九百七十卷,分装五百册,1934年印行。收有宋版书七十二种,金版书二种,元版书三十四种,其他诸书也多属明清善本,文献价值很高。《四部备要》由中华书局印行,没有采用影印的办法,而是用仿宋字排印,所收书籍偏重实用。经部收书五十四种,包括十三经注疏和清人的群经新疏;史部收书七十四种,包括二十四史和《通鉴》;子部收书七十九种,包括不少著名子书;集部收书一百四十种,包括历代名家专集和诗文集,一般都采用比较好的旧注本。全书分装二千册。1927年出版第一集,到1931年第五集出齐。后来根据五集底本,又有缩印精装本,颇为流行。可惜该书排印校勘疏陋,有不少错讹。

1936年到1937年,商务印书馆又出版了一套大型丛书,即《丛书集成初编》,荟萃古代丛书,共收古籍四千一百零七种,铅印袖珍本(有少部分影印本),分装四千册。这部书打破了传统的四部分类法,采用近代图书分类法,内分哲学、宗教、社会科学、自然科学等,很便于人们按学科分类检阅。

由于丛书在古典文献中占有十分重要的地位,它所保存的古文献既多且广,为了便于社会流通与阅读,人们很重视丛书的编目工作。清代顾修编《汇刻书目》,收丛书二百六十一种,是第一部丛书专目。李之鼎编《增订丛书举要》,收丛书一千零五种。沈乾一

编《丛书书目汇编》,收丛书二千零八十六种。清华大学图书馆编
《丛书子目书名索引》,虽然只收丛书一千二百七十五种,子目四万
余条,但便于检阅,是较为流行的一部丛书工具书。解放后,图书
馆工作者很重视丛书书目的编辑工作。1959 年,上海图书馆与全
国各大图书馆合作编成《中国丛书综录》三大册:第一册总目,汇集
全国四十一个图书馆所藏丛书二千七百九十七种,分类编排;第二
册子目分类索引,是将总目著录各丛书中的子目七万多条,按经、
史、子、集四部所属各类排列;第三册系全书子目书名及作者的总
索引。这部书目,几乎著录了我国现存的全部丛书。

　　丛书对保存古典文献功绩卓著,不可忽视。但也有流弊,如卢
文弨在《知不足斋丛书·序言》中评论某些丛书说:收编文献,"真伪
不分,雅俗不辨,或删削而非完善,或脱误而鲜校雠"。甚至"虚张
名目,而所载不及本书十之二三;或本一书而铢离之为四五,为六
七,此皆足以贻误后人"。这是应予注意的。

辑　佚　书

　　由于古典文献多次遭致毁坏或散失,所以辑佚整理古书已成
为人们十分注意的课题了。我国古代许多学者都非常关注辑佚整
理古书的工作,他们身体力行,从别的古书中考求佚文,掇拾补录,
对恢复古籍的概貌作出了很大的贡献。早在晋代,枚赜就辑佚伪
古文《尚书》。现今收辑于《说郛》中的《相鹤经》,也是较早的辑佚
书。宋代王应麟辑郑玄《周易注》、《尚书注》和《三家诗》,是当代辑
佚书的成就。明代的辑佚工作又前进了一步,如孙谷辑佚纬书五
十八种,对了解汉代的纬书颇有参考价值。清代的辑佚工作更为
发达,乾嘉时期,不少文人在清朝高压文化政策影响下,为了回避
社会现实斗争,专心考据文献,校勘版本,辑佚古书,已成为时代风

尚。辑佚诸家收罗群书，寻章摘句，把已经散失的书籍拼凑起来，力求复原，供人阅读。余肖容的《古经解钩沉》、任大椿的《小学钩沉》、孙冯翼的《经典集林》、张澍的《二酉堂丛书》、王谟的《汉魏遗钞》、《晋唐地理书钞》、茆泮林的《十种古佚书》等，都是属于这类著作。此外，孔广森、袁韵专辑汉儒郑玄佚书，成为一代专家。而惠栋、孙星衍、邵瑛、陈熙晋、俞樾诸家，对辑佚古书工作也有很多贡献。

大致说来，清人辑佚古书可分为三派：一是辑佚，如马国翰的《玉函山房辑佚书》与黄奭的《汉学堂丛书》；二是辑佚之外另加评议，如邵瑛的《春秋左传校注规过》（从《左传》注疏中辑出的）；三是辑佚之外另加引申，如陈寿祺的《尚书大传》辑本与《驳五经异义》辑本。

辑佚古书成就最大者，一是严可均辑《全上古秦汉三国六朝文》，本书从许多散失文献中搜辑唐以前作家三千四百九十人的作品，成为研究古典文学的第一手重要资料；二是黄奭辑《汉学堂丛书》，又名《逸书考》，分为《汉学堂经解》一百一十二种，《通德堂经解》十七种，《通纬》七十二种，《子史钩沉》八十四种，多是佚书新辑本，颇多参考价值；三是马国翰辑《玉函山房辑佚书》，共辑佚书六百十七种。马氏是一位勤奋学者，家贫好学。曾任县令，薪俸收入全部用于购书，家中藏书五万七千余卷。《玉函山房辑佚书》匡源的《序》介绍说：他收罗群书，"广引博征，自群经注疏、音义，旁及史传类书，片辞复字，罔弗搜辑"，对古典文献辑佚的贡献很大。

（原载 1980 年《历史教学》第 4 期）

经 书 引 论

《易》、《书》、《诗》、《礼》、《乐》和《春秋》六部典籍原是儒家创始人孔子在整理古文献的基础上编定的,作为孔子办教育的教材流行于春秋战国之际。所谓"六经"之名,到战国后期才出现,见于《庄子·天运篇》和《荀子·劝学篇》。但是,当时未被社会承认,而定为一尊,成为经典著作。到了汉代,武帝刘彻罢黜百家,独尊儒术,于是儒家的学说典籍便成为社会统治思想。因之,汉代文人才把《易》、《书》、《诗》、《礼记》和《春秋》称为"五经"。

有关"经"的解释,班固在《白虎通》一书中解释为"常",即常道的意思。据此,柳宗元在《断刑篇》中称:"经也者,常也;权也者,达经也。"意为:所谓经,就是常规;所谓因时制宜,就是要实现这个常规。这几部文献,在当代称之为"经"。正如《隋书·经籍志》所言:"夫经籍也者,机神之妙旨,圣哲之能事,所以经天地,纬阴阳,正纪纲,弘道德,显仁足以利物,藏用足以独善,学之者将殖焉,不学者将落焉。"它已构成封建思想文化的主体,属于社会上层建筑之列,是封建地主阶级的社会纲常伦理道德规范的教条,也是属于社会习惯法,代表着统治阶级的基本观念形态。

秦始皇焚书坑儒以后,所谓"六经"中的《乐》已亡佚,只剩下"五经"。这几部典籍,到汉代又有变化。《礼》一分为三:《周礼》,是一部按照儒家思想写成的讲述周朝王室官制和战国时期各国制度的典籍。全书共有《天官冢宰》、《地官司徒》、《春官宗伯》、《夏官司马》、《秋官司寇》、《冬官司空》等六篇,其中《冬官司空》早佚,汉代补以《考工记》。《仪礼》，是春秋战国时代一部分礼制的汇编，讲人们必须遵守的规则与思想作风修养。凡十七篇，包括冠、昏、丧、朝聘、宴飨的礼仪程序，是上层贵族分子的节文，流传于"士"，亦称之为《士礼》。《礼记》是儒者治礼选取讲礼的文章选编。相传是西汉戴圣编纂，亦称为《小戴礼》，今本为东汉郑玄注本。有《曲礼》、《檀弓》、《王制》、《月令》、《礼运》、《学记》、《乐记》、《中庸》、《大学》等四十九篇，大率是孔子弟子及其再传、三传弟子所记。《春秋》有左氏、公羊、谷梁三传。孔子修撰《春秋》，文简义深，褒贬分明，但对"定、哀之间多微词"，不敢明写当代政事，而用"微言大义"口授弟子。由于弟子领会不同，而出现三传：《左氏春秋》，相传为左丘明撰，用事实解释《春秋》，起于鲁隐公元年（前722年），终于鲁悼公四年（前464年），比《春秋》多出十七年，其叙事到悼公十四年（前454年）为止；《公羊传》，相传为公羊高撰；《穀梁传》，相传为谷梁赤（或作穀梁喜）撰。三传初仅口说流传，汉初成书，着重阐释《春秋》"大义"，起于鲁隐公元年，止于鲁哀公十四年（前481年）。因之，汉代以后，"五经"即成为"九经"。

熹平四年（175年），汉灵帝命蔡邕与堂溪典等人，正定经书文字，用隶书一体写成《鲁诗》、《尚书》、《周易》、《春秋》、《公羊传》、《仪礼》、《论语》等七种经书，刻石四十六块，立于太学门外，作为经书定本刊行于世，是为"熹平石经"。"熹平石经"早已亡佚，今仅存八千余字，见于马衡编《汉石经集存》。据记载，"熹平石经"公布以后，从各地前往洛阳抄写、校对经者，络绎不绝，太学门前每天有几百辆车子，甚至交通竟被堵塞。由此可见，经书在当时的社会影响了。

唐文宗太和七年（833年），命元度用当代流行的楷书写经，计有《周易》、《尚书》、《毛诗》、《周礼》、《仪礼》、《仪记》、《春秋左氏传》、《公羊传》、《穀梁传》、《孝经》、《论语》、《尔雅》十二种。另附五经文字、九经字样等。共刻石二百二十七块,于开成二年(837年)完成,史称"开成石经"。这是影响较大的刻经,今存于西安碑林。

北宋中叶,把《孟子》定为一经,才有"十三经"之说。

十三经是封建社会文人士子必读的教科书,长期以来,成为指导社会政治生活与精神生活的思想基础,为巩固地主阶级的封建统治起了重大作用,对中国封建社会思想文化、道德习俗产生了极其深刻的影响。十三经的内容很广泛,但其文字语言却很精练,它用极其简明的语言充分地表达了作品的思想内容。比如《左传》以不到二十万字的卷册,就记述了二百四十二年的历史(前722—前481年)。又如《诗经》,采辑了当时十五国的"国风"三百首民歌,而其字数不到四万。

由于十三经的古今版本不同,注疏家、校勘家又有衍文和佚文的增损,所以各家统计数字不一。据清人钱泰吉的统计,除去篇名,十三经正文共计六十四万七千五百余字。每一种经书的具体数字,据清人陈弘谋在《养正遗规补编》中记载:"今取六经以字计之,《孝经》一千九百三字,《论语》一万一千七百五字,《孟子》三万四千六百八十五字,《周易》二万四千一百七字,《尚书》二万五千七百字,《诗经》三万九千二百三十四字,《礼记》九万九千一十字,《周礼》四万五千八百六字,《春秋左传》一十九万六千八百四十五字。"其他四经,计《仪礼》约五万七千一百一十四字,《公羊传》约四万四千三百零二字,《穀梁传》约四万零九百二十七字,《尔雅》约一万零八百零九字。

古人常说,稚年入学,皓首穷经,好像一辈子也读不完似的。其实不然,六十多万字的东西是可以读完的。当然这些古典文献,是根据不同社会历史环境,用当代语言文字记录下来的。由于时间的推移，社会环境的变迁，而语言文字也随之发生了变化。后人对前人的经典著述，在阅读理解方面自然发生不少困难，或是不理解文义，或是不懂字句，或是不明声训。但是"穷经"并非可望而不可及。

在封建社会中，文人的主要学问是经学。秦火以后，只有《易经》被保存下来，其他经书全被焚毁。汉武帝罢黜百家，尊崇儒术。作为儒术的经典，除《易经》外，是靠人们耳目相传。田何传《易》，伏生传《书》，申培传《诗》，高堂生传《礼》，《春秋》传者是公羊、谷梁两家。这些经书都是口传后用汉代通行的简化字隶书写的，因之称为"今文经"；汉初在孔子旧宅墙壁中，发现有用古文（即篆文或籀文）写的《尚书》、《礼记》、《论语》、《孝经》等经书，称为"古文经"。于是，在政治学术思想界引起了一场剧烈的经今古文之争，持续时间很长，在中国古代史中影响深远。

汉代今文学派与古文学派的斗争非常尖锐。从表面上看，今文与古文的区别在于文字，但究其实质却非如是。今文经在汉代，特别是在西汉时代，受封建王朝的支持和推崇，属于"官学"，颇有政治势力；古文经则属于"在野巨儒"的"私学"，没有社会地位。两派不仅文字注释不同，而义理解说也有重大分歧。一般讲来，今文学派注重"微言大义"，而古文学派则注重文字训诂。今文学派竭力把经书和神学迷信相联系，古文学派虽然还未能完全摆脱神学迷信的羁绊，但却竭力把经学和神学区别开来，而表现出一种唯物主义倾向。因此，古文要比今文进步一些。

汉武帝时期，采用公孙弘的建议，设立"掌通古今"的五经博士，教授学生，培养合乎统治阶级需要的人才。每经十人，全国弟子员五十人，终身享有免役特权，借以提高儒家的社会地位。博士家法，师承相续，自成一派。武帝时五经博士以今文经学为主，而同时河间献王刘德也自立博士,表彰民间古文经学,与"官学"相抗衡。据《汉书·儒林传赞》载:"初,《书》唯有欧阳,《礼》后,《易》杨,《春秋》公羊而已。至孝宣世,复立大小夏侯《尚书》,大小戴《礼》,施、孟、梁丘《易》,穀梁《春秋》。至元帝世(前48—前32年),复立京氏《易》。"这些都是今文经学。当时博士弟子员不断增加,到元帝时增至千余人,今文经学大为盛行,在社会上形成了很大势力。汉平帝时(公元1—5年)立左氏《春秋》、毛氏《诗》、《逸礼》和《古文尚书》,古文经学逐渐成为"官学"。王莽篡汉,为了大造托古改制舆论,特立五个古文经博士,大力提倡古文经。刘秀即位后废古文博士,而立今文经十四博士:《易》有施、孟、梁丘、京氏,《尚书》欧阳、大小夏侯,《诗》齐、鲁、韩、毛,《礼》大、小戴,《春秋》严、颜,从而恢复了今文经的统治地位。他们倡导今文,大讲谶纬之学,今古文之争十分激烈复杂。

东汉章帝建初四年(79年),会集经师学者于白虎观,讲论五经异同。今文学派为了解决有关文字、思想和师说的矛盾,通过白虎观的经学辩论,感到有必要通过皇帝制成定论,以保持思想上的统治地位,遂编著《白虎通德论》(即《白虎通义》),将汉武帝时董仲舒以来今文经学的唯心主义与神秘主义哲学思想加以延伸和扩大,作为封建统治阶级政治统治的思想基础。

东汉中叶以后,经学转到民间儒师手中,两派斗争终未停止。古文经学派具有雄厚实力,贾逵、服虔、马融、许慎等人都是著名的古文大师,他们的著述对后世影响很大。

汉儒治经,训诂之学大为发展。经学家释经"既已乖离,博学者又不思多闻阙疑之义,而务碎义逃难,便辞巧说,破坏形体,说五字之文,至于二三万言"①。可谓繁琐已极。据说《尚书》中的"尧典"二字竟衍绎成十多万字。更有甚者,一部经书章句多至百万言。真所谓"幼童而守一艺,白首而后能言",严重地桎梏人们的思想。

东汉末年以来,经学大师郑玄独树一帜,形成一个最大学派。郑玄(127—200年),字康成,经学造诣很深,早年曾入太学学今文《易经》和《公羊传》,又从张恭祖学《古文尚书》、《周礼》、《左传》等,最后从马融学古文经。郑氏以古文经说为主,兼采今文经说,遍注群经,颇多贡献,成为汉代经学集大成的学者,世称为"郑学"。三国时经学家王肃(195—256年),与之相抗衡。王肃遍注群经,不分今文、古文,对各家经义加以综合。曾伪造《孔子家语》等书,为其所撰《圣证论》的根据,与"郑学"对立,世称为"王学"。"郑学"与"王学"是对经书作了全面而系统的阐释,各成一家之言,著书立说,对后世经学发展影响很大。

西晋永嘉之乱(291—306年)以后,博士章句丧失,西汉以来所传今文被全部消灭。经学大师辈出,新说林立,纷纭不止,古今文界限已不明显,"王学"与"郑学"之争代替了今古文之争。大致说来,西晋时"王学"压倒"郑学",东晋时"郑学"又压倒"王学"。南北朝时,南方大讲魏晋玄学,北朝仍然继承东汉以来的学风。

隋唐统一中国以后,南北经学派别不同,社会统治思想混乱,取士选官困难。因之,唐太宗李世民命孔颖达等人编纂《五经正义》一百八十卷,作为唐代官书颁行于世。孔颖达以"疏不破注"为原则,折中南北各派经学,《易》用三国魏王弼注,《书》用孔安国伪传,《诗》用西汉毛公传、东汉郑玄注,《礼记》用郑玄注,《左传》用西

---

① 《汉书·艺文志》。

晋杜预注,从而统一了南北各派经学。此后,经书均以《正义》为准,作为法定教材,教授子弟,因袭背诵,考试做官,长期以来的各派经学之争平息下来,经学已无所发展了。

宋儒治经,别开局面。宋代理学家一反前代治经训诂章句之学,而注重义理,提出"六经为我"的口号。理学家朱熹以《礼记》中的《大学》、《中庸》两篇和《论语》、《孟子》定为"四书"。他亲自为"四书"作注,即《四书集注》,作为学校课本,成为考试做官的依据和社会道德修养的规范,长期禁锢着人们的思想,阻碍学术思想文化的发展。经学新变种的义理之学称为"宋学",对中国封建社会后期思想文化影响深远。

明儒师承"宋学",只读朱熹《四书集注》,而不读"五经",以此参加八股文取仕。明末清初,在社会急剧变化的过程中,大思想家顾炎武、黄宗羲、王夫之等人,提出"经世致用"口号,要打破传统经学框框,研究社会现实问题。顾炎武讲道:"孔子删述六经,即伊尹、太公救民水火之心,故曰'载诸空言,不如见诸行事'……愚不揣有见于此,凡文之不关于六经之指当世之务者,一切不为。"①旧经新义,多所创获。到了乾嘉时代,在清朝高压文化政策影响下,士人逃避现实,注重考据,形成所谓"乾嘉学派",研讨训诂,考据经书,已成为时代风尚。清代学者阎若璩的《尚书古文疏证》、胡渭的《易图明辨》等著作对辨伪经书,具有重大意义,特别是《尚书古文疏证》一书,在吸收前人研究成果的基础上,从根本上解决了东晋晚出的《古文尚书》与孔安国《尚书传》的真伪问题。清人研究经书成果十分可观,举其要者,《易经》则有惠栋的《周易述》、张惠言的《周易虞氏义》、姚配中的《周易姚氏学》,《书经》则有江声的

---

① 《亭林文集·与友人书二》。

《尚书集注音疏》、孙星衍的《尚书今古文疏证》、段玉裁的《古文尚书撰异》、王鸣盛的《尚书后案》,《诗经》则有陈奂的《毛诗传疏》、马瑞辰的《毛诗传笺通释》、胡承珙之《毛诗后笺》,《周礼》则有孙诒让的《周礼正义》,《仪礼》则有胡承珙的《仪礼古今文疏义》、胡培翚的《仪礼正义》,《左传》则有刘文淇的《春秋左氏传正义》,《论语》则有刘宝楠的《论语正义》,《孝经》则有皮锡瑞的《孝经郑注疏》,《尔雅》则有邵晋涵的《尔雅正义》,《孟子》则有焦循的《孟子正义》。总之,十三经除《礼记》、《榖梁传》外,均有新疏一种或数种。

清康熙年间,纳兰成德刊刻的《通志堂经解》,由徐乾学、何焯主编,收九经解一百四十六种,一千八百六十卷。编者搜集了唐、宋、元、明历朝以来关于《易》、《书》、《诗》、《春秋》、《三礼》、《孝经》、《论语》、《孟子》、《四书》等经书的注释。乾隆年间,阮元编《皇清经解》,汇刊乾嘉学派治经的成果,收书一百八十种。王先谦又编《皇清经解续编》,收书二百零九种。正续经解基本上集中了当代经书研究成果。

现今通行的十三经本子,是南宋光宗绍熙年间(1190—1194年)合刊本《十三经注疏》:

1.《周易正义》十卷,晋王弼、韩康伯注,唐孔颖达正义;

2.《尚书正义》二十卷,汉孔安国传,唐孔颖达正义;

3.《毛诗正义》七十卷,汉毛亨传,郑玄笺,唐孔颖达正义;

4.《周礼注疏》四十二卷,郑玄注,唐贾公彦疏;

5.《仪礼注疏》五十卷,郑玄注,唐贾公彦疏;

6.《礼记正义》六十四卷,郑玄注,唐孔颖达正义;

7.《春秋左传正义》六十卷,晋杜预注,唐孔颖达正义;

8.《春秋公羊传注疏》二十八卷,汉何休注,唐徐彦疏;

9.《春秋榖梁传注疏》二十卷,晋范宁注,唐杨士勋疏;

10.《论语注疏》二十卷,魏何晏等注,宋邢昺疏;

11.《孝经注疏》九卷,唐玄宗注,宋邢昺疏;

12.《尔雅注疏》十卷,晋郭璞注,宋邢昺疏;

13.《孟子注疏》十四卷,汉赵歧注,宋孙奭疏。

有关经书的传、记、注、音、疏,十分繁复庞杂。春秋时只有"六经",定为所谓万世不变的真理。战国以后,儒家著述解释"六经"大义的"传"、"记"开始兴起。《易》有上下《彖传》、上下《象传》、上下《系辞》及《文言》、《序卦》、《说卦》、《杂卦》等,称为"十翼",是为《易传》,都是最早解释《易》的著作。《礼》所附的"记"以及《春秋》三传,都是这类作品,只是到了汉代时期才升格为"经"。西汉初年学者所写的传、记,还以阐述经义为主,如《尚书大传》、《韩诗外传》、《春秋繁露》等。以后逐步转向名物、文字的解释,发展了章句训诂之学,如《毛诗传》等著述。从东汉到魏晋,解释名物、文字的笺注之学成为治经主流,传至于今的有《毛诗笺》、《三礼注》、《公羊传解诂》、《周易注》等,后世称之为古注。与此同时,还有"经"的"音",如徐邈对群经都作了"音"。唐陆德明总结诸家之"音",而作《经典释文》。音与义相连,注一不同音,即表示出一种不同的解释。

南北朝以后,人们对汉魏笺注感到古奥,于是出现了讲义式的"义疏",逐字、逐句、逐章释经,"疏不破注"(古注),每种经书都有二三家"义疏"。孔颖达等人编定"正义",取南北朝诸家"义疏"而无所发展。经、注、疏成为三个层次,但是"义疏"多已散失。唐宋学者作的注疏,存于通行的《十三经注疏》之中。

北宋中叶以后,注疏经书开始创新,不少学者已抛弃汉、唐旧说,自创新注,讲究义理。到南宋时已成一套新注,如《诗经集传》、《尚书集传》、《礼记集说》等。这套新注,已成为御用官学,人们称之为"宋学",用以区别前代笺注之学。

　　清代学者要纠正宋儒义理空疏流弊,大兴考据之学。他们对旧十三经注疏很不满意,打起恢复"汉学"的旗帜,根据汉人笺注作"疏证",形式上恢复了经文、古注、疏证三个层次,编出清朝十三经注疏。他们对旧注好的便疏旧注,不好的便连旧注一齐改造,兼采各家,搜集佚文,互相会通,既疏其义,又考订其误。自邵晋涵起,到孙诒让为止,作新疏者十余家,十三经中,清人新疏者已达十种。这些新疏作者,都是当代著名学者,穷毕生之力,熔铸几百种参考文献,才形成一稿,远远超过了古注,具有较高的参考价值。

　　长期以来,一部经书注释繁衍,多至数十种乃至上千种。仅据《四库全书简明目录》统计,一部《易经》,汉魏注本凡三种,唐人注本凡四种,宋人注本凡五十六种,元人注本凡二十三种,明人注本凡二十四种,清人注本凡四十六种,共计一百五十余种。一部《论语》,历代阐释著述更是十分浩瀚,程树德的《论语集释》征引注家典籍达六百八十种,日本学者林泰辅博士在《论语年谱》中著录有关《论语》的注释、考订、校勘、研究的文献有三千种之多。

　　总之,经书仅有十三部,字数不过六十五万。但历代释经著述极多,散失很大,已无法统计。仅据《四库全书总目》与《贩书偶记》二书收载有关经书目录即达三千四百余部,近四万卷。未见著录者当不止此数,总计有关经书著述约有万种左右,其中传、记、注、疏、音的分量浩瀚,要超过经书原文的四五百倍,估计约有三万万字左右。在新的形势面前,认真总结分析历史上形成的大量古典文献,对研究中国古代哲学、历史、政治、经济、文化等学科都是十分必要的。

(原载 1980 年《求是学刊》第 2 期)

史书引论

中国自古以来就有修史传统,史籍文献十分丰富,而且源远流长,自成体系。据载:"古者天子诸侯,必有国史,以纪言行,后世多务,其道弥繁。夏殷已上,左史记言,右史记事。周则太史、小史、内史、外史、御史分掌其事,而诸侯之国亦置史官。"①、各种史官职责不一,但具有共同特点,一般负责记录王侯言行、著册国家大事、搜集资料、整理文献、保存档案等工作。凡属社会典章文物、政策法令、语言文字等均由史官垄断掌管,即所谓:"周之世官,大者史。史之外无有语言焉,史之外无有文字焉,史之外无人伦品目焉。"②

公元前 841 年,西周共和行政,是为中国古史纪年之始。与此同时,鲁、齐、晋、秦、楚、宋、卫、陈、蔡、曹、燕各王国也有了明确的纪年。此后,中国历史有了持续不断的纪载,均有按年检索的史籍。《春秋》这部编年史书出现后,即从公元前 722 年开始,中国历史便有了更为详细完备的纪载,为后世提供了十分丰富的编年史资料。

所谓"春秋",是古代史籍的通称,并非鲁国所独有。《国语·晋语》载:司马侯曰:"羊舌肸习于春秋。"《楚语》载:申叔时曰:"教之春秋。"晋、楚"春秋"均在孔子编《春秋》之前。司马迁说,"捃摭《春

---

① 《隋书·经籍志》。
② 《龚自珍全集》第一辑《古史钩沉论二》。

秋》之文以著书"者，"不可胜纪"①。因之，《墨子·明鬼篇》记有"周之春秋"，"燕之春秋"，"宋之春秋"，"齐之春秋"。此外，无春秋之名，而有春秋之实者，"晋之乘，楚之梼杌，鲁之春秋，一也"②。这一类史籍到战国初年尚存，如墨翟曾说"吾见百国春秋"。闵因也说："昔孔子受端门之命，制春秋之义，使子夏等十四人求周史记得百二十国宝书。"③ 清皮锡瑞认为墨翟所说的"百国春秋"即"百二十国宝书"。

殷周以来，各国史籍除《春秋》外，以书为名者有《虞书》、《夏书》、《商书》、《殷书》、《周书》、《郑书》、《楚书》、《礼书》、《刑书》、《丹书》等，以志为名者有《周志》、《郑志》、《军志》、《前志》、《故志》以及《史佚之志》、《仲虺之志》等，以典为名者有《事典》、《政典》、《礼典》、《训典》、《令典》以及《周公之典》等④。

战国之后，"陵夷衰乱，史官放绝，秦灭先王之典，遗制莫存"⑤。先秦大量史籍已经散失，流传于今者仅有《尚书》、《春秋》、《左传》、《国语》四种而已。此外尚有《战国策》、《竹书纪年》、《世本》以及《逸周书》、《穆天子传》等书，均经后人整理加工而成，原著亦不复存，其内容大致可以反映先秦时期的历史情况。

汉武帝建元年间(前140—前135年)，始置太史公，命司马谈专掌修撰史书工作。此后，历代封建王朝因之，设立专门机构，隶属于中央主管部门，任命亲信官员，拢络才学兼备的士人，修撰《起居注》、《实录》以及历代史籍。封建国家严格控制史书修撰工作，

① 《史记》卷十四。
② 《孟子·离娄下》。
③ 《春秋公羊传疏》。
④ 参见《左传》、《国语》等书。
⑤ 《隋书·经籍志》。

用以宣传封建正统观念、伦理纲常道德,维护现存的统治制度。我国古代除官修史书外,私人史籍著作远远超出官修史书的数量,从而极大丰富了中国古代史籍内容。

　　早期史籍数量有限,在文献中尚未形成独立部类。汉刘歆编《七略》,只有六艺、诸子、诗赋、兵书、方使、术数,而无史略。班固撰《汉书·艺文志》,也因袭《七略》,未立史部,以《奏议》、《国语》、《新国语》、《世本》、《战国策》、《奏事》、《楚汉春秋》、《太史公》、冯商所续《太史公》、《太古以来年纪》、《汉著记》、《汉大年记》等五百二十一篇,均附于"春秋家"之后。其他如《苍颉篇》则附于"小学家",《高祖传》、《李氏春秋》则见于"儒家",《青史子》则见于"小说家"。晋荀勖撰《中经簿》,编四部书目录,将史书列入丙部,有史记、旧事、皇览簿、杂事诸类,是为史书独立部类之始。此后,李充、谢灵运、王亮、任昉、殷钧、王俭诸家官修撰书目,皆奉为法式,确定了史书的独立部类。

　　南朝梁普通中(523 年),阮孝绪编《七录》,将史传典籍列入"记传"类中,计有:

1. 国史部	216 种	509 帙	4596 卷
2. 注历部	59	167	1221
3. 旧事部	87	127	1038
4. 职官部	81	104	801
5. 仪典部	80	252	2256
6. 法制部	47	95	886
7. 伪史部	26	27	161
8. 杂传部	241	289	1446
9. 鬼神部	29	34	205
10. 土地部	73	171	869

11. 谱状部	42	423	1064
12. 簿录部	26	62	383

以上总计十二部,一千零七种,二千二百六十帙,一万四千九百二十六卷,与《隋书·经籍志》著录史书数量不相上下①。《七录》虽无史部之名,而有史部之实,基础本奠定了史部文献基础。

《隋书·经籍志》编者根据实际情况,将史部正式列入四部书中,而成为中国古典文献中的独立部类。隋志史部细目计有:

1. 正史   67 部 3083 卷(通计亡书合 80 部 4030 卷)
2. 古史(编年) 34   660
3. 杂史   72   917   (通计亡书合 73 部 939 卷)
4. 霸史   27   335   (通计亡书合 33 部 346 卷)
5. 起居注   44   1189
6. 旧事   25   404
7. 职官   27   336   (通计亡书合 36 部 433 卷)
8. 仪注   59   2029 (通计亡书合 69 部 3094 卷)
9. 刑法   35   712   (通计亡书合 38 部 736 卷)
10. 杂传   217   1286 (通计亡书合 219 部 1503 卷)
11. 地理   139   1432 (通计亡书合 140 部 1434 卷)
12. 谱系   41   360   (通计亡书合 53 部 1280 卷)
13. 簿录   30   214

以上十三类,八百一十七部,一万二千九百五十七卷(通计亡书合八百七十四部,一万六千二百六十二卷)。此后,史志目录文献,大致根据隋志部类细目而编定。《旧唐书·经籍志》史部收十三类,八百四十四部,一万七千九百四十六卷。《新唐书·艺文志》史

---

① 《广弘明集》卷三。

部收十三类,著录五百七十一家,八百五十七部,一万六千八百七十四卷;不著录三百五十八家,一万二千三百二十七卷。《宋史·艺文志》史部收十三类,二千一百四十七部,四万三千一百零九卷,这个数字,三倍于隋志,可见宋代史部文献之多。《通志·艺文志》著录史书二千三百零一部,三万七千六百一十三卷。《文献通考·经籍考》著录史部书籍一千零三十六部,二万四千零九十六卷。《明史·艺文志》不著录历代史书,只著录当代史书一千三百一十六部,三万零五十一卷。清朝编《四库全书》时,对史籍文献进行一次大清理,见于著录者:

		部	卷	存目	部	卷
1.	正史	38 部	3739 卷	存目	7 部	85 卷
2.	编年	38	2066		37	847
3.	本末	22	1247		4	26
4.	别史	20	1614		36	1306
5.	杂史	22	273		179	757
6.	诏令奏议	39	1548		96	884
7.	传记	96	1757		404	3181
8.	史钞	3	38		40	1619
9.	载记	21	380		21	106
10.	时令	2	29		11	120
11.	地理	147	4777		329	4979
12.	职官	21	382		56	461
13.	政书	47	3785		112	1039
14.	目录	47	697		36	101
15.	史评	22	299		100	867

以上著录及存目共计二千零五十三部,三万九千零九卷。另据《贩书偶记》与《贩书偶记续编》统计,史部收录文献二千九百三

十八部,四万五千三百六十三卷。《四库全书》与《贩书偶记》、《贩书偶记续编》所收史书共计四千九百九十一部,八万四千三百七十二卷。史部文献当不止此数,据梁启超估计"应在十万卷以外"①。

中国古代史籍浩瀚,体裁多样,世界各国无可比拟,概括讲以下各种:

1. 纪传体正史

所谓"正史"之名,初见于《隋书·经籍志》:"世有著述,皆拟班、马,以为正史。"除《史记》等少数几部外,都是历代封建统治者组织有关人员修撰的。司马迁的《史记》一百三十卷、班固的《汉书》一百二十卷、范晔的《后汉书》一百三十卷与陈寿的《三国志》六十五卷,总称为"四史"(亦称"前四史")。《旧唐书·经籍志》乙部"正史类"除"四史"外,还有房玄龄等编《晋书》一百三十卷、沈约编《宋书》一百卷、萧子显编《南齐书》五十九卷、姚思廉编《梁书》五十六卷、《陈书》二十六卷、魏收编《魏书》一百三十卷、李百药编《北齐书》五十卷、令狐德棻等编《周书》五十卷、魏徵等编《隋书》八十五卷,共计"十三史"。宋朝人加李延寿的《南史》八十卷与《北史》一百卷、欧阳修的《新唐书》二百二十五卷与《新五代史》七十四卷,乃有"十七史"之称。明朝嘉靖年间检刻"十七史"时,又加脱脱编《宋史》四百九十六卷、《辽史》一百十六卷、《金史》一百三十五卷、宋濂等编《元史》二百一十卷,合称"二十一史"。由于系由明朝国子监刊刻,因称"明监本二十一史"。清朝乾隆时张廷玉等编《明史》三百三十二卷定稿、诏刊二十二史时,又诏增刘昫的《旧唐书》二百卷,并从《永乐大典》中辑出薛居正的《旧五代史》一百五十卷,合称为"二十四史"。乾隆四十年(1775 年)武英殿主持刻竣,是为"清

---

① 《中国历史研究法》。

殿本二十四史"。二十四史共计三千二百十九卷,四千五百多万字。开明书局影印"殿本"二十四史时,又增柯绍忞的《新元史》二百五十七卷,遂有"开明二十五史"之说。1927年赵尔巽等人修撰《清史稿》五百三十六卷,又有"二十六史"之说。总计二十六史四千零十二卷,五千八百多万字。

上述正史,有本纪、列传、世家、书、表、志等,以历代政治为主体,附以经济、文化、人物与典章制度。其中除《史记》等属于通史著作外,其他各史多属纪传体断代史。历代学者对正史的研究、考订、校注、增补著述很多,流传至今者,据东君编《二十四史注补表谱考证书籍简目》统计,共有六百二十余种,可供治史者参考。

2. 编年体史书

孔子编的《春秋》是我国现存最古的一部编年史。但由于此书列入"五经",所以旧说编年史以《左传》为代表。汉代陆贾的《楚汉春秋》,属于编年史著作,因此书亡佚,内容不得而知。汉献帝以《汉书》繁博难读,诏荀悦撮要删之,乃撰《汉纪》三十卷,是为现存汉代编年史代表著作。继《汉纪》之后,则有张璠、袁宏的《后汉纪》、孙盛的《魏春秋》、习凿齿的《汉晋春秋》、干宝、徐广的《晋纪》、裴之野的《宋略》、吴均的《齐春秋》、何之元的《梁典》等。可惜这些编年史著述除袁宏《后汉纪》外,都已亡佚,现存汉代编年史仅有荀、袁二家著述而已。汉代还有专纪皇帝起居言行的起居注。据载:"汉武帝有《禁中起居注》,后汉明德马后撰《明帝起居注》,然则汉时起居,似在宫中,为女史之职。然皆零落,不可复知。今之存者,有汉献帝及晋代已来起居注,皆近侍之臣所录。"① 这类起居注,多属秘而不宣的禁中事件,仅供后世修史参考之用。

---

① 《隋书·经籍志》。

南北朝以后,历代统治者曾组织史官根据起居注、日录、时政记一类文献,编纂实录,作为编年史书流传于世。最早见于著录的是《梁皇帝实录》①。编纂《实录》是历代封建王朝的传统。新皇帝即位后,马上组织有关人员编纂前代皇帝实录,按年月日排比,纪录皇帝起居言行,如《某某皇帝实录》。历代实录卷帙浩繁,大部被毁,目前仅有四种佚存实录,即韩愈撰《唐顺宗实录》五卷、钱若水等撰《宋太宗实录》二十卷(原书八十卷)、明太祖至熹宗十三朝《实录》二千九百二十五卷以及清太祖至德宗十一朝《实录》一百二十二帙一千二百二十册,保存完好,具有重要文献参考价值。

"通鉴"一类史书是编年史中的重要组成部分,宋代史学家司马光首开其书体例。主编司马光根据丰富史料,约用十九年的时间(1066—1084 年),完成了二百九十四卷的《资治通鉴》。这部编年史巨著向来为人们所推崇,并加以摹仿。另有新著,如宋李焘的《续资治通鉴长编》、明薛应旂的《宋元通鉴》、清毕沅的《续资治通鉴》、夏燮的《明通鉴》、谈迁的《国榷》以及徐鼒的《小腆纪年》等。与此相仿的著述很多,如《唐鉴》、《明纪》、《清鉴》、《通鉴纲目》等。

3. 纪事本末史书

此类史籍是在编年体史书的基础上发展起来的,南宋袁枢编《通鉴纪事本末》四十二卷,首创其例。据载:"纪传之法,或一事而复见数篇,宾主莫辨;编年之法,或一事而隔数卷,首尾难稽。枢乃自出新意,因司马光《资治通鉴》,区别门目,以类排纂,每事各详起讫,自为标题;每篇各编年月,自为首尾。始于三家之分晋,终于周世宗之征淮南,包括数千年事迹,经纬明晰,节目详具,前后始末,

---

① 《隋书·经籍志》。

一览了然。遂使纪传、编年贯通为一,实前古之所未见也。"① 在此著作影响下,有陈邦瞻的《宋史纪事本末》一百零八卷、《元史纪事本末》二十七卷、谷应泰的《明史纪事本末》八十卷、李有棠的《辽史纪事本末》四十卷、《金史纪事本末》五十二卷、张鉴的《西夏纪事本末》三十六卷、杨陆荣的《三藩纪事本末》四卷、高士奇的《左传纪事本末》五十三卷、黄鸿寿的《清史纪事本末》八十卷以及李铭汉的《续资治通鉴纪事本末》一百十卷等。

4. 政治制度史书

主要记载历代文物典章制度,即有关国家制度、诏诰文书以及兵制、刑制、财政、户口、土地、赋役等。有的记载一个朝代,有的记载几个朝代,体例内容大致相同。唐朝杜佑修撰《通典》(808 年)二百卷,是为我国现存政书中最早的一部。本书记载历代典章制度沿革,上自传说中的远古唐虞,下迄唐朝肃宗、代宗朝事。内分食货、选举、职官、礼典、乐典、兵刑、州郡、边防等八门,下有若干子目。综述历代,而以唐制为详。全书二百卷,礼典占一百卷,对古代礼制阐述尤详。宋朝郑樵修撰《通志》(1161 年)二百卷,本属于纪传体通史,上自远古,下至唐代,体例仿《史记》,其中"二十略"是本书精要所在,具有政书性质。"二十略"中除礼、职官、选举、刑法、食货等五略系根据前人的典制文籍加以论述外,其余氏族、六书、七音、天文、地理、都邑、谥、器服、乐、艺文、校雠、图谱、金石、灾祥、昆虫草木等十五略均属个人专著,颇多独到之处,文献参考价值甚高。宋末马端临撰《文献通考》三百四十八卷,是以《通典》为蓝本,并在原有基础上加以补充。关于史事,《通典》止记于唐中叶,而此书从天宝续补至宋嘉定五年(1212 年),其中所载宋制最

---

① 《四库全书总目》卷四八。

详。全书二十四门中,以新著五门为上,采录历代著述的《经籍考》,叙述历代帝王姓氏出处及其统治的《帝系考》,载纪历代封爵建国事略的《封建考》,表明自然天象的《象纬考》,反映各项事物灾异的《物异考》,皆立论新颖,颇多创见。

《通典》、《通志》与《文献通考》习惯称为"三通"。以此"三通"为基础,清乾隆时加入官修的《续通典》一百五十卷、《清通典》一百五十卷、《续通志》六百四十卷、《清通志》一百二十六卷、《续文献通考》二百五十四卷、《清文献通考》三百卷,称之"九通"。1935年商务印书馆刊印"九通"时再加入刘锦藻的《清续文献通考》四百卷,才有"十通"之说。"十通"共二千七百六十八卷,博贯古今,可资考稽上自远古、下至宣统三年(1911年)清朝灭亡前的典章文物制度,成为研究中国数千年政治制度发展演变的系统文献资料。

"十通"之外,还有大批会典、会要以及诏令文书等。会要与会典均属典制一类文献,前者多私人修撰,后者多官修。这类文献宋人为之最勤,宋初有王溥撰《唐会要》一百卷、《五代会要》三十卷。南宋有徐天麟撰《西汉会要》七十卷、《东汉会要》四十卷。此外,李攸的《宋朝事实》、李心传的《建炎以来朝野杂记》,虽无会要之名,而有会要之实,均属政书典制文献。官修的《宋会要》达二千二百余卷,惜未刊行,后来亡佚。清人徐松从《永乐大典》(1809年)中辑出,名《宋会要辑稿》(五百卷),1933年影印刊行,是研究宋代典制的第一手资料。元明以后的《元经世大典》、《明会典》、《清会典》、《春秋会要》、《秦会要》、《明会要》等均属这类史书。《两汉诏令》、《唐大诏令集》、《宋大诏令集》等,则专收历代诏令文书,也列入政书之中。

除上述各类史书外,有关史论、史考以及史札一类史书还有多种,并且也是史部文献中的重要门类。唐代著名史学家刘知几所撰《史通》,开创了史评专著体例。作者根据丰富的史学知识,深入研究许多历史文献,对唐朝以前的重要史籍文献,作了全面总结,指陈利弊得失,总结有关经验教训,并提出不少个人真知灼见,从而建立了中国古代史学评论章法。清代著名史学家章学诚所撰《文史通义》,是在《史通》的基础上,对史学著述作了精辟的论述。章氏认为过去的文献均具有"史"的性质,提出了"六经皆史"、"志属信史"的论断,并在《报孙渊如书》中说:"愚之所见,以为盈天地间凡涉著作之林,皆是史学。"从而扩大了史部文献范围。有关史考、史札一类史书,如宋代王若虚的《史记辨惑》《新唐书辨》,清代王鸣盛的《十七史商榷》、钱大昕的《廿二史考异》、赵翼的《廿二史札记》等,对许多历史文献作了考订或补充,一向为治史者所重视。

毫无疑义,上述文献都是直接或间接为统治阶级服务的。大量史书是以唯心史观与形而上学方法论,搜集历史资料,解释历史现象,分析历史问题的。编者目的在于维护现存的社会制度,巩固统治阶级的统治地位。但是,不能以此抹煞其文献价值。因为历史上形成的大量史书,为后世保存了相当完整的历史资料,不少著作比较客观地记述了大量史实,公正地分析了若干历史问题,揭露社会黑暗反动势力,鞭挞腐朽社会制度,抨击剥削阶级代表人物,为人类进步事业的发展提供了必要条件。

大量史书中反映的内容是极为丰富的。一部二十四史,上下几千年,记载有关政治、经济、文化发展演变状况,反映出大量的群众运动、人物活动、民族事务、中外关系等史实,十分完整系统。由此可以横观断代史的社会状况,给人以丰富的历史知识与历史借鉴;在一些编年史中,明确载记二千七百五十二年(前841—1911年)的历史大事纪,以供人们按年、月、日索检有关历史问题,由此可以纵观历代王朝兴亡盛衰以及社会发展的脉络。有关文物典章制度,诸如兵制、刑制、礼制以及职官、食货、州郡、边防等重大问题,均有专著系统记载其发生、发展、演变的历史。分析事件,可以参阅"纪事本末"一类文献;考评人物,除列传载纪外,还可参阅碑传志状以及方志文献。

在浩如烟海的史书中,为后世留下了大量统计数字资料。政治方面,有国家机构编制、州郡规模、军队数量、交通驿站、官员俸禄等;经济方面,有财政收支、仓贮囤积、土地人口、屯田数据、货币发行、物价变动、赋税征收等,为人们研究某些重大历史问题提供了参考数据。比如科技史中地震资料,早在公元前三世纪的《吕氏春秋·制乐篇》中记载:"周文王立国八年(前1177年)岁六月,文王寝疾五日,而地动东西南北,不出国郊。"距今三千一百多年的这条资料,明确指出了地震发生的时间与范围,这是我国地震记录中具体可靠的最早记载。此后历代史籍文献记录了大量地震资料,据统计到1955年为止,共计地震八千多次,为地震史研究提供了极为丰富的数据资料[1]。又如人口资料,史书中从汉末平帝元始二年(2年)全国有人口五千九百五十九万四千九百七十八起[2],到清道光二十九年(1849年)全国人口达四亿一千二百九十八万六千六百四十九止[3],此间历经东汉、三国、隋、唐、宋、元、明各朝均有人口数字材料,对研究中国古代人口繁衍具有重大参考价值。

应当特别指出,在许多史书中,贯串着秉笔直书的优良传统。编撰人员忠于史职,全面搜集资料,公正分析问题,"不虚美,不隐

---

① 《中国地震资料年表》。
② 《汉书·地理志》。
③ 《清史稿·食货志》。

恶"①,不阿权贵,不徇私情。太史公司马迁特立《循吏传》与《酷吏传》,必书善恶,对比好坏,以正人伦。他对黑暗社会现实持批判态度,《循吏传》中五人无一汉吏,而《酷吏传》中人物则全是汉朝当代人物。通过《汉武帝纪》、《封禅书》、《平准书》、《匈奴传》、《大宛传》,司马迁敢于揭露与抨击至高无上的汉武帝巡狩、封禅、求神仙的奢侈浪费与穷兵黩武的丑恶行径。这种秉笔直书的传统多为后世有作为的史家效法。继《史记》后,《汉书》、《后汉书》、《北齐书》、《北史》、《南史》、《旧唐书》、《新唐书》、《金史》等均仿照《史记》而立循吏、酷吏传,彰善瘅恶,伸张正义,鞭挞邪恶,以警世人。有些史家不畏强暴,而直书其事。如"世受殊遇,荣耀当时"的崔浩,奉诏主持编修北魏历史《国书》时,敢于坚持原则,正视社会现实问题,在编写《先帝纪》与《今纪》时,"直书国恶,不为尊者讳",并将此书刻之于石,"以彰直笔"②。后来崔浩其人虽因直笔犯讳被害死去,但却留名青史,为人们永远怀念。这类史家,代代不乏其人,如晋人孙盛撰《晋阳秋》、唐人魏徵撰《五代史》、吴兢编《则天实录》、宋人袁枢撰修《国史》等,均有突出表现。

许多史家的严谨作风与勤奋精神也是值得学习的。明人张岱作《石匮藏书》,费时二十七年,五易其稿,九正其讹,完成此书,其勤奋严谨作风称著于时。傅维麟修撰《明书》,功力很深,他以个人之力,广泛搜求有关明代档案文献及家乘文集碑板,聚书三百余种,九千余卷,而成"本纪"十九卷、"宫闱纪"二卷、"表"十六卷、"志"四十八卷、"记"五卷、"世家"三卷、"列传"七十六卷、"叙传"二卷。司马光主编的《资治通鉴》,是名传中外的名著。此书费时十

①　《三国志·王肃传》。
②　《资治通鉴》卷一二六,元嘉二十七年。

九年,搜集史料宏富,翔实可信,事皆有本。据载,《通鉴》一书,除正史外博采杂史诸书,凡三百二十二家。如"叙王世充、李密事用《河洛记》,魏徵谏诤用《谏录》,李绛议奏用《李司空论事》,睢阳事用《张中丞传》,淮西事用《凉公平蔡录》,李泌事用《邺侯家传》,李德裕太原泽潞、回鹘事用《两朝献替记》,大中吐蕃尚婢之事用林恩《后史补》,韩偓凤翔谋画用《金銮密记》,平庞勋用《彭门纪乱》,讨裴甫用《平剡录》,记毕铎、吕用之事用《广陵妖乱志》,皆本末粲然"①。由此可见,这部巨著流传千古,享名后世,绝非偶然。

(原载 1981 年《求是学刊》第 1 期)

---

① 洪迈《容斋随笔》卷十一。

子书引论

　　子书在中国古文献中占有重要地位,是研究思想史、学术史、文化史的基本文献。它的产生略晚于经书与史书,约在战国初年。

　　春秋战国之际,是我国古代社会的重大变革时期。由于当时社会生产力的发展和生产关系的变化,使依附于奴隶制的"士"也发生了急剧的变化。在社会政治、经济与文化的变革运动中,"士"逐渐发生分化,而成为一个新的社会阶层。依靠世袭的具有政治特权的"士"逐渐失势,具有专门知识技能的"士"日趋活跃。他们到处游说,阐明自己的社会学说或政治主张,招徕门徒,扩大影响。继孔子之后,大开私人讲学之风,师徒子弟日益增多,即所谓孔墨"徒属弥众,弟子弥丰,充满天下"①。墨子曾说:"臣之弟子禽滑厘等三百人。"② 他们的徒子徒孙"显荣于天下众矣,不可胜数"③。"孟子传食诸侯,后车给十乘,从者数百人。许行至滕,亦徒属数十"④。"士"人大量涌现,成为社会上的一支力量,极大地推动了思想文化的发展。

　　春秋末年以来,礼坏乐崩,奴隶主阶级统治的社会已无法维持。作为奴隶制社会的意识形态即所谓先王之道以礼治天下已无

---

① 《吕氏春秋·当染篇》。
② 《墨子·公输篇》。
③ 《吕氏春秋·当染篇》。
④ 《孟子·滕文公篇》。

能为力,儒家一统天下的局势发生了动摇。学术思想界异常活跃,人们在寻求讨论治理天下国家的新办法,纷纷著书立说,扩大舆论影响,因而出现了"百家争鸣"的局面。新的思想、学说、派别及其著述"皆起于王道既微,诸侯力政,时君世主,好恶殊方,是以九家之术蜂出并作,各引一端,崇其所善"①,于是社会上出现一批私家个人著作,即所谓先秦诸子。《庄子·天下篇》所载诸家有墨翟、禽滑厘、宋钘、尹文、彭蒙、田骈、慎到、关尹、老聃、庄周、惠施等人,其中除关尹、老聃外,都是战国时人。《尸子·广泽篇》所列凡六家:墨子、孔子、皇子、田子、列子、料子,其中皇子无可考,除孔子外都是战国时人。《荀子·非十二子篇》所载它嚣、魏牟、陈仲、史鳅、墨翟、宋钘、慎到、田骈、惠施、邓析为春秋末人,余皆战国人。此外,《韩非·显学篇》中儒分八家,墨分三派,《吕氏春秋·不二篇》举凡十家,大多数属于战国人士。

　　社会上逐渐形成了不同的学术思想流派,后世便将这些思想流派的代表人物称为"某子"。先秦诸子著作大部分是一个学派的总集。他们的思想学说主张,最初只是以语录、演说或单篇文章的形式流传于世,后来多经汉朝学者的编辑整理,才成为"某子"专著。其中各篇并不一定都是"某子"个人作品,而是以"某子"为主的一派学说总集。比如《墨子》,《汉书·艺文志》著录为七十一篇,现存的只有五十三篇。这是一部墨子与墨家思想流派的总集,并非一人一时所作,其中有无墨子本人写的,也很难断定。在《尚贤》等篇中是以"子墨子曰"开始,这个"子墨子"显然是墨子的弟子对于墨子的称呼,因而"子墨子"以下文只是墨子的语录或讲演词。《墨经》或《墨辩》没有"子墨子曰",有人以此论定这是墨翟自己写

---

　　① 《汉书·艺文志》。

的。但是，《墨经》主要内容是讨论有关自然科学的问题及有关认识论和逻辑的问题。这些问题都不是墨子时代所有的，故它应属于后期墨家的作品。

中国早期子书是以先秦各派学说思想体系为主的所谓"九流十家"组成，即以儒家、墨家、道家、名家、法家、阴阳家、纵横家、农家、杂家等九个学术思想流派和一个小说家流派为主体，形成和发展起来的。汉代史学家司马迁父子在研究先秦文献典籍时，曾将诸子各学派分成为儒、墨、名、法、阴阳与道德（即道家）等六家。后来，刘歆撰《七略》是以此为基础，于六家之外，加上纵横、农、杂与小说，共为十家。班固编《汉书》时完全采用了这一分法。《汉书·艺文志》中的《诸子略》认为"诸子十家，其可观者九流而已"，意思是说，在十家中"小说家"不被重视。《汉书》编者认为"小说家"是"街谈巷语，道听途说者之所造"，可以把它去掉。因之，才有"九流十家"之说。

《汉书·艺文志》中的《诸子略》是我国早期子书的总目录和分类表，计开如下：

编号	诸子分类	部数	篇数	编号	诸子分类	部数	篇数
1	儒　家	53	836	6	墨　家	6	86
2	道　家	37	993	7	纵横家	12	107
3	阴阳家	21	369	8	杂　家	20	403
4	法　家	10	217	9	农　家	9	114
5	名　家	7	36	10	小说家	15	1380

《诸子略》编者在每一家著作目录之后，均有一篇简要说明，最后总计："凡诸子百八十九家（实核一百九十家），四千三百二十四篇（实核四千五百四十一篇）。"从各书注中和其他材料考证得知，其中有一半以上属于战国时作品，余者属于西汉时作品。比如儒家类班

氏自言五十三家,实载只五十二家,其中《子思》、《曾子》、《漆雕子》、《宓子》、《景子》、《世子》、《魏文侯》、《李克》、《公孙尼子》、《孟子》、《孙卿子》、《芈子》、《虙越》、《公孙固》、《董子》、《鲁仲连子》、《平原君》、《虞氏春秋》等十八家,明确属于战国时作品。《王孙子》、《徐子》当为战国初期作品。《周史六弢》、《周政》、《周法》、《晏子》似为春秋(或以前)的著作,但未见著录,实为战国以后的依托作品。《芈子》、《内业》、《谰言》、《功议》、《儒家言》等五家,均为亡书,无从考其年代。此外多为汉代作品,如《羊子》、《高祖传》、《陆贾》、《刘敬》、《孝文传》、《贾山》、《太常蓼侯孔臧》、《贾谊》、《河间献王对上下三雍宫》、《董仲舒》、《兒宽》、《公孙弘》、《终军》、《吾丘寿王》、《虞丘说》、《庄助》、《臣彭》、《鉤盾冗从李步昌》、《盐铁论》、《刘向所序》、《扬雄所序》等二十一家,明显属于汉代作品。《河间周制》,据班注亦似为汉时书籍。

《汉书·艺文志》所载诸子典籍共一百八十九家,已大部亡佚,仅存于现在的不足六分之一。即有《晏子》、《子思》、《曾子》、《公孙尼子》、《孟子》、《孙卿子》、《陆贾》、《贾谊》、《盐铁论》、《扬雄所序》、《刘向所序》、《太公》、《鹖子》、《筦子》、《老子邻氏经传》、《老子傅氏经说》、《老子徐氏经说》、《庄子》、《商君》、《申子》、《慎子》、《韩子》、《公孙龙子》、《墨子》、《苏子》、《吕氏春秋》、《淮南内》、《东方朔》等二十八家。

魏晋以来,子书范围不断扩大,内容不断丰富,数量不断增多。南朝宋时王俭编《七志》时,著录所谓"古今诸子",将"诸子类"列为第二项,在全志中占有重要地位。梁时阮孝绪撰《七录》,已将兵书与子书合并为"子兵书",数量大为增多。《隋书·经籍志》专列有"子部",成为四部书的重要组成部分。"隋志"著录子书如下表:

编号	分类	部数	卷数	备　注
1	儒家	62	530	见汉志《诸子略》
2	道家	78	525	同　　上
3	法家	6	72	同　　上
4	名家	4	7	同　　上
5	墨家	3	17	同　　上
6	纵横	2	6	同　　上
7	杂家	97	2720	同　　上
8	农家	5	19	同　　上
9	小说	25	155	同　　上
10	兵家	133	512	见汉志《兵书略》
11	天文	97	675	见汉志《术数略》
12	历数	100	263	同　　上
13	五行	272	1022	同　　上
14	医方	256	4510	见汉志《方技略》

据载,"隋志"著录"凡诸子合八百五十三部(实核一千一百四十部),六千四百三十七卷(实核一万一千零三十三卷)",从数量上看,已远远超过"汉志"。就门类来说,"汉志"《诸子略》十家中的阴阳家已并入五行类而不复存在,余者增加有兵家、天文、历数、五行、医方五类,系"汉志"中《兵书略》、《术数略》、《方技略》的扩大与发展,从而扩充了子书内容范围。同"汉志"比较,"隋志"中诸子部分除儒家、道家、杂家略有增加外,其他各家显著减少。但是,"隋志"子部书籍中新著录的科技文献数量大为增加,如"汉志"中兵书、术数、方技略著录文献共计二百七十九种,而"隋志"中却增至八百五十八种,超过"汉志"中著录的三倍以上。由此可见,汉代以后社会上对诸子研究已趋向衰落。随着社会生产力的发展,人们

对天文、历法、术数以及医药卫生等应用技术科学的研究日益兴盛,因而出现了大批科技文献。但必须指出,封建统治者一向不重视科技发展,科技著作往往是所谓"君子不齿"的,在子书中处于从属的地位。

宋代理学产生后,社会出现许多有关哲学理论及学术思想专著,进一步扩大了子书的范围。中国古代学术研究素有传统,《庄子·天下篇》、《荀子·非十二子篇》与《韩非子·显学篇》评论学术源流及派别,可以说是学术史的开端。司马迁撰《史记》,载记先秦诸子,有扁鹊、仓公的传记,还有儒林、日者、龟策等传记,均属传记式的学术文化史。但是,这些著作,都很简单,不成系统。宋代朱熹的《伊洛渊源录》,是关于理学一派的学术史。明清时代,相继出现有《宋元学案》、《明儒学案》、《清儒学案》以及《清学案小识》、《汉学师承纪》、《宋学渊源记》等专著,是属于宋元后新增子书的重要文献。《宋元学案》一百卷,黄宗羲、全祖望等编撰,全书列正式学案八十六个,附有元祐党案、庆元党案、荆公新学略、苏氏蜀学略、屏山鸣道集说略等五个专题。编者将宋元两代学术思想,按不同派别加以系统总结论述。每个学案先列一张表,举述师友弟子,用以说明学说师承关系与学术渊源,其次叙述学者生平事迹、著作思想以及后人评论,理论明晰,论断精悍。《明儒学案》六十二卷,黄宗羲编撰,根据明代学者文集语录,分列宗派,立学案十九个,叙述明代思想家二百余人。每人先列小传,后载语录,叙述各人生平事迹、著作思想及其学术传授;属于系统的学术史专著。《清儒学案》二百零八卷,徐世昌编撰。《清学案小识》十卷,唐鉴编撰。这两部书汇集了清代大量思想文化史资料,前书涉及清儒一千一百六十九人,后书记载二百六十一人,对研究清代各家各派哲学思想体系与学术渊源颇多参考价值。

清代子书数量十分可观。《四库全书》所收子书开列如下表：

编号	子书分类	部数	卷数	存目部数	存目卷数
1	儒　家	112	1694	307	2473
2	兵　家	20	153	47	388
3	法　家	8	94	19	105
4	农　家	10	195	9	68
5	医　家	97	1816	94	682
6	天文算法	56	639	27	150
7	术　数	50	444	146	983
8	艺　术	91	1115	80	332
9	谱　录	55	363	89	481
10	杂　家	188	2232	665	6585
11	类　书	65	7045	217	27504
12	小　说	123	1359	196	1027
13	释　家	13	312	12	117
14	道　家	44	432	100	147

　　《四库全书》收载子书，类别与"隋志"相同，共十四类，但在内容上又增加了佛教、道教文献，这是研究中国古代哲学宗教史的基本资料。自从东汉佛教传入中国后，加上固有的儒教、道教并称为"三教"。据《三国志·吴书》记载："吴主问三教，尚书令阚泽对曰：孔、老设教，法天制用，不敢违天。佛之奉教，诸天奉行。"所谓三教主张各有不同，但对维护封建剥削阶级政权及其统治来说，却有异曲同工之妙。

　　道教原为方术与道家思想的混合物，兴起于东汉。顺帝汉安元年（142 年），张道陵于鹤鸣山（一作鹄鸣山，在今四川崇庆县境内）首创道教。凡入道者须出五斗米，道徒称张氏为天师，故亦称五斗米道或天师道。奉老子为教祖,以《道德经》为主要经典。早期道教经典是张道陵的《太平青领书》一百七十卷。道教另一派的代表作是《周易参同契》,作者东汉魏伯阳在书中阐述了铅汞化合物炼丹术,作为道家修身养性的必读文献。"隋志"收录道教著作附于子书之后,凡三百七十七部,一千二百一十六卷。道教典籍汇编,始于六朝。唐代李家王朝崇奉道教,十分重视整理编纂道教文献,开元中编有《三洞琼纲》,是我国早期的道教文献目录。明代刊行的《正统道藏》与《万历续道藏》,基本汇集了道教全部文献。前者共五千三百零五卷四百八十函,后者共一百八十卷三十函,两书共收有关道教典籍一千四百七十六种,通行于近代。此书内容庞杂,除道家典籍外还收录不少诸子百家文集杂著等。

　　佛教自东汉传入中国,不久就有佛经译本出现。相传在东汉时迦叶摩腾与竺兰共译、魏支谦重译的《四十二章经》,是佛教经典的早期翻译作品。此书乃摘取小乘群经而成,传本有多种,文字出入甚大,且经后人窜改,增加有大乘新义,因而有人疑为晋朝人的伪作。相传东汉牟融撰《理惑论》是中国佛教的早期著作,其内容针对佛教传入中国后在社会上引起的种种反响、疑难,分别予以解答或反驳。书中广泛引用孔子、老子论点,为佛教进行辩护,大力宣传佛教与儒教、道教精神的一致性,以期发展中国佛教。梁僧佑的《弘明集》、唐道宣的《广弘明集》均属佛教著名文献汇编。根据佛教文献流传状况,南北朝时已将佛教文献分为经、律、论而进行收藏,唐代佛教文献总目《开元释教录》,包括律论内容,共收书一千零七十六部,五千零四十八卷。此后,历代史志文献均有著录,如《宋史·艺文志》道家附释氏神仙类收载典籍凡七百一十七部,二千五百二十四卷。

　　汉代以后,人们对子书的研究日益冷落,长期无所作为,到清代却有很大变化，一些学者整理研究子书取得了显著成就。清人校释子书除卢文弨在《群书拾补》中有所发微外，王念孙的《读书杂志》中所校《管子》、《晏子春秋》、《墨子》、《荀子》、《淮南内篇》等，取得不小成绩。俞樾的《诸子平议》，是清人研究整理子书的专著，俞氏对《管子》、《晏子春秋》、《墨子》、《荀子》、《列子》、《庄子》、《商君书》、《韩非子》、《吕氏春秋》、《老子》、《淮南内篇》等十余种子书的校释，大大推动了清人对子书的研究。

《荀子》，刘向所辑，凡三十二篇，只有唐杨倞一家注释，将三十二篇分为二十卷。此后长期无人过问，直到清朝才有人开始研究《荀子》。汪中著《荀卿子通论》、《荀卿子年表》，校正《荀子》取得进展，但未成专著。谢墉、卢文弨合校而撰《荀子篇释》，在考订训诂方面，对《荀子》作了初步整理。此后有《荀子异同》（顾广圻）、《荀子补注》（郝懿行）、《荀子正误》（陈昌齐）、《读荀子杂志》等十多种专著出现，对荀子研究已向深广发展。最后王先谦著《荀子集解》，用功颇深，属于集大成著作，便利后学非浅。

《墨子》一书，战国至西汉初年与儒家并称显学。自汉武帝独尊儒术之后，《墨子》也同诸子一样不被社会重视，二千年间无人研究。郑樵《通志·艺文略》载有乐台注，早已散失。乾隆四十二年（1777 年）汪中开始治《墨子》，有校本与表微一卷，后来不少大家研究此学。毕沅校注《墨子》，首次对本书作了全面系列校勘和整理工作。接着有《墨子注》、《读墨子杂志》、《墨子平议》、《墨子刊误》等一系列著作出现。后来孙诒让著《墨子间诂》，乃成集大成著作，"自有墨子以来未有此书"（俞樾序）。本书总汇了毕阮以后《墨子》研究者的研究成果，并有作者创获。书后附有《墨子篇目》、《墨子佚闻》、《墨子后语》、《墨子传略》、《墨子年表》、《墨子传授考》、《墨子绪闻》、《墨学通论》、《墨家诸子钩沉》等，参考价值甚大。

《管子》，刘向辑本八十六篇，亡佚十篇，现存七十六篇。此书较难读，原只有唐尹知章的注释，颇为浅陋。明时刘绩又有补注，亦非善本。直到清朝才有许多学者对《管子》一书作了不少校勘和考订的工作，王念孙父子、孙星衍、洪颐煊诸家校本颇具规模，后来戴望所著《管子校正》，吸收各家研究成果，乃成《管子》较好的本子。

《韩非子》，"汉志"著录五十五篇，"隋志"著录为二十卷，现有《韩非子》二十卷五十五篇。本书未经前人整理，有一旧注为宋代以前人所作，或云李瓒。清人吴鼒校释仿宋本为上，还有顾广圻《识误》三卷、卢文弨《群书拾补》所考证一卷、俞樾《韩非子平议》一卷，均有所建树。王先慎著《韩非子集解》，吸收了清朝学者对《韩非子》在考订和训诂方面的研究成果，具有相当参考价值。

《庄子》，属于先秦道家论文总集，其中包括道家许多派别著作。"汉志"著录《庄子》五十二篇，影响不大。晋朝以后，注释家不少，今只存有郭象注《庄子》三十三篇。清人治《庄子》者有郭庆藩的《庄子集释》，本书用注疏体，具录郭注、晋唐人释文逸文以及清儒卢、王诸家校勘文字。王先谦的《庄子集解》同《荀子集解》相比，功力较差，但仍不失为较好的本子，可资参考。

《吕氏春秋》内分十二纪、八览、六论。先秦诸子注家，以汉高诱注为最古，其中保存不少古训。毕沅等《吕氏春秋新校正》，收入《经训堂丛书》，为清人子书整理本。此后梁玉绳有《吕子校补》二卷，陈观楼有《吕氏春秋平议》三卷。许维遹撰《吕氏春秋集解》，收高诱以后各家注释及考订成果，有一定参考价值。

除上述整理校勘注释研究外，清人对辑佚散失的子书也取得不少成绩。仅以"汉志"《诸子略》为例，马国翰、孙星衍、黄奭、洪颐煊、黄以周、王时润、汪继培、叶德辉等人作了大量辑佚工作。经他们之手辑佚的子书,有五十余种:儒家有《子思》、《漆雕子》、《宓子》、《景子》、《世子》、《魏文侯》、《李克》、《公孙尼子》、《内业》、《甯越》、《王孙子》、《董子》、《徐子》、《鲁仲连子》、《平原君》、《虞氏春秋》、《刘敬》、《河间献王对上下三雍宫》、《兒宽》、《公孙弘》、《终军》、《吾丘寿王》等二十二种,道家有《伊尹》、《太公》、《辛甲》、《鬻子》、《公子牟》、《田子》、《老莱子》、《黔娄子》等八种,阴阳家有《宋司星子韦》、《邹子》等二种,法家有《申子》一种,名家有《惠子》一种,墨家有《尹佚》、《田俅子》等二种,纵横家有《邹阳》、《主父偃》、《徐乐》、《庄安》等四种,杂家有《由余》、《尸子》等二种,农家有《神农》、《野老》、《宰氏》、《尹都尉》、《氾胜之》、《蔡葵》等六种,小说家有《青史子》、《宋子》等二种①。辑佚本子多收载于丛书,尤以马国翰《玉函山房辑佚书》为最。

　　总之,子书是我国古代文献宝库中的重要组成部分。随着时间的推移,社会的演进,子书范围不断扩大,内容不断丰富,研究成果不断增多,为后世遗留下数量难以确切统计的著述。清朝编《四库全书》时收载子书(包括存目)计有二千九百八十四部,孙殿起编《贩书偶记》与《贩书偶记续编》收载子书三千二百五十九部,二者共计六千二百四十三部。因而,大体说来,今存子书约在六千部左右是可靠的。随着我国社会主义文化事业的发展,子书文献研究工作必将有新的起色。

(原载 1982 年《求是学刊》第 3 期)

---

① 　参阅顾实《汉书艺文志讲疏》。

中国古典文献在日本的流传

中日两国是一衣带水的邻邦。在漫长的历史岁月中,两国使节往来不断,经济文化交流频繁。通过各种渠道传入日本的大量中国古典文献,是中日文化交流的重要组成部分。它的种类之多,数量之大,影响之深,是世界任何国家都无法比拟的。就其内容来说,是以儒家经典为主,此外包括史籍、子书、文集、小说、杂著、方志、医典、历算以及佛经道藏等四十类左右。日本收藏的中国古籍数量十分丰富,一时很难作出具体统计。清末杨守敬曾于日本搜集中国古籍,"不一年遂有三万余卷"。由于日本自然气候条件较好,"无我江南之多霉烂,亦不如我河北之少蠹蚀"。加之藏书得法,凡属"有力之家,皆有土藏,故虽屡经火灾而不毁。至于抄本皆用彼国茧纸,坚纫胜于布帛,故历千年而不碎"。"唐人之迹存于今者,不可胜计"①。有些古籍在中国早已失传,而在日本却保存下来,值得我们特别珍视。大量中国古典文献分藏于日本国家图书馆、学术研究单位、高等学校、文库、寺院以及私人藏书馆。仅据1856年成书的《经籍访古志》统计,当时日本大藏书家有六十家左右,著名的有狩谷氏求古楼、小岛氏宝素堂、福井氏崇兰馆、岩崎氏静嘉堂等,他们收藏的中国古籍少者几万册,多者十几万册。许多藏书家都是造诣很深的汉学家,他们对搜集、整理和研究中国古籍作出了可贵的贡献。

---

① 杨守敬《日本访书志·序言》。

中国古典文献传入日本的确切时间,目前尚难作出肯定回答。根据公元 712 年成书的日本古代文献《古事纪》中应神天皇条,有和迩吉师(王仁)从百济带来《论语》十卷、《千字文》一卷的传说①。720 年成书的日本古代史书《日本书纪》中《应神纪》里写道:菟道稚郎子皇太子跟王仁学习中国典籍②。从这些材料中大致说明,早期中国典籍是经朝鲜半岛传入日本的,传入时间应是《千字文》成书之后。按《千字文》作者是周兴嗣,公元 540 年前后成书。由此可见,这部书传入日本,大约是在南北朝末期或隋朝初年,即公元六世纪末叶。

隋唐时期,中日两国交往频繁,日本先后派遣二次"遣隋使"与十九次"遣唐使"。随同日本使者来中国的有留学生、学问僧、工匠、水手及其他人士,每次人数少则二百,多则五百以上。同时也有不少中国使节、僧人回访了日本。他们冒着生命危险,冲破惊涛骇浪,历尽海上漂流的艰苦生活,对中日友好往来与文化经济交流作出了贡献。有些日本使节、僧侣来唐就是为了访求中国典籍与佛家经典。据记载,武后长安年间(701—703 年)日本"遣粟田真人入唐求书籍,律师道慈求(佛)经"③。事实已经证明,中国古典文献传入日本后,对日本奈良、平安时代社会制度改革及其文化发展起了重要推动作用。

日本古代著名文学作品《万叶集》的作者之一山上忆良(660—733 年),精通汉文,长于诗歌,曾于 702 年随"遣唐使"粟田真人来唐,704 年归国。他在《万叶集》"沈痾自衰文"中记有传到日本的

---

① 《古事纪》中卷,应神天皇条。
② 《日本书纪·应神纪十六年》。
③ 《宋史·日本传》。

《志怪志》、《寿延记》、《抱朴子》、《帛公略说》、《游仙窟》、《鬼谷先生相人书》等中国古籍书名。吉备真备是中日文化交流史中的著名人物，他随第八次"遣唐使"来唐留学十九年，于735年3月（开元二十三年）回国。据796年编纂成书的《续日本纪》记载，吉备真备从中国带回《唐礼》、《大衍历经》、《大衍历立成》、《乐书要录》等四部汉籍。与真备同时来唐的学问僧玄昉带回大约有五千余卷的佛教经典，日本天平年间（737年前后）写经以此为底本，传抄了许多经典。此外，日本高僧最澄、空海、圆仁、圆珍等大师回国时也带回许多佛经典籍，影响很大。当时到唐朝来的日本人士中有人"所得锡赉，尽市文籍"，带回本国①。中国人回访日本时，在所携带的物品中也有不少中国典籍。佛教著名大师鉴真和尚历经多次艰险，终于753年（天宝十二载）东渡日本成功，他带去大量书籍文物，其中包括佛经、本草学、王右军行书真迹以及《玄奘法师西域记》一本十二卷②。另据《文德实录》记载，仁寿元年（851年）九月乙未（26日）死去的藤原岳守，原是太宰府的次官，他曾于承和五年（835年）检查大唐人的货物中，偶然得到了《元白诗笔》。这部《元白诗笔》就是元稹、白居易的诗文集，是通过唐朝商人传入日本的。

　　日本古代最早的一部法典是公元667年编定的《近江令》，参与编纂这部法典的有"遣隋使"小野妹子、留学中国达三十二年之久的高向玄理和留居中国达二十五年的学问僧旻等人。《近江令》已佚，考其内容是根据唐朝《武德令》、《贞观令》、《永徽令》而编定的。686年颁行的《天武律令》有部分内容仍保存于《日本书纪》、《续日本纪》之中，这部法典也是以武德、贞观、永徽三朝律令为蓝

---

①　《旧唐书·日本传》。

②　《唐大和尚东征传》。

本而编定。在日本大化革新运动以后具有划时代意义的《大室律令》,完成于701年,全书凡律六卷,令十一卷,其篇目与唐律相同。在《养老令》的注解《令集解》中,不仅引用了唐朝律、令、格、式的原文,而且也引用了《格后勅》、《法例》、《判集》、《唐令私记》、《唐令释》、《纪氏傍通》等令的解释书籍。由此可见,当时传入日本的中国法典书籍是不少的。

据日本学者小岛宪之先生研究,《日本书纪》引用了八十多种中国古籍,这些古籍是否从中国直接传入还有待于进一步研究,但引用《艺文类聚》一书是肯定无疑的。《艺文类聚》这样大型类书能够传入日本,可见其他典籍传入也是不困难的①。

至今保存完好的藤原佐世奉敕编纂的《日本国见在书目》,反映了隋、唐时期中国典籍传入日本的基本情况。《书目》是日本仁和(885—888年)、宽平(889—897年)年间的古目录文献,内容分易、书、诗、礼、乐、春秋、孝经、论语、异说、小学、正史、古史、杂史、霸史、起居注、旧事、职官、仪注、刑法、杂传、土地、谱系、簿录、儒、道、法、名、墨、纵横、杂、农、小说、兵、天文、历数、五行、医方、楚辞、别集、总集等四十类,共计一千五百七十九部,一万六千七百九十卷。其中除极少数日本典籍外,几乎全是中国文献。"据此,则唐以前之本,卷帙分明,原委具在"②。《见在书目》晚于《隋书·经籍志》二百四十余年,早于《旧唐书·经籍志》五十余年、《新唐书·艺文志》一百五十余年。这四种目录文献收入书籍如下:

---

① 小岛宪之《古代日本文学与中国文学》。
② 《古逸丛书》。

书　　名	类　　别	部　　数	卷　　数
隋书经籍志	47	14466	89666
日本国见在书目	40	1579	16790
旧唐书经籍志	44	3061	51688
新唐书艺文志	44	3277	52094

从上述列表可知,"四志"收书类别大体相仿,《书目》所收书籍,是隋志的九分之一,是两唐书志的二分之一,就是说唐代中国古文献约有一半以上传入了日本。但从"四志"中抽出某些材料对比分析表明,传入日本的文献远远不止于这个数据。如以经部"尚书类"为例,《书目》收书十四部,不见于"隋志"、"两唐志"者有六部;史部"史记汉书类",《书目》收书十九部,不见于"隋志"、"两唐志"者九部;子部"老子类",《书目》收书二十六部,不见于"隋志"、"两唐志"者二十部;集部"楚辞类",《书目》收书六部,不见于"隋志"、"两唐志"者五部。由此可知,有不少唐代文献没有收入两唐书志中,但已传入日本,并且收入了《书目》。如《书目》中道家类有《老子化胡经》十卷,在中国早已佚失,不见于两唐书志。后来在敦煌发现的《老子西升化胡经》,与《书目》所载《化胡经》对比研究后得知是同一种书,可是敦煌本残缺二卷,完本卷数是根据《书目》记载才明确的。

《书目》在当时具有日本全国现存汉籍总目的性质,但不能反映隋唐时期中国典籍传入日本的全部情况,因为《书目》编定是在日本贞观十七年(875年)国家藏书处冷然院火灾之后。据记载,大火烧毁了几乎冷然院的全部藏书,其中包括大量中国典籍。约在这次火灾十五年后成书的《日本国见在书目》,是经过一番搜集之后而编定的,属于原冷然院藏书的寥寥无几,仅有二十九部,占

《书目》收书总数的五十分之一左右。因之，隋唐时期传入日本的中国典籍，绝对超过《书目》所收一千五百七十九部的数量。

宋元时期，在社会经济文化发展的推动下，中国雕版印刷事业进入繁荣昌盛时期。宋朝刻印的"宋版书"，版式大方，字体秀丽，刻工精良，一向为人们所珍视。宋朝从中央到地方各级衙门、书院、学校以及私家，都大量雕印各种典籍文献。全国出现了临安（杭州）、建州（建阳）等著名印刷中心，在一些大城市中出现了专门出售刻印书籍的书肆，各种古籍与新著广泛出版，致使"宋版书"日益增加，流通范围不断扩大，并迅速传入了日本。

公元894年"遣唐使"终止后，中日两国信使交往亦随之断绝，但双方私人贸易往来始终没有停顿。宋太宗雍熙元年（984年），日本东大寺大朝法济大师奝然一行五人，浮海而至宋朝后，立即受到宋太宗的召见，"抚之甚厚"。奝然回国时在赏赐物品中，有《郑注孝经》一卷、任希古撰《孝经新义第十五》一卷，裱装精致，"皆金缕红罗褾，水晶为轴"。还有一部开封太平兴国寺雕印的《大藏经》①。这是"宋版书"传入日本的最早记录。宋版藏经传入日本后，珍藏于京都法成寺经堂，后因法成寺火灾被毁，可是依此传抄本，至今仍在法隆寺、石山寺里保存着。"宋版书"进入日本，很快传入宫中。据《小石记》记载，长元二年（1029年）四月，藤原赖通曾在大中臣辅亲官邸中，见到了奉献给天皇的《唐音玉篇》、《白氏文集》等汉文典籍。

大量汉籍传入日本，给日本社会文化生活以重大的影响。相当于我国宋朝的日本平安时代（794—1192年），公卿贵族十分重视中国古籍，在他们的日记中时常见到"新到唐本"的记载。当时

---

① 《宋史·日本传》。

宋代商人到日本,往往拿中国典籍作为礼品赠送日本有关人士。如藤原道长的《御堂关白记》中记载:宽弘三年(1006年)宋商曾令文赠送《五臣注文选》、《白氏文集》等书。当时人们以"摺本"汉籍(即宋版书)为贵,据记载,康治二年(1143年)十一月三日,藤原赖长借阅一部"摺本"《礼记正义》,如获至宝,当即叫人用上等绵纸抄写,并要求以抄本换摺本,书主如不同意,可再加上新抄全经全文五十卷。日本公卿贵族中追求"宋版书"已成为一种社会风气,久安元年(1150年)藤原赖长接受宋商刘文冲赠送的《东坡先生指掌图》、《五代史记》、《唐书》等文献,第二年他以黄金三十两作为礼品回赠刘文冲,并交给刘一份购买"宋版书"的目录,请他代购中国典籍①。

平安时代末期成书的《通宪入道书目》与正平年间(1353年)大道一从编纂的《普门院经论章疏语录儒书目录》,是研究宋元时期中国典籍传入日本的重要目录文献。当时传入日本的汉籍数量很多,无法作出具体统计。仅禅宗僧侣开山圣一法师收藏的典籍就达三百三十九部、千余卷,其中多半是他从宋朝带回的中国古典文献。又如俊芿和尚从南宋归国时,除大量佛经外,还带回儒家经典二百六十五卷、汉文杂著四百六十三卷②。

据了解,宋初编纂的大型类书《太平御览》传到日本的有几十部之多。最早见于记载的是,治承三年(1179年)日人平清盛曾得到《御览》中的三百卷。元应元年(1260年)藤原师继买到的一部《太平御览》,价值三十贯③。仁治二年(1241年)开山圣一法师带

---

①　《宇槐记抄》。

②　张秀民《中国印刷术的发明及其影响》。

③　《妙槐记》。

回《太平御览》一百零三册，现今仍保存于东福寺，是传入日本《御览》中的最古本，已成为日本稀有珍本书籍。镰仓时期（1192—1336年）传入的"庆元版"《太平御览》，初藏于金泽文库，现存于宫内厅书陵部，也是日本国内珍藏的汉文典籍。在传入日本的史书中，而今被指定为国宝的"庆元版"三史（《史记》、《汉书》、《后汉书》），历经多人辗转珍藏，完好地保存到今天，是中日文化交流中值得称道的一件事情。

在大量唐写本、宋刻本传入日本的过程中，中国印刷术也随之传到日本。根据可信资料，日本第一部印本书是宽治二年（1088年）刻印的佛家经典《成唯识论》。本书的刻工在刊记中写道："兴福伽蓝学众诸德，为兴隆佛法，利乐有情，各加随分财力，课工人镂《唯识论》一部十卷模。"① 日本早期刻本几乎全是佛经，十二世纪以后刻经事业日益兴盛，有所谓"春日版"、"高野版"、"五山版"等，多由禅宗僧侣主持刻印经典。当时日本称佛经为"内典"，佛经之外的书籍为"外典"，也叫"俗书"。早期刻印的所谓"俗书"也是由禅宗僧侣主持的。宋元时期中国禅僧东渡日本者不少，他们除佛经语录之外，也很喜欢"俗书"，因之"外典"翻刻逐渐增多。日本刊刻第一部儒家典籍是宝治元年（1247年）陌巷子据宋婺州本翻刻的《论语集注》十卷。此后有正中二年（1325年）翻刻宋版《寒山诗》，延文三年（1358年）春屋妙葩翻刻的《诗法源流》等。著名的"正平版"《论语集解》，刻于正平十九年（1364年），在室町时期曾多次改版，影响很大。还有《古文尚书》、《毛诗郑笺》、《春秋经传集解》与《音注孟子》等书，都是属于禅宗讲经说法时的辅助教材。禅宗不重视史书，翻刻甚少，而注意翻刻《老子》、《庄子》以及诗文集

---

① 张秀民《中国印刷术的发明及其影响》。

一类著作。

当时也有人将宋朝刻印版带到日本,用日本纸张就地印刷,保持宋版书风格,而纸质则与"五山版"相同。宋僧道隆(号兰溪)东渡日本创立建长寺,他的徒弟禅忍、智侃入宋时特意带回道隆著《大觉禅师语录》,请西湖上天竺佛光法师法照作序文,由孙源、石嵩等人刻版后(1264 年)带回日本,印刷成书①。侨居在日本的中国刻工,对日本翻刻中国古籍起了促进作用。例如,元末避乱于日本的俞良甫,福建莆田人,自称"中华大唐俞良甫学士",寓居日本二三十年,与陈孟荣二人合作,刻印《月江和尚语录》、《李善注文选》、《碧山堂集》、《白云诗集》、《昌黎文集》等十余种中国古籍。俞氏所刻的书籍称"俞良甫版",又因他由日本博多上岸,寓居于京都附近嵯峨,亦称"博多版"。俞氏刻书,"凭自己财物,置版流行"②,对日本雕版印刷中国古籍大有推动作用。

总之,镰仓时代,日本社会出现的一批翻刻本中国古籍文献,直接促进了中国典籍在日本的流传。

明朝洪武、永乐年间(1368—1424 年),日本多次派遣到中国的使者,受到了中国方面的热情接待。明朝对日本的"信符勘合"贸易规定:每十年一贡,船只限定二至三艘,人数不超过二百至三百人,"不得携军器,违者以寇论"③。当时日本室町时代,从南北朝到战国处于分裂状态,对明朝的"信符勘合"贸易大权掌握在大内氏、细川氏手中,不利于两国间的经济文化交流。尽管如此,仍有不少中国古典文献传入日本。日本使者来到中国,明朝政府往

---

① 木宫泰彦《日本古印刷文化史》。
② 《传法正宗纪》。
③ 《明史·日本传》。

往赠给他们一些文物典籍,诸如《大统历》、《劝善》、《内训》、《法苑珠林》、《佛祖统纪》等典籍,其中有的一种书多至百本①。武人执政的室町时代,诸侯割据,战争繁频,社会秩序混乱,学问掌握在公卿贵族和僧侣大师手中,他们大力倡导中国儒家新发展的"宋学",目的是为了维持他们的封建统治地位。因此,他们十分迫切需要儒家经典。应仁时期(1467—1468 年)遣明船咨文中提到:"书籍与铜钱仰赖贵国,盼望已久",希望得到支援。策彦到明朝后特别注意搜集有关中国古籍,他一人在中国购买或得自赠送的典籍,有《听雨纪谈》等十七种之多②。"四书""五经"以及大明律令一类书籍,通过各种渠道不断传入日本,对日本武人政治影响不小。

单纯依靠传入的中国典籍,已远远不能满足社会需要,于是公卿贵族、僧侣大师和有力之家翻刻汉籍,已成为社会的一种新风尚。室町时代翻刻的汉籍以"五山版"最为有名。"五山版"是以宋、元、明刻本为底本进行翻刻,刻工多是流寓日本的华工,字体秀丽,刻工精良,与中国典籍相差无几,诸如永和二年(1367 年)刊行的《集千家注分类杜工部诗》、嘉庆元年(1387 年)刊行的《新刊五百家注音辩唐柳先生文集》等。在此影响之下,社会其他人士如道祐居士、医家阿佐井野、清原宣贤等都是主持翻刻工作的著名人物。天文二年(1533 年)翻刻的《何晏集解本论语》,称"天文版论语",与"正平版论语"齐名,影响很大。大永八年(1528 年)翻刻的《医书大全》,是日本翻刻的第一部中国古代医学典籍,此后日本大量刊行汉文医典。流行较广的汉籍,有多次翻刻本。如《聚分韵略》这部书,有明应二年(1493 年)版、享禄三年(1530 年)版以及天

① 《明史·日本传》。
② 策彦《入明日记》。

文八年(1539年)版之分。除雕版外,这时日本也开始了活字印刷中国古籍。活字印刷直接由朝鲜传入,日本元和、宽永时期社会通行木、铜二种活字,据说文禄二年(1593年)刊行的《古文孝经》,是最早的活字刊本。日本现存的古活字本,是文禄五年(1596年)由小濑甫菴主持的儿童读物《标题徐状元补注蒙求》三册,此外还有《十四经发挥》、《医学正传》、《东垣十书》等典籍①。总之,日本雕版、活字刊印中国典籍的数量在不断增加,据长泽规矩也先生的统计,到室町末期刊行的外典即有:经部十五部二十版二十一种,史部五部七版八种,子部十二部十二版十三种,集部四十部五十四版五十五种。总计百余种,数量是相当可观的。

　　日本早期翻刻的佛经、儒书、医典、韵书、课本以及文学作品,是以中国古代刻本为底本,版式、字体与中国刻本大致相同。后来为了便于日本人的阅读使用,所以有时刻上"训点"、"和点"或"倭点"。元亨元年(1321年)首次出现附有平假名的《黑谷上人语灯录》,二十年后又有片假名的《梦中问答集》,但这类和语印版,数量不多,影响不大。

　　明朝万历中期以后,日本历史进入江户时代(1603—1867年),中日经济文化交流有较大的发展。日本社会流传的中国刻本与日本翻刻本汉文典籍,种类很多,数量很大,对日本社会思想文化影响极其深远。当时传入日本的中国典籍,除通过中日使节往来、两国人士互访外,还由商人大量贩运。日本长崎被指定为中国船只的贸易港,每年进港中国船只,多者达二百艘(如1688年),少者也不下十余艘(如1804年)。中国船只运载货物中除丝织品、药材、染料、砂糖、矿物、火器、皮革、纸张外,还有大量中国典籍。据

———————

① 川濑一与《古活字版的研究》。

记载,宝永元年(1704年)进港中国船只载运书籍数量:41号宁波船四箱,42号南京船二箱。正德元年(1711年)进港船:19号宁波船四箱,25号南京船一箱,51号南京船四十箱。正德二年(1712年)进港船:40号南京船八十二箱,57号南京船六十七箱。正德三年(1713年)进港船:29号南京船四十箱。根据文化十二年(1815年)进港南京船永茂号载书十五箱三十二种二百六十部六百二十二套统计,大约每箱装书四十套八部到十七部之间。从运书数量来看,运进长崎港最多的年份:宝历四年(1754年)达四百四十一种四百九十五部,文化二年(1805年)达三百十三种一万九千七百九十八部①。根据日本现存的一手资料历年《齎来书目》、《大意书》、《书籍之帐》、《落札帐》以及二手资料《二酉洞》、《唐本类书考》、《商舶载来书目》等目录文献统计,江户时代从长崎港传入的中国古典文献共计七千八百九十三种②,这些书籍都是作为商品运进长崎港的。此外,通过其他途径传入日本的中国典籍也不下千八百种。总计江户时代传入日本的中国典籍,约近万种。

为此,日本的一些城市中出现了贩卖中国书的书店。元禄元年(1688年)十一月制成的《唐本目录》,就是专门经营中国书的所谓"唐本屋"的商品目录,店主人叫田中清兵卫。这本目录共列"四书"等二十类,收载中国古籍一千零九十九种,此外还包括一部分拓本、法帖和朝鲜本③,可见经营中国书的规模是不小的。

日本当时严禁"天主教书"的传入,凡属进港的中国船主必须在《齎来书目》中签字画押保证:"以上所报是实,若带来天主教书

①　大庭脩《江户时代唐船舶载书籍的研究》。
②　据《江户时代唐船舶载书籍的研究》索引统计。
③　大庭脩《元禄元年的唐本目录》。

藏匿发卖,通船甘愿坐罪。"此外汉籍各类典籍一概不论。因此,传入日本的汉籍内容极为广泛,包括儒家正经正史、文学艺术、字书课本、天文地理、人间事故杂著,无所不有,诸如《致富奇书》、《秘传花镜》、《妇人良方》以及《万宝全书》等。大型类书《古今图书集成》出版不久,在日本就见到了。元文元年(1736年)五月间,首次运进日本的是《图书集成绘图》六百六十卷,接着在宝历年间(1751—1763年)运进《集成》全书一部三箱六百套九千九百九十六本,目录四十卷二套三十本。有关中国地方志传入日本也不在少数,据统计,元禄七年(1694年)到文化四年(1807年),传入了直隶、江苏、安徽、山西、山东、河南、陕西、甘肃、浙江、江西、湖北、湖南、四川、福建、广东、广西、云南、贵州等十八省的地方志,包括府、州、县志在内,约有七八百种之多。

江户时代,中国古写本传入已经减少,明清新刻本日益增多,有的书当年刻本刊行后,立即传入日本,如《乍浦集咏》(1846年)。大型丛书《学津讨原》刻于嘉庆十一年(1806年),第二年即传入了日本。

十九世纪中叶以后,中国逐步沦为半殖民地半封建社会。1894年中日"甲午战争"失败后,清朝与日本签订了丧权辱国的"辛丑条约",大批日人纷纷来华活动,其中有些人到处搜访文物,购置图书,载运归国。1905年到1906年之交,日本岛田翰来华,"破例数登"海内四大藏书家之一归安陆氏的"皕宋楼"。他代表三菱副社长岩崎小弥太,与陆心源的儿子谈判收购全部藏书,终以十万零八千日元购买陆氏全部藏书四千部二十万卷四万四千余册,舶载归国,藏于静嘉堂文库。岩崎藏书由十万册猛增至十五万册,成为日本有名的大藏书家①。按"皕宋楼"主人陆心源是清代著名藏书家,建置"皕宋楼",专藏宋、元珍本及名家抄校本。1894年陆氏死后不久,所藏典籍即被不肖子孙变卖一空。这一消息传出后,"全国学子,动色相告,彼此相较,同异如斯,世有贾生,能无痛哭"!日本得到这批珍贵文献,有些人则举手相庆,认为"于国有光"②。日本原藏汉籍,以隋唐旧抄本称著于世,而缺少宋、元刻本及明清名家抄校本;藏书则以经部、子部书为主,缺少史部、集部图书。陆氏藏书运至日本,不仅弥补了日本原藏汉籍的缺陷,提高其藏书质量,而且也大大地增加了收藏汉籍的数量。

日本翻刻汉籍,在江户时代有较大的发展。江户初期翻刻本质量较差,经部以宋代程朱理学家著述为主,诸如《朱子语类大全》、《南轩先生文集》、《周张全书》、《二程全书》、《传习录》、《王阳明先生文录》等,史部有《史记评林》、《汉书评林》以及《资治通鉴纲目》等,子书有《老子》、《庄子》、《列子》等,集部新刊一些有关诗法、诗评和作文语法一类书籍。如《文体明辨》、《诗林广记》、《文章一贯》等。总的看来,这些翻刻本属于普及性的实用书籍,出版发行量较大,价格便宜,刻工粗糙,印刷质量较差。元禄以后(1688年),翻刻质量有所提高,史书以柳泽侯刊行的正史为代表。元禄十四年(1701年)以明万历十年南监本为底本翻刻的《晋书》、《宋书》、《南齐书》、《梁书》、《陈书》,流行较广,影响较大。此外有堀南湖校订的《新唐书》与《五代史》以及《明史》中的《文苑传》、《朝鲜传》等。《康熙字典》在日本首次刊行是安永九年(1780年),此后刻印这类工具书,随着汉学的发展而日益增多。

---

① 岛田翰《皕宋楼藏书源流考》。
② 岛田翰《皕宋楼藏书源流考》。

德川幕府时期,五代纲吉、八代吉宗先后受命翻刻的经学、医书称之为"官版"。据内野皎亭编纂的《官版书目》统计,自宽政十年十一月(1799年)至庆应三年(1876年),先后刊行的汉籍:经部四十六种,史部三十一种,子部七十种,集部五十二种,共计一百九十九种。这一批翻刻本都以宋、元精校善本为底本,刻印精良,质量较好。"官版"之外,地方诸藩刻印的汉籍称之为"藩版"。他们刻印的汉籍数量也不少,影响较大的有文化六年(1809年)德岛藩翻刻的《资治通鉴纲目全书》以及福井藩翻刻的《周易注疏》、《论语注疏》等,弘化元年(1844年)高松藩以明万历"北监本"为底本翻刻的《隋书》,嘉永六年(1854年)高田藩翻刻的《明史稿》①。

在日本流传的中国古典文献,以正仓院、石山寺、真福寺、东福寺保存的古抄本最为有名。日本藏书家除足利官学外,以金泽文库为最古。金泽文库建置于1270年到1276年之间,当我南宋末年,所谓"今日流传宋本,大半是其所遗"②。江户时代,1602年德川氏建置的红叶山文库,是当时全国收藏汉籍的中心,现今内阁文库与宫内厅书陵部收藏的大量汉籍,多属红叶山文库所藏。许多日本汉学家利用这些典籍,做了大量的搜集整理工作。1794年至1810年林述斋编刊了著名的《佚存丛书》。本书编纂的目的,编者曾明确指出:"余尝读唐宋以还之本,乃识载籍之佚于彼者(中国),不为鲜也。因念其独存于我者(日本),而我或致遂失,则天地间无复书矣,不已可惜乎?!"《佚存丛书》收书十七种一百一十一卷。其中许多书籍在中国早已失传,清朝阮元奏进四库未收书,所采者有《五行大义》、《臣轨》、《乐书要录》、《两京新记》、《文馆词林》、《秦轩

---

① 　矢岛玄亮《藩版一览稿》。
② 　《日本访书志·序》。

易传》、《难经集注》、《玉堂类稾》、《西垣类稾》、《周易新讲义》等十种。1856 年森立之等人编纂的《经籍访古志》,仿照《天禄琳琅书目》、《爱日精庐藏书志》体例,从日本六十多家藏书处收编中国古籍达六百五十四种。"书中所收,概以元以上为断,而凡皆止其见存者,间有出于传闻非目睹者,亦附记之。若明清诸本,必审择其绝佳者载之"①。由此可知,本书在研究传入日本汉籍中的地位了。

也有不少日本学者,对中国出版古籍十分关注。商务印书馆刊印《四部丛刊》时,叶德辉通过白岩子云龙平向静嘉堂借得宋本《说文解字》。这部书原属归安陆氏"皕宋楼"藏书,又能编入《丛刊》,应当感谢日本朋友的协助。《四部丛刊》选目刊出后,日本学者议论纷纷,提出不少宝贵意见:"如《群书治要》不用日本元和二年刊本,而用有显然臆改形迹之天明七年尾州藩刊本,注意似犹未周。……《春秋经传集解》之似用翻宋本,实不及日本图书馆宋嘉定丙子闻人模刊本。《大唐西域记》拟用明刊本,不及日本京都文科大学丛书本。……《范德机诗集》似用明刊本,则用日本延文辛丑刊本为较佳。"② 人们可以预料,在实现"四化"新形势推动下,中国整理出版古典文献将有迅速发展,也一定会得到日本朋友进一步的帮助。

（原载 1982 年《社会科学战线》第 4 期）

---

① 《经籍访古志·序》。

② 神喜一郎《论四部丛刊之选择底本》,转引自《书林余话》下卷。

中国古籍数量述略

　　古籍文献是我国古代文化遗产中的重要组成部分,是中华民族历史上形成的巨大精神财富。在漫长的历史岁月中,古籍文献虽经自然的损伤与人为的破坏,至今保存下来的仍然十分可观,人们常用"汗牛充栋"或"浩如烟海"加以形容。我国目前究竟有多少古籍,尚不能得出具体的确切的答案。早在六十年代初期,李诗同志曾撰文估计有七八万种之多①。今天看来,我国古籍远远不止这个数字。我们应当动员全国图书工作者,有组织地分工协作,如同普查地方志、善本书那样,进行调查统计,早日汇编《中国现存古籍总目》,以便推动古籍整理与研究工作的开展。

　　我国目前现存古籍,不少于八万种。主要根据有四:一是1959年上海图书馆编《中国丛书综录》收书近四万种(三万八千八百九十一种),二是孙殿起著《贩书偶记》与《贩书偶记续编》收清人单行本著述一万六千余种,三是清朝以前单行本典籍不少于一万种,四是1978年普查全国一百八十多个图书馆藏地方志共计八千五百种左右。四个数据共计七万五千余种。

　　此外,还有大量笔记、传奇、小说、戏曲、唱本、宝卷以及谱牒、金石拓本,尚未统计在内。这部分典籍浩瀚,一时难以估量。以文学古籍为例,郑振铎先生个人收藏的小说、诗余、曲类、宝卷等典籍

---

　　①　1961年11月1日《文汇报》。

即有一千九百九十五种①。由此可见,全国散在这类古籍数量当不在少数。据载,台湾历史语言研究所收藏的有关"俗文学资料","总计六属,一百三十八类,一万零八百零一种"②。上述七万五千种古籍,统计来源互相重复,但可用未经著录的大量小说、戏曲、唱本、宝卷、谱牒以及金石拓本等加以补充之而绰绰有余。因之,我们估计我国现存古籍不少于八万种是有根据的。

八万多种古籍,是以传统的经、史、子、集四部书为主体。所谓经部古籍,是以孔子编纂的《易》、《书》、《诗》、《礼》、《乐》、《春秋》等六部儒家经典为基础发展演变形成的。这类典籍是构成封建思想文化的主体,属于封建社会纲常伦理道德规范教条,代表封建统治阶级观念形态。所谓"十三经",总计不过六十五万字,而由此训释演绎的著作极多,大约超过经书原文四、五百倍,有三万万字之多。仅据《四库全书总目》与《贩书偶记》、《贩书偶记续编》等书著录者,近四千种,约五万卷。未见著录者至少也有千余种。因此,现存经部古籍当不少于五千部。

史部古籍范围很广,包括有纪传、编年、本末、政书以及史评、考订、札记等,体裁繁多,内容宏富,数量浩瀚。一部二十四史共有三千二百一十九卷,四千五百万字。而研究、考释、校注、增补著作,据东君编《二十四史注补表谱考证书籍简目》统计,收书达六百二十种。约计史书,据《四库全书总目》与《贩书偶记》、《贩书偶记续编》统计,共四千九百九十一部,八万四千三百七十二卷。中国古代史书当不止于此数,据梁启超估计"应在十万卷以外"③。加

①　《西谛书目》。
②　台湾《联合报》。
③　《历史研究法》。

之未见著录者,估计现存史书不少于六千部。地方志属于史部,但见于著录者不多。据近年普查资料,这类古籍约有万余种。其中包括省、府、州、厅、县、卫、所、关、镇诸志,旁及山、水、湖、塘、园、楼、亭、寺庙、书院诸志以及名胜古迹等。方志文献自成体系,是以地方行政单位为范围的综合记录,既包括各该行政区域的天文、气候、地形、自然资源、自然灾害以及动物、植物、水族等生长、迁移、灭绝的过程,还包括我国各族人民,特别是边远地区少数民族的社会生活、生产状况等。

子书产生于春秋战国时期,在百家争鸣的社会环境下,春秋战国时期各家各派纷纷著书立说,逐渐形成一大批子书。《汉书·艺文志》著录儒、墨、名、法、阴阳、道家、纵横、杂家、农家以及小说家,凡一百八十九家,四千三百二十四篇。其后随着社会文化不断发展,子书范围亦随之不断扩大,包括有关哲学思想、学术流派以及佛道宗教等著述。仅据《四库全书总目》与《贩书偶记》、《贩书偶记续编》统计,子部古籍共有六千二百四十三种。不见著录者还有一些。因之,我们认为,现存子部古籍约有七千部,是为可信数据。

农书与医典,历来属于子书范围,但见于著录甚少。中国古代以农为主,历来重视农书编纂,传世农书很多。汉朝的《氾胜之书》、南北朝的《齐民要术》、唐朝的《四时纂要》、宋朝的《农书》、元朝的《农桑辑要》、明朝的《农政全书》以及清朝的《授时通考》等属于历代农书名著。现存农书,据毛君雕编《中国农书目录汇编》收书二千种左右,内容包括土地垦植、水利灌溉、耕作技术、农业工具、气候节令以及花果、蔬菜、园艺、林木、水产、牧畜等。医典古籍是我国古代各族人民长期同疾病创伤斗争中的结晶,其数量远远超过儒家经典著述。1961年由中医研究院与北京图书馆主持,根据全国五十九个图书馆的收藏编纂的《中医图书联合书目》统计,我国现存有关中医典籍文献共计七千六百六十一种。这些古籍中既有中医经典著作，又有学派代表名著，还包括单科、专题、医案、本草、医史等著作，内容十分丰富。

集部古籍，主要是指历代文学家的总集、别集、诗文集以及其他文艺作品。唐以前的文集大部已经散失，保存下来的多属后人辑佚的本子，约有一百五十余种。唐以后的文集数量相当庞大，根据一些资料统计：唐代文集二百七十八种①，宋人集部古籍约有七百种，见于著录者三百四十七种②，辽、金文集不过百余种，元人文集三百二十四种③，明代文集尚无具体统计数字，约有二千余种，清人文集四千二百四十二种④。总之，约计历代集部古籍有八千种左右。此外，有关笔记、传奇、小说、戏曲、宝卷、唱本一类古籍数量更多，要远远超过文学总集、别集、诗文集等，有待于今后普查。

（原载 1982 年《古籍整理出版情况简报》第 2 期）

---

① 《中国丛书综录》第 2 册。

② 《宋人传记资料索引》，台湾鼎文书局出版。

③ 陆峻岭《元人文集篇目分类索引》。

④ 《贩书偶记》、《贩书偶记续编》。

《古籍整理出版情况简报》评介

中华书局编发的内部刊物《古籍整理出版情况简报》，从 1958 年创刊以来，在交流古籍整理出版工作情况、反映学术动态、介绍文化遗产知识等方面起了良好的作用。"文革"时期被迫停刊。粉碎"四人帮"以后，随着我国文化出版事业的发展，中华书局于 1979 年七月复刊，仍为内部刊物，不定期发行，每期二三万字文稿，至 1982 年 3 月已出版八十九期。从 1982 年 6 月第九十期开始，改由国务院古籍整理出版规划小组编发，至今已出版一百零八期。

几年来，《简报》刊载了许多有关古籍整理、研究、编辑以及出版消息，作者读者论坛、建议，香港、台湾学界报道以及国外学术动态等文章，对交流情况，活跃思想，推动古籍整理出版事业的发展起了积极作用。

我国历史悠久，文化遗产丰富。在漫长的历史岁月里，中华民族在社会实践中逐步积累了浩如烟海的古籍文献，尽管遭致历代兵灾、战祸和自然损毁以及人为的破坏，然而保存下来的古籍也不少于八万余种。这笔巨大的精神财富，在新的历史条件下，正在加快步伐进行整理与出版，这对于中华民族文化的继承和发扬，社会主义精神文明建设，以及对青年进行传统文化教育是十分重要的。这个小小刊物，虽然同浩如烟海的古籍与整理出版工作不太相称，但它是目前国内唯一的古籍专业交流园地，办得朴实，灵活，目的性明确，客观效果良好，受到了文史学界专业工作人员的关注与欢迎。

长期以来,古籍整理研究以及出版工作虽然取得很大成绩,但因情况不明,消息闭塞,而出现一书多人校注,重复出版的现象是值得重视的。诸如《唐诗三百首》即有八种不同注本出版,《文心雕龙》有十种本子问世(仅1982年即出版五种),1982年内各家出版社共出四种《古文观止》。根据我国情况,一部重要文献出几种不同本子是可以的,但由于消息不通,计划不周,相互雷同,重复劳动,从而造成了人力、物力、财力的浪费,无疑这是应该避免的现象。出现这个问题的原因是多方面的,但与古籍整理研究情报工作不灵有密切关系。

《简报》虽不能完全改变这种局面,但给专业人员提供了必要的情报,以及研究参考资料,不仅避免了出版的重复,而且开阔了人们的眼界,活跃了思想,提高了整理研究工作效率。从消息报道来看,介绍大型著作、丛书、类书出版情况,如《二十四史研究资料丛刊》、《历代史料笔记丛刊》、《中国古典文学基本丛书》的出版消息,以及《丛书集成》将由中华书局出版、标点本《二十四史》将由中华书局重印、《中国农学珍本丛刊》将陆续出版,北大开始编纂《中国地方志传记人名索引》等报道,既有鼓舞人心作用,又为专业人员提供了必要的参考资料。对《论衡注释》、《唐大和尚东征传校注本》、《甲骨文合集》、《中国古代地理总志丛刊》、《古文字类编》等专著简介,又可使读者增长学识,以广见闻,有利于古籍整理工作的开展。

《简报》中,不少专家学者以及专业人员,发表了有关培养古籍人才、制订出版规划、整理重要典籍、影印大型文献、编纂目录索引工具书以及加强古籍出版工作等建议,颇多参考价值,大有可取之处。尤其是有关专题报道,形式活泼,内容新颖,别开生面。《张星

烺先生及其中西交通史料汇编〉、《〈左传〉的整理和杨伯峻著〈春秋
左传注〉》、《辛勤的耕耘者——记姜亮夫先生》、《精心育苗人——
启功先生》等文章,介绍了专家学者对古籍整理研究的业绩,既是
对老一辈学者多年辛勤工作的表彰,又为后学提供不少治学经验、
方法与途径,对中青年急起直追、奋发向上是一个有力的推动。

围绕古籍整理问题,《简报》也发表若干研究性质的文章,如
《试谈文学古籍的校勘问题》、《略谈古籍校勘的方法》、《略谈今译
古籍》、《谈谈哲学古籍整理的几个问题》、《略谈几部文学古籍的新
校点本》、《鲁迅论古籍整理》、《重视祖国目录学遗产的整理和研
究》、《中国古籍数量述略》等文章。这类文章所占比例不大,但主
题集中,短小精悍,多属作者在实际整理古籍工作中的经验教训或
心得体会,对古籍整理研究工作具有较多的参考价值。

中国古文献,除汉文文献外,当然包括少数民族文字古籍。目
前国内已开始注意对少数民族古籍的整理出版工作,中央已开过
专业会议,并作了具体部署。因此,《简报》在这方面也有所反映,
如《关于藏文古籍的整理出版工作》、《关于贵州彝文古籍整理工作
的几点建议》以及《民族文字古籍整理情况》等报道,对推动民族古
籍的整理出版工作是有益的,希望今后能够进一步加强这方面的
情况反映。

复刊后的《简报》,始终将香港、台湾以及国外有关中国古籍消
息报道作为主要内容之一,这是完全必要的。近几年来,"港台"出
版的《苏报与清末政治思潮》、《中国历代经典宝库》、《新修康熙字
典》、《白话史记》、《四部备要》等消息报道,台湾的"国史馆"简况、
有关学术机构资料收藏整理情况、史学界研究及出版情况反映,使
读者对"港台"情况有所了解。同时《简报》对日本、美国、法国、西
德等国关于中国古籍整理研究出版工作,或介绍研究动态(如《日

本开始编纂全日本国古籍目录》),或刊载出版消息(如《〈史通〉日译本出版》、《西德出版〈吕氏春秋〉》),或作者专题报道(如《吉川幸次郎先生谈对杜甫的研究》以及日本学者对《尚书》、《诗经》的研究,法国《中国学简况》等),为读者提供最新消息,从而扩大了人们的视野,有利于我国古籍整理出版事业的发展。

　　过去整理古籍工作,多由整理者本人在传统的方式下,用所谓"排比纂索"的个体手工业方式来处理有关文献资料,闭关自守,个人奋斗,这是可以理解的。但今天时代变了,我们的事业在迅速发展,古籍整理研究工作内容丰富,领域广阔,任何个人都必须适应新的形势,时刻掌握有关情报,研究新动向,接受新成果,吸取新方法,以改进提高自己的工作质量。因此,《简报》虽然不能满足人们的要求,但对古籍整理研究以及出版发行工作是大有益处的,人们期待它适当增加内容,公开出版,扩大发行范围,继续前进,为古籍整理出版事业作出更多贡献。

　　　　　　　　　　(原载 1983 年《古籍整理研究学刊》试刊号)

中国历史文献学

　　中国历史文献学是历史科学中的辅助学科,是研究历史文献的发生发展演变,以整理、编辑、点校、注释和研究历史文献为对象,涉及有关历史文献的目录、版本、辑佚、校勘以及文字、训诂等知识与技艺。从某种意义上讲,它是人文学科中的应用学科,直接为历史学的教学与研究服务。

　　历史文献学工作,是历史研究中的基础工程,直接影响到历史学研究的质量与水平。因此,史学工作者一向关注这门学问,往往是从历史文献工作入手,在实践中不断提高对文献史料的收集、整理与运用的能力,以期达到最佳的研究效果。凡有成就的史学家都在这一方面作出了卓越的贡献。

　　有关历史文献学的知识与技能,是一门古老的学问,随着历史学的发生、发展而兴起、演进,但长期以来并未形成一个独立的学科。其内容界定不十分清楚,自身学科结构体系和理论基础还存在着诸多问题,人们只是认为它是历史学的辅助知识与技艺,所取得的整理研究成果,也多被认为是历史学研究的副产品。

　　1949年中华人民共和国成立以后,人们对历史理论与文献的认识发生了巨大的变化。理论成为历史学研究的灵魂,文献是历史学研究的基础。人们在对历史问题研究的过程中,深切感到历史文献的重要性。随着社会科学文化事业的发展,从教育部门到科研机构,大力提倡对历史文献的整理与研究工作,逐步成为一门新兴的学科,就其整理的方向不断明确,研究的内容不断加深,质量与水平不断提高,取得的成果十分可观。

近四十年来,我国已出版一批数量可观的历史文献,为历史文献工作者提供了良好的物质条件。1949—1988年间,我国出版古籍共四千五百一十一种,其中历史文献一千三百三十八种,占三分之一以上,大量新版史籍问世,对历史文献学的形成与发展起了很大作用。

关于历史文献学方面论著,目前难以作出科学的统计。总体看来,建国后四十年的成果要超过历史上任何一个时代。试以先秦史籍和纪传、编年史籍有关论文统计,1900—1987年间共发表二千一百余篇,其中建国前五十年一千余篇,建国后四十年一千一百余篇。再以"前四史"为例,总计发表论文近八百篇,其中建国前为二百八十余篇,建国后为五百一十余篇。由此可知,我们取得的成果是值得珍视的。

多年来我国历史文献工作者,在继承发扬前人优良传统的基础上,作出了超越前人的成就。无论是从点校史籍、丛编史书、整理考古发现的甲骨、金文、简牍、帛书以及敦煌吐鲁番文书方面看,也无论是从文献学、史料学的建设以及历史要籍介绍考订与史料编辑方面看,都取得了辉煌的成绩,从而丰富发展了中华民族的新文化。

一

史籍点校与史书丛编,是历史文献工作者的基础工作。国家曾组织动员许多学有专长的老中青学者参加这项工作,点校《二十四史》、《资治通鉴》等大书,编辑《古代史料笔记丛刊》、《中国近代史料丛刊》等套书,成绩显著,影响巨大,使古老文献获得新生。

自清乾隆年间《二十四史》形成后,全套合刊有"殿本"、"局本"

和"百衲本"三种。过去的学者也曾选择一部或几部史书加以句读和批校，但从未对整套书用统一的体例来标点、分段，并进行全面的校勘。1958 年开始，国家先后组织二十多家高校科研单位，动员几百位史学专业工作者全面整理《二十四史》，历时二十年。到 1978 年这套三千余卷、四千余万言的史书已全部由中华书局出版，成为继南宋《眉山七史》、明监本《二十一史》、汲古阁本《十七史》、清"殿本"、"局本"以及近代"百衲本"之后最好的本子，实属中国现代文化史上的壮举。

此书整理总的要求，希望给读者提供一套标点分段准确、错误较少、便于阅读的本子，并力求超越前人，经不断修改提高，使之成为定本。为此，参与整理工作的专家学者态度严谨，工作认真，恪守统一的标点分段体例要求，既在"大同"的原则下，又存有"小异"。校勘底本选择精当，多经专家遍检现存版本之后，认真比较研究而后确定的。或采用旧刻本，或选择精校本，或参合众本，择善而从，为点校质量提供可靠保证。校勘不但荟萃诸本之长，而且作了本校和他校。发现问题力求进行科学考证，并尽量吸收前人成果，作出颇有参考价值的校记，点校质量及组织规模远远超过流传的各种本子。为了便于阅读和利用，各部史书均编有人名、地名索引，以提高文献使用的价值。与此同时，中华书局另组织出版一套《二十四史研究资料丛书》，收录有关考订史实、补志、补表一类资料书，以补充新本《二十四史》之缺。

《资治通鉴》的整理工作早于《二十四史》，由"标点资治通鉴委员会"主持此项工作，组织十二位专家学者分担标点工作，另由其中四人组成校阅小组，并于卷末列具标点、复校姓名，以示负责。付排后又由聂崇歧校阅了全书校样，力争减少差错。工作态度认真，对标点、分段以及正文中的人名、地名、书名等标点法均有统一而明细的规定。此书新印本是依据清胡克家翻刻的元刊胡注本为底本，并参考前人校勘过的宋、元、明各本，集历代校勘之大成，搜集遗文，改正错简，增补缺文，终为读者提供一个较好的本子。书后附有《通鉴释文辩误》十二卷，以备参阅。总计全书正文二百九十四卷，附录十二卷，约六百万字，中华书局于1956年出版。

《续资治通鉴长编》素以征引博贯、纪事详赡、史例谨严、考核精审而著称，惜未有全本流传。今本系清人辑自《永乐大典》，五百二十卷，尚缺宋英、神、哲、徽、钦朝部分内容，史家也很少见。这部大书的作者李焘，仿《通鉴》体例，上接《通鉴》，以叙北宋九朝编年史事，为研治宋史者必读的一部史书。本书由上海师范大学与华东师范大学两家古籍整理研究所负责点校，计划出版三十册，1979—1986年间已出版二至二十册。

在《通鉴》点校本出版之后，清毕沅撰《续资治通鉴》与清夏燮撰《明通鉴》点校工作，相继完成。前者为"标点续资治通鉴小组"校点，后者为沈仲九校点，均由中华书局出版，从而完成一套编年史点校出版工作。

纪事本末史书是继编年史书之后，而成于南宋时期，是中国历史文献的重要组成部分。在河北师范大学历史系王树民主持下，对《宋史纪事本末》、《元史纪事本末》、《明史纪事本末》进行点校工作，崔文印、孟默闻等点校《辽史纪事本末》、《金史纪事本末》，顾士铸点校《通鉴纪事本末》，已于1983年以前由中华书局全部出齐。这套书共三百五十卷，五百余万字，将我国起于鲁隐公元年（前722年），止于明崇祯十七年（1644年）的二千三百六十年编年史，归纳为六百件大事（另有附见八十六事），记述其始末缘由，可与纪传体《二十四史》、编年体《资治通鉴》、《续资治通鉴》、《明通鉴》以及历朝会要典制史书，构成一个体系完备的史书整体，成为中国古代史研究的基础文献。

中国古代会要之作,始于唐,发展于宋,元、明两代无续作,至清始有龙文彬撰的《明会要》。有关此类史籍的整理始于五十年代中期。先后有龙文彬撰《明会要》、徐天麟撰《西汉会要》、《东汉会要》、王溥撰《唐会要》、《五代会要》以及孙楷葊的《秦会要订补》等新印本问世。对其中一些史书,不仅分段标点,而且精选底本,做了大量的校勘工作。如《五代会要》据光绪十二年江苏局本为底本点校,参校抄本,并附校记,为读者提供一个最佳本。值得一提的是,八十年代以来上海古籍出版社开始出版《历代会要丛书》,对已出版或未出版的"会要"进行重新整理审订。目前已出版了《南朝宋会要》、《南朝齐会要》、《南朝梁会要》、《南朝陈会要》。有关《北朝会要》、《十六国会要》、《宋会要》、《清会要》整理校订或新编工作也在加紧进行。其中整理《宋会要》的工程很大,五十年代商务印书馆影印的《宋会要辑稿》问题不少,王云海对此书作了专门研究,1986年上海古籍出版社出版了他的《宋会要辑稿考校》一书。据宋史专家邓广铭讲,此书取得了"突破前人对它所作的校订成果"。

继《二十四史》、《资治通鉴》点校之后,又一巨大工程,是"三通"的整理点校工作。

《通典》点校工作,始于1978年,由王文锦等五人负责,历时八九年,前后校勘二次,校正明清诸本脱、讹、倒等错误约数千处,校正《通典》编写失误达数百处,出校记近万条。《通志》与《文献通考》正在整理点校工作中,前者"二十略"已由王树民负责点校完毕,后者由上海师大、华东师大古籍研究所共同组织力量,进行点校,目前已基本定稿。这两部大书可望近期出版。

历史文献丛编约有几十种以上,从数量到质量都是空前的。

《历代史料笔记丛刊》,中华书局已出版七八十种之多,将按照唐宋、元明、清朝断代配套出齐，已超过前人所编的史料笔记丛刊，蔚然可观，颇便利用，为史学研究提供一批可贵资料。新整理点校的历代笔记，不仅比《丛书集成》本的句读好得多，还弥补了不少原有版刻错误，就是近人夏敬观编的宋元说部书中的错误，也得到了纠正。

《中外交通史籍丛刊》，也是一项较大的编纂工作。早在三十年代，张星烺主编有《中西交通史料汇编》六册出版。此后，张先生继续搜集资料，准备增补。1951年张先生逝世后，由朱杰勤将原书和张氏部分遗稿，全部加以校补出版。1960年起，开始编辑《丛刊》，初步拟定丛刊书目共四十二种。由向达整理点校的《郑和航海图》等三种，已于1961年由中华书局出版。此项工作因"文革"中断。1979年后又陆续出版汪向荣整理点校的《唐大和尚东征传》等六种。1982年国务院古籍整理出版规划小组恢复，并将这套《丛刊》列入1982—1990年古籍整理出版规划，又接着出版有季羡林等校注的《大唐西域记》等五六种。今后每年将出版三四种，可望1990年出齐。

《中国古代地理总志丛刊》与《中国古代都城资料选刊》，是两部各具特色的历史地理文献，均由中华书局出版。前者收有唐李吉甫《元和郡县图志》、宋乐史《太平寰宇记》等史地名著，后者收有题宋孟元老撰《东京梦华录》、清顾炎武撰《历代宅京记》等都城文献。点校者学有专长，新本远远超过旧本。1983年出版的贺次君点校的《元和郡县图志》，是迄今为止最为完整的本子。

有关历史断代史料丛刊的编纂也取得很大的成绩，特别是元、明、清各朝史料文献的搜集整理与编辑工作，尤为可观。《元代史料丛刊》的编纂，于1980年元史研究会成立后，便有组织地开展此项工作。浙江古籍出版社于1985年开始陆续出版《丛刊》。第一辑为政书类,包括《通制条格》、《经世大典辑存》等八种。参加《丛刊》整理工作,多属中青年学者,入选的文献史料具有极高的研究价值。明清史料丛刊编辑工作,解放前已出版《明季稗乘汇编》、《痛史》、《明季史料丛书》等多种。解放后上海中华书局继续工作,出版有《晚明史料丛书》。后来,江苏人民出版社、上海古籍出版社先后出版有《明史资料丛刊》、《明季史料丛编》等明代文献史料集。

《明史资料丛刊》,中国社会科学院历史研究所明史室编,收书六种,刻本罕见,整理精当,史料文献价值甚高。如《后鉴录》、《贤博编》都是研究明代史极为重要的一手文献史料。《明季史料丛编》由著名学者朱偰、钱海岳标点整理,收书二十八种。本书不仅填补阙文,校注按语大大提高了原书的文献价值。钱先生整理的《明末忠烈纪实》曾参阅五十多种典籍、一百多种奏议诗文集,认真严肃态度,令人钦佩。此外,还有《明末清初史料选刊》、《晚明史籍基本丛书》、《清史资料》、《清代档案史料丛编》等。

根据地方史研究需要,几十年来各地区先后组织整理一批各具特色的史料丛刊,诸如北京出版的《北京史料丛书》、福建出版的《八闽文献丛书》、云南出版的《云南史料丛刊》、四川出版的《四川古代史地丛书》、广东出版的《岭南丛书》、吉林出版的《长白丛书》、西藏出版的《西藏研究丛刊》以及湖南出版的大型《走向世界丛书》等,已引起学术界的广泛关注。

清末史料文献丛刊,以《中国近代史料丛刊》与《续编》为最。建国初期,著名史学家范文澜、翦伯赞、陈垣、邵循正等人即开始酝酿这项巨大工程。由中国史学会主编,组织动员全国史学专家学者参加工作,按照清末以来各个历史时期的大事件,搜集整理第一手珍贵历史文献,并加以精选、考订、注释、分段、标点出版。从1952年开始,由神州国光社、上海人民出版社、新知识出版社、中华书局陆续出版了《鸦片战争》(全六册)、《太平天国》(全八册)、《第二次鸦片战争》(全六册)、《捻军》(全六册)、《回民起义》(全四册)、《洋务运动》(全八册)、《中法战争》(全七册)、《中日战争》(全六册)、《戊戌变法》(全四册)、《辛亥革命》(全八册)等十一种,共计收录文献资料一千八百余种(含外文资料一百六十余种),二千七百余万字。《丛刊》除正文外,还有图表附录年表等,更为难能可贵之处,各书均附有文献解题,极便读者利用。这是一项很有价值的史料文献编辑工作,所收文献的种类与数量都是空前的。这套书于1971年出齐后,李一氓又提议编辑《续编》,立即得到史学界的响应。《续编》计划先编五种,即《太平天国》、《中法战争》、《中日战争》、《立宪运动》、《辛亥革命》。分别由罗尔纲等人主编,到目前为止,《中法战争》已经编就,《中日战争》已由中华书局出版。《中日战争》全书十一册,约五百万字,由戚其章主编。所收资料有档案资料和第一手资料,同正编《中日战争》比较,大大增加了档案资料。正编选收日方资料甚少,《续编》收日方材料约有一百四十万字之多。尤其值得提出的是,《续编》所选收的资料中有不少是鲜为人知的珍贵新资料,如向野坚一的《从军日记》从未公开发表,对研究中日战争具有极大的参考价值。

二

　　本世纪初,由于殷墟甲骨、居延汉简和敦煌文书的发现,直接推动了中国古史研究的进展,并且丰富了历史文献学的内容。半个世纪整理研究甲骨、简牍与文书工作,取得了令人瞩目的成绩。新中国成立以来,历史考古与文献工作者开展了一系列卓有成效的整理研究工作,不仅扩大了前人的工作范围,而且也提高了研究的质量,有所创新,有所发现,更有新的进步。

十三卷本《甲骨文合集》问世，是建国以来第一部资料最全、内容最丰富的大型甲骨文资料文献。这部巨著，是国内专家学者多年整理研究甲骨文的结晶。建国以后，国内学者在甲骨文的缀合、考释和研究方面都取得了显著的成绩。郭若愚等编纂的《殷墟文字缀合》，其成果超过前人；于省吾撰《甲骨文字释林》和他主持的《甲骨文类编》，对甲骨文资料的释读和利用作出了新贡献；陈梦家撰《殷墟卜辞综述》，是一部篇幅宏大、内容丰富的大型研究著作，在国内外影响很大。

早在1956年，国家制订科研十二年远景规划时，即将《合集》列入重点项目之一。1959年由中国科学院历史研究所负责组织，组建以郭沫若为主任的编辑委员会，请郭沫若为主编，动员国内一批甲骨学专家学者，从1961年开始工作，到1981年由中华书局出齐十三卷，历经二十年，在国内外搜集材料不下二三十万片之多，经过一系列的整理研究工作，选出在文字学、历史学上具有一定价值的甲骨五万余片，照像影印，分期分类，编辑成书，印刷精良，可谓名垂中国现代文化史。

在中国社会科学院考古研究所主持下编纂的《殷周金文集成》，也是一部多卷本的集殷周金文大成的大型资料文献，其学术价值不亚于《甲骨文合集》。这部巨著，汇集了国内外重要金文，分编成铭文、图录、释文、索引等类目，将于近期全部出版。

建国前五十年，在我国西北地区出土汉、晋简牍达八九次，而其中以1930年发现的居延汉简一万四千余枚最为突出。对于这一批宝贵资料，不少学者曾作过整理研究，诸如王国维的《流沙坠简》，张凤的《西垂木简汇编》，劳干的《居延汉简考释》等，为进一步整理研究简牍开创了条件。

建国以来，1951—1974年间，我国考古工作者先后于湖南、湖北、山东、江苏、新疆、甘肃等地发现大量的简牍,其中马王堆三号汉墓、云梦睡虎地秦简与居延汉简,已名传中外,文献价值最高。考古历史文献工作者的整理研究工作大有进展。对于居延汉简的整理,1959年中国科学院考古研究所编辑的《居延汉简甲编》与《居延汉简甲乙编》,鉴于劳著《考释》未将原简照片公布,而重新影印原件,加以释文,后附说明附表等,为研究人员提供居延汉简可靠的资料。

1973—1974年夏秋,甘肃省考古队又发现居延汉简近两万枚。谢桂华等人在整理这批简文时,发现《居延汉简考释》与《居延汉简甲编》的释文中约有两千余枚与原简文字不尽符合。为此,他们辑出《居延汉简释文合校》一书,由文物出版社出版。

有关汉简研究之作当推陈梦家的《居延汉简研究》一书。陈氏研治汉简始于六十年代,曾参与当时武威磨咀子六号墓汉简的整理与研究工作,成果见于《武威汉简》一书。继之又对居延汉简、敦煌酒泉汉简进行了大量的整理工作,先后完成十四篇论文,辑成《汉简缀述》一书,1986年由中华书局出版。书中《汉简所见居延边塞与防御组织》、《汉简所见太守、都尉二府属吏》以及《汉简年历表叙》等文,不仅是作者研究功力之作,也对汉简研究考释大有帮助。另一位汉简研究学者陈直著《居延汉简研究》,1986年由天津古籍出版社出版。本书结合汉简研究汉代历史颇多创见,对于汉简释文考订也有不少新见解,值得参考。

1978年2月,国家文物局古文献研究室成立以后,直接推动了简牍的整理研究工作,先后出版或正在整理的简牍文献有:《银雀山竹简》(线装)、《孙子兵法》、《孙膑兵法》以及《银雀山竹简》精装本第一辑《晏子》、《六韬》、《守法守令十三篇》,还有《睡虎地秦墓竹简》、《居延汉简》、《定县汉简》、《阜阳汉简》、《青海大通上孙家寨汉简》以及《髹饰录》等。对于简牍释文与校注工作,也取得不少成绩。

有关帛书的研究整理工作始于1973年。当年12月,长沙马王堆三号汉墓出土二十多种十二万多字的帛书。这是我国考古学界的空前发现,轰动海内外。为此,国家组成了帛书整理研究小组,对其中重要文献如《老子》、《周易》、《春秋事语》、《战国纵横家书》、《五星占》等帛书,进行了标点、分段、释文及考释工作。文物出版社出版了《马王堆帛书》线装大字本,以供专家研究之用。整理研究帛书,一时成为显学,陆续出版不少论著。如《老子》一书至少有四种版本问世。又如《战国纵横家书》,写于汉初,共二十七章三百二十五行一万一千余字,经整理研究发现,其中有十一章内容见于《战国策》和《史记》,文字大体相同。另有十六章是久已失传的佚书。帛书与《战国策》、《史记》有关篇章对照,可以补充或校正后者的一些错误,对历史文献整理研究工作也起到重大推进作用。

敦煌文书,是本世纪初考古重大发现之一。号称"敦煌宝藏"约有三万多件文书资料,由于历史上尽人皆知的原因,其中三分之二以上流散于英国、法国、苏联、日本等国家。国内仅存者不足三分之一,分藏于北京图书馆、甘肃省图书馆、敦煌县博物馆以及敦煌研究院等处。在旧中国,不少学者如罗振玉、王国维、刘复、陈寅恪、王重民、向达,对整理、考释和研究敦煌文书作出了许多贡献。新中国成立后,在前人研究的基础上,史学、文学、艺术以及文献学工作者,对"宝藏"进行了多方面的整理、考释和研究工作,并取得很大成绩。如王重民的《敦煌古籍叙录》、《敦煌曲子词》、《敦煌变文集》,周绍良的《敦煌变文录》,周祖谟的《唐五代韵书集存》,王尧的《敦煌古藏文历史文书》,张锡厚的《王梵志诗校释》,高嵩的《敦煌唐人诗集残卷考释》以及沙知等编的《敦煌吐鲁番文书研究》和北大、武大、厦大、兰大编辑出版的文书研究集等，是对整理、考释、研究敦煌文书的新贡献。中国科学院历史研究所曾于五十年代末，组织有关专业人员，对敦煌文书中的经济史资料进行整理，1961年由中华书局出版《敦煌资料》第一辑。可惜后来因故中断，没有继续下来。而后，唐耕耦等人继续从事整理工作，以《敦煌社会经济文献真迹释录》为题，分四辑由书目文献出版社负责出版。第一辑已于1986年面世。本辑按类收文二百三十四件，印制分上下两款，上款影印原件，下款对照释文，装帧精良，便于阅读，从而提高了对文献的利用价值。在敦煌文书研究考释工作中，老一代学者又提供一批新成果，如季羡林《新博本吐火罗语A(焉耆语)(弥勒会见记剧本)第三十九张译释》、唐长孺《关于归义军节度的几种资料跋》、王仲荦《敦煌石室出残姓氏书五种考释》、王永兴《敦煌唐代科差簿考释》等力作，对推动敦煌文书的研究起了很大的作用。更为可喜的是八十年代后，我国已培养出一批中青年学者，他们在敦煌文书研究中已显露才华，大有青出于蓝之势。如马世长的《敦煌县博物馆藏地志残卷》、《地志残卷中的"本"和唐代公廨本钱》和郑必俊的《介绍唐开元张掖户籍残卷校释》等，均属有影响的好文章。

　　吐鲁番文书与敦煌文书几乎同时发现，清末民初虽有个别人作过介绍，但历经半个世纪仍然鲜为人知。五十年代开始改变这一情况，特别是六七十年代(1959—1979)新疆考古队在吐鲁番地区多次发掘中，发现了公元四到八世纪三千余件文书材料，直接推动了对文书的整理研究工作。这一批文书材料，文献价值极高，不仅对研究十六国到唐代吐鲁番地区的政治、经济、军事、文化情况提供了重要资料，而且对研究古代中国土地制度、赋税力役制度、封建租佃关系、典章制度、民族关系、交通往来以及科技文化等提供了第一手珍贵资料。1978年国家文物局古文献研究室成立后，由唐长孺主编大体按朝代顺序分十册整理出版。1981年由中华书局陆续出版，至1987年已出版八册，近期可望出齐，从而为研究魏晋隋唐史提供一批新资料。

三

为服务于教学与研究工作，多年以来史学工作者编纂不少中国通史资料与专题历史资料，大大丰富了历史文献学的内容。

六十年代初，在原高教部的主持下，曾组织一批中国古史专家进行分工选编一套大型系列史料集——《中国通史参考资料》。此书主编是驰名中外的中国史专家翦伯赞与郑天挺，明确规定编纂的"主要的目的是围绕中国通史教学中提出的问题，系统地选择比较完整的原始资料，供高校历史系学生阅读，以充实历史知识，训练阅读能力"。全书近二百万字，1962年开始分册出版，历经二十年，到1982年基本出齐。这一套资料书，结构严谨，取材精审，全国高校历史系普遍选作教学参考书，对培养一代青年史学工作者起了良好作用。

有关农民战争、经济史等专题资料编辑工作，也取得不少成绩。

中国古代农民战争史料的编纂，从秦汉到明清均有专书出版。安作璋编《秦汉农民战争史料汇编》，二十六万字，1982年中华书局出版。所收史料，均以历史事件为中心，以时间先后为顺序进行编辑。内容以农民战争为主，兼收与部分农民战争有密切关系的资料，如地主阶级对农民的剥削压迫以及地主阶级镇压农民起义等，一般不收少数民族资料。选材以历史文献为主，对于汉碑、汉简与金石考古资料也尽量收录。张泽咸、朱大渭编《魏晋南北朝农民战争史料汇编》上、下册,近五十五万字,1980年中华书局出版。
此书编者将有关资料分成三类:第一类农民战争,包括汉族农民起
义以及少数民族人民联合起义;第二类少数民族人民反封建统治
的战争;第三类包括盗杀太守、奴隶主、亡命抢劫、兵变以及少数带
有阶级斗争性质的某些事例。征引史料以正史为主,旁及金石、类
书、别史、地理、佛道经典、小说、笔记、文集等,取材谨严,收录资料
较广,力求做到缺而不滥,以便研究参考。王永兴编《隋末农民战
争史料汇编》,十六万字左右,1980年中华书局出版。史料大体按
照地区及其代表人物为中心,分十一个专题,排比材料。张泽咸编
《唐五代农民战争史料汇编》上、下册,五十万字,1979年中华书局
出版。《汇编》按唐朝帝王在位时序和五代十国分题收录史料二百
三十七条。何竹淇编《两宋农民战争史料汇编》全四册,近八十八
万字,1976年中华书局出版。《汇编》征引宋代以来的纪传、编年、
纪事本末等各种史书以及其他各类文献,凡三百八十种,辑得史料
二千余条。在此书之前,还有苏金源、李春圃编《宋代三次农民战
争史料汇编》,本书第一编为王小波起义,第二编为方腊起义,第三
编为钟相、杨么起义。杨讷、陈高华编《元代农民战争史料汇编》
上、中、下三册,八十二万字,1985年中华书局出版。史料收辑比
较全面、系统,颇有功力,对研究元末明初社会史问题参考价值极
大。有关明清两朝农民战争史料,尚缺乏全面系统专书,已出版的
谢国桢编《清初农民起义资料辑录》与中国人民大学清史研究所编
《康雍乾时期城乡人民反抗斗争资料》,是属于历史专题资料汇编。
前者1957年上海人民出版社出版,收录资料时间始于1644年清
兵入关之后,止于1721年台湾起义失败。史料内容按地区收编农
民起义资料。后者1979年中华书局出版,收录史料以清康熙、雍
正、乾隆三朝时间为限。其次是《清中期五省白莲教起义资料》与

《川湖陕白莲教起义资料辑录》。前者为中国社会科学院历史研究所清史研究室编,江苏古籍出版社出版;后者为蒋维明编,四川人民出版社出版。前书资料来源于中国第一历史档案馆以及地方史乘,后书未收档案,多限于常见史籍,但也有前书未收的珍贵史料。二者互相为用,可收异曲同工之效。

有关经济史料汇编工作,早在五十年代初期,东北师范大学历史系即组织一批力量,从事《中国历代食货志汇编》工作,于1951年该校铅印出版。第一辑除收五代以前正史食货志外,又增黎子耀撰《补后汉书食货志》、陶元珍撰《三国食货志》、郝懿行撰《补宋书食货志》、汪士铎撰《南北史补志》以及徐炯撰《五代史补考(食货考赋役考征榷考)》。第二辑收录以《宋史·食货志》为主,又增李心传撰《建炎以来朝野杂记》、李攸撰《宋朝事实》有关食货内容。本书收录成型资料较全,并加以分段标点,为研究中国经济史提供了第一手资料。八十年代以后,又陆续出版了三套历代食货志注释专书:1982年中华书局出版有《历代食货志注释》,1984年农业出版社出版有《历代食货志注释》,1986年中国财政经济出版社出版有《中国历代食货志汇编简注》。

断代史经济资料汇编,尚无系统专书问世,仅有秦汉、隋唐五代和清代经济史料出版。傅筑夫、王毓瑚编《中国经济史资料·秦汉三国》,1982年由中国社会科学出版社出版。本书按秦汉三国经济产业类别,分章收录相关史料,章前绪言,简要说明本章资料内容范围,以及有关问题,并提出编者对一些问题的见解,具有参考作用。王永兴编《隋唐五代经济史料汇编》,第一编上、下册约七十三万字,已于1987年由中华书局出版。本编主要资料来源,一是隋唐五代时期历史要籍,一是敦煌吐鲁番文书。此外也收录了诗文小说及金石考古材料,按照章、节、小节排比史料,并在之前有简要说明,颇多学术参考价值。谢国桢编《明代社会经济史料选编》上中下三册,约六十五万字,1981 年福建人民出版社出版。《选编》所收资料,以明代野史笔记以及清代笔记中涉及明代史事为主,兼及明清诗文集、地方志和档案。官修"正史"概不收录。取舍着眼于史料价值,力求从各个侧面反映历史事实,以补"正史"之不足。史料引自五百一十七种文献,内容丰富,编辑严谨,属于专题史料之佳著。

随着史学研究的不断深入发展,其他方面的专题史料汇编成果甚多,举其要者有关中外关系方面史料汇编,如《郑和下西洋资料汇编》,是郑鹤声多年搜集整理郑氏史料的大工程,约二百万字,分上中下三册由齐鲁书社出版。《清代中俄关系档案史料选编》由中国第一历史档案馆选编,全书收载该馆所藏档案五千条,较为系统地反映有清一代中俄两国之间各种重大历史事件。

民族史方面资料汇编,近十年来也有不少新收获。藏族史料集就有《通鉴吐蕃史料》、《册府元龟吐蕃史料校证》、《宋代吐蕃史料集》以及《清实录藏族历史资料汇编》等;其他民族史料集有《渤海史料类编》、《柔然资料辑录》与《维吾尔族史料简编》等。这些资料集多是从汉文史籍中辑录成书,对研究各少数民族历史奠定了文献史料基础。

清中叶以后,中国与世界形势发生了新的变化,清朝走向衰弱腐败,列强不断深入侵略中国。史学工作者为了进一步研究列强经济侵略方面的史料,先后编有《帝国主义与中国海关资料丛编》、《中东铁路史料》、《满铁史料》等大型史料集,受到海内外人士的关注。《帝国主义与中国海关资料丛编》工作始于 1952 年,到1966 年为止,已分别由中国科学出版社、中华书局出版了《中国海关与中法战争》、《中国海关与缅藏问题》、《中国海关与中葡里斯本草约》、《中国海关与中日战争》、《中国海关与义和团运动》、《中国海关与庚子赔款》、《中国海关与邮政》、《中国海关与辛亥革命》、《一九三八年英日关于中国海关的非法协定》等十部史料集。从中法战争到辛亥革命这段历史重大问题均有涉及,选收史料极为珍贵,范文澜称之为中国近代史料中的瑰宝,确非过誉之词。

四

自五十年代以来,高等院校历史系为适应专业基础课教学工作需要,曾组织力量编写出不少"历史文选"或"历史要籍介绍及选读"教材,目的在于通过典型历史文献,培养学生阅读、运用一般文言文史料的能力,同时也向学生介绍有关中国历史文献的一般常识。显然,课程的开设与教材的编写对培养新中国第一代史学工作者起了积极作用,也为社会上广大历史自学者提供了方便。

先后出版的教材有:1953 年华钟彦编《中国历史文选》(东北师大铅印),1957 年郁建良、班书阁编《中国历史要籍介绍及选读》(高教出版社出版),1958 年孙昌荫编《中国历史要籍及选读》(中华书局出版),1961 年周予同编《中国历史文选》(上下册)(上海古籍出版社出版)。这些教材的基本体系与结构源于 1956 年高教部委托周予同拟定的教学大纲,根据史籍时代顺序,按照各种史书体裁类型,收选名篇典型,加以解题、标点、分段、校勘与注释,作为历史专业大学生的必读书籍。

近十年来,由于教学实践工作需要,又出版六部文选教材,大同小异,体系结构基本一致。

除了"文选"教材之外,还出版了多种历史要籍专书。张舜徽撰有《中国历史要籍介绍》、《中国古代史籍举要》和《中国史学名著解题》。

　　八十年代以来,又出版了王树民撰《史部要籍解题》(1981 年中华书局)、苏渊雷撰《读史举要》(1982 年黑龙江人民出版社)等几部历史要籍介绍入门性质的著作,通俗易懂,便于青年阅读。

　　有关史籍考证著作,大致可分为二类。一类是综合性的考证,如谢国桢的《增订晚明史籍考》、方国瑜的《云南史料目录概说》。二位著者都是近代史学名家,属于历史文献研究功力之作。谢著二十四卷,收书一千七百六十六种(含补遗二十九种与未见书目),是对晚明史籍的综合探索的结晶。《云南史料目录概说》是根据云南地方史研究而作,也是一部历史文献考订巨著。内容十分丰富,对收录史籍文物概说,侧重于史料来源及其价值,不计详略,不拘一格,结合史事,抒发己见,主一家之言,颇多学术参考价值。

　　另一类是对某一史书的考证。《史记新证》与《汉书新证》作者陈直,是秦汉史名家,多年来致力于秦汉史及秦汉文献研究工作。《史记新证》一书,1979 年天津人民出版社出版。总结前人对《史记》的校补、汇注及考订,取材于甲骨金石简牍等考古材料,以考订司马迁所记史实,确有“坚壁不可撼”之见解。《汉书新证》成于1959 年,内容分量远远超过《史记新证》,证文二千余条,为治秦汉史者必读文献。《隋书求是》与《唐史余渖》作者岑仲勉,是隋唐史名家,著作等身,考订历史文献成就卓著。《隋书求是》稿成于解放前,出版于建国后,总结前人对《隋书》考订未尽之处,以纪传自校或相互比勘,发现“错戾冲突不一而足”而以成此书。《唐史余渖》作于四十年代,1960 年中华书局出版。此书论证精密,学术价值较高。《辽史证误三种》为冯家昇三十年代旧作,1959 年中华书局出版,对《辽史》阙略、讹误及源流等问题进行考订,有助于阅读研究《辽史》。《明史考证》是一部大书,黄云眉著,1986 年由中华书局陆续出全八册。作者在治史数十年经验积累的基础上,参考大量典籍,对《明史》逐卷进行比勘考订,补充订正,成此二百万言的巨著,实属史书考订工作中的一大成就。

有关历史文献的研究工作,可分两个方面加以叙述。一方面是史料学研究论文数量不断增加,质量不断提高,特别值得注意的是已有专著问世。1981年福建人民出版社出版谢国桢撰《史料学概论》,是作者多年由大学讲授这门课程的基础上写成的。这是一部概论性质的著作,对中国史料学的建设与发展颇有促进作用,直接影响到古代的、近代的与现代的史料著作。《中国古代史料学》,陈高华、陈智超等撰,1983年北京人民出版社出版。具体叙述历代史学领域史料的内容、来源、价值和利用,有助于学习研治中国古代史。《中国近代史料概述》,陈恭禄撰,1982年中华书局出版。书中介绍1840—1919年间的公文档案、书札、日记、回忆录、笔记、传记、报刊等资料,兼及有关纪传体史书以及政书、地方志等文献。《中国现代史史料学》,张宪文撰,1985年山东人民出版社出版。书中介绍1919—1949年间有关档案、文献丛编、报刊、回忆录、人物传记、地方史料与工具书等。

有关断代史著,已有两本专书问世。一是1987年中州古籍出版社出版的吴枫撰《隋唐五代史文献集释》,按照历史文献体裁与内容相结合,分章系统介绍有关隋唐时期纪传、编年、典制、政法、地理、宗教、笔记以及综合参考文献的源流、演变、内容提要、版本流传与评价利用。一是1986年南开大学出版社出版的冯尔康撰《清史史料学初稿》,较为系统全面地介绍有关清代各种史料,及其体裁、内容和史料价值,按照清史文献体裁分别叙述编年、纪传、政书、档案、方志、文集、谱牒、传记、笔记、丛书、类书等。

另一方面,是文献学著作。早在三十年代即有郑鹤声的《中国文献学概要》问世。事过半个世纪以后,又有三部文献学著作问世。吴枫撰《中国古典文献学》与张舜徽撰《中国文献学》,几乎于1982年同时由齐鲁、中州分别出版,引起了社会关注。吴著《文献学》共八章,主要叙述中国古代文献的浩繁、聚散及现存概况,源流与分类,类别与体式,四部书的构成及其演变,类书、丛书与辑佚书,文献目录与解题,版本、校勘与辨伪,收藏与阅读。设纲立目,自成体系,基本上勾勒出中国文献学的研究对象和内涵,具有"可读性和名实相符的研究价值","是中国文献学形成的标志"。张舜徽是中国文献学名家,所著《文献学》共十二编,"张著前六编与吴著的七章,有许多方面的理论探索,不期而同","但张著皆予重墨大书,较吴著尤为精深"。张著后五编,约占全书二分之一的篇幅,侧重于前人整理文献的业绩与成果,有助于后学借鉴参考。另一部是王欣夫著《文献学讲义》,1986年上海古籍出版社出版。书分四章,绪言、目录、版本与校雠。各章按历史时代发展顺序叙述,而以校雠学为主,不乏精辟之见,丰富了文献学的研究内容。

这几部文献学著作,多从广义方面探讨历史上形成的各类文献的构成、演变及其整理技艺,而对历史文献则缺乏全面系统论述。可喜的是,据笔者所知,近几年来已编或正在编写的《历史文献学》即有三四种之多。其中,王余光著《历史文献学》已于1988年由武汉大学出版社出版。本书是以历史文献的发展、历史文献整理的内容与方法、历史文献整理的成就为题分编编写,既能广泛地介绍有关历史文献的一般知识,又能重点叙述相关问题,并且初步建立起历史文献的宏观结构体系及界定内容范围。

综观历史文献学四十年,从一系列成果到本学科的建立,已取得了超越前代的业绩。历史文献工作者以自己勤奋的工作,显华夏文明,扬遗产光辉,对中国当代文化建设作出了贡献。但是,我们也应当看到,历史文献学从学科建设、结构体系、内容范畴、选题方向以及研究方法和手段,仍存在不少问题,需要新一代学人加以研讨,继续努力工作,在新的历史时期作出更大的成绩。

（原载 1989 年书目文献出版社出版《中国历史学四十年》）

《珠玉抄》考释

《珠玉抄》,又名《杂抄》、《益智文》或《随身宝》,为敦煌遗书,现存于法国国立图书馆,敦煌文书第 2721 号。全书共一卷,约五千余言,抄录在一张宽一尺,长九尺九寸七分的薄纸上。书中内容丰富,历史、地理、天文历法、事物起源、社会常识以及伦理道德无所不有,是迄今为止发现的最完整的唐代庶民通俗读物,对于研究唐代社会史和唐人知识结构有重要参考价值。现谨就其中几个问题谈谈我们的看法。

一 《珠玉抄》的成书年代、地区及其流传

关于《珠玉抄》的成书年代,书中没有明确记载。日本学者那波利贞先生在《唐代社会文化史研究·唐钞本杂抄考》一文中认为它是中晚唐时的作品。经我们反复研究考证,这种说法缺乏根据,试述理由如下。

先谈《珠玉抄》形成的上限。

根据书中的内容,首先我们可以断定《珠玉抄》是贞观年间以后的作品。在《珠玉抄》"论经史何人修撰制注"一段里有:"《兔园策》,杜嗣先撰之。"检《新唐书·艺文志》、《旧唐书·经籍志》,未著录该书及作者。宋王应麟《困学纪闻》卷十四云:

> 《兔园策府》三十卷,唐蒋王恽令僚佐杜嗣先仿应科目策,自设问对,引经史为训。注:恽,太宗子,故用梁王'兔园'名其书。冯道《兔园册》,谓此书也。

案《新唐书·太宗诸子传》，蒋王恽，太宗之子。始王郧，贞观十年（636年）改封蒋王，高宗永徽三年（652年）徙梁州，武则天上元年间被人诬告自杀。从蒋王恽一生来看，贞观十年到太宗去世，是得志之时。这期间太宗子魏王泰为抬高自己声誉，于贞观十五年（641年）组织人编写《括地志》一书，蒋王恽也极有可能在此期间仿魏王泰而编《兔园册》。永徽三年以后，其抑郁不得志，也不会顾及其他了。但这一点可以作为考查《珠玉抄》的上限根据。

在《珠玉抄》"辩古人留教迹"一段里，引用许多典故，如"朱买臣行歌负薪"、"魏武子结草酬恩"、"陈遵投辖留宾"、"田单火牛破阵"、"司马相如临邛扫市"等等。这些典故在法国国立图书馆所藏敦煌文书第2710号《蒙求》卷首残卷内均有记载。根据李良在唐玄宗天宝五载（746年）八月的《荐蒙求表》，推断《蒙求》成书于唐玄宗天宝五载以前。那波利贞先生由此得出结论：《珠玉抄》中上述典故抄录于《蒙求》，其成书亦晚于《蒙求》，上限为中唐初期。

我们认为，那波先生的推论是不严密的。其一，类似上述典故在唐前期文献中多处可以见到。《敦煌变文集》卷七《妍妍书》有"朱买臣行歌负薪"即是一证。其二，清人张海鹏《墨海金壶》所收唐李匡乂的《资暇集》有《荐蒙求表》的内容提要：

> 臣境内寄住客，前信州司马曹参军李瀚，学艺淹通，理识精究，选古人状迹，编成音韵，属对类事，无非典实，名曰《蒙求》……瀚家儿童，三数岁者，皆善讽诵。谈古策事，无减鸿儒。

若与《珠玉抄》作者所述"余因暇日，披览经书，略述数言，已传后代云耳"进行对比，很明显，两书不存在谁抄谁的问题。再者，《珠玉抄》内容、体例与《蒙求》也不相同，《珠玉抄》是庶民通俗读物，《蒙求》为儿童识字课本，两者孰先孰后，不能臆断。

那么,《珠玉抄》的上限定在何时较为稳妥呢? 我们认为,其上限应为唐中宗神龙三年即公元(707年)。《珠玉抄》"论三川八水五岳四渎"一段有:"何名五岳? 东岳泰山,豫州;西岳华山,华州;南岳衡山,衡州;北岳恒山,定州;中岳嵩高山,告城县。"检《新唐书·地理志五》:"衡山本隶潭州,神龙三年来属。"可知衡山在神龙三年以前尚属潭州而非隶衡州,《珠玉抄》在神龙三年之前尚未成书也就是理所当然的了。《珠玉抄》的上限应为唐中宗神龙三年即公元707年。

再谈《珠玉抄》的下限。

《珠玉抄》中有"世上略有十种刴室之事":

> 见他着新衣,强问他色目,是一;见他鞍乘好,强逞解乘骑,是二;见他人书籍,擅把披辱,是三;见他人弓矢,擅拈张挽,是四;见他所作,强道是非,是五;见他书识,强生弹驳,是六;见他斗打,出热助拳,是七;见他诤论,傍说道理,是八;卖买之处,假会鄽谈,是九;不执一文,强酬物贾,是十。

李商隐《杂纂·强会》内容也与此相类似:

> 见他文籍强披览,见他鞍马逞乘骑,见他弓矢强弹射,见他物价强评价色,见他文字强弹驳,见人家事强处置,见他斗打强助拳,见他评论强断是非。

另外,《珠玉抄》中有《十无去就者》、《五不达时宜者》、《五不自思度者》、《六痴》、《八顽》的内容,《李商隐·杂纂》中也有《失去就》、《不达时宜》、《痴顽》、《有智能》等类似记载。很显然,《杂纂》与《珠玉抄》有先后之别,非同时期的作品,而那波利贞先生则认为,李商隐系中晚唐人,《杂纂》反映的社会背景是中晚唐时期的社会风尚,《珠玉抄》书中内容也酷似当时提倡的社会道德训诫,二者应属同时期的作品,其下限也应是中晚唐。对此,笔者不敢苟同。

其一,李商隐《杂纂》中关于世俗常识的内容并非出于李氏本人之手,而是自幼受教于房叔父,从他那里继承下来的,李氏本人对此内容并不感兴趣。《樊南文集》卷八《上崔华州书》云:"始闻长老言,学道必求古,为文必有师法。常悒悒不快,退自思曰:'夫所谓道,岂古所谓周公、孔子者独能邪? 盖愚与周、孔俱身之耳。'以是有行道不系今古,直挥笔为文,不爱攘取经史,讳忌时世,百经万书,异品殊流,又岂能意分出其下哉?"而李氏房叔父则不然。他潜心学问,"注撰之余,写成赋论歌诗数百篇,莫不鼓吹经实,根本化源,味醇道正,词古义奥"。商隐在童蒙之时,"兼预生徒之列","最承教诱,违诀虽久,音旨长存"(《樊南文集》卷六《祭处士房叔父文》)。那么,可不可以说《珠玉抄》就是李商隐叔父所作? 表面看来,似有可能。《珠玉抄》的内容与李商隐房叔父"莫不鼓吹经实,根本化源,味醇道正,词古义奥"同属一辙。但仔细推敲,就会发现遗漏百出。《珠玉抄》中有"《毛诗》、《孝经》、《论语》,孔子作,郑玄注"。众所周知,《孝经》为唐前期科举考试应考科目。自唐玄宗御注《孝经》,于开元十年(722年)六月、天宝二年(743年)五月两次下令颁行天下,令天下家藏《孝经》一本,"精勤教习,学校之中,备加传授"。《唐会要》卷三五记科举考试也以御注为本。今通行《十三经注疏》本亦言"唐元宗明皇帝御注,宋邢昺疏",而《珠玉抄》不言玄宗御注,反言"《孝经》孔子作,郑玄注",显然不是李商隐房叔父所著。《珠玉抄》的成书年代应早于李商隐房叔父的生活年代,即德宗贞元三年(787年)至文宗太和三年(829年)。

其二,就《珠玉抄》一书中的内容来分析,也绝非中晚唐时的作品。书中有"三川"、"三史"之说。"三川",作者谓指秦川、洛川、蜀川。据《旧唐书·韦皋传》记载,永贞元年(805年),剑南西川节度使韦皋求领剑南三川,"三川"应指剑南西川、剑南东川和山南西道。再说"三史"。魏晋时以《史记》、《汉书》、《东观汉记》为"三史"。自唐李贤注《后汉书》，《东观汉记》逐渐散佚，遂以《后汉书》充之。《唐会要》卷七二记载长庆二年（822年）正月，谏议大夫殷侑奏请国子学、宏文馆试以《史记》、《汉书》、《后汉书》、《三国志》，未提《东观汉记》，说明此时《东观汉记》已经散佚。而《珠玉抄》中"三史"谓指《史记》、《前汉书》、《东观汉记》，可推知其不为中晚唐以后的作品。

在《珠玉抄》"论三川八水五岳四渎"一段里"东岳泰山，豫州"一句，是我们断定《珠玉抄》下限的重要线索。据《新唐书·地理志二》："蔡州汝南郡，本豫州，宝应元年更名。"宝应元年是唐肃宗年号，即公元762年，为避新继位唐代宗李"豫"字讳，改豫州为蔡州，直至唐末五代。所以，《珠玉抄》的下限应定在宝应元年即公元762年，较为妥当。

关于《珠玉抄》成书于唐前期，我们还可以找到许多辅证。好"忍"是唐代前期的一种社会风尚，广为盛行，在许多唐代文献中都有记载。《资治通鉴》卷二〇一云：

> 寿张（今属山东）人张公艺九世同居，齐、隋、唐皆旌表其门。上过寿张，幸其宅，问所以能共居之故，公艺书"忍"字百余以进，上善之，赐以缣帛。

《资治通鉴》卷二〇五云：

> 〔娄〕师德宽厚清慎，犯而不校。与李昭德俱入朝，师德体肥行缓，昭德屡待之不至，怒骂曰："田舍夫！"师德徐笑曰："师德不为田舍夫，谁当为之！"其弟除代州刺史，将行，师德谓曰："吾备位宰相，汝复为州牧，荣宠过盛，人所疾也，将何以自免？"弟长跪曰："自今虽有人唾某面，某拭之而已，庶不为兄忧。"师德愀然曰："此所以为吾忧也！人唾汝面，怒汝也；汝拭

之,乃逆其意,所以重其怒。夫唾,不拭自干,当笑而受之。"
王仁裕《开元天宝遗事》云:

> 光禄卿王守和,未尝与人有争。尝于书案几间大书"忍"
> 字,至于帏幌之属,以绣画为之。明皇知其姓字,非时引对,问
> 曰:"卿名守和,已知不争,好书'忍'字,尤见用心。"

由上可见,"忍"在唐前期作为一种社会风尚,一种思想意识,在人
们心目中有广泛市场。而反映唐代庶民阶层文化水准、道德风尚
和思想意识的《珠玉抄》,书中也有这样的内容:

> 论忍事。天子不忍群泣疏,诸侯不忍国空虚,吏人不忍刑
> 罚诛,兄弟不忍别异居,朋友不忍情义疏,夫妻不忍令子孤,小
> 人不忍丧其躯。

众所熟知,一个时期的文化作品最能反映同时期的社会风尚与思
想意识,《珠玉抄》中的《论忍事》正是反映了唐前期人们的思想观
念和社会风尚,《珠玉抄》是唐前期的作品的说法是可以成立的。

以上简单地对《珠玉抄》的成书年代作了考证,初步得出的结
论是:其上限为唐中宗神龙三年即公元707年,其下限为唐肃宗宝
应元年即公元762年。断定《珠玉抄》的成书年代,其他问题也就
迎刃而解了。

关于《珠玉抄》的作者,迄今无可考。我们仅从书中内容及与
之关系至为密切的《杂纂》和《杂纂》作者李商隐的一些情况进行推
断,《珠玉抄》成书于河南地区。

《珠玉抄》"辨经纬田畴阡陌"一段记载:"何名阡陌?东西为
阡,南北为陌。"而《史记·商君列传》中"为阡陌封疆"是指"东西为
陌,南北为阡"。这能否说作者疏忽所致?显然不是。作者"披览
经书",很有学问,绝不致荒唐如此。且《珠玉抄》流传很广,以顺口
溜形式流传于世,一经改动,就会拗口。唐司马贞在《史记索隐》注

《商君列传》中说得明白："南北为阡,东西为陌,今河南以东西为
阡,南北为陌。"《珠玉抄》作者应系河南人氏,此书当成于河南地
区。

我们又曾将李商隐《杂纂》与《珠玉抄》内容进行对比,发现两
书许多内容相同或相似,李商隐接触过《珠玉抄》是很显然的。据
《旧唐书·李商隐传》,李商隐是怀州河内人,属今河南沁阳,在唐河
北道。钱振伦先生《玉溪生年谱订误》指出:"义山诗曰'为邦属故
园',谓郑州也。《祭叔父文》曰'坛山旧茔',山在郑州也。《祭姊
文》云'寓殡获嘉',又云'小侄寄儿,本自济邑',济源、获嘉,乃河北
地,则义山必旧居郑州,迁居怀州,故有习业于玉阳、王屋之迹;然
姊与侄女仍归葬坛山,是终以郑州为故园也。《旧传》云'还郑州',
最得其实,《新传》'客'字小误,而二《传》只书怀州河内人,皆小疏
也。"(《樊南文集·附录》,上海古籍出版社1988年版,第934页)至
此,豁然开朗。李商隐旧居河南郑州,与房叔父、姊共居,并在郑州
接触到已流行于时的《珠玉抄》。这与前面所述《珠玉抄》成书于河
南地区恰相吻合。

弄清楚《珠玉抄》的成书年代与成书地点,《珠玉抄》的流传情
况也就有踪可循。《珠玉抄》是将民间熟悉的知识分门别类地连缀
起来,采取一问一答的形式,容易记诵,便于流传,在社会上具有广
泛的影响。

我们再分析一下《珠玉抄》一书的思想内容。纵观《珠玉抄》,
书中用大量篇幅宣扬儒家提倡的"忠君"、"孝道"思想,号召人们要
修身养性。如"人有百行,为孝为本","人有三事:一事父,二事君,
三事师;非父不生,非君不事,非师不教","君子一日三省其身则谦
恭,勿轻慢他人,常自损己"等,正适合唐朝统治者的口味,与唐统
治者一贯主张"儒可以弘教化"的思想恰好合拍,故能为统治阶级

所接受。书中记录的立世名言和社会心得,如"赐子千金,不如教子一艺","将有限之身,求无穷之物,未能至得,有限之身已终","不枉法不得财,若得财则枉法;既枉法则害身,既害身则将何用"。以及人们日常行为注意的《十种劐室之事》、《十无去就》、《五不达时宜》等内容,是人们生活中常遇见的处事准则,学会使人获益非浅,也会受到社会各类人士的欢迎。因之,在社会上流传也就十分广泛。

《珠玉抄》在唐朝前期成书于河南地区,在黄河中下游地区乡野村间曾广为流行,并且逐渐流行于全国,以至于传到西北。法国国立图书馆藏第3393号敦煌文书和第3649号敦煌文书分别记录了辛巳年十一月十一日三界寺学士郎梁流庆、丁巳年正月十八日净土寺学士郎贺安住抄录的《珠玉抄》残卷。三界寺、净土寺均在沙州,属西北地区。辛巳年在唐五代共有六个,宝应元年以后有三个,即贞元十七年(801年)、咸通二年(861年)、龙德元年(921年)。丁巳年在唐五代也有六个,宝应元年以后有四个,即大历十二年(777年)、开成二年(837年)、乾宁四年(897年)、显德四年(957年)。《珠玉抄》成书于唐前期,中唐以后流行于中原,而传到西北应为唐朝后期。第3393号、3649号敦煌文书抄录的年代也就局限在咸通二年、龙德元年、开成二年、乾宁四年、显德四年五个年代。由此可见,《珠玉抄》影响着有唐一代。

二 对《珠玉抄》文献价值的认识

约五千余言的《珠玉抄》,内容极为丰富。"日月星辰,人民种类,阴阳寒暑,四时八节,三皇五帝,宫商角徵羽,金木水火土,九州八音,山川道径,奇形之物,天地宗祖之源,人事之矣",无所不揽,称得上是一部生活小百科全书。

自五代、宋以后,《珠玉抄》长期淹没地下。直到 1899 年,敦煌遗书的发现,它才重见天日。但是,刚刚发现的《珠玉抄》旋即被窃往国外,藏于法国国立图书馆,我国学者无法亲眼目睹,更无从认识它的价值。因此,对《珠玉抄》一书文献价值探讨,会有助于推动唐史研究的深入发展。

关于《珠玉抄》一书的文献价值,拟从两个方面加以考察。

一方面可用之考证史书。

《珠玉抄》是唐前期的作品。唐前期的著作流传至今的已为数不多,而这些为数不多的作品,也大都是王朝历史和个人文集。因此,在考订唐代文献方面,《珠玉抄》有重要参考价值。

《兔园策》是唐前期著作,长期以来,对该书作者和成书年代知之甚少,甚至有人怀疑为唐后期作品。《珠玉抄》的发现,从根本上解决了《兔园策》一书的作者及成书年代等问题。《开蒙要训》,马仁寿撰,在国外史学界,通行的看法是唐后期的作品。通过我们对《珠玉抄》的研究,发现这种说法是错误的。其一,《珠玉抄》《论经史何人修撰制注》一段有:“《开蒙要训》,马仁寿撰之。”《珠玉抄》系唐前期作品,《开蒙要训》理所当然也就在盛唐以前成书。其二,根据《日本国见在书目·小学家》条:“顾恺之《启蒙记》三卷,马氏《开蒙要训》一卷,李暹注、萧子云注《千字文》一卷,宋智达撰《千字文》一卷,服虔《通俗章》、《通俗文》各一卷。”上述顾恺之,东晋时人,李暹、萧子云南北朝时人(根据《隋书·经籍志》。萧子云注《千字文》一卷),智达,南朝宋人,服虔,后汉时人。他们之中没有一人是隋唐时人,《开蒙要训》也就不会是唐朝后期的作品。类似这样考证性的资料在《珠玉抄》中还有许多,如《刘子》刘勰撰等,对于考订唐以前文献的讹夺都颇有参考价值,在此就不一一列举了。

另一方面,《珠玉抄》可有助于人们了解唐代庶民的文化素质和道德水准。

唐代文献记载唐朝上层人士如何接受文化教育、道德教育的资料很多，这些文献资料，有助于唐代社会史的研究。但是，处于社会下层，没有条件进入州府县学进行学习的广大庶民是通过何种方式进行教育的，教育的内容又是什么，史书记载不详。为此，有些学者曾经提出疑问：以唐人的文化素质和道德修养能否达到史书所记载的"开元天宝之际，虽五尺童子耻不言文墨"（《通典》卷一五《选举》）？能否达到贞观、开元时期"海内升平"，"天下帖然"，"两京米斗不至二十文，面三十二文，绢一匹二百一十二文，东至宋、汴，西至岐州，夹路列店肆待客，酒馔丰溢"，"商旅远适数千里，不持寸刃"的太平景象（《通典》卷七《食货典》）？如果我们弄清唐人的文化素质和道德修养，就会可以解开这个疑团。

唐朝社会上流传着许多通俗读物，如史游的《急救篇》、周兴嗣的《千字文》、服虔的《通俗章》、《通俗文》、杜正伦的《文笔要诀》等等。但是，这些著作没有一部流传到今天，因而也就无从知道唐代庶民阶层的教育内容。值得庆幸的是，藏在法国巴黎国立图书馆第 2721 号敦煌文书《珠玉抄》，成为我们研究唐代庶民阶层知识结构的第一手资料。日本学者那波利贞先生誉之为"学海遗珠"、"天壤间的瑰宝"（《唐代社会文化史研究》第 221 页，创文社），实不为过。

概括起来，《珠玉抄》大致包括以下几个方面的内容。

历史地理知识：如《论三皇五帝》、《论经史何人修撰制注》、《论三川八水五岳四渎》等，内容浅显易懂。

天文历法音乐知识：如《辨四时八节》、《论三光六物六气三农元正三朝》、《论五音》等，都是些人们熟知的内容。

伦理道德方面知识：《论妇人四德三从》、《论五德》、《论三事》

以及《何谓养老乞言》、《何谓阴施阳报》等，在本书中占大量篇幅。

典章制度方面知识：如《何名三公九卿》、《何名乡党》、《何名五射》等。

名物、节日起源：如云："三月三日何谓？昔幽王临水而游，妻姜安赍酒食至河上，挑（眺）望观看作渠，解除幽王恶事，乃收艾大食。""何人造挽歌？羊角哀。""何人造席？神农。"许多说法与今通行说不同，可供研究者参考。

立世名言和社交心得：在《辩金藏论法》一段，作者写道："夫人有百行，为孝为本。大柯不远，以近取避；从近至方，一步为始。明圣受谏则圣，曲木受绳则正。人有三事：一事父，二事君，三事师；非父不生，非君不事，非师不教。……君子一日三省其身则谦恭，勿轻慢他人，常自损己。以善人为交，如入兰芳之丛；以恶人为交，如同鲍鱼之穴……赐子千金，不如教子一艺。德润身，富润屋。丰年珠玉，不如俭年麦粟。"这些言语，在今天对我们仍有借鉴意义。

奇闻轶事：书中选录了许多具有代表性的典故。如《朱买臣行歌负薪》、《羊羹不均驱马奔郑》等，教育人们在日常生活中要勤奋学习，孝敬父母，养成一个良好的生活习惯。

此外，有关生活作风与日常交往中应注意的事项，在《珠玉抄》中也有很多。特别是在最后七段，作者归纳了《十无去就》、《五不达时宜》、《五无所知》、《五不自思度》、《六痴》等人们日常生活中不注意的琐事，要人们引以为戒。

以上对《珠玉抄》一书的内容进行了简单的剖析。一般说来，一个时期的作品最能反映当时的社会风貌，作为乡野村民学习的教材《珠玉抄》当然也不例外。顾名思义，《珠玉抄》、《益智文》、《随身宝》，即学之如得珠玉，广增人的智慧，是随身携带的宝物，它具有普遍的社会取向价值，因而也最能反映唐人的文化素质和道德水准。

其一,从《珠玉抄》一书内容来看,唐代庶民有较为丰富的文化科学知识。自东汉末期以来,中国历史经历了近四百年的动荡分裂,到唐朝完成了国家的统一,随之而来的是国家安定,人们精神面貌焕然一新。社会上人人争相好学,虽"五尺童子耻不言文墨",人们的文化水准有了长足的提高。广大庶民不但懂得一些如《珠玉抄》中述说的有关历史、地理、音乐、天文历法、典章制度、伦理道德方面的知识,对农学、数学、医学、文学等方面的知识也颇有所得。

其二,从《珠玉抄》通篇思想来看,唐人有较高的道德水准。南北朝时期,封建礼教受到巨大的冲击,几乎陷于崩溃的边缘。唐朝建国后,唐初统治者认识到若想社会安定,必须"人识礼教",才能"治致太平"(《贞观政要》卷一)。于是在社会上大力推崇儒学,宣扬礼教。作为唐代前期的产物《珠玉抄》正是在这种情况下应运而生。它虽仅五千余字,但书中关于自我修养,号召人们懂礼仪,知廉耻,讲谦恭,崇节俭的内容却占全书的一半,足以说明唐人对道德教育的重视。

正由于唐人有相当的文化素质,加强自身道德教育,注意自我修养,才出现了史书记载的"海内升平","夜不闭户,路不拾遗","远行不劳吉日出"的太平景象。这虽是史家的溢美之辞,但也反映了某些历史现象的真实,有助于对唐史的深入研究。

1991 年 3 月于长春

(与郑显文合写。原载 1993 年黄约瑟、刘健民合编《隋唐史论集》)

我和古籍整理研究

本人原名吴春成,生于 1926 年 9 月 1 日,辽宁省兴城市人。1951 年东北师范大学历史系毕业后留校任助教,1955 年任讲师,1978 年任副教授,1983 年任教授,1992 年离休。曾任东北师大历史系副主任、东北师大古籍整理研究所所长,华东师范大学、宁夏大学等兼职教授。历任中国唐史学会副会长兼秘书长、武则天研究会理事长、国家教委高校古籍整理研究工作委员会委员、吉林省史学会常务理事等职。同时任吉林炎黄国学书院副院长、长春古文化研究会会长。曾为大学本科、研究生讲过隋唐五代史、宋元史、明清史、隋唐史研究的历史与现状、中国古典文献学等基础课与专业课。已培养六届隋唐五代史、唐宋史与历史文献学硕士研究生,并多次指导进修老师与访问学者。应邀先后于南京大学、复旦大学、厦门大学、贵州大学、广西师大、湖南师大以及台湾大学、日本京都大学、日本早稻田大学等国内外二十余所高等院校讲学,讲授有关隋唐五代史、历史文献学以及史学理论与文学研究方法等专题。

一

五十年代初,我从大学历史系毕业后,便留任东北师大历史系助教工作。因为我在学期间对中国古史有兴趣,学习成绩较好,所以调出后被分配到中国古代史教研室工作,为主讲老师从事配课,作辅导答疑以及负责搜集古代史教学参考资料。研治中国古代史,首要的是过古籍文献关,从文献目录开始,熟悉古籍文献内容、源流、演变及其作用、影响。当时侧重于史部文献方面。先后阅读《史记》、《汉书》等纪传体史书与《资治通鉴》等编年史书,旁及野史笔记等古籍,从中搜集有关历史文献资料,以充实提高个人对古史的研究能力。此后几十年,我同线装古书打起了交道,无时不在浩如烟海的古书中苦苦研读,搜集资料,作卡片,记笔记,写心得,从事教学与研究工作。

　　本人不是学术世家出身,也未经名师传授,更无学术门派可言,只是学界的自由人。我的学术成长道路,是靠个人勤奋努力,学习前人积累下来的文化典籍,特别是从前辈名家著述中,逐步摸索出自学研究道路,以奠定前进的基础。也可以说是在不断阅读古文献中成长起来的。工作之初,师大历史系正组织编辑《中国历代食货志汇编》,教研室领导分配我负责点校《明史·食货志》和编纂《明史大事年表》。这项工作,对于新参加工作的青年人来说,困难是很多的。在大学读书期间,虽然也看了一些古书,但整理与研究工作不知从何入手。校点古籍并非易事,不了解古籍内容、词语、句式和产生的时代背景,就难以断句、分段或加以新式标点。我的做法是反复阅读推敲,一遍又一遍的字斟句酌的思考,研讨结构章法段落内容大意,直到了解掌握通篇内容,才能动手断句或标点。不要怕花费时间,欲速则不达。《食货志》一类文献在纪传体史书中是最难读的,只要是把《明史·食货志》搞通了,校点其他正史食货志也就不难了。一个学期里,除日常教学工作外,全部精力用于此书,对古文献整理研究能力大有提高。编辑《明史大事年表》工作,与《食货志》校点不同,而是以熟悉掌握明代历史为前提,查阅明史本纪与编年史书,摘选第一手资料,按时序编排大事,从中得知明代许多编年体历史文献,为个人后来研究唐朝断代文献提供了条件。

　　初次参加整理古籍工作，取得了成果，对我来说，这只是整理研究古籍的第一步。通过一段工作实践，大体上具备了初步整理研究古籍的能力。古籍整理研究工作，务虚与空谈都是不行的，旁观别人操作也不行，必须是个人身体力行，自己能亲自动手操作一两部书，才能获得实际本领。空泛议论，不务实际，是永远不能入门的。

二

　　我的明清史教学工作时间不长，1953 年以后便转向了隋唐五代史的教学与研究工作。隋唐五代是中国古代史的重要时期，国内外学者著述成果很多。在教学与研究工作中，一面努力研习前辈与当代同行的学术成果，一面在文献典籍方面下功夫。为此，首先全面系统了解这一时期历史文献，已成为教学之外的重要工作。

　　唐朝社会历经三百年，处于中国封建社会鼎盛时期。国家局势稳定，社会经济发展，文教事业繁荣，对当时亚洲各国及后世有重要影响，占有极为重要的历史地位。这一时期的文献典籍，数量浩繁，体裁齐备，内容广博，数量与质量远远超过前代。文献门类主要包括文学、史学、哲学、财经、政法、文教、科技、宗教以及知识密集型的字书、韵书和类书等，其内容的广度与深度都很可观。不了解掌握如此浩繁的文献典籍，并从中捡选第一手有价值的文献资料，难以提高隋唐五代史的教学与研究水平。

　　唐代文献典籍，历经社会动乱、变迁以及人为的或自然的破坏，保存到今天的已经不多了。据《中国丛书综录》和有关目录文献资料统计，现存唐人著作，约计经部一百二十八种，史部一百七十七种，子部三百二十四种，集部二百四十四种，四部书共计八百七十三种(按种计算,其中包括不同版本)。在两三年的时间里,集中主要精力,检阅了每一种古籍,以纪传史书、编年史书、典制文献、政法文献、地理文献、农杂文献、佛教文献、笔记小说和综合类文献为题,撰写了《隋唐历史文献集释》,1987年由中州古籍出版社出版。此书是从现存的八百多种古籍中,选择二百多种对断代史研究有价值的文献,分类按书解题。每类书前有概述,说明这一类文献的缘起发展演变过程,唐代文献的数量、特点以及资料价值等。各书分别解题,说明本书作者简历、修撰过程、发凡起例、资料来源、编纂方法、版本流传、相关著作、文献利用价值,同时对一些重要典籍多有考辨订证,并提出个人研究心得意见,以备参考。

此间,对唐代古籍文献中若干重要问题,作了进一步的深入研究,先后在国内外刊物上发表了《隋唐五代史的文献资料及其研究进展状况》(1983年)、《唐代三书与三体》(1984年)、《关于唐代文献的构成》(1985年)、《两唐书说略》(1986年)、《关于唐代历史文献的再认识》(1990年)、《珠玉抄考释》(1993年)等文章,取得了相应的社会效益。

历史研究要建立在深厚的文献基础之上,切忌主观臆断,凭空设想问题,要踏实地研读古籍文献,按地区、国别、时间断限或重要问题搜集资料,撰写论文,推出个人研究的新成果。而且是年积月累,在长期阅读大量古籍中搜集第一手资料的基础上,创造性地完成课题研究任务。本人先后发表过一些论著,诸如1958年人民出版社出版的《隋唐五代史》、1979年黑龙江人民出版社出版的《魏徵》、1986年辽宁教育出版社出版的《女皇武则天》以及1988年吉林人民出版社与香港中华书局同时出版的《历史反思丛书·治世沧桑》等专著和大量有关隋唐史的论文,原因固然是多方面的,但是都以大量真实可靠的文献为基础,否则难以设想。

三

在长期的历史与教学研究工作中,对历史文献不仅产生了浓厚的兴趣,而且逐步积累起整理研究古籍的经验、思路与方法。工作实践中自然想到了一个问题:我国人文学科研究历史悠久,形成了文学、史学、哲学、政治学、经济学等学科,为什么没有文献学?为什么古籍从来都是各学科的附庸,未在人文学科中独立?中国古代,从孔夫子整理六艺开始,中经汉代刘向父子整理国家收藏的典籍,直到清朝四库馆臣编辑《四库全书》,历代名家对古文献多所整理,但多着眼于文献目录工作范围。清代乾嘉国学大师对古籍文献也只限于个案整理研究,诸如对某一古书的文字、训诂释读,或真伪考辨,或版本评述,或演变流通。本世纪以来,学者专家虽然重视古籍文献工作,也多作为自己的副业经营,诸如文学家重视集部文献,史学家重视史部文献,哲学家重视子部文献,政治学家重视经部文献,只是了解掌握一个部类的文献目录或解题而已,显然对古文献全部系统的研究被忽略了。

可喜的是,本世纪以来学者开始注意这个问题,在某些专题研究中取得了重要成果。如叶德辉的《书林清话》、余嘉锡的《四库提要辨证》、姚名达的《中国目录学史》、陈登原的《古今典籍聚散考》、郑鹤声的《中国古文献学概要》、柴德赓的《史籍举要》以及王树民的《四部要籍解题》等。这些名家大著,在某一方面或问题中提出许多真知灼见,为中国古文献学的创建奠定了基础。后辈学人有幸从他们的著述中吸取了颇有学术价值的营养。

八十年代初,东北师范大学成立图书馆学系,无人讲课,邀我讲授古文献学课。不久学校领导又指派我组建东北师大古籍整理研究所,接下来受命招两届古文献学硕士研究生。工作与教学方向转移，自然离开了多年的隋唐五代史的研究工作，只好专心致志地从事古籍整理研究工作了。

　　本来我对古籍就有浓厚的兴趣，见到线装书就有一种天然的爱好。教学工作之余，主要精力用来积极整理多年积累的文献资料，认真思索，重新立意，编制古文献学课程教学大纲，开始研究古籍重点问题和编写教材。1980—1989 年，在国内期刊上先后发表了《古文献的源流与分类》、《四部书的构成及其流变》、《丛书、类书与辑佚书》、《经书引论》、《史书引论》、《子书引论》、《中国古籍数量述略》、《中国古典文献在日本的流传》以及《中国古文献学四十年之我见》等论文。在一系列论文研究的基础上，完成了《中国古典文献学》专著，于 1982 年由山东齐鲁书社出版(1987 年再版)。多年的研究心得，尽收书中。本书前言称："粉碎四人帮以后，写作这部小书有了良好的社会条件。1978 年 9 月，因指导进修教师工作需要，根据手边现有资料，拟出一份讲授提要，向青年教师介绍有关古文献的知识。1980 年又先后为东北师范大学图书馆学系、历史系开设了古典文献学课程，系统讲授有关古文献的源流、部类、数量、考释、注疏、版本、校勘和流通阅读以及四部书、类书、丛书、辑佚书等专题。于是，边整理旧稿，边补充搜集若干新资料，几经修订改写，终于在年底完成了这部书稿。"

　　建立一个学科课程体系，形成一部专著，并非轻而易举，而是在长期研读大量古籍专书，在不断吸收前辈与同行的研究成果的基础上形成的。从发凡起例，到本书的结构设想、思想体系以及对重要问题的定量或定性分析论述，渗透着个人多年研究的心得体会，因而取得较好的社会效果，报刊上有专文评述(见 1983 年 10月 5 日《光明日报·史学》)，被兄弟院校采用为教材或教学参考书。学术研究，没有捷径可走。首先必须热爱本专业，排除干扰，思路正确,方法对头,求实创新,艰辛研读,长期积累,勤于搜集资料,撰写论著将会取得令人满意的结果。

为了服务于社会,对古籍整理研究提供便利检索条件,我们曾组织编写了《中华古文献大辞典》,拟收古籍三万五千余种,约占现存古籍的三分之一左右,上自先秦,下迄辛亥革命。为便于工作进行,依据文献学科门类,相对分为文学、历史、哲学、政治、文教、地理、民族、科技、医药、综合等十个分卷出版。这是一项重大古籍文化出版工程。考虑到当前我国古籍整理研究工作的实际需要,决定先编写一个"简明本",于1987年由吉林文史出版社出版了《简明中国古籍辞典》。接下来先后出版了《中华古文献大辞典·医药卷》(1990年)、《中华古文献大辞典·地理卷》(1991年)、《中华古文献大辞典·文学卷》(1994年)。

四

九十年代以来,社会上兴起传统文化热。以汉族为主体的中华民族,在历史上创造了辉煌灿烂的思想文化,为人类进步事业做出了杰出的贡献。中国在漫长的历史长河中,出现了许许多多享誉世界的政治家、思想家、文学家、艺术家、教育家、史学家、科学家,他们的伟大杰出思想,光照千秋,启迪后人,成为中华民族前进的思想根基。作为他们的思想文化载体——古籍文献,是中华民族历史上遗留下来的一笔巨大精神财富,理所当然的受到人们的珍视,使之世代相承,从中吸取精华营养,激励着炎黄子孙前进的步伐。为了适应社会时代的要求,我先后主编有《中华思想宝库》(1990年吉林人民出版社出版,1991年再版)和《中华现代思想宝库》(1991年吉林版)两部大型传统文化思想史料汇编,共计一千万字。从数以千计的古籍文献中选取第一手可靠资料,分类编辑题解,前后相连,精选各家各派思想精华,为读者学习研究传统文化提供参考。

《中华思想宝库》上起远古,下至清末,主题为"弘扬中华思想文化,寻找我们民族之魂";《中华现代思想宝库》上起1912年,下至1949年,主题为"中华传统思想文化走向现代化的轨迹"。两部姊妹篇,历经三年,先后邀集有关古籍专家与中青年学者百余位,商讨策划,集思广益,在充分发挥个人才智专长的基础上,分工合作。这类书没人编过,因此,对于书的结构设计颇费思索,在资料选收取舍方面颇费斟酌。既要深入研讨有关古籍的内涵,精选资料要考虑到一般读者的学习参考,又要从现实出发,考虑到社会可接受性,推进传统文化走向现代化,提高全民族文化素质,为创建新时代中华民族文化提供便利条件。

中华传统文化博大精深,为了深入发掘古籍中的传统思想文化精华,又分门别类地主编有《中华儒学通典》(1992年南海出版公司出版)、《中华道学通典》(1994年南海版)、《中华佛学通典》(1998年南海版)三部大型思想文化类书(每部四百至五百万字)。儒、道、佛学是中华传统文化的重要组成部分,每部书概分为三部分:第一为"经典释读",选收经典文献(如儒家十三经),分段标点,难字注音,难词注解,难句释读,难段提示大意,以便读者顺利读懂经典文献;第二为"研究成果",选收有关人物、典籍与学术派别等,分别叙述人物的生平事迹与著述思想主张、典籍的内容提要、作者简历与版本流通、学术派别主要代表人物、产生社会背景及学说社会影响等;第三为"观点承传",大体上按照自然观、社会观、道德观、教育观等立意命题,收载各家各派的思想源流、学术主张及其历史承传演变关系。儒、道、佛三书,采编古籍信息宏富,纵说源流,横论当代,便于检索参考,属于大型传统思想文化研究的资料库与工具书。

当今社会已进入快节奏的信息时代,社会总体知识信息量与日俱增,更新知识、创新知识是学术文化的发展潮流,而且是不可抗拒的。因此,古籍整理研究也应顺势加以重新审视,凡属于优秀传统学风和行之有效的方法手段要继承发扬;老套路,落后的方法,要加以革新。在历史上形成的儒学、道学、佛学古籍文献何止万千! 一个人穷毕生的精力也难以卒读。我们不能再走前辈老路,个人皓首穷经,要改进古籍整理研究的思路、方法和手段,充分组织动员有关专业人员的才智力量,集千万古籍精华于一书,为广大读者提供简明可靠的便于查寻的资料库和工具书。这是时代的要求,创建中华新文化的需要。目前除利用电脑开发古籍精华外,我们编纂儒学、道学、佛学通典是一种新尝试,为古籍整理研究提供一个新途径,希望有利于当今人文学科的不断发展。

五

如果说,从 1948 年入东北师大历史系读书算起,至今已度过了风风雨雨的半个世纪。此间大体可划分为三个时期:前十年,是一个青年学习和进入历史教学研究的阶段。当时奋发有为、努力向上,积极学习马列主义,一心一意为祖国文化繁荣昌盛,勤于读书,乐于思考,初步取得了一些教学与研究的成果,为后来学术研究奠定了较好基础。接下来的二十年,三十至五十岁,是人的生命处于巅峰时期,正当个人学业日益成熟之日,即是打成右派之时。从此,中国社会生活被扭曲了,进入所谓严峻的阶级斗争时代。政治运动一个接着一个,批判改造知识分子一浪高过一浪,思想文化学术界万马齐喑,人人自危,不敢谈学术业务。发表一篇文章,认为是"资产阶级个人主义",出版一本书,就批判所谓"一本书主义"。直到"文革"时期,这种极左气氛更使人难以喘过气来! 知识分子陷入极度痛苦的生活之中。

尽管如此遭遇,我仍对历史文献专业恋恋不舍,甚至是在极其繁重的劳动改造中,利用晚上时间,也要看一些书,聊以自慰。既不能教书,又不能写文章,只好关起门来整理研究古籍,从兴趣出发,选定了整理研究《贞观政要》。

《贞观政要》十卷,约成于开元八年(720 年)。凡四十篇二百五十八章,约八万字。作者吴兢依据官方档案、实录、奏疏文件,详参旧史,缀集旧闻,撮其要旨,记贞观年间(627—649 年)唐太宗与魏徵、房玄龄、杜如晦等四十五位大臣间政论问答及有关诤谏事迹和唐初政治设施等内容,是研究唐代史的一部重要历史文献。此书传世版本很多,国内有元至顺刻本、明初王氏勤有堂刻本、明成化刻本、清嘉庆刻本,日本抄本刻本达几十种,朝鲜抄本、刻本也不少。通行较好的本子是《四部丛刊续编》的明成化刻本,是元朝戈直采编柳芳等二十二家的注释本,但其中也有不少问题。六十年代初,我以戈本为底本进行重校重注。先后借阅南京、上海、北京、吉林等地图书馆藏本,又亲自去北京图书馆善本库借阅王氏勤有堂本,进行校勘,同时参照两《唐书》、《资治通鉴》、《册府元龟》等书进行旁校,终于完成了繁难的校勘工作。在此基础上,又对内容、人物、地名、事件以及名词术语重新作了注释。完稿十大本,约计三十万字,已同中华书局签约,拟于 1966 年出版。为了提高书稿质量,又请北京大学历史系唐史研究专家汪篯先生审订。正当"文革"初期,汪先生被迫害致死,在抄家时,书稿丢失两卷,余八卷"文革"后找回。至今无法再补作两卷,只好遗憾终生了!

1978 年以后的二十年,正当花甲古稀之年。中国社会发生了巨大的变化,科学春天降临中国大地,知识分子胸中苦闷感伤的心情一扫而光。大学老师重新走上讲台,开始自由从事专业学术研究了。我的教学与研究工作可以说是百废待举,决心找回失去的二十年光阴,加倍努力,日以继夜研读典籍,整理旧稿,筹备新课,招收隋唐史与文献学专业硕士研究生,积极参加国内外学术活动。此间由于教学工作需要,学术研究逐渐由隋唐史转向古籍整理研究。实践中更加认识到整理研究古籍的必要性与重要性,内心产生一种社会使命感与责任感。中国是古老的文明大国,古籍浩如烟海,我们这一代人对整理古籍工作责无旁贷,不能有负于先人遗留下来的宝贵精神财富。因之,古籍整理研究既是历史的重托,又是现实建设中华新文明的需要。古籍整理研究在整合传统与现实、历史与未来中将起着十分重要的作用,希望同行与后生努力为之,必将在未来的新世纪产生更加辉煌的硕果。

1998 年 5 月 8 日于长春

(原载 1999 年朝华出版社《学林春秋》二编)

加强史学研究中的信息工作

——从隋唐五代史研究谈起

新中国成立以来,在党的正确领导下,以马克思主义为指针,中国史研究工作出现了令人鼓舞的新局面。形势发展之快,前所未有。以隋唐五代史研究为例:据粗略统计,从 1949 年至 1982 年,共出版专著约二百五十种,发表各类文章约三千篇。有关文学、艺术方面的文章以及部分论文集尚未计算在内(据东北师大历史系编《近八十年隋唐五代史研究文献简目》、《中国历史学年鉴》1982、1983 年度)。与解放前相比较,不仅专著与文章数量有显著增加,研究领域也不断扩大,并且逐步向深入、细致的方向发展。新问题的探讨、新观点的争论以及新资料的发现和运用,成为当前中国史研究工作中一个喜人的现象。

这仅仅是问题的一个方面。另一方面,随着形势的迅速发展,随着知识的迅速积累与更新,老一套陈旧、闭塞、个体手工业式的研究方法也面临着严重的挑战。如何使我们的研究方法现代化,使中国史的研究工作跟上时代的步伐,已经成为一个亟待解决的问题。

历史学同其他门类的社会科学一样,有一个继承性的问题。就是说,我们的研究工作必须以前人的成绩作为基础。不能设想一个史学工作者可以完全不考虑前人的研究成果、不掌握当前史学研究工作的基本状况和动向而能有效地从事研究并有所成就。

但是,由于目前史学研究方法的落后,专业史学工作者在这方面已经处于十分被动的局面。简单分析一下隋唐五代史研究工作的历史与现状,我们就不难看出问题的严重性。解放以来,我国隋唐五代史研究工作可大致划分为四个阶段:第一阶段,从1949年到1957年,这是隋唐五代史研究迅速发展的九年。这一时期中,共出版专著近六十种,发表各类文章约四百五十篇,平均每年约出版专著六种,发表文章五十篇,无论从数量上还是从质量上看,都是解放前所不能比拟的。第二阶段,从1958年到1965年。这一时期中,隋唐五代史的研究工作虽然受到一定的干扰,但仍得到持续的发展。八年中,共出版专著一百四十余种,发表文章九百余篇。平均每年出版专著十八种,比前一阶段增加二倍;发表文章一百一十余篇,比前一阶段增加百分之一百三十。第三阶段,从1966年到1976年,这是隋唐五代史研究工作遭到严重破坏的时期。十一年中,出版专著仅十几种,发表文章仅三百余篇,不仅数量甚微,质量也十分低劣,所谓儒法斗争一类文章所占比重极大,谈不到有什么科学价值。第四阶段,从1977年到现在,这是隋唐五代史研究工作复兴和高速度发展的新时期。截止1982年的统计,已出版专著近五十种,发表文章近一千二百篇,特别是1982年,增加幅度更大,仅文章一项,即发表四百余篇,比第二阶段年平均增加百分之二百五十,比第一阶段年平均增加七倍。从上述比较中,我们可以清楚地看出解放以来(除去第三阶段),我国隋唐五代史研究工作的发展趋势以及知识积累与更新的比例,也可以看出目前仍然使用着这种落后方法的专业史学工作者所遇到的越来越大的困难。除去查阅浩如烟海的原始资料以外,在第一阶段中,每个专业史学工作者平均每星期要读一篇文章,在第二阶段中就要两天读一篇,现在则每天必须读一至两篇,此外还有大量的专著,不能不说是一个沉重的负担。这已经成为专业史学工作者感到十分苦恼的实际问题。如果说这种陈旧、闭塞、个体手工业式的研究方法在第一阶段中尚能胜任，在第二阶段中也可勉强应付的话，那么，在目前的形势下就很成问题了。随着科学文化事业的发达，各学科之间的相互影响和渗透逐渐加强，史学研究的领域不断扩大，中国史研究工作将有更迅速的发展。总的趋势：知识积累将不断增加，知识更新速度将不断加快，而且周期将日益缩短。这是一个必须认真对待的问题，如果对此等闲视之，势必有一天，我们会对面前堆积如山的文献资料束手无策。

必须指出，我们的史学研究工作是社会主义精神文明建设的一个重要组成部分。要不断扩展研究领域，加快研究速度，提高研究水平。因此，仅仅用个人的力量、传统的方法，很难完成史学家肩负的光荣使命。我们应该面对这种新形势进行探索，进行统筹规划，以加快我们前进的步伐。

一个专业史学工作者，如果信息不通，情报不明，不把握全局，盲目地工作，自然地会出现不必要的重复劳动，造成科研工作上的浪费。从隋唐五代史研究来看，近几年来，一些问题的研究过分集中，而另一些问题的研究则付之阙如的现象一直存在。举例来说，1977年至1982年发表的近一千二百篇文章中，唐代前期的研究十分集中，唐代后期特别是五代十国的研究十分薄弱；而在比较集中的唐代前期研究中，又偏重于政治、经济、文化等几个方面，有关社会风俗方面的文章则如凤毛麟角，十分罕见。这种现象不及时加以克服，对中国史研究工作质量的提高，将是一个极大的障碍。

在考虑上述问题的时候，我们还应该注意到，随着知识的迅速积累，中国史专业研究人才的培养周期越来越长。一个中国史专业的硕士研究生，学制三年，一般要比其他学科多出半年或一年的时间。即使这样,中国史专业工作者出成果的年龄,也要大大超过其他学科。随着形势的发展,这方面的工作将越来越困难。这是一个长远的问题,关系到中国史研究工作的命运,值得高度重视。

以上我们举出了中国史研究工作进一步发展所遇到的几个主要障碍。从根本上来说,这是史学研究手段落后的必然结果。因此,不改变这种陈旧、闭塞、个体手工业式的研究方法,上述问题也就无从解决。

最近一个时期,我们已经注意了这方面的问题,并且进行了一些卓有成效的工作,中国史研究情报工作有很大进展。《中国史研究动态》、《中国历史学年鉴》、《史学情报》的编辑出版取得了一定的成绩,对了解史学界新成果、新动向,指导研究工作的进行,作用不可低估。此外,一些资料索引性质的著作的出版,也有了初步的规模,对资料检索提供了很大方便。但是,也应该看到,我们在这方面的工作尚存在不少问题,远远赶不上形势的需要。举例来说,目前我们仍然缺少一部系统、全面地反映本世纪以来中国史研究主要成果的文摘提要性质的工具书。如果我们尽快组织人力,利用集体力量,分工合作,编纂一部本世纪以来中国史研究文献提要,将是一件十分有意义的工作。

人们已经逐步认识到,现代信息技术的飞跃发展及广泛应用,为我们从根本上改革中国史研究方法提供了极大的可能性。利用现代信息技术,可以解决两方面的问题:一方面,对有关文献资料进行信息化处理,迅速、准确地提供给专业史学工作者,可以使其从繁重的个体手工业式的研究方法中解放出来,提高科研工作效率;另一方面,对中国史研究中人力、物力的使用,研究项目的组织和选择进行科学研究的规划和管理,引导专业史学工作者敏锐地反映当前的形势和要求,把个人的研究工作纳入整体中来考虑,可以避免科研工作的无谓浪费,避免不必要的重复选题,开辟和扩大新的领域,提高中国史研究的质量和水平。可以说,利用现代信息技术进行历史以及其他门类社会科学的研究,是一场重要的革命,势在必行。我们的史学工作者和科研领导者对此必须作出明确的决断,要积极创造条件,在全国建立起大规模的史学专业信息中心,并且有计划地在重点科研单位和高等学校建立起几个局部中心,展开对外服务。只有这样,才能从根本上改变和扭转中国史研究工作的被动局面。

总之,现代社会科学文化事业的迅速发展,向中国史研究工作提出了更高的要求。每个专业史学工作者和科研领导者都应对此有清醒的认识,采取有效对策,力争在最短的时间内把中国史研究工作推向一个新的高度,完成时代赋予我们的光荣使命。

1984 年 2 月

(与任爽合写。原载 1984 年《东北师大学报》第 4 期)

努力开创中国古代史研究的新局面

——为纪念中华人民共和国成立三十五周年而作

一

中华人民共和国成立以来,马克思主义新史学随着中国革命的胜利而取得了统治地位。在中国共产党的正确领导下,以马克思主义为指针,学习探索中国古代史,从根本上改变了中国古代史的研究面貌。丰富多彩的中国古代史研究成果,十分令人鼓舞,新的论著层出不穷,形势发展之快,前所未有。

中国古史研究的内容非常广泛,在全面系统研究的基础上,通史、断代史、专史的研究有很大进展。对一些重大历史问题,诸如土地占有状况、赋役制度、历史人物、社会阶级关系、政局发展演变、内外战争性质、民族迁徙与融合、农业手工业生产发展、商业贸易繁荣、交通驿站发达以及科技工程、文化艺术、宗教思想、典章制度、中外往来等问题的研究,都取得了很大的成绩。有关中国古史研究著作与日俱增,作为一个文化积累的侧面已远远超过解放前。特别是十一届三中全会以来,成绩尤为突出。据统计,1976 年至1983 年间,出版的有关中国古史著作近九百余种,年平均约在一百二十种以上。我们出版了范文澜、吕振羽、郭沫若、翦伯赞等六部通史专著,还有尚钺、白寿彝等编的一批简明通史著作。同时,先后出版了先秦、战国、秦汉、三国、魏晋南北朝、隋唐五代、辽金、明清等断代史专著。普及性通俗历史读物的出版也很可观。据有关材料粗略统计，1978 至 1983 年中国古代史通俗读物出版近三百种，其中以史话、故事为体裁撰写的历史人物、事件、文化典籍、科学技术、经济设施、文物考古以及民族史、地方史等著作，从数量到质量都是十分喜人的。从而，极大地丰富了社会主义新文化的内容。

作为中国古史的研究基础，整理有关历史文献工作也取得了很大成绩。标点本二十四史、《资治通鉴》、《甲骨文合集》以及其他历史文献著作的出版，为中国古史研究提供了便利条件，直接促进了中国古史研究的发展。

大量的中国古代史论著的出版，在社会主义精神文明建设中起了积极作用：对大量的确凿的历史事实的论证，使青年一代认识到中国古代社会的具体发展规律，鉴古而知今，对他们的历史唯物主义与辩证唯物主义世界观的形成是有积极意义的；通过了解丰富的杰出历史人物与人民群众的活动，对激发人们的爱国主义思想情操与中华民族气节起了重要作用，从而直接鼓舞了他们建设社会主义社会的信心；宣传中国古代科技文化，使人们从中认识到中华民族历史优秀文化遗产，去粗取精，批判继承，对发展社会主义新文化也是不可缺少的；中国古代史内容广博，生动具体、十分感人，有利于人们的知识积累、经验吸取和才智增长，这对促进当代社会进步的作用不可低估。

值得提出的是，中国古史教学与研究专业队伍不断扩大，中青年史学家在迅速成长。当前我国高等院校历史专业教育发展很快，大约有近七十所高校设有历史系，1983 年大学历史系在校生约有一万二千人左右，比 1980 年在校生（八千余人）增加三分之一。自从1981年国务院批准首批中国古代史博士导师和硕士指导单位以来，正在培养数量相当可观的中国古代史的博士、硕士研究生，为中国古代史教学与科研队伍逐步补充新生力量。中国古代史专业队伍后继有人，不断发展壮大，从另一方面反映了中国古代史研究的繁荣景象。

我们应当充分认识中国古代史研究已取得的显著成绩，继续前进。但是，也要看到我们面临的新形势、新问题，以便采取对策，加快我们前进的步伐。

目前世界科学发展瞬息万变，一日千里。自然科学与人文科学发展很快，知识积累速度不断加速，知识的充实与更新周期不断缩短。自然科学变化极大，新技术在飞快发展，甚至超乎人们的想像。在此形势影响下，社会科学的进展也是惊人的。据有关资料测算，自五十年代以来，社会科学知识的充实与更新估计为十五年一个周期，这一速度超过了历史上任何一个时期。一位社会科学工作者如果以有效服务于社会三十年计算，他的知识积累应有两次较大的充实与更新。因此，如何适应新形势的发展，是亟待加以研究的新问题了。

中国古代史是一门比较古老的学科，具有自身特点，但其知识的积累与更新也在不断的加快。我们应借鉴国内外同类学科的先进经验，迅速改进研究现状与人才培养规格要求，在不断吸收消化已有研究成果的基础上，加以总结提高，将中国古代史研究推向一个新水平。当务之急是改进中国古代史研究现状，其中包括理论观点的提高、史实资料的运用以及方法手段的改善等问题。

二

本世纪二三十年代，在中国逐渐建立起马克思主义的新史学。

由于老一代马克思主义史学家的努力,极大地改变了中国古代史研究状况。特别是新中国成立以后,以马克思主义理论为基础的中国古史研究,取得了巨大成绩。但是,我们也应看到,目前在中国古史研究中的理论观点仍存在不少问题,陈旧落后的封建主义观念形态,不能说已经根除,违反科学原则的资本主义理论观点以及主观主义形而上学的方法论也时有表现,我们不可忽视这些问题,应当时刻注意加以鉴别、批判和肃清。更重要的是教条主义倾向和左的思想影响并没有很好的克服,这是中国古史研究中的重要问题,我们必需有一个清醒的认识。因此,重新学习马克思主义理论,发展马克思主义新史学,已成为中国古史研究能否继续前进的关键问题之一。

长期以来,我们研究中国古史往往把"以阶级斗争为纲"这个政治口号作为指导思想,习惯于将历史上复杂的阶级斗争简单化:探讨中国古代社会发展动力,忽视社会生产力对历史进程的决定作用,而是片面地认为阶级斗争是社会发展的唯一因素;评论历史人物,论成分,贴标签,以定量分析(诸如四六开、三七开之类)代替了定性分析;研究战争问题(特别是民族战争与农民战争)也多是采取简单的办法,以侵略与反侵略、正义与非正义的先入为主的结论作出判断。诸如此类问题不少,直接影响到人们对历史问题的看法,用阶级斗争理论研究历史现象是马克思主义历史学区别于资产阶级历史学的根本所在,但不能将复杂错综的历史问题简单化了,更不能用现代社会阶级斗争模式去随心所欲地解释历史问题。

马克思主义理论是历史研究的指南,但是我们运用马克思主义理论研究中国古史时,也往往产生了另一种偏差。有时不是以理论为指导,而是将理论降低到一般史料水平,为自己某些观点作注脚;有时征引马克思主义经典作家的只言片语,作为个人立论的出发点,堆砌若干史实,而得出似是而非的结论。

我们不能以理论公式、概念、语录代替生动的历史研究。马克思在《哲学贫困》一书中说:"在历史科学中,专靠一些公式是办不了什么事的。"1890年恩格斯致保·恩斯特的信中指出:"至于谈到您用唯物主义方法处理问题的尝试,那末,首先我必须说明:如果不把唯物主义方法当做研究历史的指南,而把它当作现成的公式,按照它来剪裁各种历史事实,那末它就会转变为自己的对立物。"①

马克思主义历史理论,是一个非常广阔的领域,有许多复杂的问题需要探索。马克思、恩格斯、列宁、斯大林、毛泽东等无产阶级经典大师们有伟大贡献,但他们也有一定局限性,不可能穷尽一切真理。如果认为有谁能够把真理全部说完,那就滑到宗教上去了。

马克思主义是历史科学的指针,是中国古史研究的向导。指针与向导不能代替我们自己的研究工作,路还是要我们自己去走。究竟我们能走多么远,取得怎样的结果,那要看我们自己付出多么大的劳动代价了。

我们对马克思主义经典作家的看法,也应符合历史唯物主义原则,符合辩证法的要求。比如对马克思的看法,青年的马克思与成年后的马克思是有区别的,不能把马克思所有的话都绝对化了。要知道,青年马克思的思想发展过程也是很复杂的。他先后接受过黑格尔、费尔巴哈以及青年黑格尔派成员鲍威尔、赫斯、卢格、施蒂纳的影响,如他的《博士论文》就受了鲍威尔的自我意识哲学的影响,他在《莱茵报》上发表的论文则反映出黑格尔国家观的影响,

---

① 《马克思恩格斯选集》第4卷,第471—472页。

认为国家是自由意志的体现。此后,马克思接受了费尔巴哈的人本主义,《一八四四年经济学哲学手稿》中若干概念是费尔巴哈的、论述方法也大抵是费尔巴哈式的。赫斯的影响也时有反映。如果我们忽视这种历史情况,不加选择地运用马克思的观点,就很容易把马克思当时的抽象人道主义思想当成马克思主义。

因此,为了开创中国古史研究的新局面,我们要重新学习马克思主义,把经典理论作为研究工作的指南,结合中国古史实际进行创造性的研究工作。马克思主义经典作家对中国古史没有也不可能有具体的研究论断,我们应当以经典作家的观点、立场和方法为指导,对中国古代史中的具体问题进行创造性的研究。马克思主义本身是发展的,不是一成不变的,而套用某些概念、公式和语录是不足为取的。我们应当学习经典作家的治学精神。他们根据丰富可靠的资料研究之后,才提出自己的结论的。而每当有新材料出现时,总是及时地加以修正,吸收其合理成分,使之不断深化和发展。例如,十九世纪五十年代,马克思依据当时所能看到的材料,认为"亚细亚生产方式"是人类社会的原始形态,并且说这是亚细亚所特有的。后来历史学家、人类学家不断取得新的知识,如哈克斯特豪森、毛勒,特别是摩尔根的书相继出版,大大丰富了这方面的知识。马克思深入地研究了这些新成果,认为"亚细亚生产方式"是有阶级和国家的,不能将摩尔根发现氏族制度与亚细亚生产方式混在一起。1855 年马克思就以为它"是一切文明民族的起点"①,并发现"亚细亚生产方式"几乎全世界到处都有,因此才修正了自己原先提的"认为这是亚洲所特有的"一语不确。所以恩格斯写《家庭、私有制和国家的起源》一书时,是将"亚细亚生产方式"

---

　　①　《马克思恩格斯选集》第 46 卷下,第 412 页。

包括在奴隶制之中，不再使用这一词语了。又如，马克思先认为古代东方是没有土地私有制的，后来他看到了俄国学者科瓦列夫斯基的著作，发现在印度的某些地区确实存在着土地私有制，新修正了原来的看法，这说明马克思主义是随着人类认识的前进而不断发展的。如果我们不用辩证的观点看待马克思主义，把经典作家的某些具体结论当作凝固的、僵化的教条，死死地抱住不放，并且不是全面理解，而是抓住某些只言片语，甚至是过时了的论断，为我所用，实质是背离了马克思主义，走向反面。

摆在我们面前的问题是十分明显的。马克思主义历史科学同马克思主义一样，需要不断发展，不断创新，运用马克思主义的历史理论不能想像得那样简单。经典作家的理论必须成为我们研究问题的指南，但不能成为研究问题的终结。如果是那样的话，那么我们自己就取消了个人独立研究工作。我们的研究工作则走入一条死胡同，没有任何希望了。

三

中国古史文献资料浩如烟海，是取之不尽用之不竭的。前辈史学家在运用这一笔巨大精神财富时，已取得了很大的成果。但是，他们不能也不可能用完如山浩瀚的文献资料。我们应在前人研究的基础上，加以改进、充实与更新，将中国古史研究水平向前推进一步。要紧跟时代步伐，不断提高运用文献资料的能力与方法，这是有成就的史学家取得成功的重要因素之一。陈寅恪先生在《敦煌劫余录》的序言中写道："一时代之学术，必有其新材料与新问题，取用此材料以研究问题，则为此时代学术之新潮流。"他的不断开辟史实资料园地，提出以诗证史、以文证史、以小说证史，取得了许多研究成果，为史学界树立了良好榜样。今天时代变了，我们在马克思主义指导之下,取舍运用文献资料自与以往不同,这也是一种"学术之新潮流",必将促使史学研究工作的大踏步前进。

文献资料是中国古史的研究基础,是发展中国古史研究的前提条件。我们不能满足于已知的一些史实资料,因袭守旧,利用旧资料炒冷饭。卓有成效的研究,必须在文献资料海洋中去探索发现,力争取得最佳效果。

本世纪初,敦煌石窟文书的发现,对中国古史的研究产生了巨大影响,诸如买卖、借赁、租货、户籍、帐册以及其他大量文书的发现,对魏晋隋唐五代史的田制、户口、赋役与社会经济关系的研究,提供了前所未有的一批重要资料,史学界利用这些新资料进行研究完成了不少课题任务。

1959—1979 年,新疆吐鲁番古墓中发现的一批文书资料(包括衣物疏、地券、功德录、告身以及一些契约文书),亦多属南北朝至隋唐时期的遗物。这批新发现的文书资料具有广泛的利用价值,其中除少数文书属于当地资料外,大多数是来自敦煌、庭州、伊州乃至长安、洛阳等地的文书,有关专业人员已经或正在从事多方面的研究工作。

1972 年山东临沂银雀山一号汉墓出土四千九百多枚简书,其中发现两部孙子兵法,一部是现今流传较广的《孙武兵法》,另一部是失传一千七百余年的《孙膑兵法》,不仅解决了先秦军事家及其思想研究中的疑难问题,而且对古史研究提供了许多新资料。

1973 年长沙马王堆汉墓发现二十多件十二万多字的汉代帛书,其中重要帛书《老子》、《法经》、《战国纵横家书》、《五星占》等,对研究战国秦汉时期军事、地理、天文、历法、医学和哲学等具有重大参考价值。《战国纵横家书》写于汉初,共二十七章三百二十五行一万一千余字,其中十一章内容见于《战国策》和《史记》,文字大

体相同,另外十六章为久已失传的佚书。帛书与《战国策》、《史记》
的有关篇章相对照,可以补充或校正后者的一些错误。西汉末年
刘向编辑《战国策》时未见此书,因而把公元前三世纪的苏秦事亦
推到公元前四世纪末,把张仪、苏秦的时序改为苏秦、张仪,又把五
国伐秦错成六国合纵,并推早了四十五年(前288至前333年)之
久。帛书的重要价值,还在于保存了已被埋没两千多年的真实可
信的关于苏秦的书信和谈话十四章,既可以纠正有关苏秦历史的
许多错误,又可校补这段战国时代的历史记载,深入开展对战国史
的研究。

　　1975年湖北云梦睡虎地发现一批秦简计有十种一千一百五
十余支,反映的时代是战国末至秦始皇时期,内容涉及政治、经济、
文化、军事等各个方面,为研究这一时期的历史提供了前所未有的
丰富材料,有助于对秦代社会性质的研究,特别是对中国古代法制
史的研究意义重大。我国古代法律条文能够完整保存下来的,以
唐律为最早。隋代以前的律文,过去虽有人辑录整理,所见只不过
是片断资料。秦律是汉律的基础,可惜久已遗失。秦简律文虽非
秦律完璧,但保存了秦律的很多内容,对秦代社会结构研究提供一
些重要资料。诸如律文中规定的国有奴隶、私有奴隶的身份地位
资料,十分具体,有助于解决中国古代史分期问题。

　　我们要充分注意、利用新发现的珍贵资料,不断克服中国古史
知识老化,时刻注意知识更新问题。对历史重大问题所作的结论,
并非一成不变,而是随着人们认识的提高,新资料的发现,是不断
加以修订或补充的,力求接近历史实际。如果我们的史学工作者
以不变应万变的凝固态度,不重视国内外史学信息,对新成果茫然
无知,对历史知识的充实与更新漠不关心,则难以继续前进,完成
肩负的使命。比如,有关苏秦、张仪及其合纵连横问题,过去是根

据《战国策》、《史记》等文献资料做出的结论,可是自从帛书《战国纵横家书》发现后,则必需重新探索这一历史问题,不仅限于张仪、苏秦时序问题,而且对春秋战国时期一些重大事件也要加以审定,作出新的评述。又如,宋江是否投降问题,长期以来争论不休,直到1982年时,最早提出问题的邓广铭先生发表文章,他根据新发现的资料修正了自己曾经坚持的看法,问题已基本解决。如果我们仍然维持宋江投降的旧说,显然是过时了的老化知识,必须予以更新。

新资料是层出不穷的,史学家要以敏锐的眼光,积极的态度,加以处理。研究中国古史也同其他学科一样,是在不断有所发现、有所创新、有所提高中前进。研究学问不是一成不变的,更无一劳永逸之说。随着时代的发展,知识积累速度的加快,就有一个淘汰、充实与更新知识问题。采用新资料,研究新问题,发展马克思主义历史学,是时代赋予我们的任务,必须高度重视,身体力行。

四

长期以来,中国古史研究方法有其优良传统:依靠辛勤的个人劳动,以求实的精神,考据的方法,整理校勘文献,笺证诠释史料,或就若干重要历史人物、事件、典制以及其他问题,搜集有关资料,排比考订,加以探索研究,已取得许多重要成果。我们应当继承前辈史学家的优良治学作风。但是,不可讳言,他们那种陈旧、闭塞、个体手工业式的研究方法,对当今中国古史研究工作仍有相当影响,人们习惯于老路子,旧方法。对此,我们应有充分认识,陈旧、闭塞、个体手工业式的研究方法是到革新的时候了。

我们正在面临科学繁荣昌盛的新时代,中国古史研究日新月异,形势发展很快。因此,必须采取对策,及早解决研究方法与手段的现代化问题,以使我们的研究工作跟上时代步伐,不断创新。

如何改进阅读与处理文献资料方法,以及检索利用已有的研究成果,是亟待解决的问题之一。由于目前中国古史研究方法落后,专业史学工作者往往处于十分被动地位。简单分析一下隋唐五代史研究工作的历史与现状,我们就不难看出问题的严重性。新中国成立以来,隋唐五代史研究工作已取得的成绩,十分令人鼓舞。据统计,从本世纪初开始,到1983年为止,已出版的隋唐五代史著作约计五百三十余种,其中解放前四十九年内只有一百六十余种,占著作总数的百分之三十;而解放后三十三年已达三百七十余种,占著作总数的百分之七十。此间发表的论文约计四千三百余篇,其中解放前只有一千五百余篇,占论文总数的34.8%;而解放后已达二千八百余篇,占论文总数的百分之六十五点二。这个数据充分表明,新中国成立后隋唐五代史在迅速发展,所取得的成绩是巨大的。解放后的二千八百余篇论文中,1949年至1977年为一千六百六十余篇,二十八年间占其总数的百分之五十九点五,年平均为六十篇左右;1977年至1983年为一千一百三十余篇,五年间占其总数的百分之四十点五,年平均为二百二十余篇。两个阶段相比较,后者较前者增长将近四倍。可以预计,今后隋唐五代史论文数量积累将越来越多。如以1983年已发表的论文三百七十余篇计,年增长率为百分之二十,五年后的1988年将达到九百二十余篇。隋唐五代史专业工作者,如果在1983年每天看一篇文章的话,那么到1988年时则增加到二三篇。中国古史论文的情况,也是如此。自从十一届三中全会以来,中国古史论文数量增长十分迅速:1979年(含1977、1978年)为一千零三十余篇,1981年(含1980年)为一千二百五十余篇,1982年为二千一百余篇,1983年为二千九百余篇,七年总计七千三百五十余篇。1983年与1982

年相比,年增长率为百分之四十点六。我们姑且不以此数计算,而以百分之二十的年增长率计算,五年后的 1988 年即可猛增到七千三百余篇,就是说一年数量与七年的总合相仿。那时每天大约有二十篇左右中国古史论文发表,一个专业工作者如何阅读和利用这些研究成果,必须加以认真对待的,如果仍沿用传统的旧方法,则是无能为力的。

随着社会主义科学文化事业的发展,各学科之间的相互影响和渗透将逐步加强,中国古史研究的领域将不断扩大,必将引起中国古史研究工作的迅速前进。总的趋势:知识积累将不断增加,更新速度将不断加快,而且周期将日益缩短。我们要认真对待面临的这个新问题。

史学研究工作是社会主义精神文明建设的一个重要组成部分。要不断扩展研究领域,加快研究速度,提高研究水平。因此,仅仅依靠个人的力量,传统的方法,处理日益增多的研究成果,很难完成史学家肩负的光荣使命。特别是在信息技术发展的飞跃时期,史学工作者如果信息不通,情报不明,不了解和掌握总的发展趋势,"闭关自守",自然会产生很大盲目性,写出一些水平不高甚至重复劳动的作品,造成科学研究中的浪费。例如,唐代文化是以丰富多彩而著称于世,理应进行全面系统研究,但事实并非如此。多年来的研究往往集中于唐诗方面,而唐诗又集中于李白、杜甫二位大诗人身上,大量的重复是很严重的。据 1981 年中国人大出版社报刊资料索引统计,本年度刊载有关唐代作家与作品的文章共有四百篇左右,其中对李、杜研究的文章达一百八十多篇。而对杜甫研究的文章多达一百二十余篇,其内容除杜甫生平事迹外,对杜诗具体篇章研究十分详细,诸如咏物诗、咏雨诗、咏画诗以及战争诗等,同时对杜甫的忠君思想、爱国思想、军事思想以及杜诗的人民性、浪漫主义、现实主义等等,连篇累牍,不一而足。对这些问题的研究是无可厚非的,但由于方法落后,信息不通而有大量重复之处。过分集中的选题,势必影响了丰富多彩的唐代文化的研究。

因此,我们应当重视中国古史研究情报工作,利用已有的信息资料,改进我们的研究方法与手段。比如《中国史研究动态》、《中国历史年鉴》、《史学情报》以及有关书目、期刊论文索引和文摘等,对我们了解史学界的新成果、新动向,指导研究工作十分必要。但是,目前对史学工作者提供的信息资料仍然很少,尚无一部全面系统反映本世纪以来中国古史研究主要成果的文摘提要性质的工具书,更缺少适用于中国古史研究的计算机软件工程了。这是摆在史学界面前亟待解决的重要课题。

当今世界,新的技术革命对社会科学研究方法引起了深刻的变化,诸如资料储存和检索的计算机化、调查手段的现代化、利用微型机进行数据处理、计算机技术与研究的数量化(或称定量化)相结合的社会科学研究方法的发展以及计算机人工智能的运用等。技术革命的发展,向从事社会科学的研究人员提出了新的要求:一是掌握现代化的技术手段,学会利用微型计算机进行科学研究的基本方法;一是扩展知识面,掌握一定的自然科学知识,如数学等学科知识。史学工作者应走在前面,加速研究方法与手段的现代化。例如美国大约有五百位历史学家已经在使用微型计算机处理大量的某些固定类型的资料。他们还拥有功能很强的处理机,这些机器可以联结成为大的情报系统的终端,检索有关史学信息或文献资料。这一切为我们从根本上改革中国古史研究方法与手段提供了极大可能性。

显而易知,利用现代化信息技术,可以解决两方面的问题:一方面,对有关文献资料进行现代化信息处理,为我们提供所需资料,从陈旧、闭塞、个体手工业式的研究方法中解放出来,提高研究工作效率;另一方面,对中国古史研究中有关人力、物力、财力的使用,以及研究项目的组织和规划管理,必将现代化,自然地引导专业史工作者敏锐地反映当前形势任务要求,将个人的研究工作纳入社会整体中考虑。既可消除科研工作中的浪费,又可避免重复选题与无效劳动,开辟和扩大新的研究领域,提高中国古史研究的质量。利用现代信息技术研究中国古代史,是研究方法与手段的一大改革,势在必行,在不久的将来我们将建立不同地区与层次的信息中心,中国古史研究将有长足进步。早在 1978 年邓小平同志就指出:"必须充分估计到现代科学技术的发展趋势。"一场新的技术革命将在中国大地迅速展开,我们中国古史研究工作也要适应这种新的趋势,"面向现代化,面向世界,面向未来",积极发展马克思主义历史科学,改进研究方法与手段,利用新资料,研究新问题,把中国古代史研究工作推向一个新高度,完成时代赋予我们的光荣使命。

1984 年 3 月于长春

(原载 1984 年《松辽学刊》第 4 期)

史学工作者的时代感
与史学研究的革新

一 史学研究面临的形势

当代世界,自然科学与社会科学正处于突飞猛进的发展时期。人们面临知识信息猛增的现实,要求我们认清当前形势,及时采取相应对策。同时,应当看到,随着人类知识的增长,人们的知识结构发生了巨变,老化的知识需要淘汰和更新。

不难设想,人类社会将越来越靠智力与科学前进。在社会知识转换的过程中,将冲击到每个学科,史学家也不例外的要严肃认真地思索这个问题,以不变应万变的态度,必将遭致社会的淘汰!

史学研究不是孤立于社会之外,而是具有鲜明的时代特点,并受时代的制约。当代自然科学与社会科学发展的新形势,直接或间接影响到史学研究领域。史学研究同其他人文学科一样,新的发展趋势具有如下特点。

第一,综合化趋势。由于当前自然科学与社会科学的交叉,理工学科与人文学科内部各专业的交叉,极大地改变了原来的内容、方法和手段。单一方法的研究难以论证或解决复杂的社会历史现象,往往要靠综合手段,将新兴的自然科学的概念或方法引入史学研究之中,诸如系统论、控制论与信息论的概念、思想和方法已越来越为史学研究所采纳,运用"社会结构"或"社会经济结构"命题来研究悬而未决的重大历史问题已取得了一批新成果。

第二,数学化趋势。为了揭示复杂社会历史过程的"量",从而加深对"质"的研究,数学方法在史学研究领域的应用不断扩大。据国外学者统计,1900 年以来社会科学的重大进展,结果表明其中定量的研究占三分之二。1930 年以来,定量研究占全部重大课题进展的六分之五。不仅如此,而且对社会历史生活、精神生活的理论不再仅仅是一些观念或定性说明,也开始表现为一些可以用经验与可检验的形式加以阐述的命题,效果是可取的。

第三,面向应用的趋势。史学是一门古老的学科,之所以具有强大生命力,就是在于面向当前应用,为社会主义精神文明建设服务。中国古史内容广博,生动具体,十分感人,有利于人们的知识积累、经验汲取与才智增长。因之,史学的任务是揭示社会发展的具体规律,说明论证历史问题,不断提高与扩大人们的智力水平,提高人们的思想觉悟,改善现实物质生活条件,促进社会改革,建设人类美好社会。近几年来,有关这方面的选题多了,研究的内容充实了,在社会上的作用与影响日益扩大。

第四,面向未来的趋势。未来学已成为当今的一门新兴学科,它的任务在于关注当今世界趋势,及时预测将来发生的变化,从而作出迅速反应。历史学也同其他人文学科一样,开展了面向未来的研究,诸如社会人口史、自然发展史等。特别是有关史学研究的人才培养,已开始注意面向未来。青年史学家逐步认识到,不能以当代史学研究水平当作自己的奋斗目标,而是应当超过前辈的研究水平。传统的培养史学家的道路逐步在改善,既着眼当前,又考虑到未来史学发展的需要。

二　史学研究方法的创新

多年以来,我们历史研究的传统方法,基本上是在马克思主义理论指导下的研究方法,即辩证唯物主义与历史唯物主义方法。这种方法把具体的社会阶级分析法引进研究过程,不仅打破了以往那种脱离社会历史实际的烦琐考证与僵化的老套,也纠正了一般社会历史分析中的唯心主义的局限性,使古老的历史学成为科学的历史学。历史科学成果在科学性、真理性方面飞跃前进,并取得前所未有的新成就。事实证明,这种建筑在马克思主义理论基础上的科学研究方法,是科学的,富有生命力的,过去、现在和将来都要用这种科学方法推进历史学的研究,是毫无疑问的。

不必讳言,我们在掌握运用辩证唯物主义与历史唯物主义科学方法中,也是受到了"左"的思想影响。辩证唯物主义与历史唯物主义,完整、严密地叙述了马克思主义哲学的原理,属于马克思主义的哲学范畴,指导人们认识、改造世界具有普遍意义,对史学研究的指导作用也是十分重要的。作为完整的、系统的科学著作,是斯大林在1938年所写的《辩证唯物主义与历史唯物主义》,已成为《苏联共产党(布)历史简明教程》的一个组成部分,迄今将近五十年了。在这半个世纪中,世界已发生了巨大的变化,它的本身也需要在社会实践中不断创新与发展。可是,我们在掌握运用这一理论方法时,往往是受到政治因素的影响,把它定为一尊,作为唯一的、不变的理论方法,禁锢手脚,将自己死死地捆住,而对其他理论方法或是不敢问津,或是看作"异端",加以排斥,甚至是批判否定。本来是很有活力的马克思主义辩证法,则变得毫无生气,观察探索历史复杂问题,往往是用一个模式去套。在一个相当时期里,简单化、公式化的倾向十分严重,或是把复杂的历史问题作简单处理,或是乱贴阶级标签,使生动的科学方法趋于僵化从而导致史学研究在一段时间的沉寂状态。

为了改进研究方法,提高研究水平,中国古史研究必需面向世界,了解当今世界出现的史学流派和史学研究方法,切不可闭关自守,更不能盲目排斥,指为"异端"。一般讲来,流派与方法总是同一定理论体系相伴而行的,而作为一定的社会意识形态的理论观念,又难免打上阶级的烙印,具有政治色彩。因此,我们不可丧失警惕,一味追求,不加思索地吸收。但是,也必须看到,任何一种理论方法体系,既然能在一定社会时期生成并发生影响,就总有其现实根据和一定的生命力,因之也可从不同角度给我们以有益的启示。何况许多的方法系统是在现代科技飞速发展中涌现出来的,是属于自然科学范畴,已成为社会生产力的重要组成部分,并没有政治色彩与阶级特征。事实证明,不少新的理论方法系统包括许多新的辩证观点和科学方法,已构成人类认识之网络上的新网结,成为哲学认识论里的新范畴。这些新网结、新范畴对指导人们去正确认识客观历史及其规律,无疑是有普遍意义的,尤其是一定理论方法体系一经形成,便有其相对的独立性,更有其可以借鉴的社会价值了。诸如近年来世界流行的控制论、系统论、信息论以及数学方法与耗散结构理论等许多现代自然科学方法等。马克思主义的正确态度是:学习、借鉴、采用,并且积极加以创新发展。在运用新的理论方法系统中发生的差错并不可怕,怕的是固步自封,自我欣赏。

马克思主义从不认为自己穷尽了一切真理,囊括了一切方法,而是在前进的道路上不断汲取进步的理论方法系统,其中包括封建史学家的考据法、资产阶级史学家的归纳法与演绎法,以及当代世界科技发展中产生的一切新方法。自我转换,自我更新,不断丰富发展自己的理论方法系统,以指导人们前进,再前进。

多年来史学研究方法,概括起来可以分为二类:一类是属于传统的考据与排比、归纳与演绎、分析与综合、具体与抽象等方法的运用;一类是属于近代以来在传统方法基础上,新方法的采用,诸如阶级、阶层划分定性研究法、数据分析定量研究法、历史比较法以及历史内在矛盾剖析法等。经验证明,这些方法是有效的,可行的。但是,为了推进史学研究工作的开展,仅仅依靠旧的方法已不能满足历史科学发展的需要,探索史学方法的改进与创新势在必行。

首先,是信息论与电子计算机的应用。我们史学工作者习惯于旧的传统方法、个体手工业式的进行工作必须改善。在知识信息猛增的当今世界,我们的知识信息观念与教育很差。据一个学院文科高年级大学生一次抽样调查,发现百分之八十九点四的学生不会使用科学的方法查找人物传记资料,百分之九十七点八的学生不了解"类书"的功能,百分之八十四的学生不知道通过有关索引查找古典文学研究论文。专业研究人员当然要好一些,但是信息不通,情报不明,不能把握全局,掌握发展趋势,盲目工作,既造成了严重的重复劳动、浪费了人力,又延缓了史学发展速度。例如,唐代文化是以丰富多彩而著称于世,理应进行全面系统研究,但事实并非如此。多年来的研究往往集中于唐诗方面,唐诗又集中于李白、杜甫二位大诗人身上,大量的重复是严重的。据1981年中国人大出版新报刊资料索引统计,本年度刊载有关唐代作家与作品的文章共有四百篇左右,其中对李、杜研究的文章达一百八十多篇,而对杜甫研究的文章多达一百二十余篇,其内容除杜甫生平事迹外,对杜诗具体篇章研究十分详细,诸如咏物诗、咏雨诗、咏画诗以及战争诗等,同时对杜甫的忠君思想、爱国思想、军事思想以及杜诗的人民性、浪漫主义、现实主义等等，连篇累牍，不一而足。对这些问题的研究是无可厚非的，但是由于信息不通而造成的大量重复，是应引为鉴戒的。

因之，必须正视目前现状，提高知识信息观念，改善研究手段。人们已经逐步认识到，现代信息技术的飞跃发展及其广泛应用，为我们从根本上改革史学研究方法提供了极大的可能性。处理浩繁的信息情报与文献资料，个人已无能为力，只有靠现代电子计算机解决。一方面，对有关知识信息编入程序，输入电脑，形成软件，以便于专业人员及时的准确的掌握和利用，提高工作效率；另一方面，通过信息反馈，确定最佳选题和研究方案，提高研究工作质量，引导专业人员敏锐地反映当前的形势和要求，将个人研究纳入社会整体之中，避免人力、物力的浪费，从根本上改变史学家的被动局面，开辟和扩大研究领域，提高史学研究水平。

其次，是系统论与控制论的应用。系统论与控制论者认为，整体大于部分的总和，要求将整体看作研究问题的出发点，任何一个复杂的事物都处于一个复杂的结构之中，其结构本身又是多层次、多角度、多侧面、多环节的。因而我们观察分析事物，也就应按照事物的本来状态，要使用系统观与系统方法。系统论与控制论提供人们把研究对象不是看作单个事物的集合体，而是纵横交错的多层次、有序列的各种模式结构。研究问题既注意横向，又注意纵向，既注意顺向，又注意逆向，进行整体中的主体思考，从而产生新的概念与范畴。系统论与控制论还有一个重要思想，就是在矛盾对立面中存在众多的联系环节，即为"中介"。重视"中介"的作用，可以帮助我们更好地把握历史事件、人物在转化过程中的契机和内因。这种方法的应用，可以革新史学方法中烦琐考证、教条结论以及思路僵化的弊端，有利于打破研究中的停滞状态，使人开阔眼界,活跃思想,以加深研究的广度与深度。显然,这种方法是科学的,是对对立统一规律的补充和发展,将马克思主义辩证法的原则具体化了。列宁认为:马克思主义辩证法"不是别的,正是社会学中的科学方法。这个方法把社会看作处在经常发展中的活的机体(而不是机械地结合起来,因而可以把各种社会要素随便配搭起来的一种什么东西),要研究这个机体就必须客观地分析组成该社会形态的活动规律和发展规律"①。由此可知,系统论与控制论方法同马克思主义辩证法原则是一致的,我们可在中国古史研究中加以运用,以弥补研究工作中的不足。

第三,是数学方法的应用。数学方法是最科学的一种方法,应用于史学研究是有效的,而且已取得了很大的成绩。数学方法在史学研究中的应用途径十分广泛,可概分为四个方面:一是数量表现,即以"量"或"数量"概念进行历史分析;二是数量关系,即以事物依存的因果、从属或相互交叉关系说明历史问题;三是数量结构,即对两种或两种以上形成的结构、体系,从事综合研究社会历史复杂问题;四是数量变化及其规律,即对历史问题的发生、发展、演变及其运动规律的研究。因此,数学方法对改变史学研究中定性的、描述的和近似的弊病大有作用,可以避免单凭人们经验与简单归纳比较取得不符合历史实际的结论,使之成为较为精确的、严格的、科学的历史研究,将古老的历史学变成现代化的历史学。

应用数学方法研究历史,在国外已十分发达。苏联莫斯科大学历史系已开设有《历史研究中的数学方法》必修课,苏联学者曾用现代模拟的观点和技术,对俄国的农奴制经济、伯罗奔尼撒战争问题进行深入研究,已见成效。美国出现的"计量历史学",具有相

---

① 《列宁全集》第 1 卷,第 168 页,1961 年人民出版社出版。

当的社会影响,利用数学方法研究史料,论证问题,并构成某些历史现象模式,已取得一些进展。日本学者认为,数学方法研究历史问题,是现代历史学走向成熟的方法论上的革新。他们依据数学方法采用微型电子计算机技术研究邪马台古国地址为九洲熊本县北部有明海沿岸。他们采用推测统计学手法,使用微型机,根据日本古籍《和名抄》记载的平安朝时代(933年)的水田面积推算出七百年前,在邪马台国时代九洲地方的农户为二十一万户,从中减去九洲南部鹿儿岛和宫崎两个地区的农户,则熊本以北九洲地方为十八万户。这与《三国志·魏志》中所记的邪马台国共有十六万户大体相符。

总之,从自然科学角度,采用新方法分析探索历史问题,是可以对史学领域中固有结论提出新的见解。比如通常认为历史上的分裂割据是不利于生产力的发展的,人们往往是以人口、土地、粮食的增减来做论证。但是,春秋战国时期的冶金、水利技术,魏晋南北朝的农业生产技术以及两宋时期的科技、印刷技术的飞跃发展,正是处于分裂割据的时期,仅仅用旧的观念看法难以解释明白,而要求史学家做出新的论证说明。

近几年来,我国史学界开始活跃起来。1980年《贵阳师院学报》一、二期连载了金观涛、刘青峰的《中国历史上封建社会的结构:一个超稳定系统》,认为中国封建社会正是英国控制论专家W·R艾什比所提出的一种超稳定系统的模型。在此超稳定系统中,经济、政治和意识形态三个子系统的相互作用,一方面造成社会的周期性振荡,另一方面又通过这种振荡使社会回归到原始的稳定停滞状态,这就是中国封建社会长期延续的基本原因。全文五万字。作者以此文内容为基础,撰写了两本书。第一本是《兴盛与危机——论中国封建社会的超稳定结构》,第二本书是此书的缩写

本,名为《在历史的表象背后》,1984年四川人民出版社出版,收入
《走向未来丛书》。书中深入解剖了中国封建社会的宗法一体化结
构,分析了封建王朝崩溃和再生的机制,研究了中国历史上每隔二、
三百年就出现一次周期性大动乱和封建社会长期延续的内在联
系。1985年1月4日《光明日报·史学》发表李桂海的《谈中国封
建结构中惰性因素逐渐增强的原因》,也颇有新意。文中对中国封
建社会发展时而快些,时而停滞,甚至有时倒退,因之造成中国封
建社会的缓滞问题,究其原因,"封建结构中的活力因素不断减少
和受到破坏,而惰性因素不断增强,这种惰性因素在封建结构中又
难于找到自身的克服力量,是造成中国封建社会发展缓滞的主要
原因"。并以统治阶级内部分化的无力、政治对经济发展干预的日
益增强和农民与土地顽固的结合力为题,进行具体论述,从而提出
作者的新观点。

显然,这是中国古史研究中的异军突起,别开生面,已广泛引
起史学界的关注,它将进一步增强史学研究活力,推进中国古史研
究的发展。

毫无疑问,史学方法的改进与创新,在史学研究中占有重要地
位。当前中国古史研究中新的科学方法体系的逐步形成与应用,
代表了史学自身革命性的发展,也是中国历史科学飞跃前进的主
要标志。人们不难预见,先进史学方法的采用可以推动史学研究
的新突破,从而提高史学研究的新水平。

三　史学研究能力的提高

新中国成立以来,中国古史研究同其他学科一样,也取得了重
大进展,成果十分显著。在全面系统研究的基础上,通史、断代史
与专史研究有很大进展。对一些重大历史问题,诸如土地占有状

况、赋役制度、历史人物、社会阶级关系、政局发展演变、内外战争性质、民族迁徙与融合、农业手工业生产发展、商业贸易繁荣、交通驿站发达以及科技工程、文化艺术、宗教思想、典章制度、中外往来等问题研究，都取得了很大的成绩。特别是理论问题的研究更值得重视，诸如亚细亚生产方式、中国奴隶社会与封建社会分期、中国封建社会内部分期、封建土地所有制形式、中国资本主义萌芽、中国封建社会长期延续、农民战争、汉民族形成、中国古代民族关系、爱国主义民族英雄、历史人物评价以及历史发展动力等重大历史理论问题的研究，也取得了不可忽视的成绩。

　　但是，我们不能满足于已取得的成绩，对中国古史研究中存在的问题，也不能忽视，特别是在思想方法与思维活动方面的问题，应当有一个清醒的认识。治史者思维方式往往是精于微观，失于宏观，不能从本质上揭示历史发展过程的内在联系，将复杂的历史问题简单化，把丰富多彩的历史过程看成是线型因果关系的链式反映；认识上往往流于表象和直观，对问题只是作一般的抽象说明，而不能究其纵向本源和横向联系，作出综合论证；方法上往往是采用烦琐的考证和材料的铺叙，或者是用单一的归纳法和比较法。研究问题的着眼点：重视静态，忽视动态；重视平面，忽视主体；重视纵向，忽视横向；重视个体，忽视整体。简单化、公式化的倾向是比较严重的。在一个相当时期里，思想领域里形成一种破坏性的文化性格，不去从事艰苦的精神劳动，往往是拿着几条现成的教条和公式，去寻找积极性思维成果中某些弱点，给予整体性的"批判"。批判者本身有的人不是动脑思索，而是用鼻子感知政治气候，作应景文章，用阶级斗争理论套用一切历史问题加以主观臆断，迎合所谓现实需要。运用阶级斗争理论研究历史，是马克思主义史学的基本特征之一，对政治史研究当然可行，而对经济史、科技史不见得完全可行。分析历史人物与事件,固然要看其阶级属性,但也不能简单化,应将人物与事件置于特定的社会结构、时间、地点、条件以及与之有关的各种社会因素和活动的各个侧面进行综合分析。

由于思路简单,理论僵化,方法陈旧,手段落后,从而导致了公式化的倾向。对社会历史发展描述,往往是以阶级斗争为纲,治乱循环常用的图式:恢复——发展——兴盛——危机——衰亡;对历史问题研究,往往是一个模式:原因××条,经过××方面,意义影响(或结果作用)又是××条,千人一面,一式开解各种问题。因此,史学研究缺乏朝气,处于沉闷甚至停滞状态,许多重大问题研究讨论了几十年至今没有突破。

这是问题的一个方面。而另一方面,是对史学的社会价值及其治学标准的认识上存在问题。古往今来,史学都有其存在的社会价值,但价值不是超越历史的,而有其时代特点和阶级内容。"古之所谓良史者,其明必足以周万事之理,其道必足以适天下之用,其智必足以通难知之意,其文必足以发难显之情"①。由此可知,古人对史学的社会价值有其要求,如果达不到明、道、智、文的社会效果,则不能称之为"良史",很难被人推崇,流传于世。中国古代史学十分发达,每个时代都出现许多名著,都以其较高的社会价值丰富了中国古代史学。司马迁撰《史记》,首创纪传体史书,"通古今之变,成一家之言",是为一代宗师。司马光主编《资治通鉴》,以年为经,以事为纬,发展编年体史书,目的在于"明君良臣切摩治道"。《史记》与《资治通鉴》以我国古代史学名著而载入史册。乾嘉学派史学大师成果卓著,他们对辑佚文献,注释典籍、整理资

---

① 《南齐书·序》。

料以及考订历史问题等方面,做了大量的工作,为清代史学发展作出了重大贡献。但是,这只能反映汉、宋、清朝的史学成就。我们应当对过去史学成果加以认真总结,过了时的东西要抛弃,有用的东西要汲取,可资参考的经验要借鉴。但不能以前人研究成果与水平作为当今做学问的标准,以前人之是为是,以前人之非为非。具有炽烈时代感的史学家,不能把前代或当代最高水平的史学家作为自己的奋斗目标,应当有勇气、有信心超越前辈学者,推陈出新,创造出符合时代要求的优秀研究成果。

为此,史学工作者要努力提高个人科研素质,在研究中不断增长才干,提高科研工作能力,即掌握运用知识的能力。

第一,具有深厚的马克思主义理论基础。马克思主义经典作家阐述的理论原则,我们要加以深入领会,用以指导史学研究工作。马克思主义经典作家没有论列的问题,我们要在其理论思想指导下,加以创造性的研究运用。马克思主义理论是历史科学的指针,是中国古史研究的向导。指针与向导不能代替我们自己的研究工作,路还是要我们自己去走,究竟能走多么远,取得怎样的结果,那要看我们自己付出的劳动代价了。马克思主义理论本身是发展的、不是一成不变的,而套用某些概念、公式和只言片语是不足为取的。因此,史学工作者要不断提高马克思主义理论水平,学习经典作家的治学精神,是根据丰富可靠的资料研究之后,才提出自己的结论的。而且每当有新材料、新观点、新方法出现时,总是及时地加以修正原有的认识,吸收其合理成分,使理论认识不断深化和发展,永葆青春活力。

第二,具有高级逻辑思维能力。思维方式是客观存在的,不同时代的人们有着不同的思维方式:支配古代人思维的是直观的方式,中世纪以后则形而上学的思维方式居于统治地位,随着近代大工业的出现,唯物辩证法的思维方式又逐渐深入人心。不同学科、不同专业也有不同的思维方式。例如,哲学采用的是抽象思维的方式,文学采用的是形象思维的方式,数学采用的是演绎推理的方式,史学研究则属于三级思维活动,同思维与存在、意识与自然、精神与物质直接对峙的两级思维活动方式相比较,有其自身鲜明的特点。因为历史是过去的客观存在,无法使之重演,只能借助于遗留下来的各种资料近似地复原历史的本来面目,所以史学研究乃是认识主体(史学家)经由中介质(历史资料)与认识客体(历史实际)在实践基础上能动的统一,自然形成研究工作中必不可少的三级思维活动方式。为此,史学家要从哲学、心理学、生理学和逻辑学等方面提高自己的思维逻辑能力,进行创造性的思维活动。思维活动的创造性,主要表现为独具卓识,连动思索,多向考察,不拘泥于老套,善于综合思维,辩证分析,加大思维进程跨度,以期收到理论化、系统化、严密化研究问题的最佳效果。科学思维活动是知识分子的艰苦精神劳动,如果仅仅是掌握一些历史资料,了解若干历史表象,不能进行创造性的思维探索,它的研究成果自然是平平淡淡而无所成就。当代科学的新成就,大大改变了世界的科学状况和思维方式,诸如系统综合、定量分析、思想模型等一批崭新的思维方式,正在成为史学家手中的新式武器,它将大大触动或革新人们传统的思维方式,将史学研究推向一个新阶段。

第三,具有合理的知识结构。历史是一门综合性的学科,各种专业知识密集,往往是一个问题的解决要涉及到许多学科的问题,如政治、经济、哲学、文化、科技等。因此,要求史学家具有合理的知识结构,即兼有广博的、多样的知识、形成主从有序的知识结构,用以推进史学主体的发展。凡是有成就的史学家虽非万能,但是除掌握传统的目录、年代、版本、校勘、避讳、职官、地理以及考据等方面知识外，还应了解一些有关自然科学与社会科学的一般知识，形成独具特色的知识结构。单一的知识或片断的学问不可能将历史研究引向深入。当然一个人的精力与时间是有限的，首要的是处理好广博与专精的知识结构关系，广博不是目的，是为了达到专精的前提。不通晓中国通史，要想研究断代史是困难的；不了解政治史、经济史，那么研究文化史也是无本之木。在当代科学迅速发展的形势下，史学家掌握信息知识具有特别重要意义，以电子计算机应用技术武装史学研究工作者队伍，势在必行。要随时了解掌握史学研究的最新成果、最新动态，形成个人主动应变、转向的能力，就必须采用新的技术手段，使研究过程中信息的储存、加工、传输、检查的技术手段达到现代化的水平。显然，信息知识及其新技术应用已成为史学和知识结构中不可缺少的组成部分了。

马克思主义史学工作者要跟上时代步伐，在科学研究的征途上要不断创新。"任何一门理论科学中的每一个新发现，即使它的实际应用甚至还无法预见，都使马克思感到衷心的喜悦"①。应当说：创新，是马克思主义史学的灵魂，保持对新鲜事物的高度敏感，是马克思主义史学家的一个重要特征。当今世界科学文化发展，一日千里，要求一个科学工作者必须眼界开阔，头脑敏感，思路清晰，不断吸收新营养，选择新课题，采用新方法，保持中国古史研究的活力与青春，在当代最佳的社会环境里创造出丰硕的成果。

1985 年 2 月于长春

（原载 1985 年《社会科学辑刊》第 39 期）

---

① 《马克思恩格斯选集》第 3 卷，第 575 页。

史学工作者的责任感与史学
研究的社会功能

　　科学的根本任务在于面向社会,充实、改变人们的物质生活与精神状态,用以促进社会的前进与人类进步事业的发展。人类社会总是有两种产品,一是物质产品,用以维持人们生命的繁衍;一是精神产品,用以增长才智,促进人们的有意识行为。社会发展史与自然发展史的根本不同之点,在于社会领域的活动主体是人类,都是有意识、经过思虑而达到某种有目的的行为。精神产品就是为了充实、改善或提高人们的文化素质、道德情操及其自觉行动。历史学是精神产品的重要组成部分,并有其自身的特点,以其丰富多彩的内容,在社会主义社会两个文明建设中发挥作用。马克思主义经典作家曾明确指出:"历史不外是各个世代的依次交替。每一代都利用以前各代遗留下来的材料、资金和生产力;由于这个缘故,每一代一方面在完全改变了的条件下继续从事先辈的活动,另一方面又通过完全改变了的活动来改变旧的条件。"① 史学工作应当自觉地为"改变旧的条件"而努力工作。

　　历史学也是同其他精神产品一样,都应讲究社会效益,正如邓小平同志在全党代表会议中指出的那样:"思想文化教育卫生部门,都要以社会效益为一切活动的准则,它们所属的企业也要以社

---

　　① 《马克思恩格斯选集》第 1 卷,《德意志意识形态》。

会效益为最高准则。"历史学产品应以满足社会发展需要为前提，适应社会不同层次人们的需要，提高人们的文化素养和精神境界。积累科学知识，丰富人们的精神生活，陶冶人们的道德情操，激发人们献身于振兴中华的伟大事业。

中国古代史学产生很早，历经三千年不衰，并在历史长河中不断发展前进。无论是哪一个社会，也无论是哪一个阶级统治或哪一个集团执政，都是十分重视史学的，这足以证明它是一门颇有社会价值的学科。中国古代最早的"史"，就是古代部族中的所谓"中旗"。各部族大都将大小事件，古今历史，记在"中旗"里，传诸后世。王国维说："殷周以前史之尊卑虽不可考，然大小官名及职事之名多由史出，则史之位尊地要可知。"史官在远古时代的社会地位确实是很重要的。"古者天子诸侯，必有国史，以纪言行，后世多务，其道弥繁。夏殷已上，左史记言，右史记事，周则太史、小史、内史、外史、御史，分掌其事，而诸侯之国，亦置史官"①。古人修史都是有所为的，他们特别重视"述一代兴亡之由，明一代成败之迹"。中国古代纪传体史书开山之作《史记》，是"述往事，思来者"，"究天人之际，通古今之变"。编年体史书名著《资治通鉴》的编写目的在于"资治"，为执政者提供历史借鉴，即所谓"鉴前世之兴衰，考当今之得失"。将史学提到政治生活中至关重要的地位，是中国古史显著特点之一。中国古代凡是修史者多属精达才能之士，通晓历史与现实，力求"资治"于社会。即所谓"夫史官者，必求博闻强识，疏通知远之士，使居其位，百官众职，咸所贰焉。是故前言往行，无不识也；天文地理，无不察也；人事之纪，无不达也。内掌八柄，以诏王治，外执六典，以逆官政。书美以彰善，记恶以垂戒，范围神化，

----

① 《隋书·经籍志二》。

昭明令德,穷圣人之至赜,详一代之亹亹"①。史官及其著述,对社会作用是明显的。

马克思主义者"仅仅知道一门唯一的科学,即历史科学",从来不"怀疑或轻视'历史的启示'。历史就是我们的一切,我们比任何一个哲学学派,甚至比黑格尔,都更重视历史"②。历史的社会教育作用是不可估量的,运用历史知识、文化积累,可以扩大人们的视野,提高人们的思辨能力,给人们以历史的智慧。历史学绝不是一个由一串过去发生的事件随便拼凑、堆砌起来的杂乱王国,而是对往事的反思,并立足于哲学的洞察,使人们形成历史哲学意识,观察处理事物。所谓借鉴往事而知未来,就是通过对往事的鉴别、筛选、提炼与概括,抽象成为规律性的认识,给人们以"历史启示",目的在于深刻地理解现实,科学地预测未来,激发人们的自觉行为。

历史学对青年一代的教育具有特殊作用。古罗马政治家西塞罗说:"不知道你出生之前的历史的人,永远是个孩子!"青年人应及早具备历史哲学意识,不要等待白了头,才有所省悟。一位将要结束生命的老人,往往反思过去所走过的道路,发出由衷的慨叹:如果叫我再活一遍,我肯定会将自己的童年、青少年以至于壮年时代过得合理些、幸福些。"走过的道路是这样短,犯下的错误却又这样多"。这是叶赛林的诗句,对人们理解认识往事有多么重要的作用!

人类总是有所借鉴才能前进,总是在不断总结前人往事的经

---

① 《隋书·经籍志二》。
② 《马克思恩格斯全集》第 1 卷,《英国状况——评托马斯·卡莱尔的"过去和现在"》。

验教训中摸索着改造自然、改造社会的规律。《史记·郑世家》中所说的"前事之不忘，后事之师也"就是这个意思。汉高祖刘邦曾命陆贾专论"秦之所以失天下，吾所以得之者"的原因，以及古今成败之由，共成十二篇著作，"每奏一篇，高帝未尝不称善，左右呼万岁"。人们熟知的三国大将吕蒙的故事：吕蒙虽然善战，但知识面狭窄，孙权劝他读书，并为之开列《孙子》、《六韬》、《左传》、《国语》、《史记》、《汉书》以及谢承的《后汉书》等七部书，其中有五部是史书，吕蒙终于成才，而使鲁肃"刮目相看"。十六国后赵石勒，羯族出身，目不识丁，在戎马倥偬中，还能命令左右为之读《汉书》，用以汲取历史成败教训。唐太宗是历史上杰出的封建政治家，颇有历史哲学意识，"贞观君臣论政"的主题之一，是"以古为镜"，讨论治乱兴衰之由，终于使唐朝得到治理，出现了历史上有名的"贞观之治"。古往今来，凡是有作为的政治家，无不通达古今，接受历史教训，自觉或不自觉地运用历史才智，为自己的国家与民族立下了丰功伟绩。

　　史学的社会功能不是单一的，而是广泛的综合的。司马迁的"究天人之际，通古今之变"，是对史学社会功能广泛性的正确认识。当然，史学社会功能不能同物质经济效益等同起来，具有"立竿见影"的社会效果。它是潜移默化的，通过影响人的思想感情、认识能力与行为动向，变成为物质力量，显示其社会功能或价值。历史学科不像自然学科那样，直接与物质生产过程联系，并为社会生产直接服务，也不像政治学、经济学、法学那样直接影响着社会经济基础与上层建筑。历史学科在人类进步事业发展中之所以起重要作用，是在综合人类历史的基础上，总结社会发展的一般规律，用以指导现实的斗争。历史学要求客观的真实的叙述历史发展的全过程，从而具体总结社会发展规律，帮助人们了解过去，自觉而积极地建设未来,这是历史学社会功能综合性、广泛性的基础。

一般讲来,广泛性、综合性的史学社会功能,主要表现在:使人理解社会发展规律,加强认识与改造社会的能力;明是非,辨善恶,陶冶情操,提高人们理性洞察能力;积累文化知识,开发智力,提高人们逻辑思维能力。这对一代人的智力发展素质是十分必要的。由于社会生活内容丰富多彩,人们有着各方面的需求与爱好,不同层次的人们通过历史学习可以汲取不同的滋养。诸如政治家以史为鉴可以治国安邦,军事家往往参考历史著名战例而克敌制胜,文学家多以历史素材作为自己的创作源泉,科学家的发明创造则需以本学科历史为前提,不能凭空杜撰。由此可见,历史学对一个国家、一个民族或个人都是不可缺少的。

新中国成立以来,史学工作者通过各种形式在宣传马克思主义唯物史观,正确阐述历史问题,扩大历史文化知识,开展爱国主义思想教育方面做了许多有益的工作,成绩是显著的。但是,由于"左"的思想影响,严重的教条主义倾向,运用马克思主义唯物史观阐述历史还存在不少问题:对历史的创造者缺乏全面的历史的考察,仅仅强调生产者创造历史,而忽视文化工作者、行政管理者以及其他方面人们的历史作用;对社会历史发展动力则"以阶级斗争为纲",排斥其他重要社会因素,导致人们难以理解社会发展的真实动力;对爱国主义历史传统教育存在着片面性,只注意国家民族危亡时期的英雄人物业绩,而未将爱国主义作为历史范畴加以考察;对那些抨击弊政,以促进社会进步的政治家,鞭挞社会黑暗现实,向往光明正义的文学家,以及怀恋祖国统一、辛勤劳动与创造物质财富人们的业绩,缺乏全面论列。在表述或解释历史问题时,"定性"结论往往给人以抽象呆板的概念或公式,使人难以共鸣。

他如有关战争性质、人物评价以及不少问题的结论等等,多列条条框框,人们不能从中取得深刻的历史借鉴,从而降低了史学的社会功能。

历史学总是随着时代的变迁而发展的。时代变迁与时代观念,要求史学工作者反思过去,自我检讨,跟上时代步伐,推陈出新。对历史问题的认识、再认识,对历史经验的总结、再总结,对历史人物、事件、问题的评价、再评价,对历史内容的开拓、再开拓,以适应社会不断发展进程的需要,实现史学的社会功能或作用。就是说时代需要史学,史学必须适应时代。史学研究不能脱离时代,并严格受时代所制约,而具有时代精神特征,这就是我们通常所说的历史与现实的关系。历史是现实的过去,现实是历史的发展,历史与现实的推移构成时间的长河,但历史与现实又分置于不同的时间与空间,所以二者是有区别的,不能混同,否则不成其为历史。

长期以来,史学研究脱离现实的倾向,应从史学家的观念中加以转变。自我欣赏,为历史而历史,要么就史论史,空洞论证,要么烦琐考证,不务实际,认为这是历史学家的渊博学识所在,至于现实社会需要历史学提供什么,并如何为之服务,则很少过问。如此自我封闭的传统史学观念,只注意史学研究的所谓学术价值,不重视社会价值,人为地将二者对立起来,必须加以克服。任何所谓学术价值都必须以社会承认为前提,以满足社会需求为目的,否则其学术价值难以成立。

因此,史学工作者要有炽烈的时代感,充分理解认识当代社会现实,努力提高自己的社会责任感。中国史学遗产中的一个优良传统,是在书事记言中渗透了对国家与民族命运的关注,即所谓"事关军国,理涉兴亡"。如果逃避社会现实,抱残守缺,闭门造车,我行我素,对国家与民族命运漠不关心,自然将史学引向"危机"的边缘。这不是社会的不公、人们的偏见，而是史学工作者应自省反思的问题：我们通过史学究竟为时代、国家与民族提供了什么样的精神产品?!

为了解决这样的问题，必须改变史学研究的现状，以适应当代社会的要求。僵化的思想，陈旧的选题，落后的方法，呆板的表述，都直接或间接影响史学的社会功能。对此，我们应有深刻认识，改变史学研究的传统观念与习俗，中心转向现实，解决当代人们关注的历史遗留问题。诸如小农经济结构、国家政体、等级观念、闭关自守、商品生产、家庭人口、婚姻习俗、传统道德以及文化、宗教、民族、阶级等等。史学工作者应认真贯彻"百家争鸣，百花齐放"的方针政策，本着高度的社会责任感，消除清规戒律，冲破人为禁区，主动过问社会现实，积极研究现实社会中的历史问题。特别是中华人民共和国建国以来，历经几十年的坎坷道路，有许多历史问题，需要加以认真研究总结，诸如"一化三改"、"反右"斗争、"人民公社化"运动、十年"文化大革命"以及十一届三中全会以来十年历史变迁等重大历史问题。我们有责任、有能力、有条件加以回答，给人们提供新鲜的历史经验，对加速建设具有中国特色的社会主义社会是十分必要的。

目前，我国学术研究是处在划时代的黄金时期。我国的社会主义经济、政治、文化体制改革将要全面铺开并向纵深发展，每个有头脑的人都在积极探索建设有中国特色的社会主义现代化强国的道路，层出不穷的新事物、新问题，需要从新的理论、方针、政策与社会形态、思想观念方面加以论证说明。历史学是能有所为，大有所为的。史学工作者依靠他们对历史与现实的深刻认识，应该而且能够提出解决现实问题的见解或建议，动员人民群众，参与社会问题的决策。

　　史学工作者要主动承担社会责任,探索新的路子,采取多种多样的有效形式,面对火热的社会改革生活,为提高中华民族素质改变人们的传统观念而努力工作;积极联系、触及当今中华民族背负的历史包袱,揭露历史遗毒,鞭挞社会落后面,总结经验教训,给人以启迪反思,唤起人们自觉地卸掉思想包袱,打碎精神枷锁,开拓前进,为完成时代赋予的使命而努力奋斗。

　　　　　　　　　　(原载 1987 年《社会科学辑刊》第 1 期)

关于改革中国古史研究的思考提纲

本世纪初,由于甲骨文、居延汉简和敦煌文书的发现,直接推动了中国古史研究的进展。二十年代以来,马克思主义传入中国后,中国古史研究,在中国社会史"论战"推动下有所前进。五十年代后,马克思主义史学在中国大陆取得支配地位,虽有"左"的思想影响与干扰,但中国古史研究仍有显著提高。目前,中国古史研究在向新的方面前进,并不像有些人说得那样"危机",而是处于改革的"转机"阶段。

一

马克思主义理论是中国古代史研究的向导,但史学家不能将马克思主义理论作为教条,禁锢手脚,以"理论"或"语录"代替中国古史问题的结论,更不能以中国古史问题为"理论"或"语录"作注脚。我们应发展马克思主义理论,既要扬弃某些过时的理论观点,修正某些武断的理论观点,又要创新适合中国历史实际的史学理论。

必须承认,马克思主义理论为中国古史研究开创了新局面,功不可没,过去、现在和将来都应是中国古史研究的向导。我们对经典理论应有正确认识,任何一位理论家,不管他是多么伟大正确,都不可能穷竭一切真理。正如恩格斯所说:"谁要是在这里猎取最后的、终极的真理,猎取真正的、根本不变的真理,那么他是不会有什么收获的。"① 值得深思的是,过去我们一向重视理论,可惜至今尚未建立起具有中国特色的马克思主义史学理论,仍是以半个世纪前斯大林《辩证唯物主义与历史唯物主义》为经典,既作为我们研究历史问题的出发点,又作为研究问题的归宿,如同一条绳索套住史学研究,毫无活力可言。

正因为如此,在一个相当长的时期里,人们往往运用一些教条公式或只言片语,当作经典,装点门面,作应时应景文章,而不与中国古史实际相结合,倒果为因,以主观设想的理论概念、公式套用历史,将独立的历史科学沦为经典理论的奴仆,不是在研究探讨历史问题,而是用片片断断的若干历史资料,说明主观设想的理论模式,甚至是为了达到某种政策需要,去完成所谓的政治任务。

历史,是属于社会科学中的独立学科之一,有其自身研究宗旨、内容与方法。作为一门独立学科,既是一个民族悠久文化积累所需,又是在当代社会文化生活中不可缺少的。学科任务与研究范围明确,个性特征不可混淆。政治任务由当代政治家去完成,历史工作者不能随着政治或政策的变化而解释说明或论证历史问题,失掉独立学科存在的学术尊严。

二

中国古史研究中,抽象化、公式化问题突出。以社会阶级关系及其矛盾斗争作为研究问题的归宿,对复杂的社会历史问题,一般采用抽象"质"的结论,强调必然性,忽视偶然性,而缺乏具体"量"的论证。须知缺乏定量分析的定性结论并不稳定,往往随着社会政治风云的变化而变化,自然丧失中国古史研究的权威性。

---

① 《马克思恩格斯选集》第 3 卷,人民出版社 1972 年版,第 129 页。

　　过去,由于理论贫乏僵化,方法简单落后,使中国古史研究变得死气沉沉,有如一潭死水,对大量复杂的历史问题套上许多条条框框,往往是以阶级斗争为主线解释说明所有问题,公式化、抽象化、概念化贯串于中国古史研究之中,研究断代史倾向于政治、经济、文化三大块,研究王朝国别史则限于创业、兴盛、衰亡三大段,分析历史问题多用产生原因、经过、影响(或意义)三个模式。讲战争只有侵略反侵略或正义非正义之分,论人物则以阶级出身下结论,是非功过均属历史必然,排除个人主观能动性与生活偶然性的作用……凡此种种,诸多清规戒律,禁锢人们手脚,不敢越雷池一步。

　　学术研究无禁区。任何一位有才能的学者总是在不断探索中前进,经典理论或已有的学术研究成果,只能作为个人研究问题的出发点,否则科学事业前进是难以设想的!

　　习惯于对历史问题进行“质”的分析,缺乏“量”的论据,最为省力,但不可取。在客观世界中,不存在某种“纯”质量,或者不与质量相联系的“纯”数量,质与量处在事物统一整体之中。要想揭示历史问题的真谛,没有量的数据分析,得出的抽象结论是不稳定的,往往是靠不住的。所以马克思认为:“科学只有在成功地运用数学时,才算达到了真正完善的地位。”[1]

　　过去在一些似是而非的口号(诸如“为政治服务”、“古为今用”)指导下,中国古史研究中许多抽象结论问题,时常随着社会政治风云的变化而变化,特别是在“影射史学”泛滥的年月里,为了“今用”,可以随意解释历史,甚至是歪曲历史,伪造历史,制造某些抽象结论,以迎合野心家的需要,欺世骗人,史学研究名声因而一

---

[1]　保·拉法格《回忆马克思和恩格斯》。

落千丈,毫无权威可言。

三

中国古史研究要面向现实。所谓现实,与政治、政策是有区别的。史学研究不能为某种"政治"或"政策"的需要而创造所谓"历史理论"、"历史规律"或"历史经验",成为野心家、阴谋家的统治工具。史学家不能为历史而历史,对现实无动于衷,要有炽烈的时代感,如实地把握过去,客观地理解过去,并将其作为把握现代,理解现代的钥匙,为民族尊严、国家兴盛、文化繁荣而努力工作。·

历史既不是什么装饰品,也不是人们随意玩弄的古董。史学工作者不能随心所欲地解释历史,论证历史,而是应以事实为依据。解释论证历史问题要有时代感。人们对过去的理解,不是一成不变的,而是随着时间的推移,认识上不断提高,将研究工作推向新水平,这是由于对史实认识不断深化、新资料不断出现、研究方法不断改进以及研究者素质不断提高的结果。正如英国著名史学家卡尔所说:"把历史当作一个不断前进的过程,历史学家则在这一过程中随之前进。史家的著述是他们生活于其中的那个社会的反映。"因之,一切历史都有"当代史"的涵义,是不无道理的。这里指的是史家个人素质与当代社会现实文化生活而言,与当代政治、政策不是一码事。

面向现实是学科属性的一般要求,当然历史学科也不例外。问题在于如何理解与处理历史与现实的关系,其中关键问题在于史学本身要把握时代意识,不能脱离现实社会生活,为历史而历史。比如研究中国古代史,既要看到中华民族祖先的光辉业绩,诸如在人类历史上创造的运河、长城以及四大发明业绩,更要看到我们这个民族今日背负的沉重历史包袱,诸如东方专制遗毒、闭关保守心态以及宗法裙带关系等。过去为了振奋民族精神，大讲可歌可泣的英雄业迹，是完全必要的，那么今天要振兴中华，扫除社会垃圾，就不能一味夸耀祖先如何"过关斩将"，而应有深切痛楚的历史反思，注意揭示中华民族历史上形成的缺点及弱点，对中国几千年来传统文化所积淀的历史重荷及其背后隐藏的可怕的民族自衰机制的批判，唤起中国人的良知，把人们从迷信与愚昧中解放出来，以便于加深认识社会现实问题，针贬时弊，促进中国当代社会前进。

四

近十年（1976—1986年）来，中国古史研究论文累计约为一万九千篇，著作约为一千一百五十余种。面对如此知识信息猛增的形势，必须改变研究中的僵化理论，陈旧方法与落后手段，适时引入新的理论观点（特别是现代信息论）与电子计算机技术，对西方现代史学流派的思想、理论和方法不可一笔否定，应吸取科学成分，更新与重构中国古史研究方法。

近年来，中国古史研究成果不断扩大，知识信息量猛增，发展形势严峻。论文以1982—1986年为例，四年年平均增长率为百分之十八点七；著作以1979—1985年为例，六年平均增长率为百分之十八点四。如果今后中国古史论著增长率以不低于百分之十八的速度前进，我们面临的挑战是严重的，即人们的阅读时间与接受能力都难以承受。因此，采用新的方法与手段势在必行，要以现代信息理论知识武装史学工作者，应用电子计算机技术，形成中国古史论著信息程序软件，将从根本上改变中国古史研究的面貌。

中国古史研究实践中，我们一直是以马克思主义哲学一般方法代替历史科学的具体研究方法，而且往往将世界观、阶级立场与方法完全等同起来,严重忽视方法的科学性与工具性,致使方法成为陈旧的模式,并且人为地提到所谓世界观与阶级立场的政治高度,具有强烈的排他性。凡是西方史学流派与方法,一概加以排斥、批判甚至是否定,从而导致中国古史研究方法长期不能更新,处于停滞状态。

我们的通史不通,专史不专,研究课题也往往缺乏个性特点,难以形成系列整体,进行高水平的研究。造成这种原因固然是多方面的,但与观点僵化,方法陈旧有密切关系,我们必须正视这个问题。今后中国古史研究,一方面趋向于具体和深入,即分门别类地研究历史现象与过程的各个侧面、问题和特征,加强微观探求,另一方面,趋向于总结性、完整性地阐述历史发展的趋势,深入宏观把握,以期达到史学研究的社会价值取向,二者互为因果,而以前者为基础。认清这一点,才能更好地更新与重构中国古史研究方法,推进史学研究的发展。

五

中国古代曾出现许多史学名著,《史记》与《资治通鉴》就是其中具有时代特征的代表作品。当代史学家应继承这一优良传统,创造出不负于伟大时代的论著。开阔视野,胸怀宏宇,克服老路子、旧调子,破除陈旧选题,扩展研究内容,提高研究质量,振兴中国古史研究。

中国古史研究基础雄厚,队伍庞大,研究成果数量与质量都很可观。但是,选题重复,内容雷同,不可忽视,"炒冷饭"的论著则屡见不鲜,研究成果信息量甚小。有人估计,中国古史研究成果中的信息量不过百分之二十,就是说有百分之八十以上是重复的旧知识。这是由于研究人员的信息闭塞,思路狭窄,选题重复,内容贫乏造成的。

　　几十年来，已出版的大型通史著作近十部，简本通史超过二十部，这是一个可喜的现象。就我们这样一个大国来说，出版一二十部通史著作并不算多，问题在于其结构内容大同小异，多是一个套路，一种模式，缺乏创新。一部著作很少有自己的个性特点，从而减弱了著作的社会效果，难以推进通史研究的深入发展。

　　所谓"五朵金花"，是新中国成立以来史学研究中的突出成就的表现。问题讨论了几十年，内容不断完整，论点不断充实，细节不断扩大，对进一步研究这些问题是有益的，可惜的是，老是在一个圈子里转，没有新意，没有突破。有关土地问题：例一是井田制，早在三十年代，胡适、顾颉刚等人曾发表论著，认为孟子讲的井田之说，经过后人一再美化而理想化了，从而他们否定井田制的存在。以后经过若干年研究讨论，已被史学界否定，大家对井田制的存在已基本取得一致意见。可是，近年来又有人重新撰文，旧话重提，怀疑井田制存在的事实，把问题又转了回来。如果有新的发现或新的论点论据，当然可以怀疑否定井田，可惜没有新内容，重咬前人的馍，有何意义?! 例二是均田制，近几十年中外学者发表论著，何止百千! 重复选题，重复内容，比比皆是，至今尚未解决所谓私有制与国有制土地占有性质问题，转来转去，只能给读者增加负担。论著再多，没有突破，只能是数量的增多，而没有质量变化，是不可取的。

六

　　在活力日益减弱的形势下，中国古史论著可读性差，明显存在选题陈旧，结构呆板，资料堆砌，烦琐考证，单项的思辨论理，枯燥的行文表述，直接影响著作出版印数，读者面日益缩小。我们必须正视这个严重的问题,采取措施,将中国古史研究论著从狭窄的胡同解放出来,走向世界。

有些论著,或是作者闭门造车,单项排比材料,为所谓经典结论作注脚,"以论带史",或是旁征博引,反复列举史实资料"以史带论",二者殊途,但其社会效果都是不好的。"以论带史",是以作者主观确定的所谓经典理论模式,将生动复杂的历史现象纳入事先设计的框架之中,抽象论述似是而非的几条结论,枯燥无味,读者只要看个开头便知结尾,无所收获。"以史带论",是史学即史料学在新时代的翻版,作者撰写论著的目的,似乎为了翻旧账,搜集史料多多益善,尽量排比铺叙,考订说明若干具体问题,见树木而不见森林,失去历史研究的社会取向价值。

文章必求其多,书本必求其厚,已成为某些人奋斗目标。一写文章就是洋洋万言,乃至几万言,实际推敲起来,内容平平,见解了了,烦琐铺叙,史料堆砌。空泛论列,自然拉长了篇幅,读者难以阅读。一部著作论述也是越多越好,很少在求精、求新、使人易于接受方面下功夫。研究中有点心得则不厌其烦地写,而缺乏研究的部分也要东拼西凑,以求扩大篇幅,结果造成冗长混杂,主次不分,引不起读者兴趣,自然降低了社会效益。

处在历史研究成果日益增多的今天,史学工作者更要珍惜时间与社会效益,要重质不重量,研究成果的精益求精,跟上时代步伐,多为社会提供质量高可读性强的作品,以满足广大读者的需求。

（原载 1989 年东北师大出版社出版《史学论文集》）

勿以成败论英雄

——略评项羽

项羽,名籍,字羽,下相(今江苏宿迁西)人。出生在战国末年的楚国贵族家庭,他的祖父是楚国的大将项燕。

秦始皇即位后,于在位二十三年(前 224 年),派大将王翦攻楚,项燕战败被杀。第二年,王翦、蒙武复攻楚,俘楚王负刍,强大一时的楚国灭亡了。年仅十岁的项羽,突然国亡家败,和他的叔父项梁成为秦王朝统治下的普通老百姓。

少年时代的项羽,亲身经历了国亡家破的灾难,显赫一时的祖父项燕惨死于秦军刀斧之下。亡国之仇,丧家之恨,已深深地印在他的脑海里。因而他认为,"书足以记名姓而已,剑一人敌,不足学,学万人敌"①。项梁教他兵法,他非常高兴,"但仅略知其意,又不肯竟学"。大概是遭遇的关系,使他不能专心致志地学习了。

项梁、项羽叔侄在楚国灭亡之后,虽然没落成普通的百姓,但仍然能够和秦朝的官吏、当时的"贤士大夫"、"豪杰"交往。项梁曾因受株连在栎阳被逮捕,却能请托蕲狱掾曹咎给栎阳狱掾司马欣写一封信,就获得释放。以后项梁杀人,和项羽一起逃到吴中(江苏苏州),仍然能够借主办大徭役和丧事的机会,"阴以兵法部勒宾客及子弟,以是知其能"。《楚汉春秋》还说:"项梁尝阴养士,最高

① 《史记·项羽本纪》,下引未注者均见此。

者多力,拔树以击地。""项梁阴养生士九十人,参木者所与计谋者也。木佯疾于室中,铸大钱以具甲兵。"① 这是在准备反秦复仇。

秦始皇三十七年(前210年),秦始皇南巡,游会稽,渡浙江,项梁和已经二十三岁的项羽看到了秦始皇。血气方刚的项羽并未被秦始皇的威仪所慑服,他按捺不住满腔的国恨家仇说:"彼可取而代也。"吓得项梁赶紧掩住项羽的嘴巴说:"毋妄言,族矣!"项梁从此发觉项羽并不是庸碌无所作为的青年了。项羽身高力大,才气过人,虽然是流落异乡,但是吴中子弟却没有人敢轻视、欺侮他。

秦二世元年(前209年)七月,陈胜、吴广起义,各地纷纷起义响应。到了九月,秦的会稽假守殷通看到秦即将灭亡的趋势,对项梁说:"江西皆反,此亦天亡秦之时也。吾闻先即制人,后则为人所制。吾欲发兵,使公及桓楚将。"暴虐的秦王朝已到了众叛亲离的境地,就是它的地方大吏,也想要不失时机地取得反秦起义的领导权了。早已作了周密准备的项梁,让项羽杀掉殷通,取得了起兵的领导权。

因为项梁、项羽早就准备着反秦复仇,所以在夺得起义的领导权之后,就以过去所了解、训练过的"吴中豪杰"作为军中的骨干——"校、尉、侯、司马"。当时"有一人不得用,自言于梁。梁曰:'前时某丧,使公主某事,不能办,以此不任用公。'"这说明项梁早为反秦做了组织上的准备,是当时其他农民起义队伍所不能比拟的。

二十四岁的项羽抱着为国为家复仇的目的,参加了反秦农民起义。事实像范增所说:"夫秦灭六国,楚最无罪,自怀王入秦不反,楚人怜之至今。故楚南公曰:'楚虽三户,亡秦必楚也。'"楚人

---

① 《太平御览》卷三八六、八三五。

的这种思想情绪在当时是比较普遍的。陈胜起义时就曾说:"项燕为楚将,数有功,爱士卒,楚人怜之。或以为死,或以为亡。今诚以吾众诈自称公子扶苏、项燕为天下倡,宜多应者。"① 在农民的眼里,项燕、扶苏是百姓所爱戴的人,尽管这两个人在政治上是不能相容的。作为项燕的孙子——项羽对秦王朝抱有更强烈的仇恨心理,并且自以项燕的后代作政治资本,更是当然的了。

当时许多人对反秦仍抱疑惧态度。秦的东阳令史陈婴,虽然被东阳少年数千人强立为长,但是认为"不如有所属,事成犹得封侯,事败易以亡,非世所指名也"。就是参加刘邦集团的萧何、曹参也"恐事不就,后秦种族其家"②,而推举刘邦这个勇敢分子作沛公。项梁、项羽叔侄的情况则完全不同,他们既为反秦复仇作了充分的准备,又抱有取而代之的野心。可以说是有组织,又有准备的。这与陈胜、刘邦等被迫起义的情况是不同的。项氏叔侄为众望所归,是很自然的。

项梁攻下薛县(今山东枣庄市薛城区)后,刘邦去归附他,项梁给刘邦补充卒五千人,五大夫(秦爵第九级)将十人,刘邦才能回军攻下丰(今江苏丰县)。

项梁派项羽攻襄城(今河南襄城),"襄城坚守不下,已拔,皆阬之",表现了他残暴、任性而缺乏政治头脑的复仇主义特点。

陈胜失败牺牲后,项梁召集诸将会于薛,刘邦也参加了。项梁采纳了范增的建议,立楚怀王孙心为楚怀王,以顺民望。项梁自号为武信君。随后领兵攻亢父(今山东济宁市南),又在东阿(今山东阳谷东北)大败秦将章邯。章邯兵败退走,项梁乘胜追击。并令项

---

① 《史记·陈涉世家》。
② 《史记·高祖本纪》。

羽、刘邦攻下了城阳(今山东鄄城东南),屠了城阳。进军濮阳东又打败秦军,接着攻定陶未下,转攻雍丘(今河南杞县),大败秦军,杀了李斯的儿子三川郡守李由,乃攻外黄。项梁率主力又大败秦军于定陶。

项梁因为连败秦军,骄傲轻敌,而章邯军得到了补充,并在夜间偷袭项梁军,项梁军败身死。章邯认为已打败楚军主力,遂北上攻赵。

当时项羽和刘邦正在攻陈留(今河南开封),陈留坚守,未能攻下。听说项梁已死,乃退兵至彭城(今江苏徐州市),怀王从盱台(今江苏盱眙北)至彭城。当时秦军在章邯率领下渡河攻赵,大败赵军,张耳、赵王歇逃入巨鹿城(河北平乡西南),秦将王离围巨鹿城,赵王数次请楚出兵援救。

原来楚怀王曾经和诸将约定"先入定关中者王之"。当时敌我力量对比的形势是"秦兵强,常乘胜逐北,诸将莫利先入关,独项羽怨秦破项梁军,奋愿与沛公西入关"。二十五岁的项羽,为了给刚刚战死的叔父项梁报仇,并不把暂时强大的秦军放在眼里。但是楚怀王孙心手下的诸老将都指出:"项羽为人僄悍猾贼。项羽尝攻襄城,襄城无遗类,皆阬之,诸所过无不残灭。且楚数进取,前陈王、项梁皆败。不如更遣长者扶义而西,告谕秦父兄矣。秦父兄苦其主久矣,今诚得长者往,毋侵暴,宜可下。今项羽僄悍,今不可遣。独沛公素宽大长者,可遣。"① 楚怀王因而命令刘邦向西进军入关,把项羽留在楚军主力中。在上将军宋义统率下,项羽为次将,范增为末将,北上救赵。

宋义领兵北上至安阳(山东曹县东),留驻四十六天不进,等待

① 《史记·高祖本纪》。

秦、赵战斗的结束,以承其敝。项羽根据当时天寒、大雨,士卒军粮只是菜豆各半,忍饥受冻,要求宋义迅速进军救赵。宋义不仅对项羽说:"夫被坚执锐,义不如公;坐而运策,公不如义。"奚落项羽指挥作战不如他,并且实际上针对项羽下令军中说:"猛如虎、很如羊、贪如狼、强不可使者,皆斩之。"项羽认为:"夫以秦之强,攻新造之赵,其势必举赵。赵举而秦强,何敝之承?"于是杀了宋义,取得了指挥权。

项羽命令黥布和蒲将军领兵二万渡漳河,切断章邯供应王离围巨鹿所需军粮的甬道。接着项羽率主力渡河,"破釜沉舟",仅带三日粮食,表示誓死取胜的决心,与秦军九战九胜,俘虏了秦将王离。战胜后,项羽被各部反秦起义军拥立为诸侯上将军。

当时章邯尚拥兵二十万与项羽相持未战,而二世胡亥使人以战败责问章邯。章邯恐惧,使长史欣向赵高说明情况,等待三天,赵高不见,长史欣逃回军中,告诉章邯:"赵高用事于中,下无可为者。今战能胜,高必疾妒吾功。战不能胜,不免于死。"秦王朝灭亡前夕的内讧,使章邯疑惧而无决战之心。陈余又写信告诉章邯:"今将军为秦将三岁矣。所亡失以十万数,而诸侯并起滋益多。彼赵高素谀日久,今事急,亦恐二世诛之。故欲以法诛将军以塞责,使人更代将军以脱其祸。夫将军居外久,多内隙。有功亦诛,无功亦诛。且天之亡秦,无愚智皆知之。今将军内不能直谏,外为亡国将,孤特独立,而欲常存,岂不哀哉。将军何不还兵与诸侯为从,约共攻秦,分王其地,南面称孤,此孰与身伏铁质,妻子为僇乎!"陈余这封信进一步瓦解了章邯的士气。章邯乃派使者见项羽,谈判投降。在谈判未成时,项羽发动进攻,大败秦军,章邯遂接受投降条件,在殷虚(河南安阳小屯)投降。经过军事上、政治上的斗争,项羽在巨鹿之战歼灭了秦军主力,取得了巨大胜利,摧毁了以胡亥为首的秦朝反动统治基础,有力地支援了刘邦向咸阳进军,对农民起义军推翻秦王朝作出了决定性的贡献。所以司马迁说"虐戾灭秦,自项氏"①,是项羽为首的农民起义军推翻了秦王朝。

汉高帝元年(前206年)十月,刘邦因项羽牵制和消灭了秦军主力,顺利地进军霸上(今陕西长安县东),秦王子婴被迫投降,秦王朝在中国的统治灭亡了。

项羽率各地诸侯兵四十万向咸阳进军。当进军到新安(今河南渑池东)时,得知起义军和秦降卒之间因为"诸侯吏卒异时故繇使屯戍过秦中,秦中吏卒遇之多无状。及秦军降诸侯,诸侯吏卒乘胜多奴虏使之,轻折辱秦吏卒",而对能否破秦产生怀疑。项羽没有按照兵法"(降)卒善以养之,是谓胜敌而益强"②的原则,解决两部分士卒之间的问题,反而命令黥布等率兵于夜间阬杀秦降卒二十余万人,与秦地人民结下了深仇大恨。

与此同时,已破咸阳还军霸上的刘邦,却颁布了安定社会秩序的"杀人者死,伤人及盗抵罪"的"约法三章",博得"秦人大喜","唯恐沛公不为秦王"③。

刘邦曾归属项梁,在项梁扶助之下,部队扩大一倍,达到一万多人,以后常和项羽并肩作战。项梁死后,在楚怀王孙心的指令下,才兵分两路的。因此,在楚汉战争中,项羽要烹刘太公时,刘邦才说:"吾与项羽俱北面受命怀王曰:'约为兄弟。'吾翁即若翁,必欲烹若翁,则幸分我一杯羹。"因为有这些关系,在项羽进军至函谷关,"有兵守关,不得入"。得知刘邦已破咸阳派兵守关,欲王关中,

---

① 《史记·秦楚之际月表》。
② 《孙子兵法·作战篇》。
③ 《史记·高祖本纪》。

因而大怒。使黥布攻入函谷关,率兵四十万进驻鸿门(陕西临潼东北),想要和轻取咸阳的刘邦决一雌雄。反秦农民战争,至此转变为项羽、刘邦争夺农民战争胜利果实的斗争了。

刘邦军十万驻霸上,因为项伯想救出他的活命恩人张良,夜里到刘邦军中私见张良。刘邦得知项羽将率军来攻,自知不敌,先请项伯转告项羽:"吾入关,秋毫不敢有所近,籍吏民,封府库,而待将军。所以遣将守关者,备他盗之出入与非常也。日夜望将军至,岂敢反乎?"特别嘱托项伯告诉项羽:"臣之不敢倍德也。"项伯告诉刘邦明日要早去见项羽。项伯连夜赶回军中,向项羽报告了刘邦说的话,并且说:"沛公不先破关中,公岂敢入乎?今人有大功而击之,不义也,不如因善遇之。"项羽同意了。次日刘邦到鸿门见项羽解释说:"臣与将军戮力而攻秦,将军战河北,臣战河南。然不自意能先入关破秦,得复见将军于此。今者有小人之言,令将军与臣有隙。"强调并肩作战的战斗友谊,对项羽的尊重,别人的挑拨离间。二十七岁的天真而又自以为是的项羽,相信了刘邦动听的谎话,告诉刘邦:"此沛公左司马曹无伤言之,不然籍何以至此。"把曹无伤的真话,反而当作挑拨关系的假话,致使刘邦回去立即杀了曹无伤。

项羽设宴招待刘邦,范增虽然一再设法要杀掉刘邦,但项羽像范增所说"君王为人不忍",而下不了手。项羽不以政治斗争的需要决定行动,只考虑过去曾"戮力而攻秦",也自以为项家有"德"于刘邦,刘邦"不敢倍德",而没有杀刘邦。有的作者说:"项羽是个宋襄公式的蠢猪,见刘邦亲自登门请罪,十分得意,听了刘邦这席话。"① 莫如说是缺乏政治斗争经验的青年项羽,被政治上成熟的

---

① 项立岭、罗义俊《刘邦》第 39 页,人民出版社 1976 年版。

刘邦欺骗了。

至于说"项羽从范增议,约刘邦到鸿门赴会,要在席间击杀刘邦,斩绝后患。但他即席不忍,让来到鸿门的刘邦得以乘机逃走"。这样论述不仅与史实不符,也在政治上抬高了项羽。而所谓"这时的项羽已经走到了农民革命的反面,他要恢复割据称雄的历史局面"的说法①,其实是忽略了项羽所说"彼可取而代也",以当秦始皇式的专制皇帝为目的的政治抱负。

鸿门宴后数日,项羽率军入咸阳,"杀子婴及秦诸公子宗族,遂屠咸阳,烧其宫室,虏其子女,收其珍宝货财,诸侯共分之"②,并掘了秦始皇的坟墓。这种暴行使"秦人大失望,然恐,不敢不服耳"③。这种做法造成他与秦地人民的对立,表明他不从政治上考虑问题,去取得秦人的拥护。而刘邦则如范增所说:"沛公居山东时,贪于财货,好美姬。今入关,财物无所取,妇女无所幸,此其志不在小。"在一定的关键时刻,刘邦在樊哙、张良的谏诤下转变了作风。

项羽丧失人心的暴行,是和他的遭遇与阅历密切相关的。泷川资言说:"项羽楚人,既失其祖,又失其季父,怨秦入骨。其入咸阳,犹伍子胥入郢,杀王屠民烧宫殿,以快其心者,亦不足异。谓之无深谋远虑可也,谓之残虐非道者,未解重瞳子心事。又按此时沛公年已五十,思虑既熟;项羽年二十加六,血气方刚。彼接物周匝缜密,不敢妄动;此当事真挚勇决,任意径行,是二人成败之所以分

---

① 田昌五《中国古代农民革命史》第 1 册第 80 页,上海人民出版社
   1979 年版。
② 《史记·秦始皇本纪》。
③ 《史记·高祖本纪》。

也。"① 项羽既在鸿门宴上不忍心除掉自己政治上的对手刘邦而上当受骗，又在入咸阳后实行复仇主义的烧杀政策而丧失人心，说明他是一个天真正直的青年勇将，不是一个老练的政治家。

接着，项羽派人向怀王请示，"怀王曰：'如约。'"也就是"先入定关中者王之"。项羽说："怀王者，吾家项梁所立耳，非有功伐，何以得主约。"② "天下初发难时，假立诸侯后以伐秦。然身被坚执锐首事，暴露于野三年，灭秦定天下者，皆将相诸君与籍之力也。义帝虽无功，故当分其地而王之。"因为"恶负约，恐诸侯叛之"，基本上按所攻取的地方封王。秦降将无攻取之地，三分关中，封章邯、司马欣、董翳。借口"巴蜀亦关中地也"，立刘邦为汉王。共立了十八个王。自立为西楚霸王，王九郡，都彭城。清人恽敬在其《西楚都彭城论》中指出："陈涉首难，诸侯各收其地而王之矣。三王秦之人也，以秦之地付三王，此秦汉之际诸侯之法也。"项羽之所以王楚地九郡，也如恽敬所说："楚地九郡者，项王所手定也。军于手定之地，不患其不安；民于手定之地，不患其不习；国于手定之地，则诸侯不得以地大而指为不均。"③ 是灭秦后的军事、政治形势，决定项羽这样分封并定都彭城的。项羽的分封，基本上是承认既成事实，是"恐诸侯叛之"的实际所决定，而不得不分封的。并不是项羽要把社会倒退到秦以前的旧时代去，恢复割据称雄的历史局面，谈不上什么阻挠历史前进的趋势，更无所谓统一与分裂的斗争。至于复辟与反复辟、儒家与法家两条路线的斗争，只不过是胡说一通罢了。

---

① 《史记会注考证二·项羽本纪》。
② 《史记·高祖本纪》。
③ 恽敬《大云山房集》初集卷一，《四部备要》本。

从历史的结局看,刘邦战胜了项羽,如果据此就作出结论,认为刘邦就是代表统一,"统一战胜分裂是历史的必然",因而是进步的,则是一种片面的、胜者王侯败者贼的观点。如果从项羽方面看问题,难道不是也可以说刘邦是搞分裂割据称雄吗? 司马迁颇有见地地指出:"夫秦失其政,陈涉首难,豪杰蜂起,相与并争,不可胜数。然羽非有尺寸,乘势起陇亩之中,三年遂将五诸侯灭秦。分裂天下而封王侯,政由羽出,号为霸王。位虽不终,近古以来未尝有也。"比较实际地分析了当时的形势。因而给项羽写《本纪》,为我国史家的楷模,是我们应当继承的优良传统。其实刘、项双方进行的都是争夺统治权的兼并战争,谁都具有统一战争的性质。而所谓"坚持统一,反对复辟"的刘邦却指责项羽不"兴灭国,继绝世",说"项羽皆王诸将善地而徙诸故主,令臣下争叛逆",是项羽的一大罪状。韩信、陈余也都以此指责项羽①,则更说明项羽不是搞割据、搞复辟。

汉高帝元年(前 206 年)四月诸侯王罢兵各回封地,刘邦采纳张良的计策,烧掉所过栈道,既防备他人来攻,又做出不想东进的假象,麻痹项羽。此时,在项羽手下的韩信,因为"数以策干项羽,羽不用"②,投附刘邦。韩信向刘邦指出项羽"其强易弱"的根本性缺点:"不能任属贤将";"当封爵者,印刓敝,忍不能予";"以亲爱王,诸侯不平";"项王所过无不残灭者,天下多怨,百姓不亲附,特劫于威强耳,名虽为霸,实失天下心"③。认为只要反其道而行之,乘士兵都有东归的愿望,必将所向无敌。刘邦非常赞赏韩信对形

①　《史记》:《高祖本纪》、《张耳陈余列传》、《淮阴侯列传》。

②　《史记·淮阴侯列传》。

③　《史记·淮阴侯列传》。

势的分析，"自以为得信晚"，按韩信的谋略，准备出兵。

汉高帝元年(前206年)五月，齐田荣因未受封，发兵进攻项羽所封的齐王田都，田都逃到项羽处。田荣杀了被项羽改封为胶东王的故齐王田市，自立为齐王，给当时拥兵一万多人的彭越以将军印，使彭越攻击楚军。陈余也因为自己未得封王，求田荣出兵帮助，驱逐了常山王张耳，立故赵王歇为赵王。

刘邦利用秦人对自己的拥护，以及对项羽所封于关中的秦降将章邯、司马欣、董翳痛入骨髓的仇恨，攻下关中。张良写信麻痹项羽说："汉王失职，欲得关中，如约即止，不敢东。"又为转移项羽对刘邦的注意说："齐欲与赵并灭楚。"项羽遂北向攻齐，至城阳与田荣会战。田荣战败，逃至平原(今山东平原西南)，平原人民倾心于项羽，反对田荣，而杀了田荣。可是暴虐的项羽却"北烧夷齐城郭室屋，皆阬田荣降卒，系虏其老弱妇女。徇齐至北海(山东昌乐县东南)，多所残灭，齐人相聚而叛之"。齐地人民的一向一背，说明项羽把本来具有进步性的、得到人民拥护的反击田荣的战争推向了反面，这完全是由于他不能区别对待田荣和士卒、人民，一律妄加屠杀、俘虏而造成的。项羽这种作法反而使田荣的弟弟田横，能够收聚败散的士卒，重整旗鼓，在城阳反攻，项羽被牵制在齐地，刘邦乘虚攻下彭城。

刘邦攻下关中后，就规定了"诸将以万人，若以一郡降者，封万户"的政策①，以扩大自己的势力，瓦解项羽阵营。在新占领的关中则下令"诸故秦苑囿园池，皆令人得田之"。并且"大赦罪人"②，缓和各种矛盾，以建立巩固的后方。

---

① 《史记·高祖本纪》。
② 《史记·高祖本纪》。

　　汉高帝二年(前205年)三月,刘邦由临晋(陕西大荔东南)渡河,为被项羽杀掉的楚义帝发丧,哭吊三天,声明联合诸侯王讨伐杀了义帝的项羽,纠集五十六万兵,于四月攻入彭城,收掠了"货宝美人,日置酒高会"。项羽得知刘邦攻下彭城,令诸将继续在齐作战,自率精兵三万人回彭城,大败刘邦军,杀伤二十余万人。刘邦被包围,仅与数十骑逃出,在楚军追击之下,曾几次将儿子、女儿踢下车,以便车跑得快一点,因夏侯婴护持,才没有将儿女失弃。

　　刘邦逃至下邑(安徽砀山东),对自己能否打败项羽,丧失了信心,因而问:"吾欲捐关以东等弃之,谁可与共功者?"张良告诉刘邦说:"九江王黥布,楚枭将,与项王有郄,彭越与齐王田荣反梁地,此两人可急使。而汉王之将,独韩信可属大事,当一面。即欲捐之,捐之此三人,则楚可破也。"① 于是刘邦派随何争取了黥布,使人联合彭越,让韩信独立作战,后来完成了对项羽的迂回包围。

　　项羽、刘邦两军在荥阳、成皋一线,对峙三年之久,进行了尖锐复杂的军事、政治斗争。娄敬曾说刘邦"与项羽战荥阳,争成皋之口,大战七十,小战四十"②,甚至是"一日数战"③,"父战于前,子斗于后"④,"使天下之民肝脑涂地,暴骨中野,不可胜数"⑤,战争的残酷、激烈,都是少见的。在楚汉相持于荥阳时,刘邦在军事上争取黥布,使黥布和刘贾从南线攻楚。令彭越为游兵,断楚粮道,牵制项羽。让韩信独立作战,征服了魏、赵、齐。在政治上采纳陈平的谋略,根据项羽为人"意忌信谗"的特点,离间项羽和范增、钟

---

①　《史记·留侯世家》。

②⑤　《史记·娄敬传》。

③　《史记·淮阴侯列传》。

④　《太平御览》卷八七。

离昧、周殷等的关系,破坏项羽集团的团结,使范增告老而病死,周殷在黥布诱引下反楚,项羽不信任钟离昧等。经过这些努力,刘邦虽仍有战役上的失败,但已形成了战略上的优势。

汉高帝五年(前202年),刘邦采纳了张良、陈平的意见,撕毁了与项羽达成的以鸿沟为界,中分天下的协议,追击东撤的楚军,并命令韩信、彭越出兵会战。刘邦军至固陵(河南太康西),而韩、彭两军不来会合,项羽反击,刘邦军大败,不得不据壁垒固守。根据张良的建议,派使者告诉韩信、彭越出兵,"楚破,自陈以东傅海与齐王,睢阳以北至谷城与彭相国",二人遂出兵会于垓下(安徽灵璧东南)。刘邦又立黥布为淮南王,组织了垓下的战略决战。

当时项羽军筑工事守垓下,"兵少食尽",被汉军重重包围。项羽与骑兵八百人突围,在汉军追击之下,仅剩二十八骑,至乌江(安徽和县东北乌江镇)岸边。正如诗云:"百战疲劳壮士哀,中原一败势难回。江东子弟今虽在,肯与君王卷土来?!"① 局势再也无法挽回,项羽遂拔剑自刎,年仅三十一岁。

项羽是一个以悲剧结束的青年英雄,不是老练成熟的政治家。项羽的遭遇使他成为一个复仇主义者,参加了陈胜领导的秦末农民起义。在陈胜、项梁死后,他成为起义的主要领导者,完成了农民起义灭秦的历史使命。复仇主义使他暴虐,所以司马迁说他是"虐戾灭秦"②,"子羽暴虐"③,"项氏之所阬杀人以千万数"④,既肯定了他灭秦的历史功绩,又指出了他的暴虐。如果说在灭秦以

---

① 王安石《乌江亭》。
② 《史记·秦楚之际月表》。
③ 《史记·太史公自序》。
④ 《史记·黥布列传》。

前,战争的革命性质,使他的暴行不至于影响他的胜利的话,在楚汉战争中他的暴行则使他失去了群众的支持。汉高帝四年(前203年)韩信已经占领了齐、赵,项羽为了打通粮道,攻彭越控制下的外黄(河南杞县东北),数日之后,外黄投降,项羽因为外黄抵抗,要阬杀外黄十五岁以上的男子。"外黄令舍人儿年十三,往说项王曰:'彭越强劫外黄,外黄恐,故且降,待大王。大王至,又皆阬之,百姓岂有归心? 从此以东,梁地十余城皆恐,莫肯下矣。'项王然其言,乃赦外黄当阬者。东至睢阳(河南商邱南),闻之皆争下项王"。项羽如果早改变这种复仇主义的暴虐行径,必将得到群众的支持,可惜为时已晚了。司马迁虽然同情项羽,但却认为刘邦反对项羽是"拨乱诛暴"①。

项羽不善于发现和牢固地团结有才能的人,并且赏罚不明,像陈平所说:"项王不能信人,其所任爱,非诸项即妻之昆弟,虽有奇士不能用。"② 因而韩信、黥布、陈平等都叛楚归汉。项羽既天真又刚愎自用,中了陈平等的计谋,终于败于"吾宁斗智,不能斗力"的刘邦,唯一的谋臣范增,被离间而去。

项羽在政治斗争中往往是错估形势,保守落后,眼光短浅,缺乏谋略,处于被动地位。在尖锐复杂的"鸿门宴"斗争中,在两军激烈对阵的广武斗争中,在划定以鸿沟为界的斗争中,项羽在对手面前,软弱无力,丧失警惕,都输给刘邦,以失败而告终。

项羽统率军队,作战积极主动,勇猛顽强,善于打野战,打硬仗,行动迅速,布阵紧严,能"力战摧锋",多次取得战役的胜利,诸如巨鹿之战、彭城之战、荥阳之战等都取得了绝对的胜利,使章邯、

---

① 《史记·秦楚之际月表》。
② 《史记·陈丞相世家》。

刘邦丢盔弃甲,走投无路。但是,项羽不能抓住战机,乘胜穷追猛打,置敌人于死地,一举歼灭之,而是纵虎归山,反遭其害。在战略上,项羽往往忽视全局,主次不分,贪功冒进,兵力分散,甚至错过战机,疲于奔命,丧失有生力量,最后一败涂地,不可挽回。

项羽虽然在历史舞台上演出了"霸王别姬"的悲剧,但我们不能仅以成败论英雄。一个二十三岁的青年,藐视"自上古以来未尝有"的秦始皇,认为可以取而代之,终于领导农民起义,成就了灭秦的事业。败走乌江,想的不是苟且偷生于江东一隅,念念不忘"籍与江东子弟八千人渡江而西,今无一人还。纵令江东父兄怜而王我,我何面目见之! 纵彼不言,籍独不愧于心乎"? 对战友及其父兄的责任感,使他有愧于心而自裁。这和"吾翁即若翁,必欲烹若翁,则幸分我一杯羹"的雄才大度的刘邦对比,人格的高下,判然可见。项羽成为传诵的英雄,不是偶然的。

(原载 1980 年东北师大社会科学丛书《中国历史人物论集》,1982 年吉林文史出版社出版《历史人物论集》转载)

中华民族创造力与凝聚力的源泉

——《中国的智慧》序言

中国是世界文明古国之一。以汉族为主体的中华民族,在历史上创造了辉煌灿烂的思想文化,为人类进步事业作出了杰出的贡献。

中华民族改造自然的气魄,许多人都为之赞叹不已!中国以农立国,炎黄子孙为争取最佳生存条件,创造了首屈一指的农业生产技术。中国是世界上栽培植物起源最早和最大的中心之一,在世界六百六十六种栽培作物中有一百三十六种是中国先民培育成功的。人们利用江河湖泊地面水、井泉地下水以及降雨降雪,保持水土,改善生态环境,根据不同的自然形势,兴建了大量的水利工程设施,既有储水的塘、堰,又有防水的堤、坝,排水的沟、渠。都江堰等大型水利工程,仍为当今世界水利灌溉工程的奇迹。据有人研究,就整个技术水平来说,西方十八世纪以后就超过中国,可是其中水利工程技术却是十九世纪甚至是二十世纪中国才落后的。

为了发展农业与交通事业,中国人工开凿运河,起于公元前506年春秋时吴国修建的胥溪,长达一百多公里。它的重要价值在于沟通南方水系,此后历经几代人的努力,终于公元610年隋朝开凿成一条灌注南北,沟通陕西、河南、河北、江苏、浙江五省区的长达二千四百公里的大运河,世界少见。欧洲最早的一条运河为瑞典北部的果达运河,是在1832年开凿的,比中国的胥溪晚了二千三百年之多。

为了社会生产和社会生活的正常进行,中国古代兴建的长城与海塘,享名世界。东南沿海人民垒起绵延万里的捍海塘,显示了当地人民的独创性。北方的万里长城,更是人类史上的奇迹。1969年阿波罗宇宙飞船首次登上月球,宇航员在月球上明显可见的地球上的人造工程中就有中国万里长城。

中华民族创建的地上、地下伟大工程,何止万千! 隋朝工匠李春创建的"空撞券桥"至今仍然屹立于河北赵县洨河之上,它比法国泰克河上的赛雷桥早七百多年。明清两代创建的富丽堂皇的宫殿组群,独一无二,至今保存完好。两千年前秦始皇墓中的兵马俑阵式,千余年前在敦煌鸣沙山上开凿的千佛洞构造,就其宏伟规模可与埃及金字塔相媲美,而其学术研究与艺术价值则是金字塔无法相比的。

中国人长期与疾病创伤的斗争实践中,创造了光彩夺目的中医治疗经验与理论著作,对中华民族的繁衍与丰富世界医学宝藏起了巨大的作用。《黄帝内经》、《神农本草》、《金匮要略》等经典名著,是人类医学宝库的精华。世界上第一个使用全身麻醉手术并得到成功的华佗,发明了"五禽之戏"体育健身法,很有实际应用价值。晋代葛洪有关恙虫病的记载,比美国医生帕姆于1878年的记载早一千多年。宋代钱乙撰《小儿药证直诀》,为世界现存最早的儿科专著,比意大利医生巴格拉儿德的《儿科集》早三百五十一年。

据专家研究,公元十八世纪以前的中国,自然科学一直处在世界领先地位。英国学者李约瑟说,中华民族的"才能肯定不逊于其他民族",他们在历史上的发明创造,"令人眼花缭乱"! 人们熟知的四大发明,以其杰出的贡献载入人类文明的史册。东汉张衡创制了世界上第一个地震测定仪,他所做的"水运浑天仪"也是世界最早的机械计时器。公元31年，中国在传统的金属冶炼铸造技术发展的基础上，由杜诗创制的冶炼"水排"鼓风技术，比欧洲早一千二百年。两汉南北朝时期出现的固体脱炭钢、炒钢、百炼钢、灌钢等新炼钢法，为世界冶金史增添了新的篇章。此间最著名的科学家祖冲之，算得圆周率为 $3.1415926<\pi<3.1415927$，并以 $\frac{355}{113}$ 为圆周"密率"，比德国的奥托取得这个值早一千一百多年。他精于历法，创大明历，引用虞喜发现的岁差现象，定出交点月日为27.21223日，同现代技术测定的相比只差十万分之一日。唐代天文学家张遂率领的科学考察队，于725年开始到河南地区观测天文自然现象，实测滑县、开封、许昌、汝南一线纬度，得出子午线一度长度，是中国天文学上的创举。西方最早实测子午线是在814年伊斯兰教阿尔曼孟在美索不达米亚地方举行，比中国晚了九十年。宋代数学家秦九韶的"正负形术"（即高次方程数值解法）比英国数学家霍纳所创造的类似方法早五百年。元代科学家郭守敬于1280年制成举世闻名的《授时历》，精确推算出每年为365.2425日。这部历法在中国使用三百六十四年，成为世界古历法中使用最长的一部，比罗马教皇格里高利十三世在1582年颁行的《格里高历》早三百零一年。明代地理学家徐霞客在他所著的游记中，对中国西南地区石灰岩地貌考察，比欧洲学者爱士倍尔早一百三十年，对石灰岩地貌分类比欧洲早二百多年。

这些事实，完全可以证实李约瑟所作的科学论断："倘若没有中国古代科技的优越贡献，我们西方文明的整个过程，将不可能实现。世间若无火药、纸、印刷术和罗盘针，我们将无法想像，如何能消灭欧洲的封建主义，而产生资本主义。"

中国历史上形成的以儒学为主体的人文学科，独具特色，体现了前哲的创造,同国外比较也是毫无逊色的。

中国传统思想文化是在不断吸收外来文化,而且始终保持自身独创性的基础上发展起来的。历史上以汉族为主体的各族互相交融,形成了中华民族博大宽容的气质,自强不息的精神。诚然,儒家思想文化在中华民族的气质与精神中占有重要地位,但传统思想文化的构成与民族气质精神的发展,有其历史形成过程,并非仅此一家,而是融汇了或吸收了各种思想流派,如墨家的崇尚节俭,法家的重农思想。随着历史的推移,不断取舍、充实、更新,向前发展、传诸后世。

沉积于人们心理中传统的思想文化、逐渐塑造了中华民族的气质、精神与性格特征;而绚丽多彩的文学艺术、思想习俗、意识形态以及文化表象,正是中华民族心灵的结晶体,也是民族智慧的重要反映侧面。中国传统的思想模式、智力结构与文化心态,是中华民族立于世界民族之林,使之得以生存发展所积累下来的精神文明,诸如道德标准、真理观念、人际关系、审美情趣以及时尚爱好等,具有十分强固的承续力量、持久功能与独立个性,并且广泛深入地影响、支配甚至是主宰着今天的人们。

中国传统思想文化与民族气质精神具有鲜明的特征:重视理想,儒家的"大同",道家的"无为",都是有所为而发,让人们去追求理念世界;强调刚健有为,战国时形成的《周易大传》,提出"自强不息",激励人们永远向上,奋斗不止。孟子发展此说,并塑造出"大丈夫"的形象:"富贵不能淫,贫贱不能移,威武不能屈";主张协同,孔子说的"君子和而不同,小人同而不和",其含义在于人的同心同德,即所谓"君子无所争"。在此基础上提出"中庸"观念,即不陷于一端,如宋代理学家程颐解释那样:"不偏之谓中,不易之谓庸。"人生处世,既不过,也无不及,及期达到适度;崇尚内省尚文。所谓内省是指个人心性修养,即中国人长期形成的含蓄、容忍、谦和、礼让的传统美德,"齐家、治国、平天下"的政治理想以及无为而治、以退为进、以柔克刚、以弱克强的种种策略原则。所谓尚文,则强调教化,"有教无类",尊师重道,仁政治世,追求理想的一统天下,大同世界。

在传统思想文化与气质精神支配下,在历史长河中,中华民族形成了可贵的创造力与凝聚力,民族自尊心与自信心。这是中华民族之魂,也是中国智慧的源泉,它曾产生巨大的精神与物质的力量,谱写了光照千秋的历史篇章。中国克服了艰难险阻,走过了坎坷道路,战胜了黑暗势力,粉碎了凶恶强敌,终于 1949 年迎来了人间的春天,以巨人般的英雄形象屹立于亚洲大地之上,恢复了中国人的尊严。英国作家费利克斯·格林热情地赞扬说:"我被中国人吸引住了。特别是他们那最宝贵的人与人之间的关系。我钦佩他们远大的历史观、他们固有的彬彬有礼行为、他们对友谊的特大度量以及他们对朋友的忠诚(他们永远不忘记别人做的好事)。我佩服他们民族的无畏精神和他们几乎不惜任何代价维护原则的坚强决心。我欣赏他们深沉而热烈的感情,这种感情常常隐藏在容忍的品质之中。我佩服他们那自然而文雅的礼貌,对老年人的尊敬和对年轻人的关切。他们文雅博学而又天真无邪,经常使我们感到惊奇和愉快。如果我处在一个紧要关头或遇到一个真正的危险时,我情愿要一个中国朋友和我站在一起而不要其他任何人。"

显然,我们对中华民族在历史的长久中形成的民族性格特征、心理状态、思想情操、精神气质、思维模式、文化素养等问题,研究得很不充分,特别是对"中国智慧"这样一个发人深省的问题,更少有人探索。中国台湾学者韦政通先生选择了颇有社会价值的"中国智慧"题目,以其渊博的学识,清晰的思路,充满着民族感情,从十个方面论述了有关中国的人性、灵魂、伦理、才能、自由、民主、平等、信仰、金钱、法制、战争、爱情、婚姻、家庭、艺术、审美以及人生观、社会观、自然观、道德观、价值观等人们普遍关注的九十个问题。对一些问题的论述，往往是旁征博引，纵横联系，中外对比，立论凿实，言简意赅，给人以深思探索的启迪。

《中国的智慧》一书，从对中华民族的历史回顾中，总结论证了中国古代、近代人们的聪明才智，这对探求真理的读者来说，可从中吸取教益，增加知识，开阔思路，借以深入研究思考人生的真谛，加强当今中国社会主义精神文明的建设。

勿庸讳言，由于作者所处的社会环境与研究问题观点的不同，书中论列内容，不尽适合读者的要求，存在一些问题。诸如对"五·四"运动一类历史问题的看法失之于偏颇，对战争一类社会问题的论述也有商榷余地。应当指出，任何一个问题的提出，及其所得的结论，不可能完美无缺，一锤定音，往往是在反复实践讨论中，不断修正，不断深化，不断提高，而达到真理境地。本书如能起到这方面的作用，是值得人们欣慰的。

当今中国是处在历史上的最佳状态，中华民族智慧的发展从来没有像今天这样突出。人工合成结晶胰岛素问世，人造地球卫星发射成功，杨乐、张广厚首创数值函分布论研究中两个主要概念——"亏值"和"奇异方向"之间的有机联系，陈景润对"哥德巴赫猜想"研究的突破，修瑞娟微血管循环理论的建立，"中国环流器一号"和正负电子对撞机加速器实验室的相继奠基并投入使用，以及北京大学、中国科学院所属研究单位在超导体研究方面取得的突出成绩，都是名列世界前茅，受到国内外的称赞。在世界上以中国人姓氏命名的现代科技成果也是令人瞩目的，诸如陈（景润）氏定理、熊（庆来）氏无穷极、侯（德榜）氏制碱法、吴（仲华）氏通用理论等,都是举世公认的科研成果。

人文学科虽然不如自然科学那样活跃,但也出现了可喜的现象,特别是在传统的思想文化基础上,大量输入了近现代西方学术思潮与各种理论流派、方法,出版了许多新著作,诸如《二十世纪西方哲学译丛》、《走向未来丛书》、《面向世界丛书》、《西方学术译丛》、《现代西方社会学丛书》、《文化哲学丛书》、《世界名著译丛》等,以极高的引用指数介绍了尼采、伏尔泰、弗洛伊德、韦伯、海德格尔、柯林武德、萨特、加谬、皮亚杰、雅斯贝斯、列维·斯特劳斯、卢卡契等欧美学者的学说和理论,一时间,人本主义、存在主义、生命意识、结构主义以及世界文明理论,纷至沓来,开阔了人们眼界,极大地影响到人们的气质精神与知识结构,从而推动了人文学科的进展。

自然科学与人文科学突飞猛进的当今世界,人类知识的积聚,从来没有像今天这样的浩繁,人类智慧的发展,从来没有达到今天这样的高度。人类社会将越来越靠智慧与科学前进。中华民族以自己的智慧与力量取得的一切成果,只能说明过去,而当今却面临着严峻挑战。既然我们的祖先在亚洲大地上取得了辉煌业绩,那么就没有理由怀疑我们的未来,中华民族子孙将以更为高昂的热情建设自己的祖国,对人类进步事业作出无愧于前人的贡献。

1987 年 3 月 18 日于长春

(原载 1987 年吉林文史出版社出版《中国的智慧》,1988 年《文史书苑》转载)

弘扬中华思想文化
从前人的智慧中寻找启迪
——《中华思想宝库》序言

一

中国为世界文明古国之一。以汉族为主体的中华民族,在历史上创造了辉煌灿烂的思想文化,为人类进步事业作出了杰出的贡献。中国在漫长的历史长河中,出现了许许多多享名世界的政治家、思想家、文学家、艺术家、教育家、史学家、科学家,他们的伟大杰出思想,光照千秋,启迪后人,成为中华民族进步的思想根基。作为他们的思想文化载体——古籍文献存留至今者,数以十万计,是中华民族的一笔巨大的精神财富,理所当然地受到人们的珍视,世代相承,从中吸取精神营养,激励着炎黄子孙前进的步伐。

中国传统思想文化的形成,有一个漫长的历史发展过程。在父家长制及其农业经济与政治形态的影响下,约在四千年前产生的华夏文化与所谓的夷狄文化,相互影响与融合,形成了以黄河流域为中心的夏、商、周的汉文化。春秋时期,孔子本着"述而不作,信而好古"的宗旨,整理文献典籍,出现《书》、《诗》、《易》、《礼》、《乐》、《春秋》等"六经",突破"学在官府"的贵族垄断教育,用以传授子弟,培养出一批在野的智力阶层(士),为战国诸子"百家争鸣"

开创了条件。"正经为道义之渊海,子书为增深之川流",反映了当代文化源流趋势。代表中华民族的汉文化,又发展为秦蜀、邹鲁、三晋、燕齐、荆楚以及吴越等区域文化。在纵横交融相互影响下,出现了儒、道、法、墨、阴阳、名、兵、农等各家学派,中国古代思想文化处于空前活跃发展时期,从而推进了中华思想文化的长足进展。

秦汉以后,由于小农自然经济的稳定,随着统一的专制主义中央集权国家的建立,"罢黜百家,尊崇儒术",被定为国策,形成以儒家为主、法家为辅、渗合诸家的思想文化。两汉之际,佛教输入中国,继而在老子学说基础上产生的道教,使中华思想文化又增添了新内容。此后,大约经历近四个世纪的民族迁徙、冲突与斗争,儒、道、佛相互渗透、矛盾与影响,传统的经学处于纷繁复杂的斗争之中,又出现了"祖述老庄,立论以为天地万物皆以无为之本"的玄学。他们要突破儒家的礼教束缚,道家的"无为而治"的思想有所活跃。

隋唐时期,在中国重归于统一的转机下,社会处于稳定繁荣阶段,以儒家思想为主导,内蓄佛道经典精神,外收西域中亚文明,而形成了丰富多彩的中华民族思想文化,并且受到亚洲地区乃至世界各国有识之士的关注。伊斯兰教创始者穆罕默德曾告诫其子弟说:"学问虽远在中国亦当求之!"

宋明时期,在科技文化高度发展影响下,传统的儒家思想文化也发生了新的变化。新兴的理学居于社会统治地位,它的产生正如程颢所说:"出入于释、老者几十年,反求诸六经而后得之。"显然是在佛道思想影响下,儒家思想文化的新变种。特别是朱熹的《四书集注》问世后,禁锢士子思想,露骨地强调封建纲常伦理道德,多方受到当权统治者的赞扬与推崇,中华传统思想文化发展遭到扭曲。

公元十五世纪以后，长期滞缓的西方思想文化有了明显的进展，并同东方思想文化开始进行交流。但是，中华思想文化并未踏足不前，而是在缓慢地艰难地前进着。明清以来，不少思想家开始认识到传统文化的弊端，抨击那些"束书不观，游谈无根"的心性之学，他们创导"经世致用"之学。在西方列强入侵中国后，他们甚至痛心疾首，反对闭关锁国政策，要求"破去千年以来科举之学之畦畛"，学习西方先进的思想文化与科学技术，振兴中华民族思想文化，终于酝酿出现"五·四"新文化运动，中华民族文化进入了一个新时期。

中华民族思想文化绵延四千年，有其历史演进过程。它以儒家思想为主流，融汇了或吸收了各种社会思潮流派，随着时间的推移，不断取舍、充实、更新，向前发展，传诸后世。古代华夏文明是在不断吸收外来文化思想，而且始终保持自身独创性的基础上发展起来的，既有其时代性，又有其民族性。沉积于人们心理中的传统思想文化，逐渐塑造了中华民族的气质、精神与性格特征。历史上以汉族为主体的各族相互交融，形成了中华民族博大宽容的气质，自强不息的精神，不畏强暴的胆识，勤劳勇敢的毅力，成为中华民族凝聚、繁衍与发展的力量源泉。

绚丽多彩的文化艺术、思想习俗、意识形态以及文化表象，正是中华民族心灵的结晶体，也是民族智慧的重要反映的一个侧面。

中国传统思想文化与民族气质精神不同于西方，具有鲜明的特征：重视理想，儒家的"大同"，道家的"无为"，都是有所为而发，让人们去追求理念世界；强调刚健有为，战国时期形成的《周易大传》中提出的"自强不息"，激励人们永远向上，奋斗不止；主张协同合作，孔子说的"君子和而不同，小人同而不和"，其含义在于人的同心同德，即所谓"君子无所争"；倡导内省尚文。所谓内省是指个人修身之道，即中国人长期形成的含蓄、容忍、谦和、礼让的传统美德。所谓尚文，则强调教化，"有教无类"，仁政治世，追求理想的一统天下，大同世界。

在传统思想文化与民族气质支配下，在历史长河中，中华民族形成了巨大的创造力与凝聚力，可贵的民族自尊心与自信心。这是中华民族之魂，也是中国智慧的根基，它曾产生了无穷的精神与物质的力量，谱写了光照千秋的历史篇章。中华民族克服了艰难险阻，走过了坎坷道路，战胜了黑暗势力，粉碎了凶恶强敌，终于今天以巨人般的英雄形象屹立于亚洲大地之上，恢复了中国人的尊严。

二

儒家思想，强调人本位，重视理念，重视人的价值。儒家将天、地、人三者并列，认为是"万物之本"。汉代董仲舒说："人之超然万物之上而最为天下贵也。"唐代刘禹锡在此基础上提出了"天与人交胜"的命题，认为："人能胜天者，法也。"清代思想家王夫之又提出人可"相天"、"裁天"、"胜天"的思想。肯定人的社会价值及人能胜天的思想，已成为中华民族认识改造自然与社会的出发点，从事物质与精神生产的思想武器。必须指出，儒家的人本位思想，与西方思想的看法不同，往往不是单论人的社会价值，而是同所谓的君臣、父子、夫妇、兄弟、朋友"五伦"联系在一起的，精华与糟粕往往糅合于一起，涉及社会道德规范问题，很难作出简单的一分为二，或是肯定，或是否定。比如儒家把人分为君子与小人，维护等级制度，讲究君臣大义，以巩固现存的统治政权。但儒家认为小人也是人，也应该有独立人格，并应受到尊重。孔子说："三军可夺帅也，匹夫不可夺志也。"匹夫是平民，有独立人格，故志不可夺。因此，这类具体问题应作具体分析,才有可能剔除其糟粕,吸取其精华。

孟子要求"士"人做"大丈夫",养"浩然之气"。这是对人的自身修养中至关重要的命题。大丈夫顶天立地,"富贵不能淫,贫贱不能移,威武不能屈"。孟子所讲的"刚直"、"义道",与孔子"匹夫不可夺志"是一致的。它是中华民族性格形成的思想基础,历史上出现的许许多多英雄人物及其业绩,是与这种思想哺育分不开的。性格特征不是自然生成的,而是陶冶、学习、修炼的结果。因此,中国古代思想家十分注意修身之道。《礼记·大学篇》是中国古代修身典范文献,其主导思想以"修身为本",提出"正心、修身、齐家、治国、平天下"的系统思想主张,把修身作为社会整体链条加以考虑。首先强调的是"内省",心性修养,对一般百姓要求"形正则影直",作为国君,"其身正而天下归之"。

应当指出,传统思想文化与封建思想文化不是一码事。传统思想文化是在历史长河中逐渐形成的,它包含封建思想文化在内,而又产生于封建思想文化之前。即使是封建时代产生的思想文化,也不能与封建思想文化划等号。思想文化是人类社会长期实践的产物,一个学说,一种思想都不是偶然地出现于某时某地,而有其渊源承继性,成分复杂,内涵深广,有时是脱离一定社会政治制度而独立发展演进,甚至是超越时代,超越社会阶级、阶层或集团,是人们共同努力实践的结晶。既有其共性,又有其个性。如中国古代封建社会,既有封建思想文化,又有反封建思想文化。儒家思想文化,具有鲜明的为封建专制主义政治制度服务的特色,但不能因此就将儒家思想文化说成是封建专制主义思想文化。今天看来,"三纲五常"的社会基础已不存在,应抛进历史垃圾堆中。但思想问题并不那么简单,需要作出具体的科学分析。"三纲"讲君为臣纲,父为子纲的同时,也讲为君为父的要为臣为子作出表率。古人把君臣、父子、夫妇、兄弟、朋友称为"五伦十际","始则终,终则始,与天地同理,与万世同久",是国家的"大本",其前提是君义臣忠,父慈子孝,兄友弟恭,夫妇有别,朋友有信。忠、义、慈、孝、友、恭、别、信的社会道德规范,有其合理成分,不能认为完全属于封建范畴,而一笔抹煞。五常讲的仁、义、礼、智、信,范围更广,涉及整个社会的人际关系与道德规范问题,同样在特定的社会有其特定的含义,但对维系社会秩序,稳定局势,和谐人际关系的职能,具有承继性特征,其社会作用不可低估。

　　有关仁、义、礼、智、信的含义,历代思想家都有所说明或发挥,但其基本含义,孔子说:"仁者人也,亲亲为大;义者宜也,尊贤为大。"《礼记》载:"夫礼者所以定亲疏,决嫌疑,别同异,明是非也。"智者"不惑"(孔子语)、"知己"(子路语)、"知人"(子贡语)、"自知"(颜回语);信者诚信之意,为"行之基"。五者均属人们在社会生活中举止言行,待人接物的道德约束。任何一个社会的约束职能,一是法律,二是纪律,三是道德,三者缺一不可。其中道德规范与前二者不同,具有普遍的社会意义,既有时代局限性,又有其不可忽视的超越时代的继承性,时至今日也不是没有承继借鉴之处,尤其是要建设一个高度文明的社会主义社会,不讲信义是可以设想的吗?!"礼"的社会功能,儒家认为"先王承天之道,以治人之情",是为巩固现存社会制度而制定的,具有鲜明的阶级统治内涵,所谓"礼、义、廉、耻,国之四维,四维不张,国乃灭亡",一向为人们所重视,古代社会要提倡,现代社会能忽视讲礼貌、守信义、知廉耻吗?!

　　显然,儒家提出的一系列社会道德规范,有其时代的、阶级的局限性,但其中某些内容多有可资借鉴之处。诸如个人修养方面的,三省九思,恪守谦恭,"正其志虑,端其形体,广其学问,养其性情",而知思、知慎、知节、知畏、知保;人际关系方面的,待人以礼,长幼有序,先人后己,尊老爱幼,互敬互助,"不失色于人,不失口于人,不失足于人";品德陶冶方面的,人生处世强调"谦德",周公旦指出:"德行广大而守以恭者荣,土地博裕而守以俭者安,禄位尊盛而守以卑者贵,人众兵强而守以畏者胜,聪明睿智而守以愚者益,博闻多记而守以浅者广。"凡事"虚己以求,屈位伸道";人生进取方面的,自强不息,生生不已,刻苦耐劳,愚公移山。孔子说:"饱食终日,无所用心,难矣哉!"他主张人要"发愤忘食,乐以忘忧",要有所为。《周易大传》载:"天行健,君子以自强不息。"催人奋进,"刚健笃实辉光";报效国家方面的,倡导忠于祖国,"居之无倦,行之以忠","君子尽忠,则尽其心"。"国家兴亡,匹夫有责"!宋代民族英雄文天祥在其就义时发出的慨叹:"人生自古谁无死,留取丹心照汗青!"凡是有正义感的中华儿女无不为之动容。勿庸讳言,这些思想品德是传统思想文化中最闪光的成分,它激励着古往今来的炎黄子孙们奋勇前进,并且广泛深入地影响、支配甚至是主宰着今天的人们。

三

四千年前的中国社会,开始进入了阶级社会。以父家长制为基础的君主专制政体,是在原始民主制度瓦解的"废墟"之上建立起来的。或是奴隶主统治,或是封建主统治,均属剥削阶级统治社会,其政治体制一脉相承,没有本质变化。中国古代君主专制主义政体的产生,如同《商君书·开塞篇》所指:"圣人承之,作为土地货财男女之分。分定而无制,不可,故立禁;禁立而莫之司,不可,故立官;官设而莫之一,不可,故立君。"由此产生"以天为宗,以德为本,以道为门"(《庄子·天下篇》),逐步建立一套系统完整的具有中国特色的政治思想。儒家提出的"仁政",即所谓"王道之治",以

"三纲五常"为思想基础,讲仁、义、礼、智、信、忠、孝、慈、悌,强调"德化",成为历代王朝统治者进行统治的原则与制定政策的出发点。孟子说:"君仁,莫不仁;君义,莫不义;君正,莫不正。"一切取决于君主行"仁政",因此强调君主为一国的首脑作用。受命于唐太宗撰写的《帝范》讲得非常生动:"君不约己而禁人为非,是由恶火之燃,添薪望其止焰。"君主"先正其身,则人不言而化矣"!这对国家元首来说,颇有借鉴作用。法家主张法制,推行"霸道",认为"禁奸止过,莫若重刑",因之提倡"以刑去刑",对百姓实行严酷统治。韩非说:"中主守法术,拙匠守规矩,则万不失矣。"秦王朝统治,"以法为教","以吏为师",凡"事皆决于法",用以巩固现存的封建专制主义国家统治地位。道家倡导"无为而治",反对法制,认为"法令滋彰,盗贼多有",主张"不言之教,无为之益",以期达到"治之于未乱",也强调君主的个人修养,即所谓"圣人之治,虚其心,实其腹,弱其志,强其骨,常使民无知无欲"。他们所推崇的自然法或社会秩序是"不争"、"不有"、"不主"、"不私"、"不长",名为无为,实为无不为也。

诸家政治思想主张,都是适应当代社会政治需要而提出的,直接涉及中国古代政治思想中的根本问题,诸如王道与霸道、人治与法制以及无为与有为等问题,许多思想家发表过大量的发人深省的见解。其中不少观点针锋相对,有过长期的争论。但其目的十分明确,就是如何巩固封建专制主义中央集权政治制度问题。秦汉以后,历代统治阶级的所谓"杂王霸而治",仍是以儒家"仁政"为核心,辅以法制内容,并吸收"无为而治"思想,成为封建统治思想基础,其阶级实质及其反动作用则是不言而喻的。

值得注意的是,中国传统政治思想中有不少问题应引起人们的重视,加以深入研究,从中吸取有益的成分,使之发扬光大。

第一,政得其民:是儒家政治思想中主要命题之一。孟子以尧、舜之得天下,因得其民;桀、纣之失天下,因失其民。故他说:"得天下有道,得其民斯得天下矣。"又说:"暴其民甚,则身弑国亡,不甚则身危国削,名之曰幽、厉。"执政者如不得民,则民必"出乎尔者反乎尔者也"。此论十分精辟,因此他才提出"民为贵,社稷次之,君为轻"的见解,荀卿进而以舟水作比喻:"君者舟也,庶人者水也,水则载舟,水则覆舟。"后世杰出的政治家,对民贵君轻思想都有所发挥。唐太宗李世民说:"为君之道,必须先存百姓。"唐代名相魏徵说,国君"为人父母,抚爱百姓",应"忧其所忧,乐其所乐",要"以百姓之心为心"治理国家。明太祖朱元璋认为,明初百姓生活非常困窘,如同新植之树不可摇根,初飞之鸟不可拔羽那样,应加以爱护,不得苛刻。清朝康熙帝曾告谕官员,"所敬惟天,所重惟民",民与天并提,便可知其重民的程度了。凡属历代清明政治,都以保民、养民为务,就不奇怪了。

第二,自我约束:《易经》讲"谦谦君子,卑以自牧"。孔子提出的"克己复礼",首先在于约束自己。孟子把行"仁政"比作射箭:"射者正己而后发,发而不中,不怨胜己者,反求诸己而已矣。"治国者如"皆反求诸己,其身正而天下归之"。显然,这是由于执政者所处的地位决定的,即所谓一言兴邦,一言丧邦,说的就是这个道理。宋代民族英雄岳飞说:"正己可以正物,自治可以治人。"为了国家的长治久安,唐太宗时代的君臣认为,为官者"须以欲从人,不可以人从欲"。如果反其道而行之,"为主贪必丧其国,为臣贪必亡其身"。他们以此警诫自己,才出现了历史上有名的"贞观之治"。

第三,忧患意识:自古以来,凡属明智的当权者,无不谨慎戒惧。《左传》僖公二十二年七月,臧文仲说:"国无小,不可易也;无备虽众,不可恃也。"因此,他引证《诗经》中"如临深渊,如履薄冰"

的警句,告诫当权者。在漫长的动乱历史过程中,国家社会生活中形成的忧患意识,难能可贵,人们常以"安不忘危,治不忘乱,存而不忘亡"的思想,告诫执政者。唐代女皇武则天说:"忧患生于所忽,祸害生于细微。"要时刻警惕,防微杜渐。宋朝政治家范仲淹提出的"先天下之忧而忧,后天下之乐而乐",博大胸怀,寄语深刻,发人深省。清朝末年,当中华民族受到帝国主义列强"瓜分豆剖"的严峻时刻,一些志士仁人"以爱国相砥砺,以救亡为己任"。他们奔走呼号,拯救祖国。孙中山先生在《兴中会章程》中号召:"有心人不禁大声疾呼,亟拯斯民于水火,切扶大厦之将倾。"用以唤醒群众,激励人们振兴中华,何等宝贵!

第四,变法图强:一部《易经》的主导思想是个变字,"穷则变,变则通","唯变所适"。这种思想成为中国古代变法思想的源头,此后历代有作为的政治家无不因势利导,变法图强。战国时商鞅说:"治世不一道,便国不必古。"守旧没有出路。秦王朝因商鞅变法而大兴,终于统一全中国。根据社会积弱积贫的严重形势,宋代政治家王安石曾于嘉祐四年(1059)上仁宗一道万言书中指出,国家的法度非改革不可,改革的重要原则,应求其能"合于当世之变",也就是说变法必须与当前政治经济的具体发展情况相适应。清朝后期,随着中国封建社会的衰落,政治弊端丛生,启蒙思想的先驱者龚自珍在《上大学士书》中指出:"自古及今,法无不改,势无不积,事例无不变迁,风气无不移易。"极力主张革旧立新。这种思想到清末已形成一股巨大的潮流,康有为上皇帝书中认为:"守旧不可,必当变法;缓变不可,必当速变;小变不可,必当全变。"并且尖锐地指出:"变事而不变法,变法而不变人,则与不变同耳!"尽管他们的政治主张难以实现,但毕竟为国人留下了深刻的反思余地。

第五,选贤任能:历代统治阶级中的杰出人物都认为,"治之安危,惟在得人",即所谓"安天下者惟在贤才"。墨子讲:"入国不存其士,则亡国矣;见贤而不急,则缓其君矣。"他把"献贤而进士"看作如同"归国宝"一样的珍贵。选贤任能实关国家之成败,商鞅说:"官无邪则民不敖,民不敖则业不败。"汉代思想家王符在《潜夫论》中指出:"为官择人,必得其材,功加于民,德称其位。""君子任职则思利民,达上则思其贤。"因而曹操提出"惟才是举"的选官原则,促进了曹魏政权的巩固与发展。宋代宰相司马光说:"国之致治,在于审官,官之得人,在于选士。"只有如此,才能忠君保民,兴利除弊,廉洁奉公,以期达到政通人和、民族安康、国家富强的境地。

四

中国历史上形成的以儒学为主的人文学科,是中华民族精神文明的表象,具有鲜明特色。有关文学、史学、哲学、宗教学、教育学、法学、文艺学等学科,自成体系,独立发展,丰富多彩,体现了前哲的创造精神,享名于世界。

中国文学是中华民族的性格、气质与精神的表现。文学理论批评首见于《尚书·虞书》:"诗言志,歌永言,声依永,律如声,八音克谐,无相夺伦,神人以和。"后世的《文赋》、《文心雕龙》、《诗品》、《二十四诗品》、《诗式》、《沧浪诗话》,以及明清时期文艺理论批评家王世贞、金圣叹、李渔等人都以此为原则,不断修正与充实,发展了中国文学理论。其中值得注意之点,一是文学界定问题:早在魏晋时期出现《昭明文选》,已划出了纯文学的界限,明确指出,文学为满足人的精神需要,怡情悦性,供人品味欣赏,即所谓悦耳娱目之用;一是阐明文学的社会功能,即汉儒开始倡导的"诗教之风"。曹丕在《典论》中把文章视为"经国之大业,不朽之盛事"。白居易认为诗歌可"补察时政",顾炎武则强调"文须有益于天下"。这些见解,对繁荣中国文学创作,提高文学的社会价值是有意义的。

中国史学具有知识获取、品德修养以及制约君主言行的社会功能,内涵极为丰富。有关史观、史法、史才、史家、史书的立论,自成体系,发人深省。孔子撰《春秋》,"乱臣贼子惧",在于宣扬先王之美德,给人以垂诫。汉代司马迁、唐代刘知几、宋代司马光、清代章学诚、梁启超诸家都强调史学的"取鉴"、"资治"、"经世"、"明道"的作用,"稽其成败兴坏之理",用以"执古御今"。为此,进步的史学家具有强烈的社会责任感,他们倡导"秉笔直书"其事,对社会现象,"爱而知其丑,憎而知其善,善恶必书"。尽管这种思想受到了时代的、阶级的局限,但毕竟是中国史学的优良传统,不可忽视。历史上出现的许多名著,诸如《史记》、《史通》、《资治通鉴》、《文史通义》并非偶然,是与史学优良传统密不可分的。

中国哲学以其论题、概念体系及探究方式形成特色,在世界哲学宝库中占有地位。古代老子、孔子、墨子等大思想家们的思想立论,主要是围绕"天人关系"命题开展的,并由此引申的道与器、知与行、动与静、名与实等问题的深入讨论,极大地促进民族智慧的增长。两汉时期,在"天人关系"的讨论中,董仲舒的"天道不变"唯心论形而上学观点,王充则与之相反,将天归结为自然之天,而把世界本原归结为"气",成为中国哲学中唯物论的重要观点。魏晋玄学中的"贵无"、"崇有"、"独化"等新说,发展了中国古人的思辨能力。当时佛家提出"形神相异"的"神不灭论",与范缜提出的"神灭论",针锋相对,互相论争不是没有意义的。以儒家纲常伦理为核心,以精致的哲学思辨为理论形态的宋明理学,在理、气命题论争中,朱熹建立一套理本论哲学体系,陆九渊建立一套心本论哲学体系,直接影响到后世。明清时期倡导"经世致用"新学风,在西学输入影响下,形成了中国近代哲学启蒙思潮,为资产阶级民主革命奠定了思想基础。

中国经济学思想丰富，先秦诸子多有各自不同的见解，其中以管仲与荀卿最为有名。《管子·牧民篇》提出的"仓廪实则知礼节，衣食足则知荣辱"，是将传统的伦理道德与经济关系联系在一起，认为"治国之道，必先富民"。荀卿主张农业是生产财富的来源，"工商重则国贫"，从而建立起中国早期的"重农抑商"学说。理财之道，源于《礼记》"量入以为出"。唐代政治家杨炎推出的"两税法"是"量出以制入"，二者殊途同归，为了平衡国家财政。宋代王安石变法，"取天下之财，以供天下之用"，主张富家富国必须发展生产。明代邱濬提出，财"生之有道，取之有度，用之有节"，颇多参考价值。有关重商思想，是在同重农思想争论中发展起来的。汉代桑弘羊是代表人物，他认为"富在术数"，"不在力耕"，反对"农本"。南朝鲁褒在《钱论》中说："钱之所在，危可使安，死可使活；钱之所去，贵可使贱，生可使杀。"一语道破了金钱万能论的本质。明末清初，不少思想家强调发展工商业，否定传统的重农抑商思想，特别是帝国主义列强入侵中国以后，他们积极主张办工厂，修铁路，呼吁"实业救国"，不无可取之处。

中国教育是世界教育，特别是学校教育产生最早的国家之一。历代教育家对教育功能、教育内容、教学方法、学习方法等问题有许多精辟见解。孔子创办私学，提出"有教无类"口号，为中国古代教育发展奠定了基础。《礼记·学记》是先秦教育思想的经典文献。作者认为"化民成俗，其必由学"，"建国君民，教学为先"，充分肯定了教育的社会价值。汉代王符说："教育为治之大本，太平之基。"清代有识之士则痛心疾首，积极主张发展教育，他们认为教育是"国家强立之基"，要求"教育立国"。只有发展教育，提高中华民族素质，才是"国民之希望"（孙中山语）。显然，这些重视教育的思想言论,是很有价值的,值得后人深思借鉴。此外,有关"尊师重道"、"因材施教"、"启发诱导"、"学思结合"等教育问题,一些教育家的观点,或有偏颇,但对丰富中国教育内容,发展中国教育事业,都是有贡献的,借鉴作用不可忽视。

中华民族勤劳勇敢,富于创造精神,在改造社会的同时,改造自然的气魄,许多人也都为之赞叹不已。在长期物质生产实践中发展起来的,以农学、医药、天文、算学、地学为主的自然科学,也是在世界上名列前茅的。据有关专家研究的结果,公元十八世纪以前的中国,自然科学一直处于世界领先地位。英国自然科学史学者李约瑟说,中华民族的"才能肯定不逊于其他民族",他们在历史上的发明创造,"令人眼花缭乱!"人们熟知的四大发明,以其杰出的贡献载入了人类文明史册。

中国以农立国,炎黄子孙为争取最佳生存条件,在"天时"与"地宜"的农学思想指导下,创造了首屈一指的农业生产技术。中国古代"和土"与"务粪泽"学说,创造了"地力常新论"。宋代陈旉的农场经营管理思想,独树一帜。明清时人倡行的农、林、牧、副、渔五业并举,促进了农业生产的发展。中国人在长期与疾病创伤的斗争实践中,创造了光彩夺目的中医治疗经验与理论著作,对中华民族的繁衍与丰富世界医学宝藏起了巨大作用。《黄帝内经》、《神农本草》、《金匮要略》等医典名著,是人类医学宝库的精华。将人与自然、人与社会以及人体各部器官视为一体,是中医学思想理论核心,由此而阐述病因、病理与治疗的关系,以及辩证论治的原则,至今仍有指导意义。中国天文学中的浑天说的宇宙理论,比外国天文理论更接近真理。有关天地生成与毁灭的思想学说充满辩证法思想,研究天象物候形成的历法,闻名于世界。特别是元代郭守敬制成的《授时历》,精确推算出一年为 365.2425 日,比罗马《格里高历》推算的早三百零一年,如实地反映了中国天文学的成就。中国数学与生产实践密切相结合,具有极多的实用价值。三国时刘徽《九章算术》中的"割圆术"证明多体体积原理,奠定了中国数学理论研究基础。大数学家祖冲之推算的圆周率为3.1415926<π<3.1415927,并以$\frac{355}{113}$为圆周"密率",比外国得的值早一千一百年。中国地学内容也很丰富,裴秀地图"六体之说"、燕肃"海潮论"、潘季驯"束水攻沙"等思想理论,对大地测量、潮汐观察与水利建设颇多指导作用。

如此巨大的自然科学成就,完全可以证明李约瑟博士所作的科学论断:"倘若没有中国古代科技的优越贡献,我们西方文明的整个过程,将不能实现。试问若无火药、纸、印刷术和罗盘针,我们将无法想像,如何能消灭欧洲的封建主义而产生资本主义!?"问题在于中国并未因此消灭封建主义而产生资本主义。自十八世纪以后,中国长期处于落后状态,而且同西方发达国家相比,差距越来越大,我们难道不可以从中加以深刻反思吗!?

1990年1月

(原载1990年吉林人民出版社出版《中华思想宝库》,同年《社会科学战线》第2期转载)

中华儒学的强大生命力

——《中华儒学通典》序言

一

在人类历史长河中,中华民族创造了光辉灿烂的文化。她源远流长,博大精深,丰富多彩,成为世界文化宝库中的一块绚丽的瑰宝,为世人瞩目。

儒学是中国传统文化的核心。在以儒学为基础的思想文化领域中,中华民族的祖先在哲学、政治学、经济学、历史学、文化学、军事学、教育学以及文学艺术、伦理道德等方面,都创造了领先于世界的理论基础与思想体系,许多思想至今仍有重要价值。积淀于人们思想中的儒家思想文化,塑造了中华民族的气质、精神与性格。历史上以汉族为主体的各民族相互交融,形成了中华民族博大宽容的气质,自强不息的精神,不畏强暴的胆识,勤劳勇敢的性格,朴实无华的作风,这成为中华民族凝聚的力量、繁衍的源泉。在儒学的熏陶下,历史上涌现了千千万万英雄豪杰、志士仁人,他们就是中国魂。诸葛亮的"鞠躬尽瘁,死而后已",正是孔子的"知其不可而为之"的精神延续;范仲淹的"先天下之忧而忧,后天下之乐而乐"、文天祥的以身殉国,"人生自古谁无死,留取丹心照汗青"的大无畏气魄、顾亭林的"天下兴亡,匹夫有责"的响亮口号,都是师法先儒,对社会现实提出的远见卓识;林则徐忠心耿耿,抗击英人,身受磨难,在所不辞,是以儒家言行激励自己前进;康有为的"大同"思想、孙中山的"天下为公"口号,无不出自儒学。儒家倡导的"杀身成仁"、"舍生取义"、"见利思义,临危受命"、"志士不忘在沟壑,勇士不忘丧其元"、"临财勿苟得,临难勿苟免"等思想,一直教育着中华儿女。他们不卑不亢,落落大方。他们就是中华民族的"脊梁"。

中华民族牢固的稳定性与巨大的凝聚力,植根于优秀的传统文化,她已经融化在中华儿女的思想意识和行为规范之中,形成一种心理定向,制约和影响着人们的现实生活。儒家崇尚的内省尚文对中国人影响极大。所谓内省是指人的修身之道,即中国人长期形成的含蓄、容忍、谦和、礼让的传统美德;所谓尚文,则强调教化,"有教无类","仁政治世",追求理想的一统天下,大同世界。为此,中华民族子孙一代又一代,付出了极大的代价。

二

儒学创始人孔丘,是中国历史上伟大的思想家、教育家。他生于春秋时代,面对纷乱变革的社会现实,终生致力于实现自己的思想主张,以"治世"、"行道"为己任。晚年删《诗》《书》,订《礼》《乐》,赞《周易》,修《春秋》,从事文化典籍整理,总结历史经验。他留给后世的"五经",可以说是先哲们的智慧结晶。孔子创立的儒学,是系统而又精醇的思想,博大而又严谨的理论,向为人们敬仰。

孔子以"仁"为核心,建立起儒学庞大的思想体系。孔子提出"君子义以为上",认为仁义道德是社会上最有价值的。而"仁"的最高准则是"爱人","泛爱众","己所不欲勿施于人","己欲立而立人,己欲达而达人","志士仁人,无求生以害仁,有杀身以成仁"。

这实质上是中华民族重视气节,刚正不阿的优良传统的核心。

儒家学派具有鲜明的共性特征,以其基本学说命题承传于世。但是,由于不同的历史发展时期,历代儒学大师在承传中有所发明,有所创新,使儒学具有时代特征。孔子的传人孟轲,提出"性善论"的命题,倡导以尧、舜、禹、汤、文、武、周公、孔子为儒家道统,将理想君主与儒家学说结合起来,扩大了儒家学说的思想阵地及其社会影响。荀卿是"六艺之传赖以不绝者"的儒学大师,对于先秦儒学以及道、墨、名、法诸家学说加以总结,进而提出"天人相分",以完整的"礼治"理论发展了儒家学说。汉武帝"罢黜百家,独尊儒术",将儒学定为"官学",史家尊称孔子为"至圣",儒学处于思想统治地位。汉代大儒董仲舒为了适应专制主义中央集权政治的需要,提出"王权神授","天人感应"的学说。他的"天道"、"三纲"以及春秋大一统思想,不仅巩固了儒学的社会地位,而且有利于王朝的统治,抬高了君主的权威。唐代儒家孔颖达,以整理疏通南北朝以来混乱的经学思想为己任,撰成《五经正义》,从而奠定了统一的儒家思想。

宋明时期,儒家学说发展到了一个新阶段,官方刻印推出的《十三经注疏》,成为经学的标准本。朱熹的《四书集注》是中国后期封建社会儒家的教科书。朱熹、王阳明等大家以"理"为核心,"存天理","致良知",建立起从宇宙观、认识论、道德观、伦理观到历史观等方面理论体系,宋、元、明、清四朝奉为经典,成为他们的思想统治基础。清代儒家要纠正宋儒义理空疏流弊,大兴考据之学。他们对《十三经注疏》很不满意,以恢复"汉学"为旗帜,编撰了《皇清经解》和《皇清经解续编》。这两部经解共收书近四百种,基本上集中了清代儒家的研究成果。清代思想家王船山,继承传统儒学之精华,并有所创新,对儒家天、命、气、性、理等传统命题,提出一些新见解,为近代启蒙思想的先驱和代表人物。

　　文化有其独立性,但也有适应性。儒学是在保持自身独立性的前提下,不断吸取社会各种思想流派、思想内涵,随着时代的推移而壮大发展起来的。先秦的诸子百家,汉魏六朝的佛、道,对于儒家思想均产生过深刻的影响,前者荀子承传,后者宋儒开启,从不同角度为儒学注入了新内容。正如宋代大儒程颢所说:“出入于释老者几十年,反求诸六经而后得之。”尽管如此,儒学不是宗教。梁漱溟先生称儒学为“人生实践”之学。儒家所说的“践形尽性”,即践人之形,尽人之性,以期提高道德修养,教人自觉自律,与佛、道等宗教则迥然不同。

　　当然,儒学也不是所谓“日月经天,江河行地”之学,更不是什么“置之四海而皆准,行之万世而不悖”的理论。儒学本身的弱点是不言而喻的。儒家思想与西方思想不同,其学说多局限于理念之中,脱离实际,不务生产;儒家宣称“温故而知新”,虽然在学习生活中有积极意义,但是意在“温故”,忽视创新。汉代经学、宋明理学以及清儒考据之学,都缺乏创新精神。他们皓首穷经,脱离社会生活,不求对自然的改造,与社会物质生产脱节,成为中国封建社会长期滞缓的原因之一。

三

　　儒家学说强调人本位,重视理念,重视人的社会价值,儒家将天、地、人三者并列,认为是“万物之本”。汉代董仲舒说:“人之超然万物之上而最为天下贵也。”唐代刘禹锡在此基础上提出了“天与人交胜”的命题,认为“人能胜天者,法也”。清代王船山又提出人可“相天”、“裁天”、“胜天”的思想,这些思想已成为中华民族认识和改造自然与社会的出发点,从事物质与精神生产的思想武器。

但是,儒家的人本位思想,与西方思想的看法不同,儒家往往不是单论人的社会价值,而是同所谓的君臣、父子、夫妇、兄弟、朋友"五伦"联系起来,精华与糟粕往往糅合一起,很难作出简单的判断。比如儒家把人分为君子与小人,维护等级制度,讲究君臣大义,以巩固现存的统治政权。但儒家认为小人也是人,也应该有独立人格,并应受到尊重。孔子说:"三军可夺帅也,匹夫不可夺志也。"匹夫是平民,有独立人格,故志不可夺。因此,对这类具体问题应作具体分析,才有可能剔除其糟粕,吸取其精华。

孟子要求士人做"大丈夫",养"浩然之气"。这是人的自身修养中至关重要的命题。大丈夫顶天立地,"富贵不能淫,贫贱不能移,威武不能屈"。这是中华民族性格形成的思想基础。但性格特征不是自然生成的,而是陶冶、学习、修炼的结果。儒家十分注意修身之道。《礼记·大学篇》是中国古代修身的典范文献,其主导思想以"修身为本",明确提出"正心、修身、齐家、治国、平天下"的系统思想主张,把修身纳入到社会大系统中去考察。

应当指出,儒学与封建思想文化不是一码事。儒学是在历史长河中逐渐形成的,内涵封建思想文化的痕迹是理所当然的,但是它同诸子各家学派一样,不能断定为就是封建思想文化。曾经反对孔子的汉代思想家王充也说孔子为"诸子中最卓者也"。本世纪二十年代兴起的新文化运动,提出"打倒孔家店"口号,并非否定孔子及其儒学,而有其深远的社会意义。近代马克思主义者李大钊明确指出:"余之掊击孔子,非掊击孔子之本身,乃掊击孔子为历代君主所雕塑之偶像的权威也。"

儒学是人类社会长期实践的产物。它的学说不是偶然地出现于某时某地,而有其渊源承继性。它成分复杂,内涵深广,不完全同社会政治制度发展同步而行。它甚至可以说是超越时代,超越社会阶级、阶层或集团,具有民族性的。当然,儒学具有鲜明的为封建专制主义政治制度服务的特色,但我们不能因此就将儒学说成是封建专制主义思想文化。今天,"三纲五常"的社会基础已不存在,应抛进历史垃圾堆。但思想问题并不那么简单,需要作出科学的分析。"三纲"讲君为臣纲,父为子纲的同时,也讲为君为父的要为臣为子作出表率。古人把君臣、父子、夫妇、兄弟、朋友称之为"五伦十际","始则终,终则始,与天地同理,与万世同久",是国家的"大本",其前提是君义臣忠,父慈子孝,兄友弟恭,夫妇有别,朋友有信,忠、孝、恭、别、信的社会道德规范,有其合理成分,不能认为完全属于封建范畴,一笔抹煞。"五常"讲仁、义、礼、智、信,范围更广,涉及整个社会的人际关系与道德规范问题。孔子说:"仁者人也,亲亲为大;义者宜也,尊贤为大。"《礼记》载:"夫礼者所以定亲疏,决嫌疑,别异同,明是非也";智者"不惑"(孔子语)、"知己"(子路语)、"知人"(子贡语)、"自知"(颜回语);信者诚信之意,为"行之基"。五者均属人们在社会生活中举止言行,待人接物的道德规范。对维系社会秩序,稳定局势,协调人际关系,强化民族心理状态,具有积极的作用。

儒家提出的一系列思想理论原则,有其时代的、阶级的局限性,但其中某些内容多有可资借鉴之处。诸如:个人修养方面的,三省九思,恪守谦恭,要知思、知节、知畏、知保;人际关系方面的,待人以礼,长幼有序,先人后己,尊老爱幼,互敬互助,"不失色于人,失口于人,失足于人";品德陶冶方面的,强调"谦德",凡事"虚己以求,屈位伸道";人生进取方面的,自强不息,生生不已,发愤忘食,刻苦耐劳;报效国家方面的,倡导忠于国家,"居之无倦,行之以忠","天下兴亡,匹夫有责"。这些思想品德是儒学中最闪光的成分,激励着古往今来的炎黄子孙们奋勇前进。

四

中华儒学始创于孔子，历经二千余年，深深地植根于世界东方土地之上，其影响之大，时间之久，积淀之深，是任何一个学派无可比拟的。研究儒学的学人留传于世的著作浩如烟海。时至今日电子时代，人们仍然关注着这门学说。国内研究硕果累累，海外也很重视这门东方古老文化。特别是近一二十年以来东方日本、朝鲜、越南、缅甸、泰国、新加坡以及东南亚地区研究儒学日趋活跃，已成为社会上的热门话题。他们纷纷建立研究机构，在高等学校中开设有关儒学课程，大力罗致人才，整理典籍，编写翻译出版了大量有关儒学论著。这些国家和地区的哲学思想、道德观念、政治法律、文化教育直到社会生活习俗，无不深深地打上了儒学的烙印，各自建立起以吸收儒学为内涵的民族文化，从而推动了东亚地区文明。

我们要实事求是地对待中华儒学。要站在时代的高度，吸取前人研究成果，以科学的态度对待这门学问，继续研究儒学，探索和促进中国当代的新文化建设，使之为人类社会不断发展服务。

为此，我们经过较长时期的酝酿准备，以古代历史文献为基础，参阅了现代研究成果，发凡起例，编撰了这部《中华儒学通典》。目在于弘扬中华传统文化，总结清理儒学研究成果，为当代提供有关儒学的全面系统资料，普及与提高儒学研究水平，这对于提高中华民族文化素质是有益的。但是，由于我们的学力有限，见闻不广，经验缺乏，时间迫促，书中挂漏误谬之处，恳请读者指正。

1991 年 9 月 7 日

（原载 1992 年南海出版公司出版《中华儒学通典》）

中国道学发展流变

——《中华道学通典》序言

　　中华道学文化内涵广博，自成体系，历史悠久，影响深远，是中华民族传统文化的重要组成部分。它以先秦道家思想学说为基础，在漫长的历史演进中，承继儒、墨诸学派的某些论述主张，又吸收了佛教等外来宗教的一些思想主张，逐渐演变发展而成为具有独立特色的文化载体。

　　道学文化载体是以道教为依托发展起来的。道教是中国固有的传统宗教，渊源于古代的巫术，先秦时的阴阳五行学说，秦汉时的神仙方术。西汉黄老道是早期道教的前身。东汉时张陵倡行"五斗米道"，奉老子为教主，道教逐渐形成。东汉出现的"太平道"为早期道教的主要派别。中经三国、两晋、南北朝得到进一步发展，到隋唐、五代、宋元时期更加兴盛，构成与儒、释两家鼎足之势，在"三教"中具有突出地位，明代中叶以后，逐渐走向衰落。在道教的长期发展演变过程中，积累了与儒、释经典相媲美的道藏典籍文献。许多道教学者著书立说，阐释道义，宣扬道教思想，其中包含着重要的哲学思想、道德标准、伦理观念以及文化养生学说，有着广泛的群众基础。超然物外的主张成为世人的处世哲学，清静无为的思想被改造成为帝王的统治权术，心性修养的方法成为人们祛病养生之道。道学博大精深的思想体系，随着历史的推移发生了多方面的演变，直至当今世界范围内出现了"老子热"、"道学热",并且引起社会科学家、自然科学家以及医学专家学者的广泛关注,成为人体科学研究重点工程的主要内容。在日益紧张的社会生活中,人们越来越多地憧憬道家的"返朴归真"思想,回味道学的文化韵味,以改造充实丰富多彩的现实人生。

　　道教的基本信仰和教义是"道",以"道"为造化之根,神明之本,天地之元,宣扬以神秘方术求得长生不死、度世成仙的观点,提倡修炼丹药,倡导祈祷、礼忏、符咒等宗教形式。道学哲学思想体系以《老子》为核心,由东晋葛洪奠定。葛洪在《抱朴子·内篇》中提出"玄"的本体概念,在方法上提出"思玄"之道和"守一"之道。超自然的"玄",是道教思想体系的核心。道教道德观中有许多戒律,即所谓五戒、八戒、二十七戒乃至一百八十戒。戒是禁恶之意,与之相对为善,所以十恶与十善相提并论。戒杀生、荤酒、偷盗、邪淫、不忠、不孝以及口是心非等,这与世俗道德观念相一致。道学文化一经确立,就有其自身独立特色的发展历史,又形成了具有道家特色的文学艺术、戏剧、小说、绘画、雕塑、建筑等。道家对人生奥秘的揭示十分深刻,老子提出的"身重于物"、"上德若谷"、"柔弱胜刚强"等处世立身之道,已成为人们关注的热点问题;对人体内在养生,则以"道法自然"、"少私寡欲"为出发点,形成一套完整的养生理论与方法,人们赖以保健长寿的中华气功即源于道家思想。因之,道士们专心致志、刻苦修炼的精神与毅力,融铸了中华民族的进取精神;道士们的气功、导引、胎息、辟谷等养生长寿方法,对中华民族的繁衍发展起了不可忽视的积极作用。

　　道家的处世哲学、人生反省的思想内容不仅引起了汉族各阶层人们的共鸣,而且在长期历史演进中也成为其他少数民族共同接受的宗教信仰。道家没有儒家的华夷之辨,自然为少数民族所接受,不会引起他们的逆反心理。因此,道教对于国内各族具有更大的涵容面,渗透到中国古代社会各民族、各阶级、各阶层之中,具有超越时代、超越民族的鲜明特色。

历史上的道家思想,既受统治阶级推崇,又可成为被压迫者进行斗争的思想武器。老子的"不尚贤,使民不争;不贵难得之货,使民不盗"思想,曾为明智的统治者所接受,并加以推崇。汉文帝亲自向河上公请教《老子》,汉桓帝信奉黄老之术,因而道家创始人老聃是从东汉开始正式成为宗教偶像。后来的君主如唐玄宗李隆基、宋徽宗赵佶、蒙古成吉思汗以及明太祖朱元璋,都是拜倒在"太上老君"的脚下,成为道教的忠实信徒,用其所需,作为治国安邦的思想基础。下层黎民百姓也往往以道教为精神寄托,争取社会生存条件。东汉张陵创立天师道,很受百姓的欢迎。后来张脩利用天师道发动起义,东晋孙恩、卢循起义,仍以天师道为号召。由此可知,道教思想已成为劳苦群众进行斗争的思想武器。这是历史的存在,值得认真研究。

总之,道学思想文化体系,是与儒释两家共同凝铸成中华民族的传统文化。炎黄子孙世代相承,影响着中华民族的国家、社会与家庭的生活,成为当今中国人文学科的重要组成部分。长期以来,对于老子及其道学思想文化研究成果不少,但多局限于单一学科,或只是研究老子的哲学思想、文学思想,或是管理思想、治国之道、用兵之法,以及气功养生与宗教人物思想派别等,综合的整体的系统的深入研究还很不够。为此,我们经过较长时间的准备,对道藏文献典籍作了认真的研究,同时参考了已有的研究成果,继《中华儒学通典》之后,又编辑出版了这部《中华道学通典》。这是一部大型文化思想类书,如果能对读者的学习与研究起到知识信息库的作用,则感到莫大的欣慰。其中诸多不足之处,恳请方家斧正。

1993 年 10 月

（原载 1994 年南海出版公司出版《中华道学通典》）

繁衍文化的壮举

——《中华古文献大辞典》总序

我们中华民族的祖先,曾经创造出辉煌灿烂的文化。浩如烟海的古籍文献,就是中国古代文化遗产的重要组成部分。它记录了中国古代各族人民的社会生活和物质文明状况,保存了他们所创造的精神文明的成果。其中包括有许许多多的思想家、政治家对当时社会制度、社会生活的思索和改革,他们的立论学说、哲学思辨、理念希望,会永远启迪后人关心社会体制的变革;也包括有许许多多科学家、实践家对当时社会物质生产能力的研究和改进,他们的实践创造、理论探索、科学设想,会永远启迪后人用科学促进社会物质生产的发展;还包括有许许多多艺术家、文学家对当时社会生活的讴歌与鞭挞,他们所创造的多种艺术作品和光辉的艺术形象,会永远启迪后人辨善恶、别美丑,提高民族的高尚道德情操与丰富人民的文化生活。

为了传播和利用数量浩繁的古籍文献,中国古代就有综合群书、类居部次、考镜源流、条贯学术的专门学问,有关文献目录解题、内容提要或序跋款识,多为人们所重视。早在汉代,刘向、刘歆父子受命校理国家所藏群籍时,每校一书,"辄条其篇目,撮其指意,录而奏之",撰成中国最早的一部目录解题专书《别录》。后世诸多文献学家以此为宗,相继撰写了许多类似著作。现存的宋代晁公武撰《昭德先生郡斋读书志》、陈振孙撰《直斋书录解题》以及马端临撰《文献通考·经籍考》等，都是属于历史上著名的古籍工具书，对人们了解与利用文献典籍起了很大作用。

明清以后，文献典籍"收藏之量愈富，揩理之术愈精"，解题著作与日俱增。举其要者即有如毛晋《汲古阁书跋》、钱谦益《绛云楼题跋》、孙星衍《平津馆鉴藏书籍记》、黄丕烈《士礼居藏书题跋记》、顾广圻《思适斋集》、瞿镛《铁琴铜剑楼藏书题跋集录》、莫友芝《宋元旧本书经眼录》、陆心源《皕宋楼藏书志》、杨绍和《楹书偶录》、耿文光《万卷精华楼藏书记》、李盛铎《木犀轩藏书题记及书录》、缪荃孙《艺风堂藏书记》、叶德辉《郋园读书志》、傅增湘《藏园群书经眼录》等。这些私家藏书书录，或记一时一地之书，或属专题文献题解，虽多有局限，不能反映社会典藏全貌，但对沟通文献信息，促进图书流通，繁衍文化，使人们具体了解掌握古籍等方面所起的积极作用是不可低估的。

清乾隆四十七年(1782年)编定的《四库全书总目》，是一部具有总结性和权威性的大型文献解题著作。由四库总纂官纪昀加工整理，润饰成编，凡二百卷，约三百余万字。总目与存目共题识图书一万零二百三十四种，大体上反映了当时文献学家对国家典藏文献的鉴别、考订、评论与认识，是研究中国古代文化的一部重要的文献目录工具书。

本世纪二十年代，日本帝国主义同中国北洋政府商定，以"庚子赔款"为基金，在中国组织文献学者七十余人编纂《续修四库全书提要》，历时十余年，撰稿三万一千八百三十三篇，数量超过《四库全书总目》三倍。"续修"收书非常广泛，不仅包括《四库全书》篡改删削过甚的图书，及乾隆以前"四库"当收而未收的图书，而且还包括乾隆编定"四库"以后的清人著述、辑佚书以及敦煌文献，对"四库"未收或少收的佛经、道藏、方志、小说、词曲等，也进行了广泛的收录。原稿今存于中国科学院图书馆。

《四库全书总目》与《续修四库全书提要》,以及其他类似的著作,由于时代的局限和当时科学发展水平的局限,不仅观点陈旧,方法落后,而且收书立目,分类排比亦不便于今人查阅利用,不能适应当今中国文化事业日益发展的需求。

近几年来,由于国家的重视和支持,古籍整理研究工作得以迅速发展。1983年3月,东北师范大学古籍整理研究所即决定组织人力,筹措编写《中华古文献大辞典》,目的在于对现存主要古籍文献,用辞书的形式,给以科学、准确、系统的评介,为古籍整理研究工作创造一些便利条件,为人们阅读与利用现存古籍提供一部检索工具书。经过多年的努力,今天才奉献给读者。

《中华古文献大辞典》拟收古籍三万五千余种,以现存古籍为限,上自先秦,下迄辛亥革命(1911年),举凡文学、史学、哲学、宗教、思想、政治、经济、法律、军事、地理、交通、民族、文化、教育、艺术、体育、科技、医药、卫生、农学、语言文字以及工具书等主要古籍文献,均在选收之列。

《中华古文献大辞典》从立目到释文,充分考虑到前代的著述,也吸收和借鉴了当今的研究成果,并参考现代辞书释文体例,力求使用流畅而凝练的现代辞书语言,对每一部典籍的作者情况、著作缘起、成书时间、卷册数量、主要内容、版本流传、文献特征、价值影响以及文献参考等项进行客观评介。并附有古籍作者与分类两种索引,以便于读者检索。

《中华古文献大辞典》编纂工程浩大,为便于编纂工作进行,依据文献学科门类,相对分为文学、历史、哲学、政法、文教、地理、民族、科技、医药、综合十个分卷编辑出版。各卷聘请主编,根据统一制定的编纂体例,分别组织编写。由于古籍难以简单归入某一学科,所以各卷难免有若干交叉词目,只好待十个分卷全部出版后,再整编合订,统一著录。

（1994 年 8 月 6 日《深圳日报》转载《中华古文献大辞典》总序）

中华古训浅议

中国传统思想文化源远流长,享誉世界。她是在不断吸收外来文化,而且始终保持自身独创性的基础上发展起来的。历史上以汉族文化为主体的各族互相交融,随着时间的推移,不断取舍、充实、更新、创造,向前发展,形成了中华民族博大宽容的气质,自强不息的精神,勇往直前的胆识,顽强奋斗的意志,创造财富的力量以及坚韧不拔的性格特征,哺育了一代又一代新人。

中国传统的思维模式、智力结构与文化心态,使中华民族立于世界民族之林。长期繁衍、发展、积累下来的中华古训,诸如治国有道、治军有谋、治家有方、治学有法、为人正派、为民自强、为官清守、为国尽忠、处世养生以及人生哲学,具有十分强固的承续力量、持久功能与独立特征,并且广泛深入地影响、支配甚至是主宰着今天的人们。

中华古训内容丰富多彩,语言精当,鞭辟入里,可谓取之不尽,用之不竭,在历史上滋育中华民族茁壮成长。历代杰出政治家认为"治国之道,爱民而已"。以"民为邦本,本固邦宁"为出发点,要求官员勤政爱民,克己奉公,恪尽职守,廉洁尚俭,兴利除弊。他们在一定的历史条件下,励精图治,维护了民族的独立,国家的尊严,而使中国光彩夺目,屹立于世界东方。历代杰出的军事家在实践中提出的军事古训,享誉中外,被称为"兵学圣典"的《孙子兵法》,可为"百世兵家之师",成为人类一笔巨大的精神财富。历代杰出的思想家提出的许多人生哲理,教育中华儿女"不荡于富贵,不蹙于贫贱，不摇于威武"，养"浩然之气"，为国为民，"鞠躬尽瘁，死而后已"。前人对于个人处世修养及练达事故，更有全面系统的阐述。治家则强调使家庭内部的关系和谐，父慈子孝，兄友弟恭，夫妻相爱，以期达到"家道正而天下正"。家庭是社会的细胞，"家正而天下定矣"。治学则强调"学而知之"，"尚志有恒"，"德业兼修"，提倡"学以致用"，"循序渐进"，"博学守约"，对于学习过程、规律、原则与方法都有深刻论述，诸多精辟之见，颇多参考作用。为民"自强不息"，"人一能之己百之，人十能之己千之"，人不可"志不宏毅，意不慷慨，徒碌碌滞于俗，默默束于清，永窜伏凡庸，不免于下流"。个人修养则要求具有良好的道德风貌和高尚的思想情操，"直其心，方其义"，"君子讷于言而敏于行"，养廉恶耻，淡泊洁身，从人的心、言、行三个方面提出人生处世的行为准则，由此产生了杀身成仁、舍生取义、良善处世、乐于助人、嫉恶如仇的古训，铸成中国人长期形成的含蓄、容忍、谦和、礼让的传统美德，已受到世界善良人们的赞誉。英国作家费利克斯·格林热情地赞扬说："我被中国人吸引住了，特别是他们那最宝贵的人与人之间的关系。我钦佩他们远大的历史观、他们固有的彬彬有礼行为、他们对友谊的特大度量以及他们对朋友的忠诚（他们永远不忘记别人做的好事）。我佩服他们民族的无畏精神和他们几乎不惜任何代价维护原则的坚强决心。我欣赏他们深沉而热烈的感情，这种感情常常隐藏在容忍的品质之中。我佩服他们那自然而文雅的礼貌，对老年人的尊敬和青年人的关切。他们文雅博学而又天真无邪，经常使我们感到惊奇和愉快。如果我处在一个紧要关头或遇到一个真正的危险时，我情愿要一个中国朋友和我站在一起而不要其他任何人。"

中华民族传统人生观中的精华，尤其值得我们珍视。我国古人最高理想是实现"天下为公"的"大同世界",这成为志士仁人的事业和人生追求的目标,贯穿于我们民族传统的人生观之中,即关心天下国家的命运,尽量为国家、为民族、为他人造福,实现儒家所说的仁义之道。孔子说"仁者爱人",其最低的标准是"己所不欲勿施于人",从积极方面说,就是"己欲立而立人,己欲达而达人",以期达到"博施于民而能济众"于"仁"的最高境界。由此而产生的荣辱、安危、是非、爱憎、贫富、贵贱、义利、福祸、成败等社会人生观形态问题,古人都提出了一些寓意深刻的立论,具有浓厚的民族特色。衡量荣辱以"仁"为准,就是说以"爱人"为标准,"以仁为荣,不仁为辱"。安危相依,不可孤立对待,"安不忘危,存不忘亡,治不忘乱"。论定是非要大公无私,即所谓"公生明,偏生阇","众恶之,必察焉;众好之,必察焉",不趋势附众,以辨曲直黑白。爱憎观虽然各家说法不一,但原则上是一致的,"利于国者爱之,害于国者恶之","为爱为憎"当"出之至诚无伪,行之以至公无私"。贫富"无有种",并非天生注定,富贵也如过眼云烟,"官无常贵","民无常贱",对立事物本身是可以转化的。义利是人生修养的重要内容,"利以养其体,义以养其心",古人并非反对利,而是利得其所。"义"的最高境界:"为人臣忠,为人子孝,少长有礼,男女有别。"为了个人的事业与信念,可以"舍生取义",视死如归。福祸、成败是性质相依的观念形态,"祸兮福之所倚,福兮祸之所伏",失败里也有成功的因素,就是教导人们福不喜,祸不忧,胜不骄,败不馁,要发挥人的主观能动性,事物是能够转化的。

显然,中华古训不胜枚举,受历史的阶级的局限,均属一家之言,一时之论,难免有缺陷或偏颇之处,而非绝对真理,不可奉之为教条,应从中汲取有益内容,作为我们言行的箴诫,生活的启示,创业的铭言。

催人奋进的中华古训,是先民思想的火花,智慧的结晶,具有多功能的社会效益,小则可取资于为人处世,立身行道,教育子女,兴家立业;大则更可用作治国治军,达到政通人和、民族兴旺、国家富强的目的,也可作为社会精神文明建设的参考,无疑将产生巨大的精神与物质力量,永远激励中华炎黄子孙们奋勇前进。多好的言论都已打上历史的烙印,载入历史之中。传统的接力棒已传到我们这一代人的手中,我们要接过来,继承、创新与发展,不愧于前人古训,不愧于时代要求,怀着强烈的时代感与使命感,提高个人的道德修养与智力水平,净化社会,建设伟大的具有中国特色的社会主义新中国。

（原载 1996 年西北大学出版社《陕西历史博物馆馆刊》第 3 辑）

吴枫教授简历

吴枫,原名吴春成。男,生于 1926 年 9 月 1 日,辽宁省兴城市人。1951 年东北师范大学历史系毕业后留校任教,1955 年任讲师,1978 年任副教授,1983 年任教授,1992 年离休。曾任东北师大历史系副主任、东北师大古籍整理研究所所长,华东师范大学、宁夏大学、四平师范学院、鞍山师范学院兼职教授,历任中国唐史学会副会长兼秘书长、武则天研究会理事长、国家教委高校古籍整理研究工作委员会委员、吉林省地方志编纂委员会委员、吉林省长白山学术著作出版基金委员会委员、吉林省史学会常务理事等职,同时任吉林炎黄国学书院副院长、长春古文化研究会会长。曾为大学本科、研究生讲过隋唐五代史、宋元史、明清史、隋唐历史研究的历史与现状、中国古典文献学等基础课与专业课。已培养六届隋唐五代史、唐宋史与历史文献学硕士研究生,并多次指导进修教师与访问学者。应邀先后于国内外二十余所高校讲学,讲授有关隋唐五代史、历史文献学以及史学理论与史学研究方法等专题。

吴枫教授为人正直爽朗,勇于进取与开拓,业务基础厚实,多年致力于隋唐五代史、中国历史文献学研究工作。发表专业论文五十余篇,约计五十余万字。著有《隋唐五代史》、《中国古代农业技术发展简史》(合著)、《魏徵》、《中国古典文献学》、《沙俄侵华史简编》(合著)、《女皇武则天》(合著)、《简明中国古籍辞典》(主编)、《隋唐历史文献集释》、《治世沧桑——国家走向富强道路的思索》(合著)等九部学术著作,共二百五十万字。先后主编有《中华思想宝库》、《中华现代思想宝库》、《中华儒学通典》、《中华道学通典》、《中华佛学通典》以及《中华野史大博览》、《中华古文献大辞典·医药卷》、《中华古文献大辞典·地理卷》、《中华古文献大辞典·文学卷》、《中国历史大辞典·隋唐五代史卷》，总计约三千余万字。

吴枫教授曾多次参加或主持国内外大型学术会议。简历曾刊于《高校古籍整理研究学者名录》(1991 年北师大出版社出版)、《世界名人录》(1992 年英国剑桥出版社出版)、《中国现代社会科学家大辞典》(1994 年书海出版社出版)，同时是国家特殊贡献津贴与吉林省英才奖章获得者。

吴枫著作论文简目

一 著作部分

《隋唐五代史》 1958 年人民出版社出版 1984 年辽宁教育出版社出版修订本

《魏徵》 1979 年黑龙江出版社出版 1982 年再版

《中国古代农业技术发展简史》(合著) 1979 年辽宁人民出版社出版

《中国古典文献学》 1982 年齐鲁出版社出版 1987 年再版

《沙俄侵华史简编》(合著) 1982 年吉林人民出版社出版

《女皇武则天》(合著) 1986 年辽宁教育出版社出版 1987 年再版

《简明古籍辞典》(主编) 1987 年吉林文史出版社出版

《隋唐文献集释》 1987 年中州古籍出版社出版

《历史反思丛书·治世沧桑——国家走向富强道路的思索》(合著) 1988 年吉林文史出版社出版

《中华思想宝库》(主编) 1990 年吉林人民出版社出版

《中华现代思想宝库》(主编) 1991 年吉林人民出版社出版

《中华野史大博览》(主编) 1991 年中国友谊出版公司出版

《中华古文献大辞典·医药卷》(主编) 1990 年吉林文史出版社出版

《中华古文献大辞典·地理卷》(主编) 1991 年吉林文史出版社出版

《中华古文献大辞典·文学卷》(主编) 1994 年吉林文史出版社出

版

《中国历史大辞典·隋唐五代史卷》（主编） 1995 年上海辞书出版
社出版

《中华儒学通典》（主编） 1992 年南海出版公司出版

《中华道学通典》（主编） 1994 年南海出版公司出版

《中华佛学通典》（主编） 1998 年南海出版公司出版

《十三经大辞典》（主编） 2000 年中国社会出版社吉林人民出版
社出版

二 论文部分

1. 隋唐五代史论文

评《贞观政要》 1979 年《东北师大学报》第 2 期 1980 年《书林》
摘要发表 1982 年陕西人民出版社出版《唐太宗与贞观之
治》论文集转载

开元天宝盛世新探 1979 年东北师大社会科学丛书《中国古代史
论文集》收载 1994 年于台湾大学讲学修订稿

刘晏理财与用人 1982 年黑龙江出版社出版《中国古代经济史论
文集》收载

封驳制度与唐初政治 1982 年《历史教学》第 11 期

中唐时期三省制度的削弱与变化 1982 年《东北师大学报》第 2
期

中唐财政危机及其对策 1983 年陕西人民出版社出版《唐史研究
论文集》收载

加强隋唐史研究管见 1983 年《社会科学战线》第 2 期

关于隋唐史研究中的若干问题 1983 年 7 月 20 日《光明日报》
9 月《新华文摘》转载

隋唐五代史的文献资料及其研究进展状况 1983 年《东北师大学

报》第 2 期

隋唐五代史研究的历史与现状　1983 年唐史学会论文　1984 年
　　日本《唐史会刊》转载

关于日本学者对隋唐史的研究　1984 年唐史学会会刊

唐代三书与三体　1984 年《古籍整理研究学刊》第 2 期

唐代文献典籍的构成　1985 年《古籍整理研究学刊》第 1 期

"两唐书"说略　1986 年《古籍整理研究学刊》第 3 期

略论晚唐时期三省职权的转移及其原因　1987 年《吉林师院学
　　报》第 2 期

《旧唐书食货志笺证》序文　1987 年《古籍整理研究学刊》第 2 期

《唐明皇全传》序文　1987 年吉林文史出版社出版

1978—1983 年中国隋唐五代史研究述评　1989 年日本唐代史研
　　究会会刊

关于唐代历史文献的再认识　1990 年《松辽学刊》第 2 期

唐代庶民阶层的文化素质初探　1992 年香港学术会议论文

从分合大势看南唐的历史地位　1994 年台湾中国历史上分与合
　　学术讨论会论文　1996 年山东大学出版社出版《赵俪生先生
　　八十寿辰纪念会论文集》收载

唐代养生文化论稿　1994 年上海人民出版社出版《唐文化研究论
　　文集》

2. 古文献学论文

古典文献的源流与分类　1980 年《历史教学》第 1 期

四部书的构成及其流变　1980 年《历史教学》第 3 期

类书丛书与辑佚书　1980 年《历史教学》第 4 期

经书引论　1980 年《求是学刊》第 2 期

史书引论　1981 年《求是学刊》第 1 期

子书引论 1982 年《求是学刊》第 3 期

中国古典文献在日本的流传 1982 年《社会科学战线》第 4 期

中国古籍数量述略 1982 年《古籍整理出版情况简报》第 2 期

《古籍整理出版情况简报》评介 1983 年《古籍整理研究学刊》试刊号

从《左传译文》谈文献翻译 1986 年《古籍整理研究学刊》第 1 期

历史文献学四十年之我见 1989 年《古籍整理研究学刊》第 3 期
1989 年书目文献出版社出版《历史文献学 40 年》论文集转载

中国历史文献学 1989 年书目文献出版社出版《中国历史学四十年》论文集收载

《珠玉抄》考释 1993 年黄约瑟、刘健民合编《隋唐史论集》收载

《纲鉴易知录》新版序文 1997 年红旗出版社出版

我和古籍整理研究 1999 年朝华出版社出版《学林春秋》二编收载

关于十三经的构成及其演变 2000 年中国社会出版社吉林人民出版社出版《十三经大辞典·前言》

3. 历史研究方法论及其他论文

加强史学研究中的信息工作 1984 年《东北师大学报》第 4 期《文摘报》、《中国史研究》转载

努力开创中国古史研究的新局面——为纪念建国 35 周年而作
1984 年《松辽学刊》第 4 期

史学工作者的时代感与史学研究的创新 1985 年《社会科学辑刊》第 39 期

史学工作者的责任感与史学研究的功能 1987 年《社会科学辑刊》第 1 期

编 后 记

　　本人于 1956 年(三十岁)完成《隋唐五代史》,1958 年由人民出版社出版,此后错划"资产阶级右派分子",被迫退出大学讲坛,放弃珍爱的历史学研究,在学术界"失踪"二十年(三十二至五十二岁)! 1978 年"右派"改正后,又重新开始了教学与研究工作。青壮年的大好时光已过,二十年的莫白沉冤得到昭雪,可以不再计较过去的强暴、伪善、卑劣和无耻。年过五旬之人,精力远非昔比,只好加倍努力工作。除身兼许多校内外社会职务和繁重的本科、研究生教学任务外,奋笔著述,发表了有关隋唐五代史、古文献学以及史学方法等论文五十余篇,出版了自著、合著和主编著作二十部,总计约三千五百万字。这些文章著作只能反映当时个人研究水平,现在看来有不少缺陷,仅供同行与后生备查,尚希教正。

吴 枫

2001 年 3 月 8 日